面白くて刺激的な論文のための
リサーチ・クエスチョンの作り方と育て方 第**2**版
論文刊行ゲームを超えて

M. アルヴェッソン
英国・バース大学教授

J. サンドバーグ
豪・クイーンズランド大学教授

佐藤郁哉 [訳]
同志社大学教授

CONSTRUCTING
RESEARCH
QUESTIONS

DOING INTERESTING RESEARCH

MATS ALVESSON & JÖRGEN SANDBERG

SECOND
EDITION

東京　白桃書房　神田

Constructing Research Questions
2nd Edition
Doing Interesting Research
by
Mats Alvesson and Jörgen Sandberg

Copyright © 2024 Sage Publications, Ltd.
English language edition published by Sage Publishing of London,
California, New Delhi and Singapore.
All rights reserved.
Japanese language edition published by arrangement with
Sage Publishing through Tuttle-Mori Agency, Inc., Tokyo

第2版への序

　本書の初版が出版されたのは，今からちょうど10年前のことである。その初版で我々が提示した中心的なアイデア，すなわち，「単に既存文献における［リサーチ・］ギャップを見つけ出してそれを埋めていくのではなく，それらの文献の前提になっている考え方に対して挑戦していくことこそが，より魅力的でしかもインパクトがある研究へとつながっていく」というアイデアに対する反響は，当初の予想をはるかに超えるものであった。

　我々が提案した問題化（problematization）という方法論の枠組みは，既存文献の基盤になっている前提を批判的に検証することで，研究者がより魅力的でインパクトのある研究をおこなえるようにするためのものであった。この発想は，論文の著者たちだけでなく，社会科学系の数多くの学術ジャーナルの編集委員をつとめる人々によっても広く活用され，また参照されることになった。

　この新版では，全体として，各章で展開されている議論における幾つかの重要な点について例証するために，初版に比べてさらに詳しい説明を心がけ，またより多くの事例を盛り込むようにした。それに加えて，過去10年間に発表されてきた，革新的で独創的な研究をおこなうための方法に関する各種の研究に含まれている洞察を本書の中に取り入れた。

　第1章では，社会科学と自然科学の双方で現在見られる，ある1つのパラドックスについてより深く掘り下げて検討している。そのパラドックスをひと言で言えば，次のようなものである──「これほど多くの人々が多大なる努力を傾けており，また，これだけ多くの論文を発表しているにもかかわらず，きわめて小さな成果しかあげられていない」。要するに，研究の数自体はますます増えているのだが，その割には破壊的創造をもたらすほどの重要性を持ち，またインパクトがある研究はあまり発表されていない，ということである。

　第4章では，「面白い（interesting）」研究の特徴について，初版の場合よりもさらに詳しく解説し，またその実例を示しておいた。さらに，新しいセクションを追加した上で，「より面白い研究を追求する」という考え方に対する批判的な立場から提出されてきた最近の議論について考察を加えた。

　第6章では，どのようにすれば，我々が提唱する問題化のフレームワーク

を用いることによって，既存の文献の根底にある前提に挑戦し，また最終的に，より斬新で魅力的なリサーチ・クエスチョンを生み出すことができるか，という点を示すために，追加的な例を挙げて説明した。最後に第 7 章では，研究者特有のアイデンティティが，いかにして，ある場合には，革新的で独創的な研究の遂行を促し，別の場合には，それを妨げる要因になるかを示すために，より多くの具体例を取りあげて解説した。

　私たちは，この新版が，研究者を鼓舞し，また，従来型の研究の多くに見られる後ろ向きで否定的な傾向を打ち消して，それとは正反対の性格を持つ研究，つまり理論的にも実践的な面でも重要な変化の契機となり得る，より独創的で革新的であり，かつ創造的破壊をもたらすような研究にとって何らかの刺激になることを願っている。

2023 年 7 月　ルンドおよびブリスベンにて

マッツ・アルヴェッソン，ヨルゲン・サンドバーグ

序

　本書でこれから解説していくように，社会科学の領域では，こんにち，面白い（interesting）アイデアや斬新なアイデアが不足気味であるという認識が広く共有されている。つまり，現在おこなわれている研究の多くは想像力に欠けており，新しい理論的洞察が提供されることなど滅多に無い，という風に考えられているのである。これは，ほとんどの研究領域ではこれまでに既に多くのことが語られており，したがって根本的に新しいことを考え出すことは難しい，という事情と関係があるとも思われる。もっとも一方では，面白くてより広い範囲に影響が及ぶ可能性を持つ研究成果が払底気味であるという事実は，研究分野があまりにも細分化されすぎている点や，研究者がそれぞれの専門領域内で自明視されてきた前提や決まり切った用語法などを再生産しがちになっている傾向を反映するものだとも考えられる。

　評価が高いジャーナルに論文を掲載することの必要性や，大衆高等教育だけでなく大量研究［ないし研究の一般化大衆化］（mass research）をも特徴とする現代という時代の風潮に付随する「論文を出すか学術界を去るか（publish or perish）」という考え方にもとづくキャリア志向が，多くの人々に，主流の発想の枠を越えるような大胆なアイデアを駆使して研究に取り組むことを躊躇させているのである。これから本書で見ていくように，ほとんど全てとは言わないまでも多くの学問分野では主流の理論や研究方法の基準化（mainstreaming）に向けた強い力が働いている。事実，研究業績を生み出して論文を刊行するために用いられてきた定番的な方法論や規範には，細分化されかつ保守的なリサーチ・クエスチョンを重視し，またそれを規格化していく傾向があると言えるのである。

　本書では，以上のような問題を取りあげた上で，研究対象にアプローチする際に採用し得る代替的な方法を提案していく。我々は特に，リサーチ・クエスチョンというテーマに対して焦点を当てる。これは，優れた研究をおこなうための方法について書かれた多くの書籍の中で軽視されてきたテーマである。我々は，リサーチ・クエスチョンを作成していく作業は，本来研究それ自体とその結果にとって重要な推進力になり得るものだと考えている。そして，そのリサーチ・クエスチョンの構築に関わる作業における最も重要な要素は，その研究分野において確立されたものとされている前提に批判的な

検討を加え，それに対して挑戦していくことなのである。新しい前提を設定した上でそれを適用していくことは，より面白くて影響力がある研究が生み出される可能性を切り拓いていくための条件である。実際それは特に，新しい理論的アイデアの開発へと結びついていくことであろう。

　本書では，そのような研究に取り組んでいくための理論的根拠と方法論について解説した上でその方法論の適用例を提示していく。また，独創的で挑戦的でありかつ面白い研究にとって，大学をはじめとする各種の研究機関や専門家のあいだで共有されている規範や研究者のアイデンティティのあり方が，どのような場合に妨害要因となり，逆にどのような時には促進要因になり得るのかという点についても解説していく。実際，研究の質や特徴というのはかなりの部分は社会規範のあり方によって左右される問題なのであり，制度的な力は研究者が研究をおこなう際の方法を規定しているのである。

　なお本書の一部は，我々が以前発表した一連の論文を踏まえている。第3章と第4章は，Sandberg, J. and Alvesson, M.（2011）'Routes to research questions: beyond gap-spotting', *Organization*, 18: 22-44 を一部修正した上で加筆したものである。第5章と第6章の前半は，Alvesson, M. and Sandberg, J.（2011）'Generating research questions through problematization', *Academy of Management Review*, 36: 247-71 がベースになっており，第7章は Alvesson, M. and Sandberg, J.（2012）'Has management studies lost its way? Ideas for more imaginative and innovative research', *Journal of Management Studies*, 50: 128-52 を改稿したものである。本書の刊行にあたって以上の文献に含まれている資料の使用を許可してくださったこれらの雑誌の出版社，およびこれらのジャーナル論文の編集委員と査読者の方々の適切なアドバイスに感謝したいと思います。

　また，SAGE社が委嘱した3名の匿名査読者および我々の同僚である Ronald Barnett, Alan Burton-Jones, Peter Liesch, Allan Luke, Tyler Okimoto および Sverre Spoelstra から本書の草稿に関するコメントをいただいことに深甚なる感謝の念を捧げたいと思う。また，本書は，Alvesson の場合は Stan Deetz, Dan Kärreman および Kaj Sköldberg，Sandberg の場合は Gloria Dall'Alba と Hari Tsoukas との長年にわたる共同研究にもとづいている。

2012年6月ルンドおよびブリスベンにて

マッツ・アルヴェッソン，ヨルゲン・サンドバーグ

日本語版への序

　社会科学の分野では，考えられる限りほとんど全ての領域において，膨大な量の研究が発表されています。しかしながら，それらの研究は多くの場合，少なくともその影響が及ぶ範囲という点では，以前と比べて特に大きな違いをもたらしてはいないようです。当然ながら，そのような研究に何らかの価値があるとしても，それはごく限られたものでしかありません。実際，その種の研究のかなりの部分は，特定の社会的文脈についてだけ関連性を持つ，いわばローカルなレベルの知識の生産という程度にとどまっているのです。しかし，研究とは本来，例えば自省的かつ批判的で分析的な視点を身につけるという点では，学問上の能力を構築していくことでもあるはずです。つまり，研究は，人類全体に利益をもたらすような価値を持つ新しい知識の生産を目指す営みであると同時に，一方では能力開発の試みでもあるのです。

　研究の目的やその結果がどのようなものであれ，研究者個人と研究者コミュニティの双方にとっては，具体的なリサーチ・クエスチョンを設定したり特定の推論の方法を選ぶ以前の段階で物事について批判的かつ自省的なスタンスで考えるようにする，ということが非常に大切なポイントになります。その場合に重要なのは，研究をおこなう際の思考過程や方法論，特に，理論の前提になっている事柄と特定の用語法について自省的（自覚的）になるということです。

　しかし，研究者はともすれば，これまで明らかな事実とされてきた事柄あるいは既成の概念や推論の仕方について改めて問い直すことができるような能力の涵養をおろそかにしがちです。むしろ研究に関する既存の枠組みや約束事を無批判に受け入れた上で，それを再生産してしまうのです。事実，現在の学問の世界では主流の理論や研究方法の基準化の傾向が支配的であり，実際に多くの国の研究者は決まり事に対して従順で保守的であり，また彼ら・彼女らには周囲の期待に同調して仕事をするという傾向があります。そのような人々は特定の研究分野の枠の中に安住して，そこで支配的になっている既存の枠組みや社会的圧力を唯々諾々と受け入れてしまいがちです。その結果として，設定されるリサーチ・クエスチョンや学術用語，あるいは最終的にたどり着く結論（[あえて研究などしなくても]*最初から結論が出てし

まっている場合も多いのですが）でさえも，きわめて狭い範囲に限定されてしまうのです。

　本書で私たちは，そのような同調的な傾向によって生み出されてきた幾つかの問題を取りあげた上でそれらに対して挑戦します。また，批判的思考を心がけることや，型にはまらない独創的なリサーチ・クエスチョンを提起することを目指すアプローチが持つ重要性について強調していきます。そのようなアプローチにとっては，研究の際に用いる概念や前提に関してシステマティックな形で問い直していく作業をおこなう上で不可欠な条件となる論理的根拠と方法論を提供することが特に重要なポイントになるはずです。私たちは，このような提案が1つの手がかりになることによって，より魅力的でありかつインパクトがある研究が増えていくだけでなく，広い視野を持った有能な研究者が育っていくことを期待しているのです。

　私たちは，本書の日本語版が刊行されることを非常に喜ばしく思っています。欧米の学術界では，この本にこめられた中心的なメッセージ，つまり，支配的な既存の前提について明確に認識してそれに対して疑問を投げかけること，そしてまた通念的な発想をそのままの形で通用させないように心がけるという発想は，きわめて大きな影響を及ぼしてきました。私たちは，本書が，日本においても研究者や学生たちに対して好ましい影響を与えていくことを期待しています。

2023年1月　ルンドおよびブリスベンにて

マッツ・アルヴェッソン，ヨルゲン・サンドバーグ

＊　〔　〕は訳著注。本文も同様。

目　次

第 2 版への序
序
日本語版への序

第1章　リサーチ・クエスチョン
——面白い理論を構築していく上での本質的な条件　　1

インパクトがある研究の少なさというパラドックス　　7
面白い理論と退屈な理論の決定的な違いは何か？　　10
ギャップ・スポッティングから問題化へ　　12
本書の目的　　14
本書の構成　　17

第2章　リサーチ・クエスチョンの構築と定式化の作業を取り巻く文脈　　21

知識の開発における問いの重要性　　22
問いが「リサーチ・クエスチョン」と呼べるものになるための条件とは？　　24
リサーチ・クエスチョンにはどのようなタイプのものがあるか？　　30
リサーチ・クエスチョンはどこから生まれてくるのか？　　33
リサーチ・クエスチョンの構築と定式化に対して影響を及ぼす各種の要因　　41
リサーチ・クエスチョンの定式化プロセス　　45
結論　　47

第**3**章 ギャップ・スポッティング
——リサーチ・クエスチョンを構築する際に一般的に採用され
ている方法　49

研究者が先行研究の内容を踏まえた上でリサーチ・クエス
チョンを構築する際の方法　50
調査方法と研究デザイン　56
先行文献からリサーチ・クエスチョンを構築する方法の類
型論　58
若干の補足：ギャップ・スポッティングのバリエーション
とそれ以外の方法　69
結論　74

第**4**章 ギャップ・スポッティング方式の研究に
関する批判的検討
——果たして面白い理論につながるアプローチなのだろうか？　77

何が理論を面白くて影響力があるものにしているのだろう
か？　78
ギャップ・スポッティング方式によって面白い理論は構築
できるのか？　89
再説：論文のテキストは研究者が実際にリサーチ・クエス
チョンを作成していく際のプロセスを隠蔽してしまいが
ちなのか？　94
結論　97

目　次　ix

第5章　問題化

——リサーチ・クエスチョンを作成するための方法　　99

問題化という方法論の目的　100

「理論」に関する注記　106

前提に対して挑戦する

　　——問題化を通してリサーチ・クエスチョンを作成する際のポイント　107

問題化の対象になり得る前提の類型論　111

前提について確認しそれを明確にした上で挑戦していくた
　めの方法論的指針　117

結論　142

第6章　問題化の方法論を実際に適用してみる　145

事例1：「組織におけるアイデンティティ」を問題化する　146

事例2：「ジェンダーの実践と減却実践」を問題化する　163

事例3：制度（非）ロジックを問題化する　187

結論　198

第7章　なぜ，面白い理論の構築にとって逆効果でしかないギャップ・スポッティング的アプローチが支配的になっているのか？　199

社会科学におけるギャップ・スポッティング型研究の背後
　にあると思われるさまざまな要因　200

制度的条件　205

学術界における専門家集団の規範　206

研究者としてのアイデンティティの形成　212

学者　対「ブロートゲレアーテ」　216

専門家集団の規範，制度的条件，研究者のアイデンティティ
　形成
　　——3つの要因間の関係　　220
社会科学を本来の道に戻す
　　——革新的で影響力のある研究を奨励していくための方策　　227
結論　236

第8章　面白いリサーチ・クエスチョンを構築する
——問題化，そして問題化を越えて　　239

本書の貢献　239
リサーチ・クエスチョンの作成に際して問題化という方法
　を用いるべきなのはどのような時か？　また，それはな
　ぜなのか？　252
先行文献を問題化する作業に続く次の段階
　　——実証的な研究との関係　　254
結語　260
自省的覚え書き　262

付　　録
参考文献
訳者解説——「目からウロコ」の研究論文を目指して
訳者解説・第2版
索　　引

第 1 章

リサーチ・クエスチョン
――面白い理論を構築していく上での本質的な条件

　社会科学の領域でおこなわれる研究は，その形式という点でも目的という点に関してもきわめて多様である。例えば，研究者の中には社会現象に関する予測と説明を目指す人々がいる一方で，もっぱら物事の意味を理解することを重視する研究者もいる。また中には，データにもとづいて正確な記述を心がける研究がある。もっとも別の研究では，データによる記述やその正確さよりも理論的な関心に重きを置いている。さらに，ある場合には，研究者は実証データの注意深い分析を通じて理論を発展させようとする。他方で，探索的な現場調査を通して理論的なアイデアを得ようとする人々もいる。また，純粋な「肘掛け椅子」式の理論化が主たる関心事であり，実証研究を通して得られる知見などには一切関心がない，という研究者も存在する。そして，かなり広い範囲に及ぶ根本的な問題を扱う研究がある一方で，政府や特定の組織ないし利害関係者にとって参考になるような，範囲や焦点を絞った目標を設定した上でおこなわれる応用的な研究もある。

　このように，社会科学者が採用している研究スタイルは非常に多様であるが，少なくとも基礎的な研究をおこなう研究者たちに関して言えば，〈独創的で実質的な意義がある理論的貢献を生み出すことはきわめて重要である〉という点に関してはかなり広い範囲でコンセンサスが形成されている。実際，調査結果に関する忠実な報告や既存の知識の検証などに比べれば，理論面での貢献は，はるかに多くの洞察（インサイト）をもたらしてくれるものである。また，我々が研究者として強く望んでいるのは，単に信頼に足る調査結果について報告したり既存の理論に何らかの改訂を加えたりすることだけではない。むしろ，自らの手で，興味深くて面白くかつ影響力があるアイデアや理論を生み出していきたいと思っているのである。

　どのようなタイプの理論であれ，理論構築をおこなう際の最初のステップは，慎重な手続きを通して得られた確実な実証的根拠を踏まえてリサーチ・

クエスチョンを定式化していく，という作業である。そのような，リサーチ・クエスチョンを構築し定式化していく作業は，あらゆる種類の研究において最も重要な意味を持つ手続きとして位置づけられてきた。実際，きちんとした問いを設定することなくして，特定の研究テーマに関するより深い知識を得ることなど到底できるはずはない。あるいは，次のようにさえ言えるかも知れない。つまり，「良いリサーチ・クエスチョンはそれに対する答えと同じくらいに価値があり，時には答えそれ自体よりも重要である」と。

　実際，問いを設定することは，研究テーマについて改めて振り返り，知的探求をさらに進めていく際にその作業の出発点となる。一方で，答えというのはその逆の事態，つまり知的探究の休止や終止に結びついていく可能性がある。もっとも，優れたリサーチ・クエスチョンは単に既に出来上がったものとして「そこに存在する」というようなものではない。リサーチ・クエスチョンは，むしろ，意図的に創りあげた上で定式化していかなければならないのである。そして，これまで多くの研究者が指摘してきたように，その際には革新的な問い，つまり，次に挙げるような性格を持つリサーチ・クエスチョンを提起していくことが非常に重要なポイントになる──「新しい問題領域を切り拓き，長年にわたって議論の対象になってきた問題を解決し，さまざまなアプローチを統合する際にその契機となるものを提供し，さらには，固定観念に対して挑戦することによって従来の知識や仮定的前提を根底から 覆 す可能性さえ秘めている」（Campbell et al., 1982：21. Abbott, 2004; Astley, 1985; Bruner, 1996; Davis, 1971, 1986 も参照）。

　言葉を換えて言えば，革新的なリサーチ・クエスチョンを提起することができなければ，研究活動を通して興味深く，かつ影響力がある理論を生み出していく見込みはかなり小さくなってしまうのである。その意味では，斬新なリサーチ・クエスチョンの有無こそが，傑出した研究と凡庸な研究や些末な研究結果とを分けるものだと言えるだろう。しかしながら，革新的な問いを提起することがこれほどまでに重要であるにもかかわらず，優れたリサーチ・クエスチョンを作り上げていくための方法については，これまでほとんど関心が寄せられてこなかった。

　本書では，既存の理論の根底にある各種の前提に関する根本的な問い直しという意味での「**問題化**（problematization）」が，革新的なリサーチ・クエスチョンの構築にとっても，したがってまた，面白くかつ影響力がある理論を構築していく上でも不可欠である，という点について主張していく。

なお本書においては,「リサーチ・クエスチョン（research question）」と「理論（theory）」の2語については,両方ともかなり広い意味で用いることにする。リサーチ・クエスチョンは,研究活動を構成するさまざまな要素［理論,データ等］や研究自体の方向性に関わるものであり,研究の対象が何であるかを明確にし,また研究者が抱く興味や関心の方向性を反映するものでもある。一方で,理論は,特定の概念あるいは複数の概念同士の関係に関わり,さらにさまざまな事実に関するより深い理解と説明に結びついていく抽象的な概念によって構成される特定の形式の知識である。その意味で,我々がここで言う「理論」は「アイデア」とオーバーラップする部分が大きい。

つまり本書で「理論」という言葉を使う場合には,特定の理論的枠組みに対して微修正を加えていくことを目指すというよりは,むしろ全体的な理論的アイデアを構築していく際の手続きに対して焦点を当てているのである。そして,筋の良いリサーチ・クエスチョンは,単に個別の研究課題に関する答えを導くきっかけであるに留まらず,何らかの研究対象について従来とは異なる観点から,またより適切な仕方で検討を進めていこうとする際には,その道筋を示すものなのである。

したがって,本書で我々が目指しているのは,社会調査において見られる強力な「基準化（mainstreaming）」の傾向,つまり,研究者を支配的で確立された研究の進め方に同調させようとする傾向の問題について指摘し,それに対して異議を唱えることである。事実,研究者を,支配的な枠組みや語彙,特定のテンプレートに沿って考えたり実際に研究をおこなったりするように仕向ける強力なプレッシャーが存在している。自分自身の頭で考えることは,他の研究者と同じようにして既に確立されている研究に関する発想に同調することに比べれば,困難である場合が多い。学術研究におけるこのような均質化の動向は,社会科学の多くの研究分野において,確立された理論が（たとえその種の理論がもはや新しいものを生み出す力を失っていたとしても）研究上の課題のあり方を支配し続けていることを意味する。

それはまた,多くの研究者が,斬新で革新的な研究をおこなうのではなく,むしろ既に確立されたアイデアの単なる焼き直しに過ぎないものを何度も繰り返しながら提案しているだけ,ということでもある。言うまでもなく,これは非常に深刻な問題である。本書の目的は,研究者がより独創的で革新的なリサーチ・クエスチョンを生み出していくための方法を探ることに

よって，この問題に対して正面から取り組んでいくことにある。そして，そうすることによって，より興味深く，インパクトのある研究が生み出されていく可能性が出てくるはずなのである。我々は，リサーチ・クエスチョンの構築というものが研究における非常に重要な要素であると考えており，また，より独創的で創造的で興味深く，そして願わくば影響力のある研究を生み出すために，その構築プロセスについて慎重に検討を進めていく機会が十分にあると考えている。研究プロセスにおける他の側面については，他の著作（Alvesson and Sandberg, 2021; Alvesson and Sköldberg, 2017）でも取りあげているが，ここでは「非基準化的（non-mainsreaming）」なアプローチでリサーチ・クエスチョンに取り組む方法に対して焦点を当てていくことにしたい。

　リサーチ・クエスチョンを構築していく作業に対して影響を及ぼす要因には幾つかのもの（研究資金，研究成果の発表媒体，学術界における流行，現場での調査体験など）があるが，これについては第2章で詳しく説明する。本書では，それら各種の要因の中でも特に重要な意味を持つ側面に対して焦点を当てて検討していく。つまり，〈研究者がどのような方法で，最終的に，面白くて影響力のある理論の展開につながっていくようなリサーチ・クエスチョンを，**既存の学術文献**［先行文献，先行研究］を元にして構築することができるか〉という点である。

　先行研究は，例えば，社会関係，パーソナリティ，文化的多様性，消費，リーダーシップなどのように，特定のテーマや領域，あるいは何らかの現象に関して学術界に蓄積された知識や考え方を要約した上で表現していると見ることができる。多くの場合，このような学術的知識は，より一般的な意味で学識のある人々が共有している幅広い知識の内容と多くの点で重複しており，また我々が生きている時代の知識や考え方を反映するものでもある。もっとも，ある分野の学術文献が，我々が実際に知っていることの一部しかカバーしていない場合があり，さらに，扱っているテーマに関して，かなり問題がある前提や知識の主張を含んでいる例も少なくない。したがって，既存の文献は，確かに新しい知識を開発していくための重要な参照点になり得るのだが，その一方で，それらの文献には含まれていないものの，我々自身が既に持っている知識や経験をも考慮に入れながら特定のテーマに対して批判的にアプローチしていく必要があると言える。実際，そうすることによって，研究テーマのより微妙な点についても理解を深めることができるし，新

しい，あるいは従来のものとは異なるアイデアを生み出す可能性が開けてくることもあるのである。

　既存の学術文献には，特定の研究テーマに関しておこなわれた現実の問題に関する（実証的な）調査の報告だけでなく，研究に際して用いられた理論的視点を扱っているものもある。また，その理論的視点と実証研究の領域には一定の重複もある。例えば，学級運営に関する教育学系の理論のように，理論と実証研究で扱う領域が密接に関連している場合には特にその重複は大きい。ただし，両者の関連がそれほど密接ではない例も多い。例えば，「グランド・セオリー（誇大理論）」ないしメジャーな一般理論の視点（例えば，マルキシズム，象徴的相互作用論，ミシェル・フーコー流の権力と知に関する理論）であれば幅広い研究テーマに対して適用することもできるのだが，このような場合には，理論領域と経験的領域のあいだの関係はかなり稀薄なものにしかならない。

　研究者が実際に既存の理論や先行研究などを元にしてどのような形でリサーチ・クエスチョンを構築するか，という点について具体的に調べた研究の数はそれほど多くない。もっとも，幾つかの研究はそれとかなり近い問題を扱っている。その中には，例えば，何が理論を面白くかつ広範な関心を集めるものにするかという点に関する Davis（1971, 1986）の研究や Campbell et al.（1982）による，調査結果を意義のあるもの（あるいは逆にそれほど意義がないもの）にする条件についての研究などが含まれる。また，Abbott（2004）は，ヒューリスティクスを活用して新しい研究上のアイデアを生み出すことを提案している。一方で，Starbuck（2006）は，さまざまな撹乱戦術（disruption tactics），例えばお気に入りのものとは異なる視点を意図的に考慮に入れてみるような試みを通じて自分自身の考え方について問い直してみるべきだ，と主張する。さらに，Yanchar et al.（2008）は，創造的な研究実践に含まれる批判的思考（クリティカル・シンキング）の実践について検討している。

　上記の諸研究は，リサーチ・クエスチョンを作成する際に重要となる幾つかの条件について明らかにしている。しかし，これらの研究の場合は，研究者が具体的にどのようにして特定のリサーチ・クエスチョンを設定するに至ったか——あるいは少なくとも設定したと主張しているか——という問題に焦点を当てて検討しているわけではない。例えば，Becker（1998）と Abbott（2004）は，研究上のアイデアを思いつく際の手がかりになるような各

種の「トリック（コツ・秘訣）」やヒューリスティクスを提案しているが，それらのトリックやヒューリスティクスは，「研究プロセスにおける個別の段階や特定の側面を対象にしているわけではない」（Abbott, 2004：112）。また，以上のような先行研究の場合について言えば，それ以上に検討が不十分なままであったのは，〈どのようにすれば，先行研究を元にした上で，興味深くかつ影響力のある理論の構築に結びつくようなリサーチ・クエスチョンを構築できるか〉という問題である。

　同じような点は，研究方法に関する標準的な教科書についても指摘できる。それらの教科書では，リサーチ・クエスチョンを設定する際の具体的な方法については，ほとんど解説を加えていない。また，議論の対象にすらしていない場合も多い。その代わりに主な議論の対象になっているのは，〈実際の調査で取りあげることができるリサーチ・クエスチョンをどのような手順で定式化していくか〉という問題なのである。例えば，最初に研究テーマ（例えば，リーダーシップ，成人を対象とする職業教育，男性エンジニアに見られる多様性，英国の高等教育機関における中流階級の地位をめぐる不安，成人学生がグループ・セックスに対して抱く態度など）について明確に述べ，次に「ドメイン」，つまり具体的な分析対象の領域（個人，社会的相互作用など）を設定した上で研究目的を明らかにし，最後にリサーチ・クエスチョンのタイプ——記述的，説明的，規範的な問い等——を決定する，というような一連の手続きである。

　その種の教科書の中には（例えば，Silverman, 2001; Van de Ven, 2007），リサーチ・クエスチョンが優れたものになるためには，単にドメイン，テーマ，研究の目的，および問いのタイプについて明確に定義しておくだけでは不十分である，と指摘する文献もある。それに加えて各種の状況要因，例えばさまざまな利害関係者への配慮，研究者自身の背景や経験，研究分野のあり方等々の要因がリサーチ・クエスチョンの定式化の際に与える影響について考慮に入れておくことが必要なのだと言う。

　以上のようなアドバイスは，確かに重要なものではある。しかし，それらの解説だけでは，特定の研究分野における先行文献を精査して革新的なリサーチ・クエスチョンを定式化していこうとする際に具体的にはどのような点に注意を払えばよいのか，という点は判然としない。したがって，本書では以上のような，従来の文献や教科書でも提供されてきたようなアドバイスに関する解説はごく簡単なものにとどめることにする。

その代わりに我々がこの本で重点を置いて解説していくのは，社会科学の分野において，先行研究を踏まえた上で，より興味深くてかつ大きな影響力を持つ理論につながっていくようなリサーチ・クエスチョンを構築していく上で重要であると思われる幾つかの問題である。具体的に言えば，本書では，先行研究を元にして斬新なリサーチ・クエスチョンを構築していくためには，慎重な配慮，批判的な検討，好奇心，想像力というものが，より自省的（reflexive）でありかつ独創的な学識を涵養していく努力に加えて必要になってくる，という点を主張したいのである。

我々の主な関心は，知的好奇心を刺激しないような類いの，自明であり挑戦的ではない問いなどではなく，むしろ画期的であり，また可能であれば予想外のアイデアを表現する「アイデアにあふれた（idea-rich）」リサーチ・クエスチョンの開発を奨励していくことにある。その種のリサーチ・クエスチョンは，例えば応用研究の分野でも高い評価を受ける場合が多い。もっとも，本書はそのような応用的な意義に焦点を当てるものではない。我々が期待しているのは，アイデアや問いの提示それ自体が研究上の貢献の一部となるような，より斬新なリサーチ・クエスチョンが増えていくことに貢献していくことなのである。

インパクトがある研究の少なさというパラドックス

先行研究を元にして革新的なリサーチ・クエスチョンを構築するための方法を明らかにしていくことの必要性は，今日ますます切実なものになっているように思われる。この背景には，社会科学系の多くの分野で興味深くかつ大きな影響を与えるような研究が次第に少なくなってきていることへの懸念が高まっているという事情がある（Abbott, 2004; Becker, 1998; Gibbons et al., 1994; Richardson and Slife, 2011; Slife and Williams, 1995）。

例えば，Ritzer（1998）や Stacey（1999）などをはじめとする多くの著名な社会学者は，社会学分野における研究の多くがますます専門化されて細分化され，また漸進的になっているために「広い範囲の人々に興味を持ってもらえなくなって」（Ritzer, 1998：447）しまっていることを指摘する。また，そのような意味で，社会学が「あらぬ方向に向かっている」（Weinstein, 2000: 344）という点に関して懸念を表明している。

同じようなことは我々自身の専攻分野についても言える。例えば，*Jour-*

nal of Management Studies の 2 名の編集委員は，退任に際しての編集後記で，6 年間の在任期間（2003 年～ 2008 年）のあいだに 3000 本を超える投稿原稿を査読した経験を振り返って，次のように述懐している。彼らによれば，投稿される論文の数自体は劇的に増加しているものの，「それに比例して実際にこの研究分野に対して重要な貢献を果たすような論文が増えてきたというわけではない。ますます多くの論文が生産されている半面，大きなインパクトを与えるような論文は依然として数えるほどしかない……」（Clark and Wright, 2009: 6）のだと言う。

　影響力を持つアイデアやインパクトがある理論の少なさ，つまり，〈専門分野の狭い枠を超えて広い範囲の人々に対して影響を及ぼしていくことができる理論やアイデアが不足気味である〉という点に関する以上のような認識は，実に不思議なことのようにも思える。というのも，社会科学の分野ではかつてないほど多くの研究がおこなわれ，またその成果が続々と発表されているからである。

　論文の数が急激に増えていった背景には，全国規模の研究評価事業（例えば，英国の RAE・REF やオーストラリアの ERA）[訳注A] が多くの国で実施されるようになり，それにともなって研究業績の質を評価する際に，ジャーナルを格付けないし順位付けしたリストが盛んに利用されるようになったという事情がある。研究評価制度の広がりという点に加えて，高等教育の量的拡大が継続し，それにともなって，知名度や大学ランキングにおける地位の獲得をめぐる競争が激化していくにつれて，大学は，自らの正当性を証明したり研究面での強さをアピールしていくことが必要になってきている。また，学者たちはますますキャリア志向を強めているようであり，これが研究発表の大量生産（恐らく過剰生産でもあるのだが）につながっている。

　かくして，論文の刊行数が大幅に増加しただけでなく，論文掲載をめぐる競争も激化していったのである。実際，ほとんどのジャーナルの採択率は低下の一途をたどっており，現在，一流誌では多くの場合 5 ％近くにまで落ち

［訳注 A］英国の RAE（Research Assessment Exercise：研究評価事業）と REF（Research Excellence Framework：研究卓越性評価事業）については，佐藤（2017, 2018）および Sato and Endo（2014）等を参照。オーストラリアの ERA（Excellence in Research for Australia：豪州のための研究卓越性評価事業）に関しては，Kwok, J. T.（2013）などが詳しい。また同評価事業の概要については，豪州研究評議会（Australian Research Council）のウェブサイト（https://www.arc.gov.au/evaluating-research/excellence-research-australia/era-2023）等を参照。

込んでいる。これらトップランクのジャーナルでの論文掲載は，通常，かなり長期にわたり，また忍耐を要するプロセスとなっている。最終決定がなされるまでに何度となく原稿の改訂が要求される。そして，その最終決定というのは多くの場合「リジェクション（不採択）」というものなのである。

　これらの傾向を全て考慮に入れてみた場合には，次のように思えてくるかも知れない。つまり，今では質の高い研究の数が従来以上に増加しており，その結果として，より興味深くて影響力のある理論が最終的に発表されているはずだ，と。

　しかし不思議なことに，現実はそうではないのである。Park, Leahey, and Funk（2023）は，社会科学と自然科学の両分野にわたる 4500 万件の論文および 390 万件の特許を対象にした最近の研究で，新しい研究文献の数がほぼ指数関数的に増加しているにもかかわらず，ほとんどの研究分野で進歩が停滞しているという見解について調査をおこなった。彼らは，「論文と特許が，科学と技術を過去の状態と決別して新たな方向へと進めていくための原動力になり得る可能性はますます低くなっている。また，このパターンは，分野を問わず普遍的に見られ，引用頻度についての指標やテキストの内容等に関する複数の指標を用いて検討してみた場合でも，まったく同じような傾向が観察される」（Park et al., 2023: 138）と指摘している。

　つまり，社会科学（自然科学も同様なのだが）の全ての勤勉な研究者の心を占めているのは，革新性や創造性を目指すというよりは，むしろひたすらテクニカルな面での腕を磨くこと，それに加えて，漸進的な研究を遂行していくこと，という 2 つの関心事らしいのである。どうやら，社会科学の分野における勤勉な研究者にとって，その行動原理になっているのは，大方の場合，革新や創造性などではないらしい。むしろ，従来の研究の延長線上にある漸進的な研究をおこなっていく上で必要とされるテクニック的な能力を身につけること，あるいはまたそれを目指して地道な鍛錬を積み重ねていくことが目標になっているようなのである。

　さらに最近，経営系の研究者からなるあるグループは，現状について次のような明け透けな評価を下している。

　　現在のシステムは，我々が全体として持っているはずの潜在能力を発揮する上では明らかに不十分である。研究者とその所属機関が目指すべきゴールは，ビジネスや社会に対して実質的なインパクトを与えることであり，単にごく

限られた範囲の読者しか想定していない限られた数のジャーナルに論文を掲載することなどではないはずである。研究の成果は，大学のカリキュラムへの重要なインプットであり，公共政策に情報を与え，ベストプラクティスに関するアドバイスを提供するための基礎である……しかし，現在のエコシステムは，むしろ，視野が狭くて時代遅れであり，かつ実社会から遊離した内容の研究の方を強化しているのである。（ビジネスと経営についての責任ある研究に関する委員会（Responsible Research in Business and Management (RRBM), 2023：n.p.））

面白い理論と退屈な理論の決定的な違いは何か？

　それにしてもなぜ，漸進的な研究では，インパクトがある理論を滅多に生み出すことができないのだろうか？　この問いに答えるためには，まず，「どのような要素があれば理論を面白くできるのか」という点について理解しておく必要がある。つまり，ある理論が，他の研究者や学識のある一般の人々の注意を集めて熱烈な関心を引き起こしたり，「ワーオ！」，「なるほどすごい！」と思えるような瞬間につながったり，「こんなこと考えたこともなかった」とか「どうやらこのテーマについては根本的に考え直した方がいいようだ」などという反応に結びついたりする契機になるようにしていくための方法である。

　どのような種類の理論を面白い（interesting）ものであると感じるかは人によってさまざまだろうし，誰から見ても面白いと思われるような理論はほとんど存在しない，というのもまた事実である。しかし，だから言って，面白さというのは単なる個人的な好みの問題というわけでもない（Das and Long, 2010）。実際，一定数の人々がある種の研究を面白いという風に評価している場合，それは純粋に主観的な見解というわけではなく，むしろもっと広い範囲に及ぶものである。ただしその範囲は，（高等教育やレジャー研究などについての関心のように）研究領域全体で関心を集めているというよりは，むしろ特定の学問分野を専門としている人々（例えばナイトクラブにおけるセクシャルハラスメント的な行為やベルファスト［北アイルランドの首府］のイスラム系の移民について関心を持つ人々）に限定される場合もあるだろう。

　Davis（1971）の画期的な社会学的研究に触発されて過去50年のあいだにおこなわれてきた多くの研究は，方法論的な厳密性を重視しながら研究をお

こなうだけでは面白くて影響力がある理論を生み出す上では十分ではない，という点を明らかにしてきた。それに加えて，読者がそれまで自明視してきた暗黙の前提を何らかの重要な点で覆すような特徴をその理論が持っていなければならないのである（Astley, 1985; Bartunek et al., 2006; Hargens, 2000; Weick, 2001）。

　Davis（1971: 309）が，今では古典となったその論文で述べているように，「理論家が偉大だと見なされるのは，その理論が真実だからではなく，興味深い（interesting）ものだからに他ならない」。言葉を換えて言えば，理論は，たとえそれが厳密な実証研究を経て構築され，また多くのデータによる確実な裏づけがなされていたとしても，読者がそれまで当然視していた各種の前提に対して挑戦を突きつけるようなものでなければ，広範な関心を集めて大きな影響を及ぼしていく可能性は低くなってしまうのである。

　このような考え方は，多くの一流ジャーナルの場合，「面白さ（interesting-ness）」の基準が「ジャーナルの編集委員が投稿論文に期待する要件について解説する際の定番的な項目の1つ」（Corley and Gioia, 2011: 11）になっているという事実とも付合する。しかし，後で改めて解説することになるのだが，我々は，投稿原稿の査読プロセスにおいて実際にこのような［通念への挑戦という］基準がどれだけ広範かつ深い意味で適用されてきたか，という点については疑念を持っている。事実，ほとんど全てというわけではないにしても多くのジャーナルの場合には，むしろそれよりも保守的な性格が強い他の評価基準の方が重視されてきたように思える（この点については第7章で改めて実際の調査データを示しながら，我々の見解の根拠について明らかにしていく）。また，多くの研究者にとっての主たる関心（あるいは唯一の関心事項）は，理論的貢献の実証的裏づけや「真実」としての価値という点にあるのであって，人々が理論的貢献を面白いと思うかどうかという問題は，研究の文脈ではほとんど意味が無くなっているようなのである（Tsang, 2022）。

　当然ではあるが，ある理論が学術文献で頻繁に引用されたり，時には狭い意味での学問の世界の範囲を越えて広く知られたりするようになるという意味で影響力を持つようになる背景には，「面白さ」以外にもさまざまな理由ないしメカニズムがある。例えば，理論が持つ影響力は学術界における権力関係に左右される場合も多い。実際，学問の世界では，特定の理論的視点が，支配的な派閥の力によって主流の地位に押し上げられたり，研究者間で模倣がなされたり，流行への追随傾向を多かれ少なかれ決定づけたりするこ

とが少なくない。理論はまた，特定のイデオロギー的立場にアピールするものであり，かつ広い範囲の政治的利害関心にとって役立つものである場合に，結果としては「適切な」種類の研究として見なされ，また大量の資金が提供されることになる可能性がある。一方で，理論が持つインパクトや「成功」の程度は，理論の提案者（たち）の研究業績や経歴との関係でその理論を理解することがどれだけ容易であるかという点や，その理論が既存の政治的な信条や社会的価値とどれだけ一致しているかという点などによって左右されることもある（Peter and Olson, 1986）。

　要するに，理論が影響力を持つようになるのは，必ずしもその理論自体が面白いものとして見なされているからではなく，むしろ他の要因による場合も多いのである。本書では，この種の込み入った事情がからんでいる問題にまで踏み込んで検討することは特に意図していない。ここでは，単に，研究者仲間や学識ある一般の人々が面白いものとして見なす理論は，特定の学問分野で影響力を持ち，時には学術界の範囲を越えて社会一般にも広く影響を与える可能性がある，という点だけを強調しておきたいのである。

　当然ではあるが，たとえ理論の影響力が「面白さ」以外の要因によって左右される場合があるという事実があったしても，それによって，理論が影響力を持っていく上で「面白さ」というものが果たす役割の重要性が減るというわけではない。本書で我々が焦点を当てているのは，面白さと影響力の組み合わせである。したがって，一部の人々にとって面白いと思われてはいるものの多くの人々の関心を引きつけないような理論，あるいは，影響力がある一方で特に面白いものだとは見なされない理論は，どちらも我々の考察対象からは除外されることになる。

ギャップ・スポッティングから問題化へ

　もし面白い理論というのは，先行する文献で当然の前提とされている事柄に対して疑問を投げかけるものであるとするならば，既存の理論の根底にある前提を問題化（problematization）していく作業は，当然，リサーチ・クエスチョンを構築した上でそれを定式化していく作業における中心的な手続きであるように思われる。しかし，リサーチ・クエスチョンを創り出すための方法に関する従来の解説では，既存の理論の根底にある仮定に挑戦するために必要となるような，より野心的かつ体系的な手続きについて触れることは

滅多に無かった（Abbott, 2004; Locke and Golden-Biddle, 1997; Slife and Williams, 1995）。

　その代わりに提唱されてきたのは，先行研究に含まれている何らかのギャップを明らかにする，あるいは新たにリサーチ・ギャップを作り出した上でそれを埋める，というようなやり方である。この場合，先行研究については，とりあえず肯定的あるいはやや控えめな感じで批判的に取りあげた上で，「このギャップを埋める（fill this gap）」（Lüscher and Lewis, 2008: 221）ないし「文献に見られるこのギャップに取り組む（address this gap in the literature）」（Destine, 2023: 292）というような言い方をするのが一般的である。同様に，研究者はよく，自分自身の研究プロジェクトの動機について，例えば「他の研究では，子供の信念と課題回避行動との関連については検討の対象にされてこなかった……これが本研究の焦点である」（Mägiet et al., 2011: 665）というような形で定式化する。あるいは，次のような言い方をすることもある——「この研究の目標は，［組織や集団の運営や意思決定に関する従業員の］声（発言）に関するグループレベルの信念が及ぼす影響に焦点を当てることによって，これらの重要なギャップに取り組むことである」（Morrison et al., 2011）。

　この種の「ギャップ・スポッティング（gap-spotting）」的なやり方は，社会科学のほとんどの分野，あるいは少なくとも経営学，社会学，心理学，教育学の分野では支配的なアプローチであるように思われる。本書ではこれらの分野を，社会科学全般において広範に見られる慣習について明らかにしていくための事例として取りあげる。このギャップ・スポッティング的な方式を用いてリサーチ・クエスチョンを作成する場合には，先行研究の根底にある理論的前提の大部分を特に問題視しない，ということになる。言い換えれば，ギャップ・スポッティングには，先行研究に含まれているかも知れない**問題化を過小評価**（under-problematize）してしまう傾向がある，ということにもなる。したがって，このアプローチをとる限り，既に相当程度の影響力を持っている理論に対して挑戦するのではなく，むしろ逆にその種の理論を強化していくことになるのである。

　もっとも近年は，特定のタイプの社会構築主義，ポストモダニズム，フェミニズム，批判理論など，問題化のプロセスを直接的あるいは間接的に奨励する理論的パースペクティブが増加傾向にある。ただし，これらのパースペクティブの主たる目的は，多くの場合，それまで一定の評価を得てきた一連

の文献を元にしてそれらの文献の知見を拡張するというよりは，むしろそれらを攪乱させるところにある。したがって，その種の理論的パースペクティブには，研究上の手続きにおける**問題化を過度に強調**（over-problematize）してしまう傾向があると言える。具体的に言えば，このような立場をとる場合には，既存の知識における「間違った」（例えば，誤解を招くないし危険な）部分に光をあてがちである（Deetz, 1996）ために，「実証主義的な経営科学の基盤に対して衝撃を与えてどれだけその安定性を揺るがすことができるか」（Knights, 1992: 533）というような点を強調する傾向がある。つまり「否定的（ネガティブ）な」知識の提供が目的になっているのである（この場合，既存の知識の解体というものが理想ということになる）。

　確かに，このようなアプローチが面白くて価値がある場合も多い。しかし，そのような「（既存知識の）解体」も，やがてむしろ厄介なものになってしまう可能性がある。実際，特定の研究対象に関する知識を前進させることを目指すという意味では，より「ポジティブな」研究課題を設定している大多数の研究者にとっては，そのような過度の問題化は不適切なやり方であり，あまり参考にはならないとされることもよくある（Rorty, 1992）。さらに，攪乱という目的に特化した研究には——その種の研究を「プログラム化された問題化（programmatic problematization）」と呼ぶこともできるだろう——（しばらくすると）それ自体にとって都合のいい暗黙の前提を設定してしまいがちな傾向がある。そのために，斬新な発想にもとづいて問題化をおこなっていく上での力を失ってしまうことも多いのである。もっとも，我々は一方でその種の研究は，さまざまな文献に含まれている暗黙の前提に対して挑戦する際には貴重な検討材料になるとも考えている。

本書の目的

　本書における主な目的は，以上で見てきたような，ポジティブな研究課題とネガティブな研究課題の両方を統合していくことにある。そのために，本書では，問題化を，既存の理論の根底にある前提を明らかにしてそれを問い直し，また，その作業を通して，社会科学の領域においてより面白くて影響力のある理論の構築に結びつくようなリサーチ・クエスチョンを作り出すための方法論として開発し，提案していく。

　そのような問題化の方法論によって，研究者は，安全かつ確実な方法で知

識を生み出すことを目指す場合には実に効果的だとも言える，確立されたありきたりの手順にひたすら従っていくよりも，より興味深くて最終的には満足感が得られるアプローチ（一方でより困難でリスクの高いやり方でもあるだろう）で研究に取り組んでいけるようになるはずである。

　本書における重要なテーマの1つは，より面白くて影響力がある研究をおこなっていく上で有効な方法論的フレームワークのあり方とそれに関連する用語法について一般的なレベルで議論した上で，そのフレームワークを実際に提供することである。さらに，そのような方法論が持つ可能性だけでなく落とし穴についても解説していく。

　また本書では特に，リサーチ・クエスチョンを設定していく際の方法を見直し，社会科学の領域における研究実践のあり方を再構成していくことを提案する。それは，ギャップ・スポッティングではなく，先行文献の根底にある前提に関する批判的検討を積極的におこない，また，自明視された信念や研究活動の出発点を単に再生産するのではなく，むしろそれを根本的に問い直すことを意味する。

　このような見直しないし改訂は，単に理論と研究方法のあり方に対して変更を加えることを意味するだけではない。それに加えて，研究実践というものに含まれるさまざまな社会的および政治的な側面について見直していく作業とも密接に関連しているのである。実際，研究は，社会から遊離した真空状態のような状況でおこなわれることは決してあり得ない。したがって，良質の研究を成立させている条件に関する見直しは，必然的に，研究活動を取り巻く社会的文脈を考慮し，また研究者が研究プロセスの中における自分自身の位置づけをどうとらえるか，という問題について検討していく作業を含むことになるのである。

　本書の主要なテーマについて検討を進めていくために，我々は，次のような問いを設定した上でその答えを求めていく——（1）社会科学分野の研究者は実際にどのような方法によってリサーチ・クエスチョンを組み立てているのか？　（2）リサーチ・クエスチョンを組み立てていく際の規範的なルールにはどのようなものがあるか？　（3）面白くて影響力のある理論につながる要因はどのようなものであるとされてきたのか？

　これらの問いに関する検討作業を踏まえて本書では「問題化」を，先行文献に含まれる前提に挑戦し，また面白い理論につながる可能性が高いリサーチ・クエスチョンを開発するための方法論として開発した上で提案してい

く。具体的には，本書では，（1）既存の理論に含まれているものの中で，問題化の対象になり得る可能性がある各種の前提に関するタイプ分け（類型化）をおこない，（2）問題化をおこなっていく際の方法論に関する幾つかの原則を提案する。また，（3）問題化の実例と，より想像力に富んだ実証的研究の刺激になるような，斬新であり，またその多くが反直観的でもあるリサーチ・クエスチョンの定式化の具体例について詳しく紹介していく。

　この，問題化の作業を進めていくための方法論の提案というのは本書が果たし得る中心的な貢献であり，また第5章と第6章における主要なテーマでもある。一方で，より想像力に富み，面白くて（理論という点で）影響力がある研究が実施される確率を高めていくためには，その逆の，あまり面白くない論文が出来上がってくる背後にあるメカニズムについても理解しておかなければならない（第3章と第4章ではその点を中心にして検討する）。さらに本書では，我々（そして私たちのほぼ全て）が受け入れているであろう，研究というものに関する理想像に対して逆の方向で作用している学問の世界におけるさまざまな力やプレッシャーについて理解するための枠組みを構築する。また，知識の生産において研究者のアイデンティティとエトス（本質的な理念や精神）が果たす役割の重要性について明らかにしていく。この点に関して我々は，研究者にとって必要なのは，研究の目的と知識に対する貢献について徹底的に考え抜いていく一方で，支配的な理論的前提への同調圧力や規格化・正常化（normalization）（Foucault, 1980）のプレッシャーに抵抗し，また他の人々を規格化してしまわないように心がけることである，という点を強調する。

　本書では，リサーチ・クエスチョンを構築する方法の1つとして，**先行文献**の根底にある前提を再検討することによって問題化していくという手続きに対して焦点を当てている。我々は「リサーチ・クエスチョン」を非常に広い範囲をカバーするものとしてとらえている。リサーチ・クエスチョンは，特定の研究結果が当初意図した通りに得られていることを示すだけでなく，研究全体の枠組みを既定するものでもある。その枠組みとは研究活動の全体的な方向性と基本的な議論の進め方のことであり，またそれは，実証研究の指針となる各種の議論の中にあらかじめ自明なものとして組み込まれている一連の前提および「真実」として見なされているものを踏まえている。

　言葉を換えて言えば，リサーチ・クエスチョンは，研究の枠組みを設定し調査研究の全体的な方向性を規定することを通して，研究プロセスにおける

重要な要素になっているのである。したがって，リサーチ・クエスチョンそれ自体の中にも，またリサーチ・クエスチョンに実際に取り組んでいく作業の中にも，自省性（reflexivity）の要素を組み込んでいく必要があるということになる。ここで自省性というのは，特定の研究アプローチを選択することになった経緯や，その研究アプローチが目指すところはどのようなものであるか，また，どのようなことが問題になり得るかなどという点について自問した上でそれを明確な形で整理していく，ということを意味する。

　本書では，研究プロセスに含まれる他の側面——例えば，政策への一般的な関心，組織の利害関係者との公開の場における議論，実務家への示唆，検討対象となる事例の選択，予期しない発見事実など——が研究目的，したがってまたリサーチ・クエスチョンの定式化のあり方に対して与える影響に関しては，ごく簡単に解説する程度にとどめる。自省性との関連でこれらの側面について扱った文献は大量に存在しているし（Alvesson, Sandberg, and Einola, 2022; Alvesson and Sköldberg, 2017; Finlay, 2002; Müller, 2016; Steier, 1991），また，それらの文献には重要な示唆が含まれている（ただし，自省性がどれだけ重要であるかは研究プロジェクト自体の性格によるところが大きい）。もっとも，本書の場合は，リサーチ・クエスチョンを定式化していく際に自省性をどのように扱うべきという点に重点を置いている。したがってそれ以外の種類の自省性をめぐる問題については簡潔に触れる程度になる。例えば，研究者の自己認識，修辞的表現の役割，研究プロセスにおける社会的現実の構築などという問題である。

　例外的に比較的詳しく取りあげるのは，研究活動を取り巻く社会的・政治的な文脈である。これは，研究者が既存の研究に対してどのように取り組んでいくかという点に関わる重要な問題である（Alvesson, Hardy and Harley, 2008）。したがって，問題化を目指す研究をおこなう際には，〈他の研究者が，自分たちの（お好みの）前提に対して疑問を投げかけるような研究に対しては懐疑的な態度あるいは敵対的な反応さえ示す場合がある〉という点について真剣に検討しておく必要がある。この問題については，第7章で具体的な例を挙げながら取りあげることにする。

本書の構成

　この章では，本書における議論を，研究方法論をめぐる議論の広い文脈に

置いてとらえるようにつとめてきた。また，リサーチ・クエスチョンは実際にどのような形で定式化されるものであるか，さらにリサーチ・クエスチョンを定式化していく際に理論的なインスピレーションがどのように活用できるか，という点についてより詳細な批判的検討を進めていく必要がある，という点について主張してきた。特に，リサーチ・クエスチョンを構築する時には，先行研究の根底に存在している，最早あまり生産的でもなければ特に面白くもない一連の前提を無批判に再生産してしまうようなアプローチにともなうリスクについて注意を促してきた。我々は，現実にはむしろそのようなやり方こそがごく普通に採用されてきたのであり，したがってまた，社会科学の多くの領域では斬新な発想が欠如しがちであるという点について指摘してきた。

　第2章では，研究者が自分の研究を，リサーチ・クエスチョンの構築と定式化の作業を取り巻く大きな文脈の中により的確な形で位置づけることを通して，先行研究を元にして独自のリサーチ・クエスチョンを生成するための方法についてさらに詳しく解説していく。同章ではまず，知識の開発において「問い」というものがどのような意味で重要であるか，という点について明らかにすることから始める。次により具体的なレベルで，何がある種の問いを「リサーチ・クエスチョン」と呼べるものにしていくか，リサーチ・クエスチョンには主にどのようなタイプのものがあるか，リサーチ・クエスチョンはどこから生じてくるのか，そしてリサーチ・クエスチョンを構成していく際に，どのような事柄がその基本的な方向性に対して影響を与えるのか，などという点について解説していく。最後に，リサーチ・クエスチョンの構築と定式化の作業に含まれる主な幾つかの手順に関する解説をおこなって第2章の要約とする。

　続く第3章と第4章では，社会科学系の4分野（経営学，社会学，心理学，教育学）から代表的なジャーナルを10誌取りあげた上で，それらのジャーナルに関する体系的なレビューを通して，研究者が先行研究を元にしてリサーチ・クエスチョンを構築する際の典型的なアプローチについて実証的に検討していく。また，他の分野の幾つかの研究も参考にしながら，社会科学全体でも同じような傾向が見られるという点について言及する。

　それらの検討結果から示されるのは，リサーチ・クエスチョンを作成する上で最も広く用いられてきた方法は，我々が「ギャップ・スポッティング」と名づける方法であるという点である。つまり，〈先行研究の中に従来見落

とされてきた課題領域などをはじめとする各種のギャップ（隙間）を見出し，それらのギャップを踏まえて具体的なリサーチ・クエスチョンを作成する〉というやり方である。我々はそのギャップ・スポッティング方式をタイプ分けした類型論を示した上で，ギャップ・スポッティング型の研究に含まれがちな幾つかの問題点と限界について批判的に議論する。特に，ギャップ・スポッティングを通して作成されたリサーチ・クエスチョンは，先行研究の根底に存在する前提に対して疑問を投げかけるような挑戦をすることはないので，実質的な研究上の貢献につながる可能性は低くなってしまう，と主張する。

　第5章は，以上の解説を出発点としてそれをさらに展開していく。我々はギャップ・スポッティングに代わるものとして問題化の方法論を提唱し，その具体的な手続きを3つのステップに分けて詳しく解説する。最初に，〈先行研究の根底にある前提に挑戦する〉という方法論の目的とその中心的なポイントについて説明する。次に，既存の理論に含まれており問題化の対象になり得る前提を5つのタイプに分けて解説する。最後に，先行研究の根底にある前提を特定し明確化した上でそれを問い直していくための方法に関する幾つかの原則を提示する。

　第6章では，前章までで開発した問題化の方法論を社会科学における2点の重要な論文に適用することによって，リサーチ・クエスチョンを作成する上で実際に問題化の方法がいかに活用できるか，という点について解説する。1点目は，組織アイデンティティと従業員が自分の勤務する職場に対して抱く同一視（アイデンティフィケーション）に関する Dutton, Dukerich and Harquail（1994）による有名な論文である。2点目は，West and Zimmerman（1987）の古典的な論文「ジェンダーの実践（Doing Gender）」で3点目の文献は，制度ロジックに関する Thornton, Ocasio, and Lounsbury（2012）という研究書である。

　第7章では，〈前提に挑戦するアプローチの方が面白くて影響力のある理論の開発につながる〉という認識が高まっているにもかかわらず，なぜ，そのようなアプローチを実際に採用した研究はむしろ稀であり，一方では未だにギャップ・スポッティングが一般的なのか，という点について批判的な観点から議論していく。

　ここでは，かなり一般的でありかつ相互に関連する次の3つの要因について指摘する——制度的条件，専門家集団の規範，研究者としてのアイデン

ティティ形成のあり方。また我々は，この問題に関するさまざまなレベルでの解決策の可能性について解説していく。その中には，制度および組織構造や慣行の変革，学術文献の刊行に関わる規範の見直し，そしてまた，研究者が自分のアイデンティティと方法論上の理想について改めて考え直していくことの必要性などが含まれる。我々は特に，昨今の一般的な風潮，つまり一流ジャーナルに論文が掲載されることによって研究職のキャリアの階段をできるだけ早く駆け上がっていくことを目指す傾向や，それを管理主義的な大学がサポートするというような風潮とは対照的に，より自省的で独創的な学識を涵養していくことこそが大学や研究者自身にとって持つはずの重要性に対して注意を喚起していく。

　第8章では，本書における全体的な議論を要約する。まず，問題化の方法論が社会科学に対してもたらすことが期待される主な貢献の内容について詳しく説明する。次いで，問題化の方法論が特に適切であると思われる状況について簡単に解説する。最後に，問題化の方法論を全体的な研究プロセスとの関連で論じ，また，斬新なリサーチ・クエスチョンを構築し定式化していこうとする際に，どのようにすれば先行研究を問題化していくアプローチを実証データによって補完できるか，という点に関する説明をおこなう。

第2章

リサーチ・クエスチョンの構築と
定式化の作業を取り巻く文脈

　第1章で論じたように，社会科学の方法論に関する標準的な教科書では，多くの場合，実際にリサーチ・クエスチョンを構築して定式化する方法に関する解説は一切なされていない（Denzin and Lincoln, 2011; Freebody, 2003）。もしくは，何らかの説明を加えているにしても，ごく簡単に触れる程度（Hesse-Biber and Leavy, 2011; Silverman, 2001）で済ませてきた（貴重な例外は O'Leary, 2018; Rapley, 2022 および White, 2017）。それ以上に注意が払われてこなかったのは，先行研究を元にしてリサーチ・クエスチョンを構築する際の具体的な手続きに関わる事柄である。また，面白くてしかも大きな影響力を持つ可能性がある理論の開発につながる見込みがある革新的なリサーチ・クエスチョンを構築するための方法については，事実上何も書かれてこなかったと言ってよいだろう。

　多くの研究が理論的というよりは実践的なテーマに取り組んでいるという事実については，我々も認識している。例えば，政策を評価したり特定の社会問題の実態について記述的な答えを提供しようとする研究などがその例である。しかし，我々は，どちらかと言えば理論的な研究の目的の方に関心があり，したがって広範な意義と価値を持つ理論的貢献を生み出すことができる野心的な研究に関心を抱いている。また，そのためには，研究に関わる現象に含まれることが多い曖昧な性質について「より深いレベルで考えていく（deep thinking）」必要があると考えている（Alvesson and Sandberg, 2023）。

　第3章と第4章では，文献調査を通して，これまで実際に研究者が先行研究にもとづいてリサーチ・クエスチョンを構築する際に用いてきた方法について明らかにしていく。つまり，ある分野における既存の知識をレビューして要約した上で，その分野の知識を改善するためには何ができるのか，という点について検討していくのである。第5章と第6章では，その文献調査の結果を受けて，より焦点が絞られた，独創的なリサーチ・クエスチョンを作

成していこうとする際に効果的なやり方について詳しく検討していく。

　本章では以上の4章でおこなう検討作業の背景について解説する。その目的は，我々の研究を，リサーチ・クエスチョンの作成と定式化という，より大きな文脈の中に確実に位置づけることにある。この章ではそのような検討をおこなっていく作業の手はじめとして，まず，知識を開発していく作業において「問い」というものが果たす役割について探っていく。次いで，問いを「リサーチ・クエスチョン」と呼べるものにしていくための条件，答えを求めるに値するようなリサーチ・クエスチョンのタイプ分け，リサーチ・クエスチョンの起源，リサーチ・クエスチョンの構築に対して影響を与える主な要因などについて詳しく見ていく。最後に，先行研究を元にしてリサーチ・クエスチョンを作成し定式化していく作業における幾つかの段階と手順について順を追って解説していく。

知識の開発における問いの重要性

　上で指摘したように，研究方法論に関するほとんどの教科書では，知識の開発において「問い」というものが果たす役割について解説していることは滅多に無い。したがって，ここで改めてその点について，［それらの教科書の著者たちに］改めて問い質してみることは奇妙に思えるかも知れない。あるいは，失礼だとさえ思われてしまうかも知れない。恐らく，それらの教科書の著者たちは，研究において問いが果たす役割というのはあまりにも明白であると考えているか，もしくは，それほど重要ではないとでも思っているのだろう。あるいはまた，リサーチ・クエスチョンを思いつくための方法は無限にあると考えているために，それについて何か意味のあることを言うのはあまりにも困難だと感じているのかも知れない。したがって我々は，誰もが知っているはずの事実をあえて述べることになってしまいかねないというリスクを承知した上で，ここで改めて上記の問いに対する答えを明確にしておくことには意味があると思っている。その，単純ではあるが基本的な答えというのは，次のようなものである——「問いは全ての知識開発における本質的な要素である」。

　実際，Gadamer が述べているように，「全ての知識への道は問いから導かれるものである」（1994: 363）[訳注B]。問いは，あらゆる形態の知識の開発にとって必要となる出発点およびその試みがそれ以降にたどっていくべき道筋

を提示する。我々が物事についての知識を生み出すことができるのは，問い
を発することによってなのである。同じように，問いを発することはあらゆ
る種類の調査研究にとってその基盤となる。例えば，学生がどのようにして
学習するかという点について知るためには，教育研究者は，「受講者数は学
習にとって重要な要素であるか？」とか「学生は特定のアイデアや研究テー
マについてどのような形で学習するか？」などというように，具体的な問い
を設定する必要がある。同様に，人間がどのようにして特定のやり方で考
え，行動し，そして振る舞うものであるかという点について知るために，心
理学者は，人間の認知と感情に関する具体的な問いを設定しなければならな
い。まったく同じように，経済がどのように「機能」するものであるかとい
う点について知るためには，経済学者は価格メカニズム，資本移動，輸出入
比などに関する問いを立てなければならないのである。

　このように，問いを発することなくしては，いかなる知識も開発すること
はできないのである。あるいは少なくとも価値のある知識を開発することな
ど不可能だと言える。であるからには，リサーチ・クエスチョンは，あらゆ
る形態の科学的知識の発展にとって必然的で不可欠な出発点であり，また最
優先事項であるはずなのだ。実際，リサーチ・クエスチョンは，知識の開発
における基本的な方向性とその道筋，採用すべき研究上のデザインや方法論
を明確にし，また研究によって生み出される可能性がある理論的貢献や実践
的な貢献のあり方を規定する。

　ここで銘記しておくべき重要なポイントは，リサーチ・クエスチョンにつ
いては，さまざまなレベルのものが想定できるだけでなく，その精度と焦点
に関しても多様なものが存在する，という点である。したがって，本書でリ
サーチ・クエスチョンと言う場合，必ずしも明確に整理された問いや（仮説
検証の作業に近い性格を持つ）特定の目的に沿った問いだけに限定して考えて
いるわけではない。そうではなくて，我々は，リサーチ・クエスチョンは，
研究——実証研究と理論研究の双方を含む——におけるもう少し広い意味で
の知的動機，つまり研究の論理的根拠と方向性を規定するものだと考えてい
るのである。

　［訳注 B］Gadamer の著書の英訳書 *Truth and Method* は版によってページ番号に若干の違いが
　ある。これについては，https://plato.stanford.edu/entries/gadamer/ 参照。

問いが「リサーチ・クエスチョン」と呼べるものになるための条件とは？

リサーチ・クエスチョンはあらゆるタイプの理論構築の作業において本質的な構成要素となるものである。しかし，必ずしも全ての問いがリサーチ・クエスチョンと呼ぶに値するものだとは限らない。各種のリサーチ・クエスチョンにとって，その共通の定義となるような基準の1つは，それが「研究可能（researchable）」（White, 2017），あるいは，Savin-Baden and Major（2012）が言うように「調査可能（investigable）」でなければならない，ということである。研究可能であるということは，多くの場合，リサーチ・クエスチョンは，それに関する科学的な調査を通して実証的な答えが出せるような形に定式化されている必要がある，ということを意味する。

White（2009: 35）が述べているように，「全ての問いが社会科学におけるリサーチ・クエスチョンだというわけではない……それ以外の種類の問いの中にも社会科学者にとって興味深いものがあるかも知れない。しかし，実証的なエビデンスによって答えを出すことができない場合には，それは『研究可能』だとは言えないのである」。もう1つの共通の基準は，リサーチ・クエスチョンはあまりに広すぎるものではなく，一定の範囲に限定されており，かつ焦点が絞られたものであるべきだ，ということである。Silvermanが示唆しているように，リサーチ・クエスチョンは「多くの事柄について少しだけ」を言うのではなく，「少しの事柄について多くのこと」が言えるようなものでなければならない（2001: 5）。このようにして，リサーチ・クエスチョンは「ソフトな制約条件」（Gomart, 2002）を設けるものになるべきだと言える。

上で述べたことからすれば，リサーチ・クエスチョンが必要になるのは実証研究だけであるという風に思われてしまうかも知れない。また，リサーチ・クエスチョンの条件に関して指摘されてきた事柄は，かなり狭い範囲に限定された実証上の問題とそれに関する調査研究に関わるものであるようにも思えるだろう。しかし実際には，リサーチ・クエスチョンは，理論研究および概念的な探究が焦点になっている研究プロジェクトの場合にも，同じように中心的な役割を果たすものである。

事実，我々は必ずしも，焦点を絞った実証研究を改めておこなうことが必要とされないような問いを設定することもできる。また，多くの優れたリ

サーチ・クエスチョンは，特定の研究分野における理論研究と実証研究の蓄積を踏まえた，徹底的で批判的かつ想像力に富んだ総合的なアプローチを前提としている。例えば，「50年前の時点で『豊か』になった国における経済成長のポイントはどのようなものであるか？」という問いをリサーチ・クエスチョンとして設定することもできる[1]。また，「今では人々がかつてなかったほどに高度の教育を受け，また自分たちが個人主義的であると主張しているのに，なぜリーダーシップというものがこれほど大きな研究テーマになっているのか？」[2]という問いを立てることもできる。

　当然ではあるが，このような問いの場合には，焦点を絞った実証研究とは異なるアプローチが必要になってくる。確かに実証研究が一定の役割を担うことは確かなのだが，これらの問いに対する答えを求めるためには，もっと広い観点からの分析と推論が必要になってくるのである。いずれにせよ，全体として本書で我々は，リサーチ・クエスチョンの構築および定式化というテーマについて，より広い範囲で指摘できる事柄について解説することを目指している。したがって本書では，リサーチ・クエスチョンに関して，Silverman やここまで本書で取りあげたその他の研究者たちが指摘しているような，焦点が絞られた実証研究の際に設定される種類のものに限定せずに検討を進めていくことにする。

　研究可能で明瞭であるということ（あるいは少なくとも不明瞭ではないこと）は，少なくとも実証研究に関して設定される問いに関して言えば，リサーチ・クエスチョンの重要な条件の1つではある。しかし，それが考慮に入れるべき唯一の条件だというわけではない。また通常は，そのような点について考慮するだけでは十分とは言えない。リサーチ・クエスチョンは，その一方で，社会にとって，あるいは研究対象になっている専門領域との関連がある，広い意味における「実務」にとっても意味のある知識を生み出すことができるものでなければならないのである（これについては例えば，教育や医療などの領域における実務などが挙げられる。Adler and Hansen, 2012; Van De Ven, 2007）。当然ではあるが，研究という行為にとって重要なのは，研究者が自己実現を達成したり，論文や書籍に著者として自分の名前が出ることで

1　「豊かな社会（affluent society）」というのは，Galbraith が 1958 年に新たに作り上げた造語である。

2　これらのリサーチ・クエスチョンを明らかにするための取り組みについては，Alvesson（2022）参照。

ナルシシズムを満足させたりキャリアアップを果たしたりすることだけではない。そのような種類の動機が大半を占めていると疑われる例が皆無というわけでもないが，いずれにせよ，リサーチ・クエスチョンは，何らかの形で社会にとって重要な意味を持つ問題に取り組む可能性を持っている必要があるのだと言える。

　しかし，現実問題との関連性を重視する基準と研究可能であり明瞭に定義されたリサーチ・クエスチョンを重視する基準とのあいだにはある種の緊張関係が存在している場合も多い。同じような点は，研究者の自己満足と社会全体にとっての利益とのあいだの関係についても言える。Adler and Hansen（2012）が指摘しているように，多くの研究者には，きちんと整理された明瞭な（そして結果として時には瑣末な）リサーチ・クエスチョンを設定しがちな傾向がある。一方で，社会に変化をもたらす可能性を持つ，「大規模で，乱雑で，複雑で，見解が分かれることが多く，また社会全体に関わる重要な問題」（Adler and Hansen, 2012: 5）の調査に真正面から取り組んでおり，知的教養がある人々の関心を引き，時には物事を深く考える実践家にも注目されることがある例は比較的少ない。実際，研究はしばしば科学的な厳密性と現実関連性とのあいだで板挟みになっており，また，この問題は多くの分野で未解決のままにとどまっている。

　第7章で詳しく説明するように，研究者が複雑で厄介な問いに取り組むことを躊躇しがちであることの主な理由は，従来の慣例からして無難なリサーチ・クエスチョンだと見なされている範囲からはみ出してしまうことへの恐れというものであり，したがってまた，それによって論文掲載，研究資金の獲得，およびキャリアアップの見込みが薄くなってしまうことへの恐怖心でもある。

　リサーチ・クエスチョンについては，研究可能であり，明瞭で，意味のある知識を生み出すことができるという観点から評価していく必要がある。ただし，真に優れたリサーチ・クエスチョンにとって最も大切な条件は，重要な理論的貢献に結びつく可能性のある知識を生み出すことができる，ということだろう。その理論的貢献というものの詳しい内容については，第3章で詳しく解説する。しかし大まかに言えば，理論的貢献のあり方については，それを2つの基本的な形式に区別することができる。1つは，特定分野における既存の知識に対して漸進的な追加をおこなったり，その知識を何らかの顕著な形で拡張したりするというやり方である。もう1つは，特定の研究

テーマについて，従来のものに代わる説明ないし理解の仕方を提供するなど，何らかの形でより独創的で斬新なものを創り出すようなやり方である（Corley and Gioia, 2011 をも参照）。

　第1章で述べたように，我々が特に関心を持っているのは，先行研究を元にした上で，それらの先行研究に対して挑戦し，しかも幾つかの重要な点で従来のものとは異なる理論的貢献へと結びついていくリサーチ・クエスチョンを構築していくための方法である。これは，（第4章で詳しく解説するように）一般に，従来のコンセンサスに対して挑戦していく可能性を持つ知識は，コンセンサスを再確認するような知識よりも面白くて，しかも大きな影響力を持つと考えられているからに他ならない。事実，コンセンサスを確認するだけという場合には，学問領域における既存の知識に何らかの変更を加えてある程度前進させることはあっても，それを本質的な意味で変えたり新しい要素を大幅に加えたりすることは減多に無いのである。

　それにしても，そもそもリサーチ・クエスチョンにどのような特徴があれば，コンセンサスに挑戦するような知識という点での貢献につながる可能性が出てくるのだろうか？　そのようなリサーチ・クエスチョンは，真の意味における開放性という特徴を持っている場合が多い。オープンな問いというのは，あまりにも多くの，あるいは過度に厳密な前提によって事前にパッケージ化されておらず，したがってまた，その答えがあらかじめ決まってなどいない問いのことである。

　例えば，「学生はどのように学ぶのか」と問うことは，実際に学習がおこなわれているということが前提になっているが，現実には必ずしもそうであるとは限らない。学生は，実際にはあまり学ぶことなく講義単位を取得することもある。例えば，Arum and Roksa（2011）の研究は，米国の高等教育では，全学生の約40％が在学中に知的に向上しているわけではないことを示している。同様に，特定のリーダーシップスタイルがフォロワーのウェルビーイングに対してどのような影響を与えるか，という点について問うことは，（a）リーダーシップなるものが実際に存在し，（b）それが特定の「スタイル」という形で要約可能であり，さらに（c）「ウェルビーイング」という一次元的で測定可能な何物かが存在することを前提としている。それとは対照的に，オープンな問いを設定すれば，より独創的で啓示的な知識を創り上げていく上で不可欠になるような不安定性や不確定性を生じさせることができるのである。

Gadamer（1994: 363）が言うように，「問うということは開放的な状態にとどめておくということである。問われた事柄が持つ開放性は，答えがまだ定まっていないというところにある……問うことの意義は，問われた事柄について疑問を投げかけることができることを示すというところにある」。

ここで，この引用にある「開放的な状態にとどめておく（bring into the open）」という言葉が持つ二重の意味に注意を向けて欲しい。つまり，研究テーマについて調査するということに加えて，その対象に関して既に知られていることについて改めて問い直す，という両方の意味があるのである。より具体的に言えば，真に開放的な問いは，研究テーマに対して新たな観点から取り組み，我々が既にそれについて知っていることについて——少なくとも一時的には——疑問を投げかけていくということを意味するのである。とりわけ，そのテーマに関する我々の既存の知識の根底にある前提について問い直していくことになる。したがって，革新的なリサーチ・クエスチョンは，我々が研究テーマについて既に「知っている」ことをいったん未解決の状態にし，かつ不安定なものにする。したがって，そのような問いは，研究テーマに関する現在までの理解内容に対して何らかの重要な点で挑戦し，したがってまた，疑う余地もないほど新しい知識の開発につながる可能性を持っているのである。

ここで注意しておかなければならないのは，一見紛れもなく開放的であるように見える問いの中には，研究テーマに関する問いの可能性をオープンにせず，むしろそれを元のままにしておくという意味で，実際には「閉じられた（closed）」ものがあるという点である。そのような意味で閉じられた問いの典型例としては，教育の場で教師が生徒に対してオープンな問いを投げかけているフリをしているが，実際には教師の側は既に出来上がった答えを持っている，というような場合が挙げられる。閉じられた問いのもう1つの一般的な例は，政治家がよく投げかけるような類いの修辞的な問いである。繰り返しになるが，そのような状況では，問いを発する側はしばしば既に答えを知っているのだが，何らかの方法で聴衆を一時的に宙ぶらりんの状態にしておきたいと考えているのである。

残念なことではあるが，社会科学の場合にも，意図的であるか否かは別にして，それらと同じような種類の，何らかの意味で実際には閉じられた問いが提起される例が少なくない。例えば，「スペインの上流階級のバイセクシュアルの間ではジェンダーというものがどのように［社会的に］構築され

ているのか」という問いは，男女の区別以外のジェンダーを構築しているバイセクシュアルが存在しているという事実を前提としている。同じように，「東ティモールにおける離婚に対する態度はどのようなものであるか」という問いは，東ティモールには，相当程度に共有されている何らかの了解事項が存在しており，同国の人々は離婚という問題について何らかの（確固たる）信念や態度を持っていることを想定していることになる。オープンな問いと閉じられた問いの中間に位置づけられる別のタイプの問いとしては，Gadamer が「的外れの問い（slanted question）」と呼んでいるものが挙げられる（1994: 364）。その種の問いは一見開放性を持っているように見えるのだが，実際には，開放的とは言えない形で提起されており，したがって，独創的で斬新な知識を生み出す可能性はきわめて低いのである。

　ただし，リサーチ・クエスチョンが完全にオープンであることは決してない。というのも，リサーチ・クエスチョンは，それが提起される時点で採用された特定の視点あるいは［問いの］地平によって必然的に制限されているからである。言葉を換えて言えば，全てのリサーチ・クエスチョンはどこからか来ているものである。つまり，リサーチ・クエスチョンは，必然的に，研究テーマを特定の方法で概念化したり定義づけたりする上での特定の視点の範囲内で構築され，また定式化されるのである。

　例えば，心理学的な観点から構築および定式化された「アイデンティティ」に関する問いは，社会学的な観点から構築・定式化されたアイデンティティに関する問いとは異質なものである可能性が高い。同様に，特定の理論的視点——例えば特性論的な心理学の視点——で定式化されたアイデンティティに関する問いは，Foucault 理論の枠組みで定式化されたアイデンティティに関する問いとは異なっている可能性がある。これは，問いというのは，研究テーマを特定の方法でオープンにする一方で，他方では，研究テーマについて我々が得ることができる知識に対して一定の制約を加えるものである，ということを意味する。

　全てのリサーチ・クエスチョンが，学問領域，理論的，あるいは方法論的な視点などの特定の枠組みの範囲内だけでなく，それに加えて文化的に当然のものとされている理解の範囲という限定を受けた上で構築され定式化されているという事実は，2つの点で重要な意味を持っている。第1にその事実は，我々自身が持っている視点のあり方と，その視点が我々の問いの構成と定式化に対してどのような影響を与えているかという2つの事柄について自

覚的になることが重要である，という点を示している。これは，特定の視点があるからこそ何らかのテーマについての問いを発することができるのであり，したがってまた，そのテーマに関する特定の知識や理論を発展させることができるからに他ならない。第2に，そしてそれが本書の最も中心的な論点でもあるのだが，上記の事実は，より面白くて影響力がある理論を開発していこうとする際には，我々の注意を，問いそれ自体の構築と定式化の作業に対してだけでなく，問いの定式化の際に用いられる特定の視点，とりわけその視点の根底にある前提（assumptions）に対しても向けていく必要がある，という点を示している。

　さらに，本当の意味でオープンな問いを定式化できるようにするために，少なくとも一時的には，我々自身が持っている視点や文化的枠組みについて意図的に問い直していかなければならない場合もある。オープンな問いは，自発的な洞察力や創造性によって生じることもある。その一方で，自分自身の枠組みや好み，あるいは習慣的な考え方に対してつとめて距離を置くように意識することによってオープンな問いかけが可能になる場合も多い。言葉を換えて言えば，我々は，リサーチ・クエスチョンの構築と定式化を左右する視点とその前提について自覚的になる必要があるのである。これは取りも直さず，我々自身の発想が埋め込まれている各種の視点と文化的な「真実」の根底にある前提を明らかにし，それを問い直していく作業は，本来リサーチ・クエスチョンの構築と定式化に**先行**するものであるからに他ならない。この作業に取り組んでいく際には，第5章で新たに開発し，第6章ではその具体的な適用例を示していく「問題化」の方法論が有効である。

リサーチ・クエスチョンにはどのようなタイプのものがあるか？

　本当の意味でオープンな問いを設定することは，コンセンサスに挑戦するという意味での知識的な貢献を果たす上で重要なポイントである。一方では，それに加えて，さまざまなタイプのリサーチ・クエスチョンを区別した上でそれらの問いを定式化できるようにしておくことも重要である。実際，設定できるリサーチ・クエスチョンには色々なタイプのものがある（Hesse-Biber and Leavy, 2011; Van de Ven, 2007; White, 2017）。Dillon（1984）がおこなったリサーチ・クエスチョンの種類に関する文献レビューは，恐ら

くは最も網羅的なものだろう。彼によれば，17 のタイプのリサーチ・クエスチョンが特定できるのだという。もっとも，これら 17 種類の問いは，さらに次の 4 つの包括的なタイプにグループ分けすることもできるとされる──記述的，比較的，説明的，規範的な問い。Dillon がそのレビューを通して明らかにした中でも中心にあるのは，これらの問いの大部分が階層的な関係にあるという事実である。具体的には記述的な問いが最も基本的で，次いで比較の問い，その次に説明的な問いと規範的な問いという具合にして互いに関連しあっている，ということである。

　記述的な問い，あるいは Dillon が第 1 階層の問い（first-order questions）と呼んだものが最も基本的なレベルの問いである。この場合は，何らかの現象を構成する要素について明らかにすることが目的になっている。例えば，記述的な問いを設定することを通して，現象の本質（例えば，それが何であるか），機能（例えば，それがどのような役割を果たすか），根拠（例えば，なぜそれが特定の性質を持っているか）など，現象を特徴づけるものについての知識が生み出されていくことになる。記述的な問いの例としては，「ハイパーアクティブ（異常に活発）な人々の特徴にはどのようなものがあるか」や「オンライン環境において学生の学習はどのようになされるか」などが挙げられる。これら 2 つの問いは，それぞれ，ハイパーアクティブな人々や学生の学習が持つ具体的な特徴に対して焦点を当てている。

　比較の問いないし第 2 階層の問いの場合，その主な目的は，随伴的な関係（例えば，2 つの現象が互いにどの程度関連しあっているか），同等性（例えば，2 つの現象がどの程度類似しているか），あるいは相違（例えば，2 つの現象がどのように異なっているか）など，複数の現象間の関係に関する知識を生み出すことにある。比較の問いの例としては，「社会福祉サービスの受給者のあいだには，男女間でどのような類似点と相違点があるか」というようなものが挙げられる。この例のように，比較の問いは，必然的に記述的な問いをともなうものであるし，またその種の問いに対する答えが前提となっている。というのも，女性と男性の社会福祉サービス受給者それぞれの特徴に関する問いに対する答えが明らかになっていなければ，そのような比較の問いに対する満足のいく答えは得られないからである。

　説明的な問いないし第 3 階層の問いは，複数の現象とその属性のあいだに存在する相互関係に関する知識を生み出すことを目的としている。説明的な問いでは，相関（例えば，2 つの現象の属性のあいだに影響しあうような関係が

あるかどうか），条件性（例えば，その相関が第3の属性に依存する場合），および因果関係（例えば，XがYに変化をもたらす場合）を明らかにすることを目指す。そして，相互関係に関して意味のある説明的な問いを設定する際には，「属性間の比較に関する知識」が前提となる（Dillon, 1984: 331）。

　規範的な問いは，何らかの物事がどのようにおこなわれるべきであるかという点に関する知識を生み出すことを目的としている。多くの場合，規範的な問いでは，「何かを改善するために何をなすべきか」と問うことになる。例えば，学生の学習や若者の失業，または同性愛への敵意で知られる集団における同性愛的な性的指向に対する受容態度の改善などがその例として挙げられる。既に述べたことの繰り返しになるが，これらの例からも分かるように，規範的な問いを設定してそれに対する答えを求めるためには，上で解説した記述的な問いと説明的な問いに対する答えが必要となる。

　上記の類型論（タイプ分け）からは，リサーチ・クエスチョンを構築していく際に留意すべき重要な2つのポイントが浮き彫りにされてくる。まず，この類型論によって，〈特定のタイプのリサーチ・クエスチョンが設定されているからこそ特定の種類の知識が生み出される〉という点について認識しておくことの重要性が明らかになってくる。例えば，現象を構成する要素に関する知識を得ようとする場合には，説明的な問いではなく記述的な問いを設定する必要がある。それと同じ程度に重要なポイントとして，第2には，〈高次の問いが低次の問いを必然的にともなうことになるという意味で，複数のリサーチ・クエスチョンが互いに密接に関連している〉という点も指摘できる。例えば，比較の問いを発することができるということは，それ以前にまず一連の記述的な問いに対する答えが得られていることが前提になる。

　調査研究の焦点をさらに明確なものにしておく手立ての1つとして，研究目的に関する詳細で明瞭な言明によってリサーチ・クエスチョンを補強する必要がある，という点について認識しておかなければならない（Creswell, 1998; White, 2017）。研究目的は，その調査研究をめぐる研究者の意図，つまり，調査を通して達成しようとする事柄が何であるか——例えば記述すること，説明すること，あるいは何かについて評価すること——という点にとって前提となるものである（Ritchie, 2003; Savin-Baden and Major, 2012; White, 2017）。一方で我々は，リサーチ・クエスチョンというのは，研究目的よりも広くかつもっと一般的なものだと考えている。というのも，研究目的は研究者が調査によって達成しようとすることを明示するのに対して，リサー

チ・クエスチョンはそれよりもさらに重要な意味で調査全体の枠組みを規定するものだからである。また先に述べたように，リサーチ・クエスチョンは，何を明らかにすべきか，どのように調査を設計すべきか，どのような調査技法を選択すべきか，そしてその調査が貢献し得ることは何であるかなどを示すだけでなく，調査の全体的な方向性を規定し，また，知識を開発していく作業がたどっていくべき道筋を決定づけるものだからでもある（Alvesson and Sandberg, 2013: 15-16）。

リサーチ・クエスチョンはどこから生まれてくるのか？

リサーチ・クエスチョンの構築と定式化の作業の背景となる4番目の主要な側面は，問いの起源である。リサーチ・クエスチョンは，何もない真空のような状態から構築されて定式化されるのではなく，研究者が洞察とアイデアを得る特定の場所から発生するのである。リサーチ・クエスチョンはさまざまな場所から生じてくる可能性があるが，最も一般的な（そして相互に関連することが多い）4つの起源は，社会（Silverman, 2001），個人的な経験（Alvesson and Sandberg, 2022; Easterby-Smith et al., 2008），既存の学術文献（White, 2017），そして実証的なデータ（Alvesson and Kärreman, 2011）である。

リサーチ・クエスチョンに関する洞察とアイデアを提供する場所の1つである**社会**には，労働組合，社会運動，政治家，メディア関係者，経営者，職業団体など，特定のグループやその関係者によって提起される数多くの問題があり，それらはリサーチ・クエスチョンを設定する際にインスピレーションやアイデアの源泉になる。例えば，マスメディアでも報道されているように，企業の管理者（マネジャー）と従業員，さまざまな政府機関の政策立案者とそれらの機関の職員，学校の教師，あるいは病院に勤務する医療スタッフのような人々は，それぞれ常に，解決が容易ではない何らかの問題に直面している。さらに，気候変動，世界的な金融危機，テロリズム，重大な健康問題，高い失業率，人種差別，移民の流入パターンに見られる変化，経済のデジタル化などをはじめとして，社会の一般的な傾向についての問題関心からリサーチ・クエスチョンが設定される可能性もある。

したがって，テレビでニュースやドキュメンタリーを見たり，新聞や専門誌を読んだり，インターネット・サーフィン（Webブラウジング）をした

り，より一般的には社会や世界全体で起こっていることに目配りしておくことは，興味深いリサーチ・クエスチョンを作り出していく上で重要な契機になり得る。リサーチ・クエスチョンを作成するための情報源として社会情勢を参照することは，現実的な意義のあるリサーチ・クエスチョンを作り出せるようにするためには特に重要なポイントである。

とはいえ，Silverman（2001）や他の論者が指摘しているように，リサーチ・クエスチョンを生成するための主な情報源として社会的な状況に関する情報を利用する場合には，幾つか注意しておかなければならない点がある。例えば，経営者，政策立案者，労働組合員，政治家などが社会問題について指摘する際には，それぞれ特定の課題に力点を置くことが珍しくない。言葉を換えて言えば，彼らが取りあげる問題は一見実際に意味があるもののように見えるかも知れないが，事実としては，さまざまな党派的な利害関心，イデオロギー，あるいは政治的動機などによって色付けされた特定の課題を前面に押し出すことを意図して，捏造されたり事実を歪曲している場合があり得るのである。

また，提起された問題が実際に意味のあるものだとしても，それらの問題があまりにも複雑であったり込み入ったものであったりすることもよくある。そのために，調査可能なリサーチ・クエスチョンにまで落とし込んでいくのはかなり難しい作業になってしまうかも知れない。それに加えて，問題に対する手っ取り早い解決策になるような明快で信頼できる知識が提供されるだろう，というような非現実的な期待が寄せられる場合も多い。しかし，前にも指摘したように，だからと言って我々はここで「より広い社会に関わる問題について取り組むことは避けるべきだ」というようなことを主張しているわけではない。むしろ，それらの社会的課題をどの程度リサーチ・クエスチョン，特に社会の現状に対して真の意味での変化をもたらすことができるリサーチ・クエスチョンに落とし込んでいくことができるか，という点について注意深く検討しなければならない，ということを言いたいのである（Adler and Hansen, 2012）。

リサーチ・クエスチョンを作成していく際にインスピレーションをもたらすことになる，もう1つのよくある源泉は個人的な体験である。事実，我々は，個人的な経験の中で，リサーチ・クエスチョンの構築と定式化をおこなう際の情報源として役立つかも知れないさまざまな出来事に遭遇する機会が少なくない。個人的な体験には幾つかの種類のものがあるが，リサー

チ・クエスチョンを創り出していくためには，その中でも，職業上の経験，日常生活での体験，研究活動の経験という3つのタイプのものが特に重要であるように思われる。

例えば，研究上の関心は，自分が教師であること，HIV/AIDS に感染していること，あるいはかつて刑務所に収容されていたことがあるというような経験とそこで観察した事柄から生じてくることもあるだろう。問いは，特定の研究テーマに関する好奇心をそそられるような内容を含む刺激的な講義などのように，何らかの授業体験から生じてくることもある。もっとも，このような個人的な経験は，特定のリサーチ・クエスチョンを作成する上での契機になることはあるが，その半面，現象に含まれる特定の側面に対して焦点を当てている一方で，他の側面や潜在的なリサーチ・クエスチョンを除外してしまうフィルターとして機能することがある。また個人的な経験には，本来は研究の作業を通して答えを求めるべき問いに対する答えを自分は既に知っている，というような固定観念や信念に結びついてしまう可能性がある。

時には，個人的な体験と研究活動における経験のあいだに重複が見られることもある。例えば，ある研究プロジェクトに関連する作業をおこなう中で，問題に関する新しい理解，関心，問いなどが徐々に醸成されていって，それらが次の研究プロジェクトにとって重要なインプットになる，というような場合などである。つまり，ある研究のアウトプットは，それに続く研究のインプットになる可能性があるのである。例えば，修士論文のアウトプットは，博士論文にとってのインプットになっていくことがある。同じように，ある研究プロジェクトの結果としてそれまで未検討であった問題が幾つか明らかになってくることも多いが，そのプロジェクトの最終段階になってはじめて，研究者がさらに研究を進めていく上で有効な斬新なアイデアを思いつくというケースも少なくない。

新しい研究上のアイデアは，ある場合には，以前に報告された研究結果との直接的な関係を元にして構築される。一方で，それとは別に，間接的な形でリサーチ・クエスチョンが生まれてくる例も少なくない。例えば，研究プロジェクトの結果として，当初は特に焦点を当てていなかった問いを明確にすることができたり，プロジェクトの完了時点までには明確な答えが得られなかったが，最終的には，それに続く研究にとって恰好の出発点になるような問いが明らかになったりするような場合である。実際，優れた研究の多く

は，幾つかの（予備的な）答えをもたらすだけでなく，それに加えて幾つかの新しい問いにつながっていくものだと言える。そして，そのような答えもそれに対応する問いも，順調に研究が進んでいけば，研究テーマに関する深い洞察に裏づけられた思考を促すことがあるだけでなく，時には新たな，そして初期の段階では無視されていたテーマ，あるいは，従来は適切とは言えない形で設定されていたテーマの存在を明らかにすることが期待できるのである。

　以上で見てきたように，社会的な問題や課題および個人的な経験は確かにリサーチ・クエスチョンを作成するための重要な情報源である。もっともその一方で，論文や書籍の形で発表された**先行研究および影響力のある理論**は，リサーチ・クエスチョンを作り出していく上で最も一般的でありかつ最も重要な情報源である場合が少なくない。これには，さまざまな理由がある。

　第1の理由は，リサーチ・クエスチョンが他の種類の契機（社会的な問題ないし個人的な経験など）によって生まれてきた場合であっても，研究者は，その，暫定的な形で定式化しておいたリサーチ・クエスチョンについてさらに詳しく説明していくためには，先行研究について検討する必要がある，というものである。つまり，研究者は，先行研究のレビューをおこなった上で，定式化されたリサーチ・クエスチョンについてはまだ答えが提供されていない，という点について確認しておく必要があるのである。同様に重要なポイントは，定式化してみたリサーチ・クエスチョンが先行研究では取り扱われていないことが判明した場合であっても，だからといって，自動的に研究者がそのリサーチ・クエスチョンを自らの研究課題として追求する必要があるということを意味するわけではない，という点である。実際，これまでリサーチ・クエスチョンとして取りあげられてこなかった背景には，例えばそれについては科学的な知識を生み出せるような見込みが小さいなど，それ相応の正当な理由が存在している場合もある。

　先行研究と既存の理論は，適切な枠組みを設定したりや研究上の焦点を見つけたりする上でも役に立つ。事実，これまで他の研究者たちがどのような形でその研究分野を構成し，また特定の問題についてどの程度まで解明を進めてきたかなどという点は，自分自身の研究における適切な研究の範囲，事例として取りあげる対象，あるいは目標となる成果のレベルに関して見当をつけていこうとする際に重要な指針になるだろう。

第2章　リサーチ・クエスチョンの構築と定式化の作業を取り巻く文脈　37

　第2に，先行研究は，それ自体がリサーチ・クエスチョンを作り出していく際の重要な情報源になり得るものである。特定の分野——例えば，高等教育，家庭内の葛藤，人間の攻撃性など——に関する先行研究をレビューしながら，それらの分野における重要な論点や議論の的になっている点について検討していく中で，当該分野で中心的な位置づけにある問題について確認することができるようになる場合が多い。それはまた，特定の分野においてどのような問題が中心的な位置を占めており，またリサーチ・クエスチョンを構築する際の重要な情報源として機能し得るかという点について確認していくのに役立つ。こうして作成されたリサーチ・クエスチョンは，その問いがどの程度まで，またどのような形で深掘りされているかについて確認するために実施される，より焦点を絞りこんだ先行研究のレビューを通してさらに明確なものになっていく。

　特に研究者の場合は，問題として取りあげられているテーマに関する価値のある新しい知識を生み出す可能性のある問いを開発できるようにするためには，先行研究に含まれる潜在的な欠陥や問題点について確認しておく必要がある。このような目的を念頭に置いておこなわれる詳細な批判的レビューは，特定の研究分野に固有の問題や知識の領域に焦点を当てるだけでなく，研究者が使用している，または使用を検討している理論的視点に対しても向けられるべきである。その中には，例えば精神分析理論，象徴的相互作用論，またはマルクス主義などの理論的枠組みが挙げられるだろう。その意味では，当該領域における批判的見解や論争の的になっているポイントなどに精通していることが重要である。そのような詳細な文献レビューには，適用しようと思っている理論の現実関連性ないし有用性だけでなく，その理論の一般的な問題点や欠点，ないし特に研究テーマとの関連における問題点などに関する検討作業が含まれる場合もある。

　しかし，White（2017）が的確に指摘しているように，確かにある分野の先行研究は，革新的なリサーチ・クエスチョンを構築する際に豊富な情報源になり得るものであるが，一方では，発想にとっての制約条件になることもある。したがって，先行研究は，創造性や革新の阻害要因にもなり得るのである。これは特に，研究者が主に「いじめ」，「社会的排除」，「戦略的意思決定」，「信頼」，「反転授業」など，社会科学の場合によくある特定の「研究上の箱（型枠）（research box）」の範囲内で研究活動をおこなっている場合に当てはまる。このようなスタンスでは，結果として，「既存文献への追加を

中心とする漸進的な貢献と狭隘なマインドセット」（Alvesson and Sandberg, 2014: 967）という程度に終わる可能性が高くなってしまうだろう。

これから第3章と第4章における結論で指摘していくように，既存の研究を肯定的にとらえた上でリサーチ・クエスチョンを作成していくことは，より斬新で画期的な知識に対する貢献というよりも，主として漸進的な知識という意味での貢献につながる可能性の方が高い。したがって，本書の大部分は，先行研究の根底にある前提を明らかにした上でそれらの前提に対して挑戦するための方法を明らかにすることに取り組んでいく。また，本書では，そのような方法による作業を踏まえて，もっと面白くて，しかも影響力がある理論の開発につながるようなリサーチ・クエスチョンやアイデアを定式化していく際の具体的な手順について解説していく。そのような理論は，問題となっているテーマに関する，より深い洞察に裏づけられた斬新な発想を可能にし，さらに時には，テーマ自体に関する根本的な見直しを促していくことすらあるのである（特に第5章と第6章を参照）。

場合によっては，**調査プロセスを通して生み出される実証データ**もまた，リサーチ・クエスチョンの中心的な情報源として役に立つ。特に定性的研究の場合には，帰納的なアプローチを心がけ，また研究対象者が抱いている物の見方や意味づけに対してオープンであることによって，研究における当初の意図が修正されていく可能性がある。実際，当初予期していたことが見当違いだったという場合もある。

例えば，研究者はチームワークにおける対立関係と協力関係について研究し，その種の関係を見つけることを予期していたのかも知れない。しかし，実際の研究を通して，この文脈における「チーム」という考え方は経営者側が想定したものであり，管理者たちは現実の職場で実際に何が起こっているのかをよく知らないことが明らかになる可能性がある。事実，労働者たちは，互いにごく限られた範囲で接触するだけであり，それぞれかなり個人ベースで自律的に仕事をしている場合だってあり得るだろう。（この場合の）「チーム」は，さまざまなタイプのチームについて調査するための出発点にできる自明な概念ではない。それどころか，「チーム」は構築や再構築，あるいは脱構築することができるオープンなカテゴリーなのであり，それによって研究者が考える意味だけでなく参加者にとってチームというものが持つ意味についてもさまざまな角度から考察を加えていくことができるようになる（Einola and Alvesson, 2019）。

さらに，調査現場へのアクセスの問題や調査対象で生じた予期しない変化によって研究プロジェクトの組み直しを余儀なくされるようなケースもある。

　時には，思いがけず入手できた実証データを通してポジティブな結果がもたらされる場合もある。例えば，そのデータによって研究者が最初に定式化しておいたものよりもさらに革新的なリサーチ・クエスチョンを作成できた，というようなケースである。多くの場合，ある研究テーマに関して何らかの実証研究を実施している最中に，もっと面白いものになる可能性があるリサーチ・クエスチョンが突然「見えてくる」ことがある。（上で取りあげた「見せかけのチームワーク（sham teamwork）」の事例は，労働者が実際の労働慣行をどのようなやり方で経営側の目につかないようにするか，という点に関する調査の出発点になるかも知れない。より一般的には，組織における「見せかけの構造（sham structures）」の存在とその構造化についての研究の出発点になる可能性もあるだろう。）

　リサーチ・クエスチョンに関するこの種の情報源は，さまざまな実証研究に携わってきた経験豊富な研究者の場合には，特に頻繁に利用されるものだと思われる。事実，研究者たちは，現実の実証データあるいはその実証データを収集する作業を通して，彼らにとって大きな驚きであったり，当初の想定から逸脱するような問題に遭遇したりする場合がある。これについては，第8章で詳しく解説する。

　当然のことながら，研究の初期には何らかのリサーチ・クエスチョンが存在するものであるが，それがそのまま一切変わらないというようなことは滅多に無い。また，たとえ当初のリサーチ・クエスチョンが研究の終了段階に至るまで全体としてプロジェクトの方向性を規定していたとしても，多くの場合は，実際の調査現場の状況や実証研究で得られた結果にもとづいて徐々に形成されていった洞察によって何らかの影響を受けることが多い。また場合によっては，実証データによって，もっと根本的なレベルでのリサーチ・クエスチョンの改訂につながっていく可能性もある。確かに原則論としては，問いが答えを求める作業に対して先行しているというのは望ましいことではある。もっとも，その一方で，問いと答えとのあいだの相互作用が研究における探索的な段階（場合によってはその後の段階）における適切なリサーチ・クエスチョンを模索していく作業と組み合わされている場合には，より生産的な結果に結びついていく可能性があるのである。

時には，「問いと答え」という通常の論理を反転させてみてもいいだろう。つまり，まず答えが浮かび上がり，次いで，［データとの］生産的な対話をおこなうために，その答えに対応するような適切な問いを模索していくのである。このやり方には，HARKing［Hypothesizing After the Results are Known：仮説の後出し］と似たようなところがあると思われてしまうかも知れない。つまり（典型的な）量的研究の場合にしばしば採用される，〈データ分析の結果として出てきた相関関係にうまく辻褄を合わせるように仮説を後付けで設定しまう〉というようなやり方である。しかし，我々がここで提唱しているのは，そんな誤解を招きかねない調査のやり方などではなく，むしろよりオープンで探索的なアプローチなのである。実際，質的研究の多くは，その研究プロジェクト全体がオープンで探索的な性格を持っており，それ自体が適切な（＝革新的でありかつ予想外の）リサーチ・クエスチョンを探し求めていくための作業であると認識されることもある。

ここで重要なポイントとして銘記しておきたいのは，リサーチ・クエスチョンの定式化は，多くの場合，特定の1つの情報源からだけではなく，複数の情報源のあいだの**相互作用**から生じるものである，という点である。もっとも，その相互作用においては，既存の理論が中心的な位置を占める例が多い。というのも，たとえリサーチ・クエスチョンが他の情報源から生じている場合でも，研究者は，先行研究について検討することによって，そのリサーチ・クエスチョンが，それまで取りあげられてこなかった，あるいは部分的にしか取りあげられてこなかったという事実について確認し，その上で，独自の知識上の貢献ができるような形でリサーチ・クエスチョンを組み立てていく必要があるからである。

情報源同士を組み合わせていくことによって，さまざまな情報源の弱点を互いに補い合うようにすることもできる。例えば，先行研究を元にして有望なリサーチ・クエスチョンを作り出せるかも知れないが，どの程度それが社会全体にとって実質的な意味があるかという点についても確認する必要がある。同じように，何らかの社会問題にもとづいてリサーチ・クエスチョンを作成したような場合には，それが研究上の意義という点でどの程度の貢献を果たし得るものであるかについて検討してみる必要がある。それができない場合には，問いを再定式化するか取り下げてしまわなければならない。場合によっては，特に定性的研究では（多くの場合は，［定量的な研究と比較して］データ分析や問題の定式化等の作業が何度も繰り返しておこなわれる場合が多い

こともあって）得られた資料やデータと調査の知見次第で先行研究について再検討することが必要になる場合が多い。また，それによって，リサーチ・クエスチョンの構築と定式化の作業をおこなう際には，それまでとは違った形で文献に取り組んでいく作業に結びついていく可能性も出てくる。

リサーチ・クエスチョンの構築と定式化に対して影響を及ぼす各種の要因

その起源がどのようなものである場合にせよ，リサーチ・クエスチョンは，決してそれだけが孤立した形で構築されたり定式化されたりすることはない。むしろ，常に研究者が置かれているより広い学問分野や文化的な枠組みという文脈の中で形成されていくものなのである。第7章で詳しく解説していくように，学問領域というものは各種の文脈的な要因とより広範な社会文化的伝統（例えば，性別，権威，平等性，地域社会などに対する考え方）から構成されており，それらの要因や伝統は，さまざまな形でリサーチ・クエスチョンの構築と定式化の作業に影響を与えている。

そのような文脈的要因の1つに，社会全体と社会科学における動向や**一時的な流行**がある。人気のある研究テーマの多くは，それについて調査や研究をおこなうに値すると見なされている，社会または特定の学問分野における幾つかの重大な問題と密接な関係を持っている。例えば，今日の社会で流行している研究テーマの1つに，X（旧 Twitter）や Facebook のようなソーシャルメディア，そしてまたより一般的にはインターネットがあり，また，それらが我々の生活に対して与える影響というものがある。同じように，感情，アイデンティティ，職場におけるダイバーシティ，#MeToo 運動，陰謀理論，人工知能（AI），そしてポスト・トゥルースは，現在多くの分野で大きな注目を集めている研究テーマの例である。

上記のようなファッショナブルな研究テーマは，メディアをはじめとする各種の議論の場で多くの注目を集める傾向があり，したがって重要であり，また研究する価値があるように思われるかも知れない。事実，それらのテーマは，研究者の関心を特定の研究領域へと導き，また，その領域の中で特定のリサーチ・クエスチョンを構築したり定式化したりするように促していく可能性がある。

しかし，問題やテーマがファッショナブルだからといって，必ずしもそれ

らに研究に値する価値があるというわけでもない。マスメディアはしばしば何らかのトレンドや変化を大袈裟な形で取りあげて，特にそれらの現象のドラマチックな面を強調したがるものである。したがって，流行を自動的に受け入れてしまうのではなく，そのような研究テーマが実際にどの程度研究する価値があるものなのかという点について批判的に精査しておくことが重要である。事実，多くの場合，それほどファッショナブルというわけではないが，社会的に非常に重要な研究テーマはかなり以前から古くから存在し続けているものである。また，その時点で新しくて「ホット」であると見なされるものにもっぱら注意を向けるよりも，むしろそれらの古くからの研究テーマに取り組んでいく方が望ましい場合があるとも考えられる。

　ここでもう1つの問題として挙げられるのは，今日「ホット」な研究テーマだと思われているものに対する熱狂が明日には冷めきってしまう可能性がある，ということである。理想を言えば，研究上の貢献は，かなりの時間が経過した後でも何らかの価値を持ち続けていくものであるべきだろう。また，研究を実施してその結果を論文や書籍の形で発表できるまでには，少なくとも学術的な発表媒体の場合には相当程度の時間がかかるという事情もある。したがって，研究プロジェクトの原動力にもなっていた，何らかのトレンドに触発された研究テーマ，例えば新型コロナウイルス感染症や #Me-Too 運動は，最終的に論文や書籍の刊行の準備ができた時点——プロジェクト開始から数年後——には既にその魅力の大半を失っている可能性もあるのである。

　研究資金の入手可能性というのも，リサーチ・クエスチョンの定式化に対して影響を与える可能性がある文脈的要因の1つである。多くの場合，それぞれの助成団体には特定の種類の研究領域（それ自体もまた流行に左右されることがあるのだが）を優先して資金を提供するという方針がある。したがって，研究プロジェクトの内容がそのような優先分野に含まれている場合には，研究助成金を受給できる可能性が高くなってくる。そのような事情もあって，研究者がリサーチ・クエスチョンを構築したりその基本的な枠組みを決めたりする際には，それが助成団体の重視する分野に該当しているように見えるようにすることが多い。そのような意味で，研究者がリサーチ・クエスチョンを構築および定式化する方法に対して助成金支給における優先分野が影響を与えることは特に珍しいことではない。時にはこれが好ましくない結果をもたらすことがある。研究者が助成金に目がくらんで［助成金を提

供する組織やその関係者の〕注文通りの問いを設定し，暗黙のうちに要求された答えを安易な形で提供してしまうのである。

学術ジャーナルも，それと同様の影響を及ぼすことが多い。というのも，それぞれのジャーナルは，掲載する論文の研究内容に関する独自のポリシーを持っており，また特定の研究テーマに関する論文を募集したり特集号を刊行したりすることが少なくないからである。そのような事情もまた，研究者が問いを設定する際にその決定に対して影響を与える可能性がある。多くの場合，研究者は，特集号の方が自分の論文を掲載してもらう上で有利だと考えて，研究の方向性を変えて（あるいは単に幾つかのキーワードを変えたり少し細工を加えたりして），特集号での論文採用を目指す場合がある。しかし，研究助成金の申請やトレンディな研究テーマへの取り組みに関して機会主義的であることには短期的なメリットがあるかも知れないが，一方で，そのような機会主義的な対応は長期的には好ましい結果にはならないかも知れないという点で一定のリスクがともなうことも多い。

リサーチ・クエスチョンの定式化に対して影響を及ぼす傾向があるもう1つの重要な文脈的な要因は，**他の研究者**の存在である。実際，専門職大学院や研究科に在籍しているより年輩の研究者が，博士課程の学生や若手研究者がリサーチ・クエスチョンを選択したりそれを定式化していく際に影響を与えることは珍しくない。例えば，指導教員は，博士課程の学生のリサーチ・クエスチョンに対して大きな影響を与えるものである。また，研究計画書の審査や投稿された論文の査読を担当する研究者も，リサーチ・クエスチョンの構築と定式化に対して影響を与える可能性がある。

また，学問のさまざまな分野には，かなり広い範囲で共有されているイデオロギー，嗜好，慣習などが存在しており，それが研究者の思考や行動のあり方を統制している。これは部分的には，研究者が自ら特定のグループを選んでそこに所属していることから生じる傾向であり，ある部分は社会化による影響であり，部分的には同調的な対応の必要性からもたらされる。例えば，特定の研究コミュニティやある種の社会的な文脈の中でジェンダーやエスニシティについて研究する場合は，研究テーマの選択やどのような問題を提起し調査するかという点について決めていく際に，何らかのガイドラインや制約が設定されることになる。特定の研究コミュニティないし研究者の集団などのより大きな文脈は，両方とも，リサーチ・クエスチョンに関する研究者の選択肢を相当程度に制約する社会的な型枠ないし鎖（束縛）のようなも

のと見なすことができる（Alvesson and Sandberg, 2014, 2021）。

　これらと密接に関連している文脈的要因の1つに，**研究職キャリアの見通**しというものがある。先に述べたように，多くの研究者には研究助成団体やジャーナルによって規定された基準を満たすような形でリサーチ・クエスチョンを調整していくという傾向がある。これは，助成金を獲得し，優れたジャーナルに論文が掲載されることによって，できるだけ早くキャリアアップしていくための手段なのである。さらに，研究者の中には，学術界で首尾よく出世できる可能性を高めるために，厄介で複雑なリサーチ・クエスチョンを避けて，その代わりに容易に取り組めるような「間に合わせの（quick and dirty）」研究課題に固執しているようにも見える者も少なくない（Adler and Hansen, 2012）。特に，彼らは漸進的でありかつごく狭い範囲に限定されたリサーチ・クエスチョンを構築しているように見えるのだが，第3章と第4章で示すように，そのようなアプローチの研究では結果として，あまり面白くないし影響力も小さいタイプの知的貢献にとどまる可能性がある。

　リサーチ・クエスチョンのあり方に対して多大な影響を及ぼす可能性があるもう1つの要因は，**特定の知識に対して研究者が抱いている関心**というものである。Habermas（1972）は，知的な関心の3つの基本形式について指摘した。すなわち，技術的関心，実践的解釈学的知識への関心，解放的知識への関心である。これらの関心は，学術研究の方向性を規定するものであり，したがってリサーチ・クエスチョンの定式化に対しても影響を与えることになる。

　技術的関心は，機能主義的な発想にもとづく研究と密接な関連を持つことが高い知的関心であり，自然条件や社会的条件の統制を可能にするような因果関係の知識を開発することを目的としている。このアプローチは通常，法則的なパターンを発見することを目指しており，結果として，望ましい結果を実現するための実際的な知識を提供することが期待されている。例えば，組織経営のあり方を改善する方法，どの教育方法が最も効果的であるかを割り出すための方法，望ましくない逸脱的な行動を防止することを目的とする介入の方法などである。

　実践的解釈学的知識への関心は，解釈学系の学問領域と密接に関連している。技術的関心が予測とコントロールに焦点を置いているのとは対照的に，実践的解釈学的知識への関心は，人間の文化的な経験，つまり我々がどのようにして互いにコミュニケーションし，意味を生成したり変換したりしている

かという点に関する理解を深めることを重視する。解釈を重視する研究者は，そのような知識をどのように現実的に応用できるかについてはかなりオープンな態度を取っているが，通常，規範的な面での主張は控えている。

解放的な知識への関心は，より批判的なスタンスにもとづいており，各種の批判的理論のアプローチとの関連が強い。この場合は，権力関係に注目し，エージェンシー（主体的な行為能力）に対して制約を加えがちなさまざまな抑圧的な関係から行為主体を解放できるような方法でそれらの関係について明らかにすることを目指す。この知識への関心を持つ場合は，批判的な洞察を踏まえた上で不適切な支配—被支配の関係に対して考察を加え，また，そのような関係に対する抵抗や解放を促すことを目的として，制度，イデオロギー，利害関係，アイデンティティに関する批判的な検討に取り組んでいくことになる。

さらに先に述べたように，リサーチ・クエスチョンの枠組みの設定に対して大きな影響を与えることになる要因の1つには，研究者が置かれている特定の学問領域に特徴的な視点やパラダイム的ないし方法論的な視点がある。

リサーチ・クエスチョンの定式化プロセス

研究方法論の教科書はほとんどの場合，リサーチ・クエスチョンを定式化していくプロセスを主としてリニア（直線的）な一連の手続きとして解説している（Creswell, 1998; Savin-Baden and Major, 2012; White, 2017; Van de Ven, 2007）。それらの教科書の著者は，リサーチ・クエスチョンの定式化に含まれる各種の手続きをさまざまな形で区別しているが，定式化のプロセスは通常，次のような一連の手順から構成されるものとして概念化されている。最初の手順は，高等教育機関における学習，家庭内暴力，若年層の失業，動機づけなど，関心のある研究分野あるいは研究課題の領域を特定することである。次に，「オンライン講義による高等教育」や「老夫婦間における女性の側からの暴力行為」など，研究分野ないし課題分野の中から特定の研究テーマを特定することが推奨される。その後で，選択した研究テーマとの関連で，理論的な動機（例えば，「これは，従来ほとんど見逃されてきた問題である」等）と実践的な動機（「社会的に重要な意義のある問題である」等）の両方を踏まえてリサーチ・クエスチョンを定式化する必要がある。つまり，ここでは研究をおこなうことの意義を明示するのである。次いで多くの場合は，研究の

目的が定式化され，研究の内容が明確な形で示される。最後に，一連のリサーチ・クエスチョンという形で，調査のより明確な方向性に関して具体的に述べる必要がある。

　我々は，このような説明の仕方（ないし指示）に対して全面的に異議を唱えているわけではない。しかし一方では，この種の説明には，リサーチ・クエスチョンの構築と定式化のプロセスに含まれる幾つかの重要な手順が省略されているという点で問題があるとも考えている。第1に，それはリサーチ・クエスチョンの構築プロセスをあまりにも狭くかつ限定されたものとして見てしまいがちである。第2に我々は，リサーチ・クエスチョンを構築し定式化していくプロセスは，それに関するリニアな手順としての解説の場合に想定されているよりも，はるかに反復的［＝各種の手続きが前後したり何度か繰り返されたりする］であり，また比較的自由な形で進展していく面があるという点を指摘しておきたい。実際，リサーチ・クエスチョンが生まれてくる複数の情報源のあいだには，かなりの程度の相互作用があるように見える。あるいは，少なくともそうあるべきだと思う。

　第3に，革新的なリサーチ・クエスチョンを定式化していく場合には，他の情報源に比べて先行研究がかなり中心的な役割を果たしているように見える。これは，たとえリサーチ・クエスチョンが元々はそれ以外の情報源から生じたものであった場合でも，研究者は，先行研究を検討した上で次のような一連の要請に応えていく必要があるからである。(1) 知的な貢献を生み出し，(2) 各種の理論的視点を参照するとともに，自分の研究を過去におこなわれた研究の蓄積という確固たる基盤の上に位置づけ，(3) リサーチ・クエスチョンの構築と定式化は，研究プロジェクトを開始した特定の時点だけでなく，探索的段階に続く時期ないし時には研究全体を通じて実施されるものである，ということを確実にしておく。場合によっては，実証データの収集とそのデータに関して最初に下した解釈によって，リサーチ・クエスチョンの再定式化を必要とするような新しい洞察が生み出されることがある（Alvesson and Kärreman, 2011）。第3章で強調するように，もう1つの重要な手順は，実際に研究成果を論文として刊行していく段階である。実際には，この段階でリサーチ・クエスチョンが最終的に定式化されることも多い。例えば，編集委員や査読者が，「リサーチ・クエスチョンに対する答えを通してどのような理論的貢献が生み出されるのか」という点を明瞭に示すための手段として，リサーチ・クエスチョンの再定式化を要求するようなコメントを

寄せる，というようなことも特に珍しくはないのである。

　第4に，そして恐らくこれが最も重要な点でもあるのだが，リサーチ・クエスチョンに関する標準的な見解の多くには，リサーチ・クエスチョンというものが本来持っているはずの，創造性，自省性，そして新規性の可能性を過小評価し，あるいは抑制してしまう傾向があると言える。リサーチ・クエスチョンというのは，本来，それ自体が革新的であることを意味し得るのであり，また実際にリサーチ・プロジェクトそれ自体や理論をめぐる探求に関して斬新で予想外の方向性を指し示していく可能性がある。したがって，適切なリサーチ・クエスチョンというのは，単に研究における特定の目的を明確にし，また特定の答えを求めていくための舞台を設定するだけでなく，それよりもはるか先の段階に到達することを可能にするものなのである。つまり，我々はリサーチ・クエスチョンというものを，確実な答えに到達することを目的とする研究プロジェクトにとっての契機であると同時に，的確な思考と内省をおこなう上での非常に重要なインプットでもあると考えているのである。

結論

　本章の目的は，研究者が先行研究を元にしてリサーチ・クエスチョンを構築し定式化する方法に関する我々の検討結果を，より一般的なリサーチ・クエスチョンの構築と定式化という文脈の中に位置づけていくことにあった。ここでは，先行研究を通してリサーチ・クエスチョンが生み出されてくる文脈を構成する5つの主要な側面を特定した。すなわち，(1) 全ての種類の知識の開発において問いないし「問いかけ (questioning)」という作業が持つ重要性，(2) 問いをリサーチ・クエスチョンと呼べるものにする条件，(3) 実際に問うことができるリサーチ・クエスチョンのタイプ分け，(4) リサーチ・クエスチョンの発生源，(5) リサーチ・クエスチョンのフレーミングに対して影響を与える主な文脈的要因。そして最後に本章では，先行研究を元にしてリサーチ・クエスチョンを作り出していくプロセスに本来含まれている漸次進行的で反復的な性格について指摘した。

　以上を要約すると，リサーチ・クエスチョンの構築と定式化に際しては，次の問題について考慮することが特に重要であるように思われる。

- オープンであると同時に一定の方向性が提供されるような問いを定式化する。
- 社会的な関連性のある問いや話題性のある問いだけでなく，リサーチ・クエスチョン（研究上の問い）にも確実に取り組むようにする。
- 知的な関心や最終的な目標は何であるかという点について徹底的に考え抜く。つまり，技術的な手段としての価値，豊かな理解，あるいは批判的洞察による解放のうちのどれを目指すのか。
- 先行文献に対して慎重かつ批判的に取り組む——先行研究を単にポジティブに受容した上で「盲目的」にそれを基本的な足場にしたりはしない。
- リサーチ・クエスチョンを絞り込む——広すぎたり曖昧すぎたりするような問いは避ける。しかしながら，研究対象やテーマをより広い範囲にわたってカバーし，またより一般的な価値を持つものにするためには，リサーチ・クエスチョンをスケールアップしていく必要が生じる場合もある。
- 流行やトレンドには要注意——研究というのは長期的な展望に立って取り組むべき事柄である。
- 何をなすべきかという点に関して常にオープンなスタンスで臨み，また，実際の調査で得られた知見を踏まえて何度も考え直すことを心がける。
- より広範な文脈的要因（例えば，流行，助成金獲得の可能性，ジャーナルの編集方針，キャリアの見通し等）がリサーチ・クエスチョンの構築と定式化に対して与える影響について自省的に考慮するように心がける。

　次の第3章と第4章では，さらに焦点を絞って具体的な研究事例を取りあげながら，社会科学系の研究者が先行研究を元にしてリサーチ・クエスチョンを構築したり定式化していく際の典型的な方法と，それらの方法がより面白くて影響力のある理論の開発にとってどの程度実際に効果的なものであるか，という点について検討していく。

第**3**章

ギャップ・スポッティング
——リサーチ・クエスチョンを構築する際に
一般的に採用されている方法

　第2章では，リサーチ・クエスチョンの構築と定式化の作業の背景になっている，かなり広い範囲に及ぶ文脈について解説した。本章の目的は，社会科学系の研究者が［焦点を絞った上で］どのようにして先行研究との関連でリサーチ・クエスチョンを構築していくのか，という点について具体的な事例を通して検討していくことにある。その目的のために，我々は，経営学，社会学，心理学，教育学系の約120点の学術論文について検討を加えた。本章ではそれら4分野以外の研究事例も参照するが，我々は，これら4つの分野が，社会科学の領域における研究の現状を代表するものだと考えている。

　我々はその一方で，世界のさまざまな地域のあいだだけでなく，異なる学問分野間でもまた同じ分野内でも何らかの違いがあるという点については認識している。例えば，米国で発行されている主要な国際ジャーナルに掲載されている論文の内容と，スカンジナビア諸国で刊行される研究書に記載されている内容とのあいだには何らかの違いが存在している可能性がある。そのような一定程度のバリエーションがあることを認めはするのだが，本章で特に焦点を当てて検討していくのは，〈国際的な評価が高い学術ジャーナルに掲載された論文に共通して見られる特徴〉という点である。つまり，ここでは，研究に関わるあらゆる種類の国別の違いや，異なるタイプの発表媒体のあいだのバリエーションに関して網羅的に見ていこうとしているわけではないのである。

　我々の調査結果から示唆されるのは，リサーチ・クエスチョンを作成する際に採用される最も一般的な方法は，次のようなやり方だという点である——先行研究におけるさまざまなギャップ（例えば従来見逃されてきた研究課題など）を見つけ出した上で，それを踏まえて特定のリサーチ・クエスチョンを構築する。当然ではあるが，この「ギャップ・スポッティング」式の方法は必ずしも全てが同じような性格を持っているわけではない。例えば，カ

バーする範囲や複雑性という2つの点に関して言えば，両方ともかなりのバリエーションがある。実際，確立された理論を漸進的に拡張することを目指すアプローチもあれば，先行研究におけるもっと重要なギャップを明らかにしていくというやり方もある。本章では，ギャップ・スポッティング的な研究の類型論を提示することを通して，ギャップ・スポッティング方式における幾つかの基本的なタイプとそれぞれのタイプに見られるバリエーションについて解説していく。

研究者が先行研究の内容を踏まえた上でリサーチ・クエスチョンを構築する際の方法

　ある意味では，研究者が先行研究を元にしてリサーチ・クエスチョンを構築する方法について検討してみたとしても，その検討を通して，研究者が「実際に」どのような経緯によって特定のリサーチ・クエスチョンに到達するものであるか，という点に関しては何も決定的なことなど言えない。というのも，そのような経緯には，相互に関連を持つ各種のプロセスと影響要因，例えば，タイミング，運，多様な見解に対して積極的に触れていくこと，文献に没頭することなどに加えて特定のパラダイム，社会的条件，文化的な条件などが複雑にからみあっているからである。

　第2章でも解説したように，場合によっては，調査の内容に対して，その時々の流行やご都合主義的な選択が影響を与える可能性がある。例えば，トレンディな研究テーマに関するジャーナルの特集号や特定のテーマを扱った学術会議などに関する情報をたまたま耳にしたことが1つのきっかけになって，そのテーマにうまく合うようにリサーチ・クエスチョンの枠組みや定式化の方法に対して修正を加えることもあるだろう。また，調査を実施していく中で体験したことが重要な意味を持つ例も多い。実際，最初は何らかの方針を立てて研究を始めた場合でも，その研究が進んでいくにつれて，研究対象に対する理解の内容が徐々に変わってきたりすることはよくあるものである。したがって，研究プロジェクトの開始時点からその成果を最終的に論文や書籍などの形で発表するまでのあいだにリサーチ・クエスチョンを何度も改訂していく，というようなことも特に珍しくはないのである。

　もっとも我々は，［学術論文をはじめとする］学術文献というものには，研究者が既存の理論にもとづいてリサーチ・クエスチョンを開発していく際に

採用する方法に関する何らかの事実が示されている，と考えている。それに加えて，学術文献は，研究者たちがリサーチ・クエスチョンを作成する際に採用する方法に対して影響を与え，また彼ら・彼女らが自分たちは学術的な貢献をしているのだと述べる際に，その主張の裏づけとなるような社会的な規範とルールを浮き彫りにするものだとも思っている。また，その種の規範やルールは，それら自体が非常に重要な意味を持つと考えている。

　明らかにかなり稀なケース，すなわち，研究者が最初から明確かつ確固たるリサーチ・クエスチョンを設定しており，最終的に研究報告を発表する時点までそのリサーチ・クエスチョンに特に変化は無い，というようなケースとなるとまた話は別であるが，我々は，次のように主張することすらできるはずだと考えている。つまり，研究者というのは何度となく自分のプロジェクトの性格やリサーチ・クエスチョンを改訂したり根本的に変えたりしていくものだ，と。

　実際，研究を開始する上でとりあえず十分なだけの文献をカバーするのみで済ませて，それ以降の時点では文献について検討するのをやめてしまう，というような研究者はほとんどいない。研究の最中に検討対象となった全ての文献は——その中には，論文を投稿した後の時点で，査読者から文献レビューに関する問題や新しい視点に関するアドバイスを含むコメントを受け取ったことで新たに検討を加えることになった文献も含まれるのだが——リサーチ・クエスチョンを構築する際に，その作業に対して影響を与えていく可能性があると言える。

　当然ながら，このような各種の影響を受けたことによる変化は，仮説検証型の研究に比べてよりオープンな性格を持つ例が多い定性的研究や理論研究の場合には最も顕著である。実際，後者の場合，リサーチ・クエスチョンに関しては，その明確な始点があることなどは滅多に無いのである。そして同様の点は，研究者が徐々に発展させていったさまざまなアイデアにもとづいて研究に取り組んでいる場合，あるいはまた，研究者自身が長年にわたって実施してきた幾つかの調査研究からインスピレーションを得ているような場合についても指摘できる。

　もっとも，これは必ずしも，次のようなことを意味しているわけではない゛゛——初期段階で作成されたリサーチ・クエスチョンが，調査結果が最終的に論文として刊行される段階まで一貫して研究プロジェクトの明確な指針であり続けるような調査研究の例など存在しない。一方では，研究の初期段階

（または論文の最初の原稿）と最終的に論文として刊行されたバージョンとのあいだに顕著な食い違いがなければ（少なくとも顕著な違いでなければの話だが），より容易に，首尾一貫しかつ科学的厳密性もある論文を作成できるようになるに違いない，と思えてくるかも知れない。実際のところ，研究作業の後半になってからリサーチ・クエスチョンに対して大幅な変更を加えたりしたら，プロジェクト全体そしてまた完成間近の論文の内容に深刻な矛盾が生じることになってしまうかも知れない。

　中には，最終的に定式化されたリサーチ・クエスチョンと，研究プロセスの初期段階で研究者が触発されたアイデアや当初の研究目的の内容とのあいだにほとんど違いがない，という例もある。一方で他のケースでは，論文の中で提示されているリサーチ・クエスチョンが，それに対して論文の説得力（修辞的効果）を増すための工夫という点を重視した変更が加えられており，したがって研究者が初期段階で抱いていた目論見や想定とはかなり異なる性格のものになっていたりもする。

　ただし，リサーチ・クエスチョンが徐々に変化したという点が研究プロセスの特徴の1つになっている場合でも，また，それとは逆に最初の段階からリサーチ・クエスチョンに一切変化が見られない研究の場合でも，「本当の意味での」当初のリサーチ・クエスチョンと刊行された論文の中で表明されているリサーチ・クエスチョンとのあいだに何らかのギャップが存在するという事実それ自体は，それほど重要ではないし興味深い問題でもないだろう。実際，ここで我々が主張したいのは，研究の指針となる「本当の意味での」リサーチ・クエスチョンが時間の経過とともに変化していったかどうか，あるいは全ての段階を通して一貫性があるか否か，というような点は特に重要ではないということである。

　むしろ真の意味で重要なのは，影響力の大きい研究を生み出すことができるという点で意義がある唯一のリサーチ・クエスチョンは，刊行された論文の中で実際に表明されている，知識に対する実質的な貢献の指針となるようなリサーチ・クエスチョンだ，ということである。言葉を換えて言えば，**リサーチ・クエスチョンが最終的に構築されるのは研究論文を執筆していく作業の最中なのであり，そしてまた，そのリサーチ・クエスチョンは，研究によって得られた成果が知識というものに対して示す実質的な貢献の内容を具体的に示している**のである。したがって，本書における我々の関心は，学術界に対して伝えられるような形で最終的にまとめられた研究結果につながる

ようなリサーチ・クエスチョンについて明らかにすることにある。一方で我々は，研究者が実際におこなうさまざまな作業を時間の経過に沿って逐一追跡していく，というようなことなどには特に関心を持っていない。

したがってまた，我々は，［本章と次章で］論文のテキストの内容を対象とする分析をおこなうのだが，それによって研究プロセスの初期段階でリサーチ・クエスチョンが出現していった時点で実際に影響を与えていた各種の要因に関して何らかの確固たる主張をすることなどは特に意図していない。代わりに，我々がここで提供するのは，ある学問分野における一連の先行研究の文献を一方に置き，他方に（最終的な）研究結果の指針となっている学術文献のテキストの形で表現されている（定式化された）リサーチ・クエスチョンを置いてみた場合に，両者のあいだに見られる関係についての検討結果である。したがって，「真の意味で」研究者にとっての指針になったリサーチ・クエスチョンと「単なる（pure）」［文章表現上の工夫である］レトリックとのあいだに明確な区別を設けることなどは，ここでの検討にとってはあまり意味がない，ということにもなる。

「真の意味での」リサーチ・クエスチョンであるか，あるいはまた「［単に］文章表現として示された」ものであるかではなく，我々の関心の焦点は，あくまでも構築されたリサーチ・クエスチョン，つまり論文上で提示され，また知識に対する実質的な貢献のあり方を左右するリサーチ・クエスチョンに置かれている。ここで1つ，「真の意味での」リサーチ・クエスチョンと「文章として表現された」リサーチ・クエスチョンとのあいだに大きなギャップがあるのではないか，という懸念を持っている読者のために断っておきたい。我々は，刊行された論文のテキストの方により多くの注意を払うことによって，少なくとも，研究者が先行研究を元にしてリサーチ・クエスチョンを構築する際に影響を与える可能性がある社会規範と方法論的な原則に関わる何らかの事実について指摘することができると考えているのである。それらの規範には「真実を創造する」効果をもたらす可能性がある。つまり，リサーチ・クエスチョンを定式化する上での方法に関して研究者が報告する際に採用する表現の仕方には，他の研究者に対して実質的な影響を与え，また学問分野のあり方を規定していく可能性があると考えられるのである。

科学社会学の分野では，研究のプロセスについて理解するために［本書の場合と同じように］学術文献を調査することはかなり以前からの一般的な慣行であった（Davis, 1971, 1986; Golden-Biddle and Azuma, 2010; Knorr-Cetina,

1981; Latour and Woolgar, 1979)。この章でその結果について報告する我々がおこなった調査に最も近い性格を持っているのは，恐らく，研究者が学術ジャーナルに掲載される論文において自らの研究が果たしている「貢献（contribution）」の内容についてどのような形で［文章表現やレトリックを通して］主張しているか，という点に関する Locke and Golden-Biddle（1997）と Golden-Biddle and Locke（2007）の研究だろう。

　Locke and Golden-Biddle（1997）によれば，研究論文の貢献についてその著者が強調しようとする際に有効なプロセスには，2つの主要なタイプがあるとされる。つまり，複数のテキストのあいだの一貫性［ないし非一貫性］を明らかにするというタイプと問題化（problematization）である。彼らはまた，複数のテキストのあいだの関係について明らかにしようとする際に，研究者は，さまざまなテキスト作成上の戦略を用いて，既存の研究を「先行研究におけるコンセンサスを反映する」ような貢献のための文脈的背景として整理しようとするのだ（1997: 1029）としている。Locke and Golden-Biddle は，既存の研究を自らの論文による貢献を明確にするための文脈として関連づける上で効果的なものとして，次の3つのテキスト戦略を挙げている――統合的一貫性（synthesized coherence），累積的一貫性（progressive coherence），非一貫性（non-coherence）。

　統合的一貫性の戦略を採用する場合，研究者は「未開拓の研究領域の存在を明らかにするために，通常は一緒に引用されることがない複数の文献や研究動向を引用して，それらのあいだの関連性を明らかにする」（1997: 1030）。それとは対照的に，**累積的な一貫性**の戦略の場合は，「時間の経過とともに前進を遂げてきた特定の研究プログラム［に関わる研究者間］に共有されている理論的視点と方法」（1997: 1030）という点で相互に関連づけられた複数の研究のあいだのネットワーク的関係という文脈において自らの論文が果たし得る貢献を明確にするために採用される。最後に，**非一貫性**の戦略は，共通の研究分野に属してはいるものの見解の不一致が存在する場合に果たし得る貢献の仕方について解説するために使用される。

　2番目のタイプのプロセス［つまり，問題化］では，研究者は，「調査対象となっている研究テーマに関する知識をさらに進歩させる可能性」を開いていくために，それまで知識への貢献が既に確立されたものとして認められてきた文脈が何らかの意味で**不適切**であると指摘することによって「問題化」をおこなう（1997: 1029）。Locke and Golden-Biddle によると，彼らが検討

を加えた研究のほぼ半数は**不完全戦略**（incompleteness strategy）を採用しており、〈先行研究は何らかの形で不完全であり、研究者自身の研究がそれを前進させることができる〉と主張することによって当該分野の知識への貢献を打ち出していたのだという。もう1つの一般的な方法には、先行研究を、幾つかの重要な点で不十分だということに関して批判する、というようなやり方があった。この場合は、先行文献では重要な視点が見落とされており、その視点は研究テーマに関する理解をさらに深めていく上での可能性を持っている、という主張がなされることになる。

　既存の理論に対して疑問を投げかけるやり方として3番目に挙げられており、また明らかにより稀である方法は、その理論が**共約不可能**（incommensurate）であると主張するというやり方であった。このカテゴリーに該当する（8本の）研究論文の著者は、先行研究では特定の視点が無視されているだけでなく、対象になっている研究テーマに関する知識が生み出されるための方法という点に関して誤りを犯していると主張していた。この場合、論文が果たし得る貢献は、先行研究の欠陥を修正する上で効果的な、より優れた視点を提供することによって達成される。

　上で解説したのと同じような調査結果は、最近、情報システム（Barrett and Walsham, 2004）、マーケティング（Johnson, 2003）、実践としての戦略（Golden-Biddle and Azuma, 2010）などの他の研究分野でも確認されている。

　[このような形で Locke and Golden-Biddle が解説している] 論文の中で著者が研究上の貢献に関しておこなう主張とリサーチ・クエスチョンの構築プロセスとのあいだには、貢献のあり方が特定の問いのあり方を規定する可能性がある（その逆の事も言える）、という意味でかなり似通ったところがある。

　したがって、Locke and Golden-Biddle（1997）の分析は、研究者が先行文献のテキストを元にしてリサーチ・クエスチョンを構築する際に用いる方法の重要な側面を明らかにしている可能性がある。例えば、自分の論文が果たし得る貢献を明らかにするために使用してきた各種の戦略は、研究者がリサーチ・クエスチョンを作成する際の方法の中でも中心的な要素となっているのは、先行研究をレビューして、「先行研究が不完全ないし不十分、あるいは共約不可能でさえあるか？」という点について検討して、先行文献の欠陥を見つけることである、ということを示している。そしてそれにもとづいて、研究者自身が設定する特定のリサーチ・クエスチョンの根拠を明らかにし、またその具体的な内容を明示することになる。

しかし，Locke and Golden-Biddle の研究は，確かに研究者が先行研究を元にしてリサーチ・クエスチョンを構築する際の方法に関する貴重な洞察と概念化を提供してはいるものの，彼らの主な目的は，研究者がどのようにして最終的にリサーチ・クエスチョンに到達したかという点を明確にすることではない。それに加えて，彼らの場合は，どの方法が面白い理論の開発に結びつくかという点にはあまり注意を向けていない。

したがって，我々がこの章でこれからその結果を報告する調査研究は，Locke and Golden-Biddle による研究の成果を拡張する一方で，彼らの研究とは2つの重要な点で異なっている。第1に，我々の調査では，研究者が先行研究にもとづいてリサーチ・クエスチョンを構築する方法の中でも，特に，面白くて影響力のある理論に結びつく可能性を持っている方法に焦点を当てて検討した上で，その方法に関する独自の類型論を提案する。2点目の違いとしては，以下に概説するように，我々の場合は，はるかに広い範囲の学術ジャーナルをカバーすることによって，定性的研究と定量的研究の両方について検討し，また，より最近の研究論文のサンプル，つまり2003年から2011年の間に発行された論文を調査対象にしている。実際，近年顕著になっている，「懐疑的（skeptical）」なアプローチ，例えばポスト構造主義や批判的研究などのアプローチの人気の高まりからしても，Locke and Golden-Biddle が彼らの研究を通して下した評価の内容に対しては変更を加える必要性があるように思われる。

調査方法と研究デザイン

我々は，経営学および組織論系の研究者がどのようにして先行研究にもとづいてリサーチ・クエスチョンを構築しているのかという点について確認するために，以下に挙げる米国および欧州の経営学系と組織論系の主要4誌の8号分について検討を加えた——*Administrative Science Quarterly, Journal of Management Studies, Organization Studies, Organization*。これらのうち *Journal of Management Studies* の場合は別であるが，他の3誌は学際的であり，掲載されている論文には社会学，教育学，心理学，政治学，情報システム論などの分野の研究者が執筆したものが含まれている。したがって，これらのジャーナルは，ビジネススクールや経営学部に所属する研究者の基本的なスタンスについて理解することのみに限定されず，より広い範囲で本

書における分析にとって適切な分析対象になっていると言える。それぞれの
ジャーナルについては，2003 年から 2005 年のあいだに刊行された 2 号分
（特集号は除外した）を取りあげた。これらのジャーナルを選んだ主な理由
は，次のようなものである。まず，これら 4 誌はいずれも経営学および組織
研究の分野における最先端の論文が掲載されるトップジャーナルであると考
えられている。また，掲載される研究内容に関してはかなり広い範囲をカ
バーしている。さらに，これらのジャーナルは，幾つかの重要な点で先に挙
げた Locke and Golden-Biddle（1997）による研究を補完するものになって
いる。

　当然ではあるが，これら 4 誌にはそれぞれ学際的な性格があるとはいうも
のの，一方でいずれも組織論関連の論文を刊行することが多いという点から
すれば，特定の分野の傾向を反映している可能性がある。したがって我々
は，社会科学一般においてより広い範囲で見られる傾向について確認するた
めに，次に挙げる，米国および欧州における社会学，心理学，教育学系の主
要なジャーナル 6 誌から最近の 8 号分を分析対象に加えた——*American
Journal of Sociology，Sociology，Psychological Science，Journal of Applied
Psychology，American Educational Research Journal，Learning and In-
struction*。

　検討対象になった論文の総数は 119 本である（52 本の経営・組織論系の論
文，23 本は心理学系，21 本が社会学系，23 本は教育学系の論文）。著者のうち約
半数は北米出身であり，それ以外は他の地域（主に英国）の出身者であっ
た。これらのジャーナルを読み込んで分析を加えていったところ，約 100 本
の論文について検討した時点で，一種の飽和状態に達した。つまり，それぞ
れの分野について論文数をさらに増やして検討を加えていったとしても，リ
サーチ・クエスチョンを作成する上での方法という点でそれまでの作業で確
認することができた以外の別種の方法を見出すことはできなかったのであ
る。この最初の調査を通して基本的なパターンについては確認できたので，
分析対象となる論文をそれ以上増やして検討を進めていく必要は特にないだ
ろうと判断した。

　Locke and Golden-Biddle（1997）や他の研究（Bazerman, 1993; Golden-Bid-
dle and Azuma, 2010）の場合と同様に，我々の場合もそれぞれの論文の全文
を読み込んで検討を加えたが，特に集中して分析を加えたのは論文における
冒頭の部分（「導入」から「方法」のセクションまで）である。というのも，研

究者が先行研究からリサーチ・クエスチョンを構築する方法について最も明確な形で解説しているのは，その部分だからである。特に，我々は分析対象になった論文を注意深く読み込んだ上で，著者がそれ以前の研究と理論を踏まえた上でリサーチ・クエスチョンをどのように構築したかを示していると思われる点について重要な意味を持つステートメントを探した。

　その後の時点でおこなった分析では，グラウンデッド・セオリー・アプローチ[訳注C]の場合とは違って詳細なコーディングをおこなうのではなく，リサーチ・クエスチョンを構築する際の方法の根底にあると思われる理由づけ（ロジック）の意味を明らかにするようにつとめた。一般的なパターンとしては，その理由づけは論文中で明示的に述べられている場合が多い。例えば，Musson and Tietze の論文の場合は，先行研究における「この種のギャップに取り組む」という形でリサーチ・クエスチョンを定式化とした，と述べている（2004: 1301）。同じように Hammer et al. も，「仕事と家庭の関係に対する介入研究におけるこれらのギャップに取り組む」（2011: 135）と述べている。同様に，Westphal and Khanna（2003: 363）は特定の方法で「この分野の文献の範囲を拡張する」と主張しており，Jones et al.（2010: 104）も，彼らが焦点を当てた問題領域については「ほとんど実証的研究がおこなわれてこなかった」と主張した上で，独自のリサーチ・クエスチョンを構築している。したがって，ほとんどの場合，以下で説明する，リサーチ・クエスチョンを作成する上で用いられてきた各種の方法の特徴は，多かれ少なかれ，分析対象となった論文自体の中から直接的な形で浮かび上がってきたものなのである。

先行文献からリサーチ・クエスチョンを構築する方法の類型論

　我々が検討対象として取りあげた論文についてみた場合，リサーチ・クエスチョンを構築する方法として最も多かったのは**ギャップ・スポッティング**［＝リサーチ・ギャップの検出］である。この場合，研究者は，先行文献におけるギャップを見つけることを目的として先行研究をレビューし，それに

　［訳注 C］グラウンデッド・セオリー・アプローチについては，佐藤（2008），シャーマズ（2020）
　　等を参照。

表 3.1 ギャップ・スポッティングの基本形とサブタイプ

基本形	特定のサブタイプ
混乱スポッティング	競合する説明
軽視・無視スポッティング	見落とされていた研究領域
	研究が不十分
	実証データによる裏づけが不足
	特定の側面に関する検討の不足
適用スポッティング	先行文献の拡張と補完

もとづいて特定のリサーチ・クエスチョンを作成していくことになる。少なくとも我々がレビューした論文について言えば，その中で展開されていた研究上のロジックは次のようなものであった——「確かに従来このテーマに関する研究はなされてきた。しかし，本研究で焦点を当てているような点については真正面から取り組んできたわけではない。本論文で明らかにされたリサーチ・ギャップないし先行研究が抱えている問題点に関して言えば，これまでの研究の積み重ねは潜在的にはある程度大きなものだ。しかし，それはまだ十分なものだとは言えない。この点における知識の蓄積に貢献していくためには，今後より適切な形で研究を積み重ねていく必要がある」。

　我々は，以上のような点に関連して，3つの基本タイプ，つまり，混乱，軽視・無視，および適用という3種類のギャップ・スポッティングを特定することができた。さらに，これら3つの基本形については，特徴的な幾つかのサブタイプを区別することもできた。表 3.1 には，基本的なギャップ・スポッティングの基本形とサブタイプの概要を示しておいたが，以下ではそれぞれの類型についてさらに詳しく解説していく[1]。

混乱スポッティング（Confusion Spotting）

　リサーチ・クエスチョンを構築する上での，この混乱スポッティングという方法における主な焦点は，一連の先行文献の中から何らかの点での混乱や対立を見つけ出すことである。つまり，ある研究テーマに関する先行研究が

1　我々が検討対象にした全てのジャーナル論文を，さまざまなギャップ・スポッティングのタイプによって分類した表については，付録1を参照。

確かに存在してはいるのだが，それらが示しているエビデンスはまちまちであり相互に矛盾している，とされるのである。新規に設定されるリサーチ・クエスチョンが意図するのは，そのような，先行文献に見られる混乱を整理し，それについて説明をおこなうことである。このような形でリサーチ・クエスチョンを定式化する場合は，主として，先行文献の中から互いに**競合する複数の説明**を見つけ出していくことを目指す。

　経営学系の論文に関して言えば，Anderson and Reeb（2004）がおこなった取締役会の構成に関する論文を，混乱スポッティングによってリサーチ・クエスチョンを定式化した文献の典型例として見なすことができる。著者たちによれば，コーポレートガバナンス関連の文献においては，創業家などの大株主は，企業の資産のうち小株主の持ち分を搾取する傾向があることが広く認識されているのだという。また，社外取締役は本来このような利害対立を緩和すべき立場にある，という点についてもかなり広い範囲で認識されている。

　もっとも一方で，これについては競合する複数の説明が存在している。エージェンシー理論によれば，社外取締役は，創業家が小株主を犠牲にして企業の資産を搾取的に利用する傾向を抑制することによって，小株主の利益を守ることができるとされる。それとは逆に，スチュワードシップ理論の場合は，創業家は企業と自身との同一視が強いために企業経営の健全性を「自分にとっての便益の延長と見なす」傾向があると仮定しており（Anderson and Reeb, 2004: 211），したがって，企業経営の健全性と収益性を維持する方法について助言できる社外取締役を選出する傾向が強いと主張する。その上で Anderson and Reeb は，「関係取締役の影響について調査し，……また，社外取締役が同族会社と非同族会社のあいだで取締役会の議席を獲得する方法について検討することによって，これらの競合する理論（エージェンシー理論とスチュワードシップ理論）のあいだの対立点を解きほぐす」（2004: 211）ことを目指す，とするのである。

　リサーチ・クエスチョンを構築するために先行文献の中から競合する説明を見出して使用している別の例としては，「専門家の価値観に対して社会的なネットワークがどのような影響を及ぼすか」という点に関する Gibbons（2004）の研究を挙げることができる。彼女の文献レビューでは，社会システムには価値観に関するメンバー間のコンセンサスの形成を促す傾向があることを示すエビデンスがある一方で，組織においては価値観に関する「個人

間の不一致が存在する」という点を報告する研究があることが見出された（2004: 238）とされる。Gibbons は，これが2つの相互に関連するリサーチ・クエスチョンにつながっていく，とする。「まず，どのような非公式の社会的な力が価値観の収束を支持する方向で作用し，一方で，どのような非公式の社会的力が，確立された専門的価値観からの逸脱を助長するか？　第2に，専門家としての価値観が変化するにつれて，それは既存の社会的ネットワークに対してどのような影響を及ぼすか？」（2004: 238）。

　同様に，Liu et al.（2010）は，1990 年代になって米国で自閉症の患者数が突然増加傾向を示したという現象に関して，競合する説明というアプローチを採用してリサーチ・クエスチョンを構築した。著者たちによると，それまで数百件の研究が行われてきたにもかかわらず，それらの研究は互いに競合する説明を提示しているために，なぜ自閉症患者が突然増えたのかはまだよく分かっていないのだと言う。したがって，彼らの研究の目的は，「これらの競合する説明の食い違いを解きほぐすことによって」自閉症の増加を引き起こした原因を明らかにすることである。つまり，突然の増加が「社会的影響，毒物学的変化，またはウイルス感染によって引き起こされたものであるかどうか……この論文では，これらの説明のあいだの食い違いを解きほぐすために必要となるデータの構造と一連の決定的な検証法について設計する」（2010: 1390）と言うのである。

　Hawley-Dolan and Winners（2011）も，現代美術に対する人々の認識に関する研究においてリサーチ・クエスチョンを構築する際に，互いに競合する説明について明らかにするという方法を採用した。彼らによれば，非専門家たちの多くは，一般の人々はプロの芸術家が描いた絵と未就学児やサルや象などの動物が描いた絵を実際に区別することはできないものだと主張しているのだと言う。この主張は，研究者のあいだでも一定程度の支持を見出していた。しかし，他の研究によると，実際には一般人の場合でも，プロの芸術家が描いた絵と未就学児や動物が描いた「落書き」とを区別できるとされている。そこで Hawley-Dolan and Winners は，リサーチ・クエスチョンを次のように定式化することによって，これらの競合する主張のあいだの食い違いを解消しようと試みた——「抽象画は実際に未熟な者による殴り書きと見分けがつかないのであろうか，それとも，このような混乱は現実に存在するというよりは見かけだけにすぎないのだろうか？」（2011: 435）。（Hawley-Dolan and Winners の調査結果に興味がある人々，特に抽象芸術の愛好家で，

彼らの研究の結果に懸念を抱いていると思われる読者に安心してもらうために付言しておけば，実際の調査結果は，一般人であってもプロの芸術家の作品と小さな子供やサルの作品を区別することが可能であることを示していたのであった。）

　同様に，Papay（2011）は，教師のパフォーマンスを評価するためのいわゆる付加価値モデルに関する研究において，競合する説明を提示するというやり方でリサーチ・クエスチョンを構築した。彼は，過去 20 年間に，研究者と実践家の双方が「学生，教師，学校のパフォーマンスを評価する上で，［学業成績の経時的な向上を中心にして評価をおこなう］付加価値法を採用する例が増えている」（2011: 163）と指摘することから始める。しかしながら，学術界では，付加価値を中心とする政策評価が持つ究極的な有効性については意見が分かれたままなのだという。特に，付加価値モデルがどの程度有効でまた信頼できるかという点に関しては見解が分かれているのだとされる。Papay（2011: 164）によると，「付加価値による評価法によれば，特定の教師が生徒の成績を向上させているという因果関係の主張が支持されると主張する人々もいる。したがって，これらの評価にもとづく報酬と説明責任に関する政策は正当化されるのだと言う……しかし，他の人々は，これらのモデルの根底にある多くの前提はその種の主張の根拠としては脆弱なものでしかない，と論じている」のだと言う。したがって，彼の研究の目的は，教育研究者のあいだにおける，このような見解の相違について解明しようとするところにあったのである。

軽視・無視スポッティング（Neglect Spotting）

　我々がサンプルとして取りあげた一連の論文の場合，リサーチ・クエスチョンを構築する上で最も一般的であった方法は，先行研究で軽視ないし無視されてきた点について明らかにする，というやり方であった。この戦略を採用する研究者たちは，（優れた）研究が一切おこなわれていない研究テーマや研究領域を特定しようとする。このような方法の場合には，未開の領域——いわば知識の見取り図における空白の領域——が存在しており，目ざとい研究者には，その無視された領域に関する知識を開発する責務があり，したがってまた，該当する先行文献に対して何かを追加することができる，ということが想定されている。この軽視・無視スポッティングに関しては，4つのサブタイプを区別することができる。すなわち，①見落とされていた研究領域，②十分に研究されてこなかった領域，③実証データによる裏づけの

不足，および④先行文献の知見をより完全なものにするためには本来必要であるはずの特定の側面に関する検討の不足，という4つのタイプである。

軽視・無視スポッティングの最も一般的なタイプは，それまで盛んに研究されてきたにもかかわらず**見落とされていた研究領域**を見つけ出す，というやり方である。このギャップ・スポッティングの方法は，Luke（2010: 1436）がおこなった，移住先の多くの都市で母国にいる家族以外の人々との関係を形成している移民が「送金の割当分を求めて母国にいる家族」とどのように争うか，という問題に関する研究の場合に明白な形で表れている。彼女はまず，従来の研究では一般に，出身国にいる家族の収入を生み出すための家計上の戦略として移住がどのように利用されているかという点に焦点を合わせている，と指摘する。その上で彼女は，出身国の家族に向けた移民の送金行動についてはかなり多くのことが知られている一方で，「その種の送金行動に関する文献に著しく欠けているのは，移民が移住先で築きあげる家族以外の人々との新しい関係，またその人々との交換関係にともなう利益やコストに関する研究である」（2010: 1436）と指摘している。彼女は，そうして従来見落とされてきた領域を確認することによって，移住関連の文献における重要なリサーチ・ギャップを扱ったリサーチ・クエスチョンを構築することができたのであった。

同様に，Judge and Cable（2011）は，軽視・無視スポッティングの内の「見落とされていた研究領域」のサブタイプに該当する方法を適用して，身体のサイズが賃金の額とどの程度相関しているかという点に関する調査をおこなう際のリサーチ・クエスチョンを構築した。彼らは，経済学者の中には「賃金に関する肥満ペナルティ」を研究している例もあるが，「組織行動論系の研究の場合には，体重と収入の関係あるいはそれに関する性差を調べた研究の例」（2011: 95）は見当たらない，つまりそれが見落とされていた研究領域だと主張する。その上で，それこそが彼ら自身の研究において検討の対象にしていこうとしているものだとしている。

Kopp and Mandl（2011）も，学習者が自分の議論を正当化する際のプロセスに関する研究において，見落とされていた研究領域を明らかにしてリサーチ・クエスチョンを構築する，というやり方を採用した。彼らは文献レビューの結果として，先行研究では「主として，自説を正当化する上での個人レベルの能力を測定の対象にしてきた」と主張する（2011: 637）。次にKopp and Mandlは，「他者と協調して自説について正当化するプロセスに

関する研究はほとんど存在しない」と指摘する（2011: 637）。したがって，彼らの研究の目的は，他人との協調による議論の正当化および個人レベルでの正当化の両方について検討を加え，またそれに関わる能力の程度を測定することにある，としているのである。

先行文献では**十分に研究されてこなかった領域**を見つけ出すことは，軽視・無視スポッティングとしてよく見られるもう１つのタイプである。リサーチ・クエスチョン構築のために十分に研究されていない領域をターゲットにするという方式の場合は，上で解説した，見落とされている研究領域を探し出すやり方とは対照的に，特定の研究テーマに関して一定数の研究がなされてきたという事実については一応認めることになる。しかし，そのテーマについて理解を深めた上で何らかの説明を提供するためにはさらに研究を重ねていく必要がある，と主張するのである。

このサブタイプの好例は，Corley and Gioia（2004）がおこなった，スピンオフを経て新規に立ち上げられた企業における組織アイデンティティの変化プロセスに見られる曖昧さに関する研究である。彼らは，組織変化に関連する文献をレビューした結果として，先行研究では，もっぱら企業の合併や吸収などのように，組織規模が拡大するという意味で追加的なタイプの組織変化の実証研究がおこなわれてきたというバイアスが存在していると結論づけている。つまり，ダウンサイジングやスピンオフなどのように組織規模が縮小する場合の変化についてはあまり関心が向けられてこなかったのだと言う。彼らはまた，「これまでの研究では，組織アイデンティティが変化する理由に関する洞察は提供されているが，組織アイデンティティの変化が**どのような経緯**で生じ得るものであるかという点については十分な洞察が提供されてこなかった」（2004: 174, 強調は原文）とする。したがって，彼らの場合は，スピンオフ企業における組織アイデンティティの変化がどのような経緯で発生するかという点に関する研究に着手したというのである。

Fox（2011）は，十分な研究がなされてこなかった領域に焦点を当てるタイプのギャップ・スポッティング方式を採用して，境界オブジェクト［異なるグループの人々を結びつけて協働を可能にする機能を持つ情報や事物］とテクノロジーの採用に関するリサーチ・クエスチョンを作成した。彼は文献レビューを通して，境界オブジェクトが「アイデア，理論，または実践能力が文化的に定義された境界，例えば，複数の知識共同体や実践共同体などの境界を越えて翻訳されていくプロセスをどのように強化できるかという点に関

する研究」は増えているものの，他方では，「そのテーマに関する社会学的な観点からの理論化が進んでいない」(2011: 70) と指摘している。とりわけ彼は自分自身のリサーチ・クエスチョンを構築するにあたって，先行研究では「どのオブジェクトが境界オブジェクトとしての機能を果たし得るか」という点については重要な問いが提起されているが，その一方で「それらが実際にどのように機能し，また何がその種の機能をより効果的なものにするかについてさらに詳しく検討していく必要がある」と主張している (2011: 73)。

　同じように，O'Connor et al. (2011) の論文でも，十分に研究がなされてこなかった領域を見つけ出すことを通してリサーチ・クエスチョンを構築している。彼らによれば，それまで数多くの研究が「教師と児童のあいだの関係が児童の社会面，感情面および行動面での発達において重要な役割を果たしている」ことを示してきたのだと言う (2011: 125)。しかし，文献レビューの結果は，「先行研究のほとんどが，初期段階における教師—児童間の関係の質とそれ以降の段階における問題行動との関係をテーマとして取りあげて検討を加えた横断的なデザインによるものだということもあって，小学校における教師—児童間関係と児童の問題行動に関する我々の理解は限られたものにとどまっている」と示唆している。そして子供たちがその中で発達を遂げていく多元的な社会関係のネットワークについて考慮した研究はほとんどない」(2011: 127) とする。彼らの研究は，このように先行文献では軽視されてきた領域に取り組むのだとされる。

　上で見てきた幾つかのタイプの軽視・無視スポッティングに似てはいるが性格が異なる方式として区別できるものに，**実証データによる裏づけが不足**している先行研究の領域を探し出すというタイプのやり方がある。例えば，組織学習に関する文献をレビューした結果として，Dyck et al. (2005) は，組織学習の性格をとらえているとされる理論概念とモデルは，ほとんどの場合，実証データによる裏づけが欠如しているという結論に達した。この認識にもとづいて，彼らは，組織学習に関する現在の主要な概念やモデルが，それぞれどの程度実証的な裏づけを得られているかという点について研究をおこなうことにした。

　同じように，Richler et al. (2011: 464) は，顔認識に関する研究において全体論的な情報処理の概念はきわめて重要な役割を果たしているが，「全体論的処理と顔認識能力の関係については未だかつて実証研究によって裏づけ

られたことはない」と指摘した上で彼ら自身のリサーチ・クエスチョンを構築している。

　同様に，Jadallah et al.（2011）は，足場かけ法（scaffolding methods）（つまり，他の方法ではできなかった問題を［課題を小分けにするなどして段階的に足場を築いた上で，後でその足場を取り払って］児童が解決することを支援する方法）に関する文献レビューで，成功した足場かけ法の特徴に関する実証研究についてはコンセンサスが欠如していることを指摘する。したがって，彼らの研究の目的は，「教室におけるディスカッションをおこなう上で効果的な足場かけ法について，より具体的かつ確実な実証的根拠を提供すること」であるとされる（Jadallah et al., 2011: 197）。

　軽視・無視スポッティングの中でも最も漸進的な方法は，**先行研究では検討が不足している特定の側面**を探し当てるというやり方である。このタイプの軽視・無視スポッティング方式では，先行研究におけるより小規模なギャップに焦点を当てているように見えるという点で，他のタイプのやり方とは違った性格のものとして考えることができる。興味深い点ではあるが，このタイプの軽視・無視スポッティングは心理学系の文献でのみ見られた。例えば，Liu et al.（2011）は地球温暖化に対する人々の信念が，その時点の天気，つまり，研究対象者が自分の信念について尋ねられたとき，それが涼しい日であったか暑い日であったかによってどの程度左右されていたかという点について検討を加えた。つまり彼らは，地球温暖化に対する人々の信念に関する先行研究に新しい知見を追加する方法として，「先行研究で研究対象にされていた絶対的な温度差ではなく相対的な温度差」に焦点を合わせることにしたのであった（Liu et al., 2011: 455）。

適用スポッティング（Application Spotting）

　リサーチ・クエスチョンを構築するために採用されるギャップ・スポッティング的な方法の基本的なタイプとして3番目に挙げられるのは，先行文献の検討を通して理論や概念の新しい適用可能性を明らかにするというやり方である。それには，主として，特定の研究分野においてそれまで特定の理論ないし理論的パースペクティブが適用されてこなかった側面を探し出すという手続きが含まれる。そのような場合，研究上の課題は，特定の研究テーマに関する理解をさらに深めていく上で有効であるような，従来とは異なる視点を提供することにある。通常，適用スポッティングの提唱者は，特定の

研究領域の文献は何らかの形で**拡張**または**補完**していく必要があると主張する。

　このタイプのギャップ・スポッティングの例として，Watson（2004）の「HRM と批判的社会科学の視点からの分析」という論文を挙げることができる。彼は，既存の HRM（Human Resource Management）（人的資源管理，以前は「人事管理［personnel administration］」という用語が使われていた）関連の文献を検討し，批判的な観点からの研究が欠如気味であると結論づけた。つまり，あまりにも多くの HRM 系の文献はハウツー的でありまた規範的なのだと言う。Watson の研究課題は，このような不十分な点に対処すること，つまり従来の HRM 関連の文献に対して批判理論の視点を導入することだとされた。

　適用スポッティングの例は心理学の場合には見当たらず，また教育学系でも稀だったが，社会学分野の論文ではかなり多く見られた。例えば，Oliver and O'Reilly（2010）は，ライフスタイルの移行に関する文献をレビューし，階級の概念を考慮に入れて検討を加えた研究が着実に減少しているという点を指摘した。この問題を修正するための方法として，著者は Bourdieu の発想にもとづく視点の導入を提案し，またそれについて詳しく解説した。著者によれば，それによって「ライフスタイルの移行に関する研究に新たな視点が提供される」（2010: 50）ことになるのだと言う。

　同様に，Taylor は「動物保護施設における感情 管 理 （マネジメント）の役割と機能」に関するリサーチ・クエスチョンを作成する際に適用スポッティング方式を採用した（2010: 85）。Taylor は，動物保護施設における感情管理への伝統的なアプローチに対しては批判的なのだが，彼によればその理由は，その種のアプローチでは［外部の］研究者たちが採用する分析的視点が優先されすぎているからだとされる。それに替わる視点として，Taylor は，実情に即した動物保護施設の感情管理の調査を可能にするような，調査現場において当事者たちが実際に示す行動や発話とその意味について理解するという視点を提案する。

　教育学系の研究に関して言えば，Russell（2011: 237）は幼稚園を事例として取りあげて，教育システムが歴史的にどのような変遷を遂げてきたかという点に関する彼女自身のリサーチ・クエスチョンを構築した。この事例は「幼稚園教育を構成するものに関する一般的な考え方がどのように変化したかという問題に焦点を当てた，代替的ではあるが補完的でもある視点」を提

供するのだとされた。

組み合わせ

　我々が検討を加えた研究の多くは，リサーチ・クエスチョンを構築する上で主としてどれか1つの方法を用いているが，異なるタイプのギャップ・スポッティング方式の**組み合わせ**を採用している例も珍しくない。例えば，Schultze and Stabell（2004）は，リサーチ・クエスチョンを作成する際に，混乱スポッティングと適用スポッティングの両方の特徴を持つアプローチを採用した。彼らの論文の目的は，「知識とその管理に関しては相互に異なる前提が存在しているという事実を強調する理論にもとづくフレームワークを開発することによって，知識というものに含まれる相互に矛盾した両義的な性格について探求していくこと」であった（2004: 550）。このフレームワークでは，Burrell and Morgan（1979）の組織理論に関するパラダイム・フレームワークと，Deetz（1996）によるそのフレームワークの改訂版が援用されている。

　各種のギャップ・スポッティングを組み合わせた研究の例は，調査対象として取りあげた他の学問領域でも見られた。例えば，Daly and Finnigan（2011）は，教育学系の特定分野について，実証研究が不足気味であるだけでなく，見落とされている研究領域が存在していることを明らかにすることを通してリサーチ・クエスチョンを構築した。彼らは文献レビューを通して「学校と地区リーダーのあいだの関係の根底にある社会的ネットワークについて調査した実証研究はごく少数である」という点について確認し，同時に「この分野の先行文献では，組織改革の取り組みは社会的に構築されるものだという点が見落とされがちである」ことを見出した（Daly and Finnigan, 2011: 39）。

　同様に，心理学系の研究では，Le et al.（2011）が，心理学における特定分野の先行研究に見られる実証研究の欠如と混乱を見出すことによって，彼ら自身のリサーチ・クエスチョンを作成した。社会学分野における組み合わせの例としては，Hook（2010）による，家事におけるジェンダー間の不平等に関する研究が挙げられる。彼女は，競合する説明の存在という意味での混乱の存在を明らかにするとともに，研究が不十分にしかなされていない領域を見出すことを通して自分自身のリサーチ・クエスチョンを構築している。

若干の補足：ギャップ・スポッティングのバリエーションとそれ以外の方法

　上記の分析からは，ギャップ・スポッティングが社会科学という分野の範囲内では（少なくとも我々が検討した研究領域に関して言えば）リサーチ・クエスチョンを構築する際に採用されている最も一般的な方法である，と結論づけることができるだろう。もっとも，このギャップ・スポッティング方式を採用した研究がどの程度面白くて影響力のある理論につながる可能性を持っているのか，という点について批判的な検討を加えていく前に，まず，ここまで見てきたようなリサーチ・クエスチョンを作成する際の既存の方法に関する我々の分析内容について若干の補足をしておく必要がある。

　実際，研究者には，ギャップ・スポッティング以外の方法でリサーチ・クエスチョンを構築するに至ったり，それらを定式化したりしていく可能性がある。そのような段階に至るための方法には，「批判的な視点を踏まえた挑戦」と「新規のアイデア」という2つの方式がある。これらの方法は，1つの論文の中でギャップ・スポッティング方式と重複したり共存したりしている場合がある。また，以上のようなやり方が，研究を通してリサーチ・ギャップを埋めていくプロセスに関する議論を特に明示しない形で採用されている場合もある。それに加えて，我々が，学術論文における特定の目的にとってその主な根拠となるものを示すためにギャップ・スポッティング戦略が採用されていると見なした例の中には，それと一緒に問題化の要素が含まれているケースもある。そのような問題化の要素は，多くの場合，特定の理論を批判的に検討した上で，それに対して変更を加えようとするアプローチから構成されている。また，先行研究について見出された問題が新しいリサーチ・クエスチョンを生み出す契機になっている。

　以下では　まず，「批判的な視点からの挑戦」と「新規のアイデア」というアプローチについて，それらを，リサーチ・クエスチョンを作成する上で採用される，相互に補完的ではあるが一方では別個のものとして区別することもできる2つの戦略として説明する。その後で，ある種のギャップ・スポッティング戦略に含まれる補完的な戦略について解説する。

批判的な視点からの挑戦

　批判的な視点から挑戦していく場合，研究者は既存の理論や特定の研究分

野について，何らかの欠点を明らかにすることを通して批判を加えていく。この批判的な視点からの挑戦という方法は，〈特定の研究分野には批判的な視点が欠けている〉という点について指摘するような場合には，適用スポッティングの形式をとることがある。例えば，社会学者の Sayer（2011）がリサーチ・クエスチョンを作成するために適用スポッティングを使用した際のアプローチには，これが明白に見てとれる。彼は，〈階級間の不平等は主として象徴的な支配に根ざすものだ〉とする主流の説明に対して，その種の説明は部分的に不十分であると主張することによって挑戦した。彼によれば，そのような説明では，階級の不平等を説明する上で身体化された属性と実践が果たしている重要な役割が考慮されていないのだと言う。それに続いて，Sayer は，Bourdieu の実践理論と貢献的正義（contributive justice）に関する理論を組み合わせた新しい視点を，既存の説明における不十分な点を是正する方法として提案している。

　批判的な文献レビューは，［上記の例などよりも］はるかに対決色が強い形でフレーミングされており，（例えば，適用スポッティングとは明確に区別できるという意味で）独立したカテゴリーとして見なした方がふさわしい例もある。批判をおこなう者が，既存研究における分析手法の間違いや推論の誤りなど，かなり狭い研究テーマに対して焦点を当てることも多い。その一例は，変革型リーダーシップ関連の研究を対象にした Yukl（1999）の批判的検討である。もっとも，彼の文献レビューでは，変革型リーダーシップ関連の研究の背景にある前提については本格的な検討を加えずに，さまざまな理論的主張に関する批判を提示するという程度にとどまっている。一方で，フェミニスト，批判理論，ポスト構造主義系の著作の場合によくあるように，基本的な前提それ自体を批判的検討の対象にする場合もある。

　批判的な視点からの挑戦というリサーチ・クエスチョンの定式化のアプローチは，典型的には，第1章で言及しておいた，プログラム化された（型通りの）問題化（programmatic problematization）の形をとる。その意味では，ギャップ・スポッティングとは異なるタイプの方法だとは言える。しかし，その種の批判的な視点からの挑戦の方式は，既存の理論の根底にある前提に挑戦することを意図しているわけではないので，「真正の」問題化として見なすことはできない。実際，そのようなアプローチには，自分自身（あるいは自分がその一員である研究コミュニティ）が仮定する前提とそれに関連する各種の要素（例えば，批判的な論点を成立させるための語彙や約束事等）に

関する批判的な考察や問題化の作業が含まれていることは滅多にない。

新規のアイデア

次にリサーチ・クエスチョンの作成法として取りあげる「新規のアイデア」というのは，単に，論文の著者がアイデアの新規性を強調していることを意味する。そのような場合，著者は，これまで研究対象とされてこなかったという事実を示すような文献レビューの結果を特に引き合いに出すことなく，研究の革新性を主張することになる。これは，先行研究を踏まえること，またそれに対して挑戦することという2つの手続きを両方とも省略することを意味する。それには，非常に独創的な思考と高いレベルの確信が必要となる。

もっとも，容易に予想されることではあろうが，このようなアプローチは今日の社会科学ではそれほど一般的ではない。というのも，たいていの研究テーマについては既に多くの議論がなされているからである。事実，我々が検討対象にした研究分野では，明らかにこの「新規のアイデア」というカテゴリーに分類できるような例は見つからなかった。ただし，そのようなケースがまったく存在していないというわけでもない。古典的な文献の中には，このようなタイプの特徴を示すものも多く，また，その中には多かれ少なかれ既存の前提に対して大胆な形で挑戦する内容が含まれている。しかし，それは必ずしもそのような前提への挑戦という形での性格づけがなされているわけではない。したがって，本書で問題化と呼んでいる手続きとは性格が異なるものである。

「新規のアイデア」の好例として見ることができる「古典」の中には，例えば文化というものに対するGeertz（1973）の見方やLasch（1978）の「ナルシシズムの文化」ついての考え方がある。より最近の例としては，「恐怖の文化」，つまり西欧社会ではリスクを最小限に抑えることが重要な美徳となっているという点に関するFuredi（2018）の研究や，「ブルシットジョブズ」，つまり，ほとんどないし何も役に立たない仕事であると一般に見なされており，それに従事している人々自身も無意味だと考えている仕事について書いたGraeber（2018）などがある。もう1つの例を取りあげるとすれば，組織に関する新しいメタファーとして「ガラスの檻」と「ガラスの宮殿」を提案しているGabriel（2005）がそれに該当するだろう。彼はこれらのメタファーをMax Weber［の「鉄の檻」のメタファー］や他の多くの研究

との関連で論じている。しかし，Gabriel は，Weber の理論に触発された研究群における未開拓の領域を明らかにするというやり方を採用しているわけではないのである。また，[「ガラスの檻」や「ガラスの宮殿」という概念の提唱を]「鉄の檻」関連の理論や文献に挑戦するような問題化の作業の一環として位置づけているわけでもない。

　実際，このような意味での独創性は，リサーチ・クエスチョンを構築する際の問題化やその他の明確な手続きを省略していると言える。一方で，[新規のアイデア方式を採用する研究者が]ギャップ・スポッティング的な手続きについて暗黙のうちに言及している例も多い。しかし，ギャップ・スポッティングは，通常，（十分に）研究されてこなかった比較的狭い領域に対して焦点を当てているものであるが，新規のアイデアを提案するアプローチの場合は，もっと広い範囲をカバーし，また概念的な面での貢献を強調している例が多い。

ギャップ・スポッティングで援用されるフレームワークに含まれている問題化の要素

　批判的な視点からの挑戦であることを明確に表明したり，新規のアイデアを提案したりするとまではいかないまでも，我々が検討した文献の中には，それ以前になされていた批判的な検討や理論の改訂に関する提案が援用されている例も少なくない。また，それらの批判的検討や改訂提案には，問題化の側面を明白に示す要素が多かれ少なかれ含まれている可能性がある。したがって，ギャップ・スポッティングによる研究の起源が，過去になされた問題化の成果を踏まえている場合もあり得るのである。

　例えば，人類学者の Heijes は，国民文化の性格とそれがもたらす結果に関する Hofstede（1980）の広く知られた研究を取りあげて，その研究が「文化概念に関してあまりにも高い凝集性や強い因果関係を想定している」（Heijes, 2011: 654）点を徹底的に批判した文献をレビューしている。当然ながら，それらの批判には，Hofstede 理論とは異なる出発点に立ったやり方で研究をおこなうことに関する提案が含まれている。それに続いて，Heijes は自分自身の主張を Hofstede に対する批判者たちの議論と関連づけて，文化を「ダイナミックであり対話を通して共同で創造される」ものとしてとらえる見方，つまり，（階層的関係における位置に関連する）権力と文化とのあいだの相互作用について考慮することの重要性について指摘する。この前提

にもとづいて，彼は「文化と権力のあいだに見られるこの相互作用を拡大
し，異文化の認識において権力および権力差が果たす役割について議論す
る」という構想を含む彼自身のリサーチ・クエスチョンを構築することにな
る（Heijes, 2011: 655）。これはギャップ・スポッティングの明確な例であり，
先行研究に含まれている批判と問題化を踏まえてリサーチ・クエスチョンが
構築されている。もっとも，この場合には，［Hofstede 理論に対する批判的な
見解を含む］先行文献が前提にしているものを［改めて問い直すのではなく］
再生産していることになる。

　もう１つの例は，Sauder and Espeland（2009）による，米国における法
科大学院［ロースクール］に関するランキングがもたらす影響についての研
究である。この場合は，［Heijes に比べれば］問題化としての性格がやや強い
のだが，この論文ではその点に関する明確なフレーミングがなされているわ
けではない。Sauder and Espeland は，新制度派組織理論と Foucault の議
論を援用した上で，法科大学院の場合は，ランキングにともなう外側からの
制度的圧力に対抗して組織内における業務を従来どおりに実施できるように
する上で効果的な正当化のための組織構造を構築することができなかった，
と主張している。

　その正当化構造の構築という点は，既に新制度派組織理論——少なくとも
その主流派のバージョン（Meyer and Rowan, 1977 など）——によってそれ以
前に主張されていた。それによれば，組織というのは，現場レベルの業務か
ら脱連結された正当化構造を構築し，それによって現場の業務は制度的プ
レッシャーから「免れて」，従来どおりに実施されることも多いとされてい
る。これは「バッファリング（緩衝）」と呼ばれる，組織の側からの対応で
ある。しかし，米国の法科大学院はそのような対応をとることができなかっ
たために，ランキングという制度は，その種の順位づけに対する強い反発が
存在していたにもかかわらず，組織内の意思決定や業務運営に対して広範囲
にわたって影響を及ぼしていたのであった。Sauder and Espeland がおこ
なった調査にもとづくこれらの知見は新制度派組織理論と関連づけられてい
るのだが，彼らのリサーチ・クエスチョンには調査データにもとづいてなさ
れた問題化の要素も含まれている。

　ただし，Sauder and Espeland（2009）の場合，新制度派組織理論それ自
体の前提に関する深いレベルでの検討はなされておらず，理論的なインスピ
レーションは主として Foucault に由来するものであった。また，次の引用

が示すように Foucault の発想はかなり直接的な形で援用されている——「この論文では，これらの組織がなぜこの新しい制度的なプレッシャーという外圧から自らを守るようなバッファを設けることができなかったかという点について理解する上で Michel Foucault の規律の概念が有効であることを説明する」(2009: 64)。［本章における検討にとって］この論文が興味深い事例になっているのは，これが，幾つかの問題化的な要素がリサーチ・クエスチョンの構築にあたってどのように含まれ得るか，という点を示している点である。少なくとも，この論文の場合には，重要な理論的発想（新制度派組織理論）から逸脱した面を含む事例が問題化のために使用されている。もっともその一方で，この論文では，主として Foucault の理論が直接的な形で適用されているのである。

　もう1つの例としては，Penfold-Mounce et al.（2011）が挙げられる。この研究では，テレビ番組シリーズの *The Wire* に関連して実施されていたさまざまな社会学的テーマに関する調査が，いかに社会学的想像力，ひいては新しくて革新的なリサーチ・クエスチョンを生み出す上での優れた資源として機能し得るかが示されている。

　以上で見てきたように，研究者が先行文献を踏まえた上でリサーチ・クエスチョンを定式化する上で実際に採用する方法には，さまざまな点での複雑さやバリエーションがある。また，その中には，調査データの使い方やその他の問題も含まれている。もっとも，その種の複雑さやバリエーションがあるからと言って，我々は，本章における中心的な発見，つまり，現在多くの社会科学分野では研究者の大多数が，リサーチ・クエスチョンを作成する際には，その根拠としてもっぱらギャップ・スポッティング的な発想を採用している，という事実から目を逸らすべきではないだろう。

結論

　この章では，研究者が先行文献にもとづいてリサーチ・クエスチョンを構築する際の方法について実際の論文のサンプルを使って検討を加えた。その結果明らかになったのは，少なくとも多くの社会科学系のジャーナル論文の場合には，ギャップ・スポッティングが，先行研究を元にしてリサーチ・クエスチョンを作成する際に採用されている主流の方法である，という点である。つまり，リサーチ・クエスチョンは，「ギャップ」（研究自体の少なさ，

あるいは先行研究では決定的な結果が示されていないという点）を探し当てることによって構築されているのである。ギャップ・スポッティングという全般的なカテゴリーの内部では，混乱，無視・軽視，および適用という3つの基本的なタイプを確認することができた。次の章では，ギャップ・スポッティング研究の限界と問題点について批判的に検討していく。特に，ギャップ・スポッティング的な研究が，果たしてどの程度，面白くかつ影響力がある理論の開発に結びついていく可能性があるか，という点について見ていく。

第**4**章

ギャップ・スポッティング方式の研究に関する批判的検討
——果たして面白い理論につながるアプローチなのだろうか?

　前章で解説した調査研究の分析結果から言えるのは，社会科学の領域（少なくとも経営学，教育学，心理学，社会学の4分野）で研究者がリサーチ・クエスチョンを構築する際の方法として最も一般的なのは明らかにギャップ・スポッティング方式だという点である。

　最近（2023年）になってGoogle Scholarで「fill this gap」と「address this gap」というフレーズで検索してみた。その結果からは，ギャップ・スポッティング型の研究が年々着実に増えていることが明らかになった。具体的に言えば，2000年から2005年のあいだに「fill this gap」は1万7900回登場していたのだが，2015年から2020年のあいだには，それが6万3500回になっていた。同様に，「address this gap」という言葉の登場回数は2000年から2005年までは5300回であったが，2015年から2020年のあいだには4万2500回にまで増えているのである。

　本章の目的は，リサーチ・クエスチョンを作成する上でギャップ・スポッティング的な方法を採用することに，どの程度，面白くてしかも影響力がある理論の開発に結びついていく可能性があるか，という点について批判的な観点から評価していくことにある。

　以下ではまず，面白さ（interestingness）に関する理論，つまり，理論を興味深く影響力があるものにする上で効果的な要素に関して検討した一連の文献をレビューした上で，それらの文献について検討を加えていく。ついで，それらの，[理論の]面白さに関する理論に照らしてみた場合，ギャップ・スポッティングにはどの程度，影響力のある研究につながる可能性を持っているかという点を批判的に評価する。本書の最後で我々は，研究論文のテキスト上で示されているリサーチ・クエスチョンの背後では，何か「面

白い（興味深い）」事態が進行しているのではないかという可能性について
考察する。

何が理論を面白くて影響力があるものにしているのだろうか？

　本章における中心的な問いは，面白くかつ影響力のある理論の開発を促す
上での効果という点でギャップ・スポッティング方式にはどの程度の可能性
があるか，ということである。その問いに対して適切な形で答えていくため
には，まず，理論を面白くするものは何か，つまり，理論がどのようにして
他の研究者から注目され，ひいては大きな影響力を持つようになるのか，と
いう点について理解しておく必要がある。研究や理論を面白く感じるポイン
トには人によってさまざまなものがあるだろう。しかしその一方で，面白さ
というものは決して個人的な判断や見解だけに左右されるような問題などで
はない。第1章で述べたように，面白い研究と見なされるものに関して何ら
かの共同体においてなされる評価は，純粋に主観的な見解というよりもはる
かに一般的な性格を持っているはずである。ただし，例えば教育学系の学校
研究などの場合のように，その「共同体」と言う場合の単位が学問分野全体
ではなくその一部の学者仲間に限定される，ということも当然あり得る。

　「良い」理論の特徴は，それが実証的証拠に基づく厳密な研究から導き出
されたものであり，したがって真実であると見なすことができるということ
である。これは，その理論が特定の研究テーマに即していることを意味す
る。

　しかし，社会学者のDavis（1971）がその画期的な論考で示したように，
ある理論を，他の研究者から見て注目に値し，時には非常に有名なものにさ
えしていく（Davis, 1986）のは，それが真実であると見なされるだけでは十
分ではない。さらに重要な条件として挙げられるのは，その理論が何らかの
重要な点で既存の理論の根底にある基本的な前提に対して挑戦を突きつけて
いる，と見なされることである。Davisはこれについて次のように述べてい
る——「研究者が自分の研究テーマに関する**面白い**理論を生み出せるという
点について確信を持ちたいと思っている場合は，まず，読者が以前からその
研究テーマについて真実だと思い込んでいる内容について十分に理解してお
かなければならない。そして，それ［＝批判的な文献レビューの作業］は，読
者が抱いている前提を否定することで，それらの人々の注意を引きつける可

能性がある命題を構築する作業を始める以前の段階でおこなっておく必要があるのである」(1971: 337, 強調は原文)。

　したがってある理論が面白いものだと認識されるためには，ルーチン化され自明視されていた我々の世界，つまり，我々が既に知っていると思っている世界の何らかの側面に対して予想外の角度から光をあてることによって人々の関心を引きつける必要がある。というのも，Bourdieu et al.（1991: 14）が指摘するように，「独創的な［そして興味深い］知識は，『現実』を単純に読み取るような作業などには決して還元できない。むしろ『現実』，つまり我々が世界について既に知っている事柄との決別が前提となる」からである。

　しかし，理論に関して言えば，「興味深い」と「影響力がある」という2つの特性が必ずしも両立するとは限らない。理論が面白くなくても影響力を持つことはあり得るし，またその逆に，ある理論が一部の人々には面白いものだと思われていても影響力に乏しいことがある。とはいえ，面白さという要素には，理論ないしその他のタイプの知識への貢献が影響力を持つものになる可能性を高めていく可能性があることは確かである。実際，ある読者たちが理論を面白いものだと感じれば，彼らがその理論に関心を持って記憶にとどめ，また自分でもその理論を援用したり，他の研究者たちに伝えたりする可能性も高まるだろう。

　社会科学が影響力を持ち，人々が納める税金を原資とする研究資金に見合うものであるためには，研究成果である論文が読まれ，記憶され，また活用されていく必要がある。一方で，学問の世界では，読者［読みたい人］よりも著者［書きたい人］の方が多い場合が少なくない。これは，多くの研究がほとんど全ての研究者にとっては面白くないものだと見なされているからに他ならない。学者，政策立案者，教養ある一般市民が目を通したいと思うのは，当然ながら，面白くない研究文献よりも興味深いところがある文献だろう。もっとも，このことは，研究が大きな影響力を持つようになる上で「面白さ」以外の要因が重要でない，ということを意味するわけではない。

　前提に対して挑戦することによって理論をより面白いものにしていく方法については，他にも多くの理論家がそれぞれ独自の解釈や説明を提供してきたが，Davis（1971, 1986, 1999）はこの点について最も完璧な形の解説を加えていると言える。したがって，彼の知見や議論についてより詳細に検討することによって，前提に対する挑戦というアプローチがどのような形で理論を

より面白くし，またそれによって影響力があるものにしていくか，という点に関する理解を深めていくことには十分に意味があると思われる。Davis（1971）は，その独創的でありかつ画期的な論文「それは面白い！（That's interesting!）」で特定の理論が相当程度の注目を集め，また他の理論に比べてより大きな影響力を持つようになっていった要因について調べている。彼は，特に，社会科学の領域で多大なる影響を及ぼしてきた有名な理論を取りあげた上で，絶大なる影響力を持つこれらの理論に共通するもの，つまり，他の理論と比較してそれらをより面白くし，注目する価値があるものにしていた要素について検討を加えていった。

　上で指摘したように，理論が面白く，したがって影響力を持つ可能性が高くなる上での決定的な要因は，それが読者の日常生活のあり方に関して通常の状況では自明の事柄として認められている前提の幾つかに対して挑戦するような内容を含んでいる，ということである。言葉を換えて言えば，面白い理論は，〈紛れもなく自明の事実のように見えることが実際には事実ではない〉ということを示し，それによって何が起こっているのかという点に注意を促すのである。Davis によれば，面白い理論に関する一般的な定義は，次に挙げる公式の形で表現できるのだという——「X のように見えるものは実際には非 X である。もしくは，X であるとして受け取られているものは実際には非 X である」（1971: 313）。

　この一般的な定義を踏まえた上で，Davis は理論の面白さを示す指標を作成している。この指標には，理論が読者の［暗黙の］前提に対して挑戦することを可能にする 12 の方法に関する解説が提示されている。これら 12 の方法は，さらに 2 つの主要なカテゴリーに分類される[1]。最初のカテゴリー（単一の現象の特徴に関する記述）には，我々がある現象について，それが何らかの特定の方法で構成されていると想定する際に用いる，次の 7 つのサブカテゴリーが含まれている——組織化，構成物，抽象化，一般化，安定化，機能，評価。［面白い理論の場合，］その現象は，実際には通常想定されているような構成ではないとされるのである。あるいは，その逆に〈現象はある構成ではないと想定されているが，実際にはそのような構成である〉とされる。

　1　ここでは，それぞれのカテゴリーが，どのようにして面白くて影響力のある理論を生成するものであるかを例証するものとして，数例のみを提示する。12 のカテゴリーのより包括的な要約については，本書の付録 2 および Davis（1971: 313-326）を参照。

例えば，「組織化」というカテゴリーの場合には，特定の現象が実際には組織化されていると思われているのに，実は**無秩序**である（あるいはその逆に，無秩序であるように見えるものが実は組織化されている）と指摘することによって理論を面白くすることができる。Davis は，Tönnies の『ゲマインシャフトとゲゼルシャフト（*Community and Civil Society*［*Gemeinschaft und Gesellschaft*]）』における「コミュニティ（共同体）と社会」という二分法を例に取りあげて，彼が最初のカテゴリーとして挙げた組織化の特徴について解説している。Tönnies の場合には，「全ての社会が多様で不確定（つまり，無秩序）であるとする当時の想定に対して挑戦して，実際には 2 つの主要なタイプ（ゲマインシャフトとゲゼルシャフト）の形で組織化されているとしたのである」(1971: 313)。組織化カテゴリーにおける第 2 の側面の例については，Davis は，Marx が『資本論（*Capital*［*Das Kapital*]）』の中で，「ブルジョア社会の経済プロセスは……ある方法で組織化されていると思われていたが，実際にはそのようには組織化されていなかった（むしろ別の方法で組織化されていた）」(1971: 313) と指摘することによって当時の前提に対して異議を唱えたという例が挙げられている。Davis によれば，組織化のカテゴリーに分類できる中で第 1 の側面［＝組織化の有無］を強調する例はどちらかと言えば新興の研究領域でよく見られているが，第 2 の側面［＝別の形での組織化］は，より伝統的で停滞気味の領域を活性化するために取りあげられることが多いのだと言う。

　同じように，「抽象化」カテゴリーは，ある現象について，**個人レベルの**特徴ないし傾向であるという前提や通念に挑戦して，実際にはそれが**社会全体レベル**における現象である（あるいはその逆）ことを指摘することによって，面白い理論を生成するために使用される。このサブカテゴリーにおける最初の方の例について説明する際に，Davis は Durkheim の『自殺論（*Suicide*［*Le suicide*]）』に言及し，Durkheim は，当時自殺は個人レベルでの出来事であると思われていたのに対して「実際には（より重要な点で）社会の特徴を反映したプロセスである」(Davis, 1971: 316) と指摘した，という事実を挙げている。したがって，個人的な属性のように見えるものが，実際には，個人がその一部となっている社会全体の属性である，とされたのである。Durkheim は，個人レベルの現象のように見えるものを社会学化する［＝社会学的分析の対象として取りあげる］ことによって，前提に対するこのような挑戦を達成したのである。

抽象化カテゴリーの第2の側面を示す実例としては，Freud の「戦争と死に関する時評［Zeitagemäßes über Krieg und Tod］」が挙げられている。この論文で，Freud は，「戦争」は社会現象であるという一般的な見解に挑戦して，実際にはそれが（より重要な点で）心理学的な現象であることを主張したのであった。したがってこの場合は，何らかの全体の属性のように見えるものが，「実際には，その全体を構成する個人の属性である」（Davis, 1971: 317）ことが指摘されるのである。このように，Freud は戦争を心理学化することによって，戦争を社会現象であるとする前提や通念に対して挑戦したのである。

　Davis が，理論を面白くするものとして挙げた2番目の方法は「複数の現象間の関係」である。これは，複数の現象間に特定の関係が存在すると我々が通常想定しているにもかかわらず実際には存在しない，あるいはその逆［＝存在しないと想定されているが，実際には存在している］の可能性を指摘するやり方である。それには，次のような5つのカテゴリーがあるとされる——相互関係，共存，共変動，対立，因果関係。

　「相互関係」のカテゴリーでは，相互に無関係であると想定されてきた対象同士のあいだに実際には何らかの関連があると示すことによって，理論を面白いものにすることができる。Davis は，このカテゴリーの例として，Hollingshead が『社会階級と精神病（Social Class and Mental Illness）』で，メンタルヘルスと社会階級は無関係であるという通念に挑戦して，実際には関係があると指摘したことを挙げている。ある意味では同じように——しかし Hollingshead の場合とは逆だということになるが——Durkheim は『自殺論』で，当時ほとんどの人は，自殺と人種，遺伝，気候などの精神病理学的な症状とのあいだには何らかの関係があると想定していたのだが，実は無関係であることを示していた（Davis, 1971: 322）。

　「因果関係」というカテゴリーは，面白い理論を作っていく上での3つめの方法である。この方法のポイントは，原因と結果の関係にあるとされたうちの，それ自体が独立して成立している現象（独立変数）とされているものが，実際には何か他の現象によって引き起こされて従属的に生じる現象（従属変数）であるという形で通念や前提に対して挑戦するところにある。Davis は，このカテゴリーを例証するものとして Becker の『アウトサイダーズ（Outsiders）』のケースを挙げる。Becker は，「他の人が『逸脱者』というラベルを付与する［＝レッテル貼りする］際の原因となる，ある人々

の奇妙な行動が，実際には，他の人々が彼らに対して逸脱者というラベルを付与することによって引き起こされる」と主張することによって通念に対して挑戦したのである（Davis, 1971: 326）。

それとは逆方向での挑戦の例が Weber の著作に見られる。Weber は『プロテスタンティズムの倫理と資本主義の精神（*The Protestant Ethic and the Spirit of Capitalism*［*Die Prostantische Ethik und der Geist des Kapitalizmus*]）』において，ある社会における宗教は「その社会の経済のあり方によって決定される」（Davis, 1971: 326）という当時の一般的な考えに挑戦して，実際には宗教こそがその社会の経済のあり方を決定する要因だと主張したのであった。

この場合の「実際には」というのは，研究テーマに関連してより実態に近い内容を示す実証的な知見を示すということではない。むしろ，挑戦の対象になっているアイデアよりも潜在的に優れたところがあるアイデアであることを意味しているのである。興味深いアイデアを生み出すプロセスには，多くの場合，既存の理論や発想法に対して新たな洞察を提供したり現実の何らかの側面について再考を促す代替案となるような考え方を提供する作業がともなうのである。

この40年ほどのあいだに，多くの研究者がさまざまなやり方で，ここで取りあげた Davis の論文の妥当性について確認したり，補足をおこなったりしてきた（Astley, 1985; Davis, 1999; Hargens, 2000; Weick, 1989, 2001; Wicker, 1985）。例えば，McKinley et al.（1999）は，特定の理論が注目を集めたり新しい理論学派を形成するきっかけになるためには，それが通説的な文献とは十分に異なった内容を含むものであると同時に，他方では，一定の理解が可能であると見なされるように，それらの文献と何らかの形で関連を持っている必要がある，という点を明らかにしている。同じように，〈ジャーナルの編集委員会のメンバーがどのようなタイプの実証系の論文を特に面白いものだと見なすか〉という点に関する Bartunek et al. の研究は，「理論［の面白さ］に関する Davis（1971）の議論を支持している。現時点で前提とされているものに対して挑戦するような実証系の論文は，特に面白いものだと見なされる可能性がある」としている（2006: 12）。

Corley and Gioia（2011）も，組織研究における重要な理論的貢献と見なされてきた文献に関する広範な検討をおこなった結果として，同じような結論に達している。彼らによれば，その分野で最も影響力がある理論的貢献を果たした論文は，漸進的な洞察を提供するものではないのだと言う。むしろ

Corley and Gioia が「啓示的洞察（revelatory insights）」と呼ぶもの，つまり特定の研究テーマについて通念的に理解されている内容に対して挑戦し，それを変革していくような理論的洞察を提供するものだ，とされる。彼らは次のように主張している——「したがって，我々が先行研究を総合的に検討した結果は，組織研究に関連する主要なジャーナルの多くでは，オリジナルで，飛び抜けて啓示的であり，あるいは変革的な発想さえ含む洞察というものが，顕著な理論的貢献として見なされる上でのきわめて重要な要因であることを示している」（Corley and Gioia, 2011: 18）。前提に対して挑戦し，新奇性を打ち出すことの重要性は，研究者が引用文献をどのように扱っているかという点に関する Hargens（2000）の研究によってさらに裏づけられている。彼は，特に意外なことでもないと思われるのだが，新境地を開拓した研究は，主として既に確立された研究分野における基本文献を元にしている研究よりもはるかに多く引用されていることを明らかにしたのである。

　ただし，Davis（1971, 1986）や Bartunek et al.（2006）が指摘しているように，読者が想定している全ての前提を否定しているような研究は，必ずしも面白いものだとは思われないだろう。読者が発想の根拠として想定している前提の全体に対して嫌疑がかけられている場合，ほとんどの読者は，その研究を見当違いで馬鹿げたものだと見てしまうかも知れない。それとは対照的に，読者が想定している全ての前提ではなく，その一部に対して挑戦する研究は，面白くて重要なものとして見なされるだろう。同様に McKinley et al.（1999）は，先に述べたように，ある理論が新しい理論学派として確立されるために何が必要であるかという点に関する研究において，新奇性と継続性のバランスが重要であると強調している。注目を集めるためには，理論は，既存の理論とは大幅に異なる必要がある。しかし，その一方で意味があるものと見なされるためには確立された文献群と何らかの点で関連している必要があるのである。

　あるアイデアが面白いものになるための条件の1つは，そのアイデアの信憑性である。そのためには，実証的なエビデンスが存在するか，あるいは読者が，自分自身の経験や研究対象に関する知識にもとづいて，そのアイデアを信頼に値するものだと思うことが必要になる。しかし，面白いと思ってもらえるためには，実証的な裏づけ以外の条件も必要である。実際，より興味深いアイデアというのは，複雑で曖昧なところがある現象について斬新な理解の仕方を提供するからこそ文字通り面白いと感じてもらえるのであり，ま

た，それは厳密な実証方法によっておこなわれる研究によって達成が可能な範囲を越える場合も多いのである。

Davis の論考について知っている多くの人々は，彼の論考を刺激的で価値のあるものだと感じているが，一方ではそれに対する批判もある。特に，仮説検証的なアプローチを好む研究者，つまり確実なデータを用いた厳密な研究と先行研究の再現を通して真理（＝妥当な知識）を確立することを目指す研究者の中には，「面白さ」という点を強調したり，あるいは研究を評価する際の基準として面白さを採用することについて快く思わない人々もいる（例えば，Brinkerink, 2022; Mathieu, 2016）。

［例えば，Köhler and Cortina（2021）は，次のように指摘している。］

> 我々の分野では，理論的な革新性や新規性が偏重されるあまり，理論なるものが雑草のように我々の周りのあちらこちらに生え出ており，……［その結果として］どちらと言えば少数派の，十分な検証を経た理論が覆い隠されてしまう恐れがある。……我々の研究を秩序正しく，幸せで，健全な庭園のような状態に保つためには，［雑草を除去するのと同じように］適切な方法論による精査を経た場合には到底支持されないような理論はシステマティックに取り除いていく必要がある（Köhler and Cortina, 2021: 510-511）。

Tsang（2022）も，Davis が提唱したフレームワークに対して批判的な検討を加えている 1 人である。彼は，特にビジネスやマネジメント系の研究分野で Davis の発想が強い支持を受けているという点について指摘した上で，そのような傾向を問題視している。Tsang は［Davis の論考を批判する上で］「科学」の理念を引き合いに出し，またこれに関連して Thomas（1979: 2）が科学［と非科学の］の境界を大まかに設定［線引き］するものとして取りあげた条件を採用して次のように述べている——「ある研究についてそれを科学［的研究］と呼ぶというのは，その陳述内容の受容可能性に関して実証的な裏づけによる制約があることを意味する。すなわち，その陳述を現実世界のあり方と照らし合わせて検証することが，その陳述を受容するか否かを決める際に少なくとも強力な基準の 1 つになっている，ということを意味するのである」（Tsang, 2022: 152）。

Tsang が好む「科学」に関する境界設定によれば，科学的研究の質を評価するということは，人気投票でもなければ文芸作品の評価と同じようなも

のでもない。その代わりに，Tsang や彼の信念を共有する人々にとって優れた科学理論が持つ主な長所は，実証的データとの適合性と説明力の2つだということになる。前者は理論がどの程度「既に手元にあるデータを説明できるか」ということ（Tsang, 2022: 157）であり，後者は「全体として，理論に含まれる因果的な構造に関する仮定がどれだけ説得力のあるものなのか」（p. 157）という点である。そして，彼は，「面白さ（ないし反直観性，新規性）は優れた科学理論が持つ美点などではない。したがって，それは科学の場合にはほとんど価値がない」と結論づけるのである。

Tsang は，多様な読者が存在しており，したがって人によって面白いと思う命題が異なるということもまた，「面白い研究をおこなう」などという考え方が成立し得ない理由の1つだと指摘する。彼は，大半の読者が面白いと思うような命題を提示するという目標は達成不可能であろう，と主張する。また，たとえそれが達成できたとしても，それは科学が本来関心を持つべき事柄ではないとする。

> 通常，科学的な研究プロジェクトというのは，（説明という目的に対応する）現象駆動型か（問題解決という目的に対応する）問題駆動型のどちらか，あるいはその両方である。［したがって，そのどちらでもない］Davis の読者駆動型のアプローチは，科学の歴史において先例がないものなのだ（Tsang, 2022: 157）。

Tsang にとって，そして恐らくは，彼が科学の理念であると考えるアイデアを共有する多くの人々にとっても，「Davis のアプローチは科学的研究をおこなう上での適切な方法ではない。さまざまな層の読者が抱いている前提について調査することから研究を始めるのは，ほとんど無意味」だとされる。というのも，「そのようなアプローチは，先に述べた科学が目指す主な目的，すなわち説明と問題解決のいずれについても，それを達成する上で有効ではないからである」（Tsang, 2022: 157）。そして，Tsang（2022: 161）は次のように結論づける——「科学において面白さということにはほとんど価値はないし，それに執着することは，不適切な方法での科学的研究を助長し，HARKing［仮説の後出し］のようなやり方の横行に拍車をかけ，再現研究を抑制し，研究者が当然果たすべき義務を無視し，博士課程における教育を弱体化させる，といったような一連の有害な結果をもたらす」。

Tsang の批判的論点のうちの幾つかは，恐らく，少なくとも伝統的で実証主義的な観点からは，それなりに理解できるものであろう。その観点からすれば，科学というものに関する特定の捉え方が中核的な位置を占めており，また，それが自然科学だけでなく社会科学をも［未だに］支配している，ということになる。Tsang が提示した批判的見解は，社会科学は自然科学と同じなのか，あるいはそうあるべきなのか，さらにもしくは両者はそれぞれ別の形で定義されるべきか，という問題とも深く関わっている。もっとも，このような問題とは関係なく，研究の「面白さ」［を追求するということ］は，研究をおこなう上での目標には実証的データとの適合性や根底にある因果構造の解明は含まれない，ということを意味するわけではない。事実，何かが面白いと思われるためには，［理論の］前提や基本的なアイデアが実際の経験内容と適合しており，また信頼できるものだと評価される必要があるだろう。

したがって，Tsang（2022: 152）の「その陳述を現実世界のあり方と照らし合わせて検証することが，その陳述を受容するか否かを決める際に少なくとも強力な基準の１つになっている」という指摘に対して異論を唱える者はほとんどいないだろう。読者は通常，新しくて予想外の前提が提案された場合には，それを，既存の理論や実証的研究について事前に持っていた理解の内容や知識に照らし合わせて検討するものである。

もっとも，それは数ある中の１つの基準に過ぎない。この「検証（testing）」という点に関しては，それをどれだけ厳密に定義し，どのように理解し，何を優先すべきかという点に関してはさまざまな立場がある。また，実証面での信憑性という点と，理論とデータのあいだの完璧な，あるいは完璧に近い適合を目指すという点の２つは，本来まったく別の次元に属する問題である。「面白さ」は，適切な能力を持った読者である学者，また時には資格のある実務家あるいは教養ある人々から構成される適格な読者によって判断される。信憑性に欠けており，人々の役にも立たないような前提は，通常，社会科学の世界では奇妙なものだと受け取られるものであり，また面白いものだとは見なされない。Davis 自身が指摘するように「もしある理論の実践的な帰結が読者にとってただちに明らかでない場合，読者は，他の誰かがその有用性を具体的な形で示すまでは，その価値を認めずに次のように言うだろう──『だから何？』，『どうだっていいのでは？』，『なぜ，わざわざそんなことを？』，『それが何の役に立つというのか？』」（Davis, 1971: 311）。

科学というものに関する通常の考え方は，もちろん尊重に値するものだし，

尊重されるべきである。また，Tsang や彼のようなその他の伝統主義者たちが提唱しているようなタイプの研究が何らかの形で成立する余地があることも確かだ。しかし，「実証データとの適合性」，「再現研究」，「仮説検証」といった考え方には多くの問題がある。この点に関しては，知識の本質，社会的現実，研究のあり方などに関する巨大な議論の領域に踏み込んでしまうことにもなりかねない。もっとも，我々はここで，実証データとの適合性や仮説検証という考え方には問題があることを指摘しておきたいだけなのである。

　曇りのない実証データとの適合性というものを達成できるような，特定の理論的観点から独立して作成されるデータなど現実には存在しない。哲学者，科学社会学者，解釈主義者，批判的理論家，ポスト構造主義者たちは，数十年にわたって，全ての経験的資料がパラダイムやその他の前提，理論的アイデア，研究者が使用する語彙によってフレーミングされている，という点について説得力を持って示してきた（Sandberg, 2005）。さらに，［研究の実践に関しては］文化的・イデオロギー的な慣習や研究者の個人的な経験による影響が強く作用していることから，再現研究は困難になっている。通常，［厳密な意味での］再現研究では，元の研究者とまったく同じ研究デザインとアプローチ，そして同じサンプルを用いることが求められる。実際，研究上のこれらの点についてわずかな変更でもあれば，結果は大きく変わってしまうのである。

　例えば，質問票調査の回答者はよく幾つかの質問を無視したり，回答上の指示に従わなかったり，不用意な回答をしたり，調査を自分の都合にあわせたり，質問内容を自分なりに解釈したり，質問票に使われている単語や文章について誤解したりしている（Crede, 2010; Galasinski and Kozlowska, 2010）。多くの場合，こうした「失敗」と言われるものは現実世界の複雑さに起因するものであり，また，その複雑さを一連の明確な［質問文や回答の］文章の形式に還元した上で，リッカート尺度のような何らかの統計的尺度で回答してもらうことは事実上不可能なのである。

　インタビューが中心の調査に関しても，同じような問題が指摘できる。インタビュアーの際の証言は，単に「ありのままを話す」だけでなく，インタビューの対象者が持っている政治的関心や，対象者がおこなう印象操作，アイデンティティワーク，許容される話し方をするために利用可能な社会的な［できあいの］台本の使用，あるいは何か興味深いことを言いたいとか，相手が聞きたがっていそうなことを話すことによって調査者の役に立ちたいとい

う願望などを反映している可能性があるのである（Alvesson, 2023）。

　それに加えて，社会的現実には常に変化する「本質」があるということも
あって，再現研究はまったく不可能であるとは言わないまでも，実際問題と
して不可能に近い。例えば，組織変化に関する研究を正確に再現することは
不可能であるように思われる。というのも，その研究の対象となった組織は
既にその時点では変化を遂げており，したがってオリジナルの研究が実施さ
れた当時とは異なる存在になってしまっているからである。

　以上の例は，「実証データとの適合」や「再現研究」あるいはその他の理
想の問題点を例証している。[心理学研究などに関してしばしば取りあげられる]
「再現性の危機」の例が示しているように，社会科学ではこれらの科学研究
の理想は実現不可能であることが多い。それはまた，過度に規格化されてお
り，社会的文脈について配慮しないようなアプローチでは，実際の社会的現
実や人間の経験の複雑さ，曖昧さ，文脈依存的な性質を把握できない，とい
う点を如実に示しているのである。

　ここでの我々の論点はただ１つ，つまり，研究者は，Tsang やその他の
実証主義者が提唱している理想から逸脱することについてあまり神経質にな
る必要はない，ということである。当然ながら，一方では，再現研究の理想
に即して同じタイプの研究を何度も繰り返しておこなうことを妨げる理由は
何もない。しかし，「面白さ」に関する研究は，実際に斬新なアイデアや仮
説を生み出し，また周到に計画された実証的研究につながっていくこともあ
る。つまり，面白さという理想と伝統的なアプローチによる研究は，ある程
度は両立できるのである。もっとも，より面白い研究への取り組みを促して
いくためには，（データ処理に関わる）適合性や厳密性に過度にこだわること
なく，むしろ創造性や斬新なアイデアあるいは洞察を生み出すことをこれま
でに以上に重視すべきなのである。この点に関して言えば，Davis のアイデ
アは理にかなっており，また非常に適切なものだと言えるだろう。

ギャップ・スポッティング方式によって面白い理論は構築できるのか？

　Davis をはじめとする，理論構築における「面白さ」に対して焦点を当て
た多くの文献によれば，理論を面白くて影響力のあるものにしている要素
は，それが現実のある側面に関して読者が抱いている前提のうちの幾つかに

対して明確な形で意図的に挑戦しているという点である。それとは対照的に，第3章で分析対象にした119本のジャーナル論文について，それらの著者がリサーチ・クエスチョンの構成の仕方に関してどのような形で説明しているかという点を検討してみると，研究対象として取りあげたテーマに関する既存の理論の根底にある前提に対して野心的かつ意図的な形で挑戦しようとしている論文は皆無であることが分かる。

　もっとも，ここで注意しておきたいのは，ギャップ・スポッティングとは言っても，単に特定の文献群に存在している，明白に見てとれるギャップを検出するだけにとどまるということは滅多に無い，という点である。むしろ，ギャップの検出の手続きそれ自体は複雑で建設的，時には創造的な作業であることも少なくないのである。第3章での調査結果が示すように，そして特にLocke and Golden-Biddle（1997）の研究が示していたように，研究者は通常，既存の分野における研究群を特定の方法で位置づけていくことによってギャップを新たに構築している。それに加えて，先行研究に見られる「ギャップ」は，実際にどのような研究が先行研究であると見なされ，またその領域の文献に何が欠けているかという点をめぐって，研究者［＝論文の投稿者］，編集委員，および査読者のあいだで繰り広げられる特定の交渉プロセスを通して決められていく場合もあるだろう（Bedeian, 2003, 2004; Tsang and Frey, 2007）。さらに，ギャップ・スポッティングには必ずしも定番的な型があるわけでもない。範囲や複雑さの両面でさまざまなバリエーションがあり，かなり狭い範囲のものでしかないギャップを見つけたり新たに作り上げたりすることにとどまる例もあれば，他方には，関連文献に関する大がかりな見直しや新しい領域の文献の開発に結びついていくような可能性を含む，より重要な意味を持つギャップを構築している例も見受けられるのである（Colquitt and Zapata-Phelan, 2007）。

　さらに第3章で指摘したように，ギャップ・スポッティング戦略には，既存の理論に対して批判的な観点から挑戦するようなやり方や新規のアイデアを提案するやり方など，さまざまな問い直しの戦略が含まれることもある。しかしながら，ギャップ・スポッティングの場合には，たとえ，その範囲や複雑さがどの程度のものであったとしても，また研究者が先行研究に関するギャップを創造的に構築したり，先行研究には何らかの形で不足している点がある（例えば，不完全さ，不適切性，明確な結論が出ていない点，あるいは議論が尽くされていない点など）ことを批判する例が存在しているという事実が

あるにしても，先行文献の根底に存在する前提に対して（少なくともその中核的な部分に対して）真正面から**挑戦**することは滅多に無い。むしろ，あくまでも先行研究の前提を**元にして**（または先行研究との関連で），リサーチ・クエスチョンを定式化していくのである。

　言葉を換えて言えば，研究者が単に先行研究におけるギャップの存在を指摘するにせよ，あるいは自らギャップを創造的に構築するにせよ，彼らは同じ目的——「ギャップを埋めること（gap-filling）」——つまり，先行研究に対して何かを追加することに固執している。したがって，彼らは，先行研究の根底にある前提を明らかにした上でそれに対して挑戦するようなことは目指さないで，むしろその前提の上に立って，独自の新しいリサーチ・クエスチョンを定式化しようとするのである。

　本書の目的からすれば，研究における非常に重要な側面は，それが特定の確立された枠組み，視点，語彙などに合致しているか，それともそれらに対して（部分的または全面的に）挑戦しているか，という点なのである。

定量的研究と定性的研究の両方におけるギャップ・スポッティング方式の優位性

　容易に想像できることではあるが，ギャップ・スポッティングの優位性は，定量的な研究ないし仮説演繹的な発想を採用している定性的な研究に限定されるものではない。実際には，この方式は定性的で帰納的なアプローチによる研究でも広く見られるのである。これは第3章で取りあげた，定性的研究と定量的研究の両方を含む文献調査の結果からも言えることだが，特に，Locke and Golden-Biddle（1997）による82点の定性的研究に関する調査——その大部分は帰納的な研究デザインを採用していた——でも顕著な傾向として示されていた。定性的かつ帰納的な研究の場合もギャップ・スポッティングが優勢であるという点は，1979年から1999年のあいだに発表された組織理論系の定性的研究に関する Lee et al.（1999）の文献レビュー，およびそれを引き継ぐ形で1999年から2008年までの傾向について検討した Bluhm et al.（2010）によるレビューからも明らかである。

　また，Colquitt and Zapata-Phelan（2007）は，1963年から2007年のあいだに *Academy of Management Journal*（*AMJ*）に掲載された770本の論文をサンプルとして取りあげて，理論生成的な研究と理論検証的な研究がそれぞれどの程度，理論的な貢献を果たしており，またその後の研究動向に対して

影響を及ぼしていったかについて検討している。この場合も，ギャップ・スポッティングの優位性は明らかであった。彼らによるレビューの結果は，「過去50年のあいだに *AMJ* で発表された典型的な［帰納的なアプローチによる研究］論文は，それ以前におこなわれた理論化の対象であった何らかの効果について検討するものであったか，あるいは，先行文献で既に指摘されていた関係やプロセスに対して新たな媒介要因ないしモデレータ要因を追加的に導入していた」ことを示していたのであった（2007: 1290）。

　定性的で帰納的な研究におけるギャップ・スポッティング的な研究活動の広がりは，最近，*Academy of Management Journal* のある編集委員が，良質の定性的研究が持つ特徴という点に関して研究者［＝投稿者］や査読者に向けて提供したアドバイスでも確認することができる。その編集委員によれば，質の良い定性的で帰納的な研究が備えるべき重要な特徴の1つは，「なぜこの定性的研究が必要なのかを議論することである……帰納的研究の場合，研究の動機を明確にすることには，先行研究に含まれる幾つかの『ギャップ』を明らかにするために文献をレビューすることだけでは十分ではない。それに加えて，なぜこのギャップを埋めることが重要なのかという点についても説明しておく必要があるのだ。残念ながら，後者の点はしばしば忘れられがちである」（Pratt, 2009: 858）。

理論パラダイムの違いを越えて席捲するギャップ・スポッティング方式

　ギャップ・スポッティング方式の席捲は，仮説演繹的な研究や定性的で帰納的な研究，つまり伝統的な実証系の研究だけでなく，実証主義から批判理論やポスト構造主義など各種の理論的研究の陣営にも及んでいる。例えば，Foucault や Burrell 流のポスト構造主義の枠内で研究をおこなってきた Case and Phillipson（2004）は，それまで研究があまりなされてこなかった領域を特定することによって，ギャップ・スポッティングを通してリサーチ・クエスチョンを構築していく方法について次のように解説している——「我々の知る限りでは，占星術と錬金術が現代の組織と経営の世界における実践に対して与えている影響について扱った，信頼に値する調査はこれまで存在していなかった」（Case and Phillipson, 2004: 473）。同様に，Vaara et al.（2005）は，組織研究に際して Clegg や Foucault などの権力理論とポストコロニアル系の研究の影響を受けた言語的権力のフレームワークを援用してきたのだが，彼らは，自然言語を組織研究における見落とされた領域であ

ると特定することによって，自分たちのリサーチ・クエスチョンを正当化して，次のように語っている——「組織研究者はこれまで，組織におけるプロセスと実践における言語の使用について研究を進め，また1970年代初頭からは文化と知識と権力のあいだの関係性に分析の焦点を当ててきた……しかし，組織研究者は自然言語の果たす役割に関しては，それを明確な形で取りあげた上で注意を向けることはほとんどなかった」（Vaara et al., 2005: 597）。

　同様の点が，Locke and Golden-Biddle（1997）が検討を加えたほとんど全ての研究について指摘できる。彼らが取りあげた82本の論文のうち8本だけが，リサーチ・クエスチョンの構築にあたって共約不可能性に焦点を当てた戦略を使用しているのだが，それらの場合もごく限られた範囲でのみその種の戦略を適用しているだけにすぎないのである。批判理論的なパースペクティブが採用されている研究には何らかの通念に対する挑戦が含まれている場合が多く，また，その挑戦や批判は結果として，通常の理論的アプローチを奉じる人々にある種の衝撃を与えることもある。しかし，リサーチ・クエスチョンを定式化する手続きということになると，それらの批判理論の枠組みを採用する研究者の場合も，特定の研究テーマの存在それ自体を自明の前提として受け入れていることが多い。

　例えば，Watson（2004）は，HRM（人的資源管理）に関する研究をおこなう際に，批判理論のパースペクティブにもとづく研究の契機となるようなテーマとして設定したHRMの存在自体については，それを自明のものとして受け入れている。（多くの人々は，HRMと呼ばれる何らかのもの——それが制度，機能，職業，ディスコース等のいずれであるにせよ——が存在することは自明であると感じているかも知れない。しかし，これは大きな誤解を招きかねない想定であり，また少なくとも無批判なままに自明視されてきた前提ではある。実際にはHRMの「事実」それ自体に関する各種の前提は，本来，問題化の対象になり得るものである。また，これまでHRMをめぐる「ディスコース（談話）」であるとされてきたものについては，ある種のラベルでフレーミングされてきた多くの語りの全てが必ずしも「ディスコース」として性格づけられるわけではない，という点において問題化の対象になる可能性がある。実際，その種のラベルが適用されてきた事態をもっとゆるやかな括りで言い表した場合には，単に「おしゃべり（babble）」とでも言い換えることができるかも知れないのである。）

　首尾一貫したディスコースであると主張されているものが，実際には，同じキーワードが使用されているという以外の点では，ほとんど共通点のない

雑多な会話やテキストで構成されているという例は頻繁に見受けられる。一方では，そのために，誤解を招きかねない見かけ上の秩序や統一感が醸し出されており，根底にある曖昧さや無秩序さが見えなくなってしまうのである。

再説：論文のテキストは，研究者が実際にリサーチ・クエスチョンを作成していく際のプロセスを隠蔽してしまいがちなのか？

当然ではあるが，これまで解説してきた，社会科学研究におけるギャップ・スポッティング方式の席捲という事実を示す知見やその他の研究については，さまざまな形で解釈することができる。我々は先に，実際に論文のテキスト（文面）という形で表現されたリサーチ・クエスチョンには重要な意味があり，また実際問題として多くの場合は，それが，体系的に調査の対象とすることができる唯一の種類の問いであるという点について指摘した。これは特に，研究の開始時点では明確なリサーチ・クエスチョンが設定されていなかった場合や，例えば数年にわたる研究プロセスの中で研究対象に関して徐々にまたは突然変更が加えられた場合などには該当することである。しかし，このように，〈あくまでも最終的に刊行された論文上で明確に示されたリサーチ・クエスチョンを重視する〉という視点を受け入れる場合は，論文の文面に表示されたリサーチ・クエスチョンの「背後」において何か他のことが進行しているかどうか，という点について検討する必要が出てくる。

実際，文章上の修辞的な慣行によって，刊行されたテキストの文面において著者が自分の研究をどのように表現するかという点に影響が出てくる可能性がある。中には，本当は既存の理論の根底にある前提を問題化の対象にした上でリサーチ・クエスチョンを作成しているにもかかわらず，論文の採択にとって有利になることを狙って，研究を提示する際にギャップ・スポッティング的な修辞法（レトリック）を使用する研究者もいるだろう（Starbuck, 2003, 2006）。恐らく多くの研究者には，学術文献の文面から推測されるよりもはるかに計算高いところがあるのだろう。彼らは，表向きにはギャップ・スポッティングを文章表現上の修辞的な見せかけとして利用することによって論文が採択される確率を高めることを目論むという意味では，羊の皮を被ったオオカミのようなものかも知れない。しかし実際には，彼らは先行研究の問題化を通してリサーチ・クエスチョンの構築をおこなっているのである[2]。

例えば，Tsoukas（私信）によれば，彼は Chia との共著論文（2002）で，実際には組織変化に関する通説の根底にある安定性という前提に対して異議を唱えて挑戦したのだが，論文上では，〈組織変化に関するその時点でのプロセス的な理解を踏まえて，それを拡張した上で変革した〉という主旨の主張をした。その点では，ギャップ・スポッティング的な話法を採用したのだと言う。Starbuck が指摘したように，「著者たちは，自分たちの主張の革新性を受け入れてもらいやすくするために，その主張が広く信じられている内容に対して［単に］漸進的な改良を付け加えたものだという風に表現する場合がある」（2003: 349）（研究者が実際におこなう研究と文献の記述内容とのあいだの違いについては，Bourdieu, 1996; Knorr-Cetina, 1981; Latour and Woolgar, 1979; Mulkay and Gilbert, 1983 をも参照）。

　ギャップ・スポッティングが広範に使用されている現状を説明する要因として挙げられるもので，この文章表現上の工夫（修辞法）という点と密接に関連しているのが，研究活動をめぐる政治的な文脈である（Bourdieu, 2004; McMullen and Shepard, 2006）。よく知られているように，テニュア（終身在職資格），昇進，そして研究助成金の獲得可能性は，質の高いジャーナルに論文が定期的に掲載されてきたという実績に左右される場合が多い。一方で，先行研究の根底にある前提に挑戦することは，特定の学問分野における既存の権力関係に対して疑問を投げかけることを意味するという事情もあって，相当程度のリスクをともなうことになる。実際，それによって共著者，査読者，ジャーナルの編集委員を困惑させ，ひいては論文が刊行される可能性が低くなってしまうかも知れないのである（Bourdieu, 2004; Breslau, 1997; Starbuck, 2003）。したがって多くの研究者が，論文が掲載される確率を高めるために，通説や通念に対して挑戦するような研究ではなく，ギャップ・スポッティング的な研究に傾斜していく可能性が出てくることになる。

　しかし他方では，先行研究の根底にある前提に挑戦することが理論を面白くするための条件であるという認識が高まりつつあるという点を考慮してみると，多くの著者がむしろ意図的にギャップ・スポッティング的なやり方を採用してリサーチ・クエスチョンを構築しているという事実は，いかにも奇妙なことのように思えてくる。同じように不思議なのは，論文の著者た

　2　我々としては，ギャップ・スポッティングを理想として見るのは，多くの場合，あまり好ましい発想ではないと考えているので，ここでは少し表現を変えて，ギャップ・スポッターが本当は「オオカミの皮を被った羊」であるかどうか尋ねてみてもいいだろう。

が，自らの主張に含まれている理論的貢献が本来持っているはずの強みをギャップ・スポッティングのレトリックという見せかけの衣を装わせることによって弱めたり隠そうとしたりすることがある，という事実である。

　確かに一部の研究者はリスク回避的であり，また研究職の雇用をめぐる「論文を出すか学術界を去るか（publish or perish）」という状況がある限り，掲載される確率が高い論文を書くことは絶対的な優先事項になるに違いない。また，潜在的に（非常に）面白い研究をおこなうことは二次的な関心事項になってしまうだろう。そして，そのような研究者にとっては，面白い理論を生み出すことは，恐らくは安定したポストが獲得できた後の時点で考慮すべき問題だということにでもなるのだろう。

　当然ではあるが，ここでの問題は，いったんギャップ・スポッティング的な研究のやり方でキャリアを始めてしまった場合には，より挑戦的な理論的貢献を果たす機会などは永遠に訪れない可能性がある，ということである。しかし，ほとんどの人にとっては，既に挑戦的なアイデアを思いついていたり，あるいはそれを開発していくだけの能力を持っていたりする場合には，ギャップ・スポッティングなどよりも大胆で恐らくもっと大きな満足感が得られる何らかの研究をおこなうことの方が理に適っていると言えるだろう。これは特に，非常に有能な研究者や既に安定したポストに就いている研究者について言えることである。もっとも，その他の人々の場合も，先行研究に対する追加的な貢献という範囲を越えるような面白いアイデアを持っている場合には，大胆な研究成果を発表することはきわめて魅力的な選択肢になり得るに違いない。また，ほとんどの査読者は，論文に示された研究目的それ自体はギャップ・スポッティング的なストーリーとして提示されている一方で，実際には先行文献に対して異議を唱えるような研究結果が提示されている場合には，その点での食い違いを見つけて指摘してくるだろう。

　さらに第3章でも述べたように，研究者が実際にはどのような形でリサーチ・クエスチョンを定式化したり再定式化していようが，また社会的および政治的な規範がどのようにしてジャーナル論文でのリサーチ・クエスチョンの提示の仕方に対して影響を及ぼしていたとしても，最終的にリサーチ・クエスチョンが構築されるのは，論文というテキストを組み立てていく際の手続きにおいてなのである。そして，その最終的なリサーチ・クエスチョンこそがその研究が果たす実際の貢献の内容を示すことになるのである。

　言葉を換えて言えば，先行研究が前提としている事柄に対して挑戦する内

容を含む研究は，それが最終的に公表された文献のテキスト上で明確に示されていない場合には，その価値は非常に限定されたものになってしまう。たとえ面白い（挑戦的な）アイデアを持っていたとしても，それを何か新しくてそれまでの発想とは異なるものとして明確な形で提示したり，あるいはそのようなものとして読者に受け取ってもらえなければ，ほとんど意味をなさないのである。したがって，刊行された文献に記載されているリサーチ・クエスチョンの意義について真剣に考えることは非常に重要なポイントである。また，一方ではそれを，研究プロジェクトの初期段階で採用されたリサーチ・クエスチョンや，外向きの理由で隠されており刊行されたテキストの文面からはほとんど見てとれないような「実際の」リサーチ・クエスチョンよりも重要性が低いものだと考えないようにすべきであろう。

結論

　この章では，ギャップ・スポッティング方式でリサーチ・クエスチョンを作成することが，どの程度，面白くかつ影響力があるものとして評価されるようなアイデアや理論の開発へと結びついていくものであるか，という点について批判的な検討を加えた。また，面白くて重要な意味を持つ理論につながる可能性のあるリサーチ・クエスチョンを作成していくための方法についても考察した。その結果として明らかになったのは，ギャップ・スポッティング的なリサーチ・クエスチョンは，既存の理論や先行研究の根底にある前提に対して挑戦するのではなくむしろそれらを再生産する傾向があるので，面白い理論の開発につながる可能性は低い，という事実である。我々は明らかにそれに替わり得る方法として「問題化」を挙げた。もっとも，このやり方は滅多に使用されないか，少なくとも表向きの形では使用されてこなかった，というのが我々の結論である。

　このような傾向は，前提に対して挑戦することによって理論は面白くて影響力のあるものになるという認識が高まりつつあるという点を考えあわせてみると，実に驚くべき事実である。しかし，さらに驚くべきは，研究者が前提に対して挑戦し，また一般に認められた知識の内容について再考することを積極的に奨励して問題化を推奨しているはずの各種の流派（例えば，解釈的，政治的，言語的流派，あるいはさまざまな構築主義的転回，パラダイム戦争，自省的方法論，ポストモダニズム等）の支持者ですら，自分たち自身がリサー

チ・クエスチョンを構築する際にはギャップ・スポッティング方式を採用しているらしいという事実である。もちろん中には例外的な研究もあり，それらの多くには「問題化」に関わる比較的マイナーな要素が含まれている。しかし，それらの研究も通常は，既存の理論の前提に対して大胆な形で挑戦しているわけではない。一方で我々は，どのような試みが前提を覆すものとして見なされるかという点については確固とした基準を設定しており，［その規準からすれば］マイナーなレベルの問題化は，基本的には，（大きな派閥である）ギャップ・スポッティング派に属する試みであると考えている。

　ギャップ・スポッティング方式が理論という点で面白い結果を生み出す可能性は低いのだが，これは決して，ギャップ・スポッティング的な研究が重要でないということを意味するわけではない。実際その種のアプローチは，システマティックで漸進的な追加の作業を通して，またより重要なリサーチ・ギャップを特定した上でそれに取り組むことを通じて，既存の知識を発展させる上で重要な役割を果たしている。ただし，ギャップ・スポッティング方式を採用している限り，あえて先行研究の根底にある前提に対して挑戦しようとはしない。したがって，相対的な可能性という点に関して言えば，影響力の大きい理論が増えていくことには結びつきにくいのである。その意味で多くの社会科学分野はバランスという点に関して深刻な問題を抱えており，また野心的な問題化の試みは絶望的なまでに不足しているのだと言える。

　以上で述べてきたことからすれば，より意図的でシステマティックかつ野心的な問題化の試みを，研究実践上の理想として，またリサーチ・クエスチョンを構築するための方法論として支援し強化していくこと，またそれによって「問題化の科学」を奨励していくことは，決定的に重要であると思われる。もっとも，これは必ずしもパラダイムそれ自体を変える努力が必要だというわけではない。実際，それではあまりにも野心的で過大な要求ということになり，ほとんどの研究者にとっては非現実的な目標になってしまう。むしろ，より焦点を絞った，中範囲の問題化を想定した方がいいだろう。要するに，我々が奨励したいのは，ギャップ・スポッターとパラダイム・ビルダーの中間に位置づけられるようなアプローチなのである。このようなアプローチを支援するために，次の章では，先行研究の根底にある前提に挑戦し，またそれにもとづいて，より面白くて影響力のある理論につながる可能性があるリサーチ・クエスチョンを定式化していくための方法論としての「問題化」の方法を開発していくことにする。

第5章

問題化
――リサーチ・クエスチョンを作成するための方法

　第3章と第4章では，研究者が既存の学術文献を元にしてリサーチ・クエスチョンを構築して定式化する上で採用してきた戦略について検討を加えた。その結果明らかになったのは，圧倒的多数の場合，ギャップ・スポッティング方式という戦略――ないしその種の一連の戦略――がとられていることである。これは，何らかの「ギャップ」――研究自体が欠如している，ないし先行研究では決定的な結論が示されていないという事実――を探しあてることを通してリサーチ・クエスチョンを構築するというやり方である。また我々は，ギャップ・スポッティング的な研究の場合には，面白くて影響力がある知識上の貢献がなされる可能性は低くなるという点について強調した。実際，ギャップ・スポッティング方式の研究は，既存の理論に対して実質的な点で挑戦するというよりは，むしろ既存の理論を強化していくことになるので，何らかの点で影響力が大きいものを生み出すことなどはできないのである。

　本章では，先行研究の根底に存在している前提をより意図的かつシステマティックな形で明確にした上でそれに対して挑戦するような取り組みを支援することを念頭において，「問題化」を，リサーチ・クエスチョンと新しい知識の出発点を設定するための方法論として開発する。この章の前半部では，その方法論の目的と特に重要なポイントについて解説し，続いて，各種の前提を幾つかのタイプに分けた類型論について詳しく説明する。その類型論は，どのようなタイプの前提が問題化の対象になり得るかという点について明らかにしようとするものである。本章の後半では，先行研究の根底にある幾つかの前提を明確にして整理し，それらに対して挑戦した上で，さらにその作業を踏まえて，斬新なアイデアや面白くて影響力のある理論の開発につながるようなリサーチ・クエスチョンを構築していくための一連の指針を提示する。

問題化という方法論の目的

　ギャップ・スポッティングと問題化は，特定の研究領域における先行研究と理論からリサーチ・クエスチョンを構築する際に用いられる方法としては，明らかに異質なものである。しかしここでは，これら2つの方法が必ずしも互いに相容れないものではないという点について認識しておく必要がある（Dewey, 1938; Foucault, 1972; Freire, 1970; Locke and Golden-Biddle, 1997; Mills, 1959）。

　実際，どのようなアプローチを採用し，またいかなる分野の文献に関する問題化を試みる場合であっても，［ギャップ・スポッティング方式と同じように］何らかの形で特定の議論，批判，また恐らくはその分野における前提に対して過去になされた挑戦について詳しく検討しておくという作業は欠かせない。同じように，「問題化」というものを広い意味——批判的な検討という意味——でとらえてみれば，ギャップ・スポッティングの取り組みには，ほとんどの場合，ある種の問題化としての要素が含まれているとも言える。もっとも，ギャップ・スポッティングの場合は，リサーチ・クエスチョンを構築していく過程で先行研究の根底にある前提を意図的に明確化した上で，それに対する挑戦を試みようとはしない。その意味で，我々は，ギャップ・スポッティングを真の意味での問題化の一種だとは考えていない。

　しかしながら，ギャップ・スポッティング方式の研究と同じように，問題化方式による研究の場合でも，先行研究における特定の領域の文献をレビューしていく作業を通して，過去にその領域で問題化の試みがあったか否かについては確認しておく必要がある。その上で，単に同じような形で前提への挑戦を繰り返して，結局は先行文献にも見られるのと代わり映えがしない前提を新たに作り出すだけに終始する，ということにはならないようにしなければならない。そのようなタイプの文献レビューについても，それをギャップ・スポッティングの一種だと見る人がいるかも知れない。しかし，本書でギャップ・スポッティングという用語を使用する場合には，主として，先行研究を肯定的にとらえた上で知識の蓄積を目指すことを想定してリサーチ・クエスチョンを構築していくプロセスのことを指している。したがって，たとえ先行文献をレビューした上で，自分の研究と既存の一連の研究とのあいだの関連を明らかにしようとする手続きがとられていたとしても，それだけではギャップ・スポッティングだとは言えない。その意味で

は，必ずしも全ての研究にギャップ・スポッティングの手続きが含まれているわけではないのである。

　さまざまな学派や理論パラダイムの支持者たちのあいだで繰り広げられる論争（Abbott, 2001, 2004; Burrell and Morgan, 1979）や，ポストモダニズムやポスト構造主義あるいは批判理論などのように，よりラディカルな傾向を持つ学問的流派の場合には，かなり濃厚な形で問題化の要素が含まれている例もある。もっとも，それぞれの理論パラダイムを奉じる研究上の闘士たちあるいはラディカルな流派の支持者たちの多くは，既存の理論に対して強力な批判を展開する一方で，それらの人々自身がおこなう問題化の多くは，Baudrillard（Grandy and Mills, 2004）あるいは Foucault（Henriques et al., 1984; Knights and Morgan, 1991; Sauder and Espeland, 2009）のような偉大な思想家の発想をベースにしており，その点では，多かれ少なかれ「レディメイド（既製品）」的だと言える。またその意味では，その人々のおこなう問題化には，いわば二次的な性格がある。同様に，Donaldson（1985）のような既存理論に対する批判的考察は，通常，自分の好みの立場を擁護または強化することを目指しているが，理論構築に関して特に新しい出発点を提供しているわけではない。Abbott（2004: 85）が指摘するように，社会生活に対してレディメイド的なスタンスをとるような理論的視点の場合には，それぞれに特有の「定番的な問いや課題が存在している。（例えば，フェミニズム理論の場合の「女性と社会的ネットワークはどうなっているか？」あるいは「ジェンダー化されたナラティブ（物語）の概念はどうであるか？」等々の問い）。

　したがって我々は，その種の，あらかじめパッケージ化ないしプログラム化された問題化の試みについても，それらを真の意味での問題化だとは考えていない。というのも，それらの試みをおこなう研究者たちは，彼らが信奉する一連の文献に含まれているアイデアに対して**異議を唱え挑戦するのではなく，むしろ単にそれらのアイデアを適用している**のであり，また，それによって彼ら自身の発想や視点の根底にある前提を再生産しているだけにすぎないからである。それとは対照的に，我々が本章で提唱しようとしているのは，問題化を他の論者だけでなく自分自身が奉じてきた理論的立場の根底にある前提に対して挑戦する際の方法論として採用し，また，それにもとづいて斬新なリサーチ・クエスチョンを構築していくためのアプローチなのである。

　分析にあたって既存の理論的枠組みを適用するというのは，それを問題化

しようとする試みとは明らかに異なる。もっとも，例えば，批判的検討を踏まえてその枠組みを（ある程度）改訂する場合などのように，［適用と問題化のあいだに位置づけられる］中間的なバージョンもある。また問題化は，理論的な検討が中心になっている研究プロジェクトによって成し遂げられることもあれば，明確な理論的枠組みを設定せずに何らかのテーマについて実証研究を進めていく中で［結果として］達成されることもある。前者の場合，研究者はどのような理論が検討の対象となり，またそれが問題化の取り組みに対してどのような影響を与えていくか，という点について注意を払う必要がある。後者の場合には，研究者は，研究対象となる分野に関連する一連の文献の中でどのような議論が展開されているかという点にもっと関心を寄せる必要があるだろう。

　したがって，リサーチ・クエスチョンを構築しようとする際には，プログラム化された問題化と真の意味での問題化という2つのものを明確に区別しておくことが重要なポイントになる。そして，本章では，真の意味での問題化的アプローチ（つまり，他の研究者の理論的立場の根底にある前提に対してだけでなく，自分自身の理論的立場の前提に対しても挑戦していくというアプローチである）を提唱していくことにする。

　真の意味での問題化アプローチを提唱することは，問題化の作業に取り組む者が「まっさら（blank）」であるとか，いかなる理論的立場からも自由である，というようなことを意味するわけではない。［社会や理論の状況に関する］十分な事前理解を身につけていることは，（学術的・社会的存在としての）あらゆる研究者にとって重要な要件であり，また，それはあらゆる種類の知的営みに対して影響を及ぼすものでもある。それに加えて，問題化の作業の出発点は，必然的に，特定のメタ理論的視点の範囲内に存在することになる（その中には，研究者がその生い立ちやそれまでに受けた教育，あるいは職業経験などを通して社会化［内面化］された文化的枠組みというだけでなく，認識論的および存在論的な立場なども含まれる）（Alvesson and Sandgerg, 2022）。したがって通常の場合，自分の立場を完全に取り消すことを目指すわけではないし，そのようなことは事実上不可能である。むしろ，ここで目指しているのは，そのような自分の立場についても十分な分析を加えた上で，新しいリサーチ・クエスチョンを構築する過程において，自分自身が日常的に抱いている前提を精査し，それを再検討できるようにしていくことなのである。

　Slife and Williams（1995: 71）が指摘しているように，その種の自己分析

は以下のような意味で非常に重要な意味がある作業である。

> 他のアイデアの背後に存在する特定のアイデアを本当の意味で評価したり理解したりするためには，何らかの比較のポイントを持っている必要がある。暗黙のアイデアとの対比が無ければ，それらのアイデアはそもそも「アイデア」のようには見えないだろう。さもなければ，それらは，実際には物事を見るために使われる特定の視点であるはずなのに，まるで当然の常識，真実，または公理のように見えてしまうことになるのである。

　したがって，次ページの図5.1に示すように，本章で提案する問題化の方法は，〈特定の分野における一連の文献群の中に存在するギャップを見つけ出したり，事前にパッケージ化された問題化の方法を適用したりして他の研究者の前提に対して挑戦する〉というようなやり方とは基本的に性格が異なるものである。ここで提唱する問題化に関わる方法論の目的は，自分にとって身近な（あるいはホームポジション的な）理論的立場，他の理論的立場，および前提に対して挑戦することを目指しておこなわれる文献の領域に関する**弁証法的な問い直し**（dialectical interrogation）を通して，新しいリサーチ・クエスチョンを考案していくことにある。

　当然ながら，一口に文献領域とは言ってもさまざまなものがある。文献領域の中には，特定の理論的アイデアに関しては，それほど強い主張をしていなかったり多義的ないし多元的であったりというようなこともあるだろう。中には文献領域がより明確であり，問い直しの対象になった他の要素とは明らかに異なっている場合があるかも知れない。場合によっては，その文献領域とホームポジション的な理論的な立場（スタンス）とを区別しにくい例もある。特に，ある研究分野で継続して研究をおこなってきた経験豊富な研究者の場合には，その可能性が高い。他の場合，例えばホームポジション的な理論上の位置づけと新しい領域の文献が明らかに異なる場合などは，ターゲットとなる文献領域とホームポジション的な領域とを容易に区別することができる。

　弁証法的な問い直しというアイデアを採用する際には，さまざまな理論的立場や考え方が利用できるということが条件になる。理想的には，ホームポジション，他の代替的な理論的スタンス，およびターゲットとなる文献領域によって示される理論上のポジションのあいだに明確なバリエーションや違

図 5.1

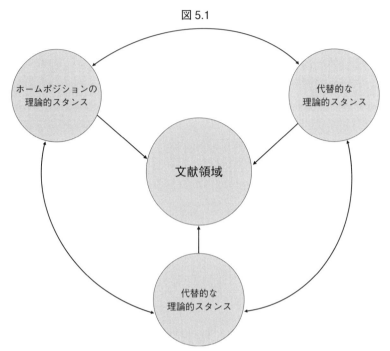

ホームポジションの理論的スタンス，代替的な理論的スタンス（1 番目，2 番目，……n 番目のスタンス），および文献領域のあいだの弁証法的な問い直しによるリサーチ・クエスチョンの作成

いが含まれている方が望ましい。このような理論的立場という点でのバリエーションは，特定の研究テーマに関する領域の文献だけでなく，自分のお気に入りのホームポジションをオープンなものにする上でも絶好の機会になる。したがって，弁証法的な問い直しの際には，研究者は世界のあり方に関する自分自身にとってお気に入りの理解内容とプログラム化された問題化［の誘惑］の双方に対して対抗的に向き合う必要がある。そして，これは容易な作業ではないので，自分が持っている知的資源を総動員する必要がある。その際には，弁証法的な問い直しのための設定，つまり，所定のポジションとそれに対する対抗的なポジションのあいだで一種の対話が開始されるというような設定を想定しておくことが重要な手がかりになるだろう。実際，そうすることによって，自分自身の中で確立されたアイデアについて改めて考え直すことができるようになり，また想像力が刺激されて，研究テーマに関する概念化や推論の仕方，そしてまた，理論的枠組みの使い方などに

関する構想を練り直すことができるようになるだろう。

　弁証法的な問い直しに類似した考え方は，教育の分野では Hostetler（1994）の批判的対話という発想，また心理学の分野では，Yanchar et al.（2008）が「批判的思考の実践における構成要素」の一部として提案したもの，さらには Alvesson and Sköldberg（2017）による「自省的方法論」の提案の中にも見出すことができる。

　これら一連のアプローチでは，パラダイム・レベルやそれ以外の種類の広い範囲での論争が，既製の理論——またある程度は問題化をおこなおうとする者自身のお気に入りの理論についても——の根底にある前提をオープンにした上で精査していくために利用できる重要な方法論的資源として見なされる。その種の論争としては，例えば，行動主義 対 文化主義，文脈主義 対 非文脈主義，[自由意思による] 選択 対 制約（Abbott, 2004: 162-210）などが挙げられる。また，論争という点では，政治（Foucault, 1977），構築主義（Gergen, 1992），ポストモダニズム（Rosenau, 1992）などの批判理論系の理論的枠組み，およびそれらの立場に対する批判的見解もそれに含まれる。

　また，このような問題化の方法論は，研究者が自分の好みの理論的立場を援用するだけでなく，「各種の標準的な理論的スタンスを取りあげてそれらが互いに疑問を呈し [またそれら複数のスタンスを組み合わせて] それぞれのスタンスが単独で生み出せるよりもはるかに複雑な形式で問いを立てること」（Abbott, 2004: 87）を開始することを促すという意味で，より自省的で独創的な研究上の取り組みを支援することにもなるだろう。

　したがって，リサーチ・クエスチョンを構築するための方法論としての問題化をよりシステマティックなものとして練り上げて提案しようとするにあたって，我々は，特定のパラダイム的な立場を取ることはしない。その一方で我々は，学術界内で以前から一般に支持されてきたメタ理論的な前提を採用する。それは，全ての知識というものは本来不確実なものであり，真実や理論は所与のものとして受け入れるべきではなく，また研究者にはともすれば同調主義的で特定のパラダイムに拘束されてしまう傾向があり（Kuhn, 1970），理論的な面での発展は，学界内において支配的になっている理論の根底にある基本的な前提について再考した上で挑戦することによってなされるものだ（Tsoukas and Knudsen, 2004），という前提である。言葉を換えて言えば，ここで定義する問題化は，原則として全ての理論的伝統ないし方法論的な信念に対して適用できるものであり，また，それは問題化を実践しよ

うとする者自身を含む全ての人々に対しても向けられる可能性があるのである。

「理論」に関する注記

　リサーチ・クエスチョンを作成するための方法論としての問題化を，より具体的な形のものとして作り込んでいく前に，我々が「理論」という言葉で何を意味しているのかという点について説明しておく必要があるだろう。ただし，社会科学における「理論」の意味やその位置づけについては多くの見解がある（Colquitt and Zapata-Phelan, 2007; DiMaggio, 1995; Sandberg and Alvesson, 2021; Sutton and Staw, 1995）。また，これらの見解のあり方は，どのような事柄が前提に対する挑戦の対象となり得るか，また挑戦の対象とすべきかという２つの点とさまざまな形で関わっている。したがって，我々は，理論というものに関して何らかの厳密な見解を示しておくことが必要だ，というような主張はしない。むしろ，本書で我々は理論に関して比較的広い見方を採用するのだが，Bacharach（1989）の定義は，その見方に最も近いものであると思われる。彼は理論を次のように定義している。

　　［理論の］適用範囲に関する一連の前提や制約条件の範囲内で成立し得る概念
　　間の関係についての言明。理論は，複雑な経験的世界を組織化するために使
　　用される言語装置の１つにすぎない……理論的言明の目的は，［現象の複雑さ
　　を］（節約的に）組織化して示すことと（明確に）コミュニケーションをおこ
　　なうことの２つである。(1989: 496)

　このBacharachの定義の中で特に我々自身の見解に近いのは，〈理論は何もない真空状態の中にそれ自体が独立して浮かんでいるような言明などではなく，常に当面の研究テーマに関して研究者が抱いている前提にもとづいており，またそれに制約されている〉という考え方である。Bacharach（1989: 498）が指摘するように，「理論を適切に利用ないし検証するためには，理論が適用される範囲を規定することになる，理論家が抱いている暗黙の前提について理解しておく必要がある」ので，理論の適用範囲に関する一連の前提について把握しておくことはきわめて重要なポイントになる。もっとも，［理論の適用範囲に関する前提だけでなく］既存の理論それ自体の根拠となって

いる前提についても理解することは，それらを利用したり検証できるように
するだけでなく，新しい理論を開発できるようにする上では重要なポイント
になる。特に，既存の理論の根底にある前提について理解しておかなけれ
ば，それらを問題化し，またそれにもとづいて，より面白くて影響力のある
理論の開発につながるようなリサーチ・クエスチョンを構築することなどで
きないだろう（Davis, 1971）。

前提に対して挑戦する
──問題化を通してリサーチ・クエスチョンを作成する際のポイント

それにしても，どのようにすれば，新しいリサーチ・クエスチョンを生み
出せるようなやり方で先行研究の根底にある基本的な前提を問題化の対象に
することができるのだろうか？　この問いに答えるには，まず，本書で「問
題化」という用語を使う際の意味内容について明確に定義しておく必要があ
る。問題化は，これまで，プラグマティズム（Dewey, 1916），アクターネッ
トワーク理論（ANT）（Callon, 1980），Foucalt が各種の対象についておこ
なった研究（Foucault, 1984, 1985），あるいはポスト構造主義的な視点（Bac-
chi, 2009; Bacchi and Goodwin, 2016）や『抑圧された者のための教育学』（1970）
をはじめとする Freire が発表した多くの文献など，さまざまな学派で重要
なトピックとして取りあげられてきた。

例えば，問題化は John Dewey の「探究（inquiry）」というアプローチに
おける重要な手続きであるとされている。もっとも，その Dewey の議論は
本書ではあまり役に立たない。というのも，彼はこの問題化という概念につ
いて具体的に詳しく説明してはおらず，彼の関心の多くは問題の解決策を見
つける方法に対して向けられているからである。Koopman（2007: 25）が指
摘したように，Dewey は「解決策の起源に数百ページを費やしている［し
かし］……問題の起源についてはほとんど書いていない」。

同じように，問題化は ANT 学派内の「翻訳の社会学」では，その4つの
重要な側面の1つであるということになっている。しかし，この場合も，先
行研究の根底にある前提を問題化することを通してリサーチ・クエスチョン
を生成する際の方法に関する具体的なガイドラインを提供しているわけでは
ないようである。

一方で我々は，Foucault が提示する問題化の概念については，リサーチ・

クエスチョンを生成するための問題化の方法論を開発する上で有望な出発点になり得るものだと考えている（Castels, 1994; Deacon, 2000）。Foucault は，問題化は何よりもまず，「既に知られていることを正当化するのではなく，どのように，そしてどの程度まで，従来のものとは異なる考え方ができるのかという点について知ろうとする試み」であるとする（1985: 9）。そのような試みの場合，当初は，何らかの構成概念ないし複数の構成概念間の関係が，「動機」または「多様性」のような特定の研究テーマをどれだけ的確に指し示すものであるか，という点については特に疑問視しない。その代わりに，Foucault の言う問題化の場合は，そのテーマに関する特定の理論を開発する上で研究者が必要だと思っている前提に対して疑問を投げかけるのである。Foucault（1984: 389）が述べたように，「所与［の前提］とされているものを［新たな］問いにまで展開していくことこそが……問題化における**重要なポイント**であり，それには独特の思考の作業が必要となる」（強調は引用者）。

　より具体的に見ると，研究テーマそれ自体について問題化の観点から考えていくためには，少なくとも最初のうちは，Foucault が，多くの研究の根底にあるものだと指摘した「問いと答えの弁証法」に対して距離を置く必要がある（Castels, 1994; Flynn, 1994: 42 に引用）。本書の第 3 章では，研究者が先行研究との関連でリサーチ・クエスチョンを構築していく方法について検討したが，その章で解説した文献レビューからも明らかなように，問いと答えがワンセットになって互いに他を前提にしているようなことがよくある。というのも，答え［の方向性］はある程度は問いによって事前に規定されているからである。そのような問いは多くの場合，他の人が既におこなったこと，特に，［先行研究では］コンセンサスに達していなかった，あるいはコンセンサスを形成することができなかったという事情から論理的に生じてくるものである。しかし，そのような問いの多くは，事前にある程度容易に予測可能であり，したがって面白味に欠けたものになりがちである。

　問題化は，特定の研究テーマに関する先行文献を検討することを通して特定のリサーチ・クエスチョンを定式化したり精緻化したりしようとする代わりに，我々が自分自身に対して，次のように問いかけていく必要があることを強く意識させる。「その研究テーマはどのようにして学術的な研究の対象になったのか？　我々のリサーチ・クエスチョンはどのようにして作成されたか，また，そもそも何が我々にその問いを発するように仕向けているの

か？　例えば，どのような歴史的ないし現実的な条件が研究テーマを生み出し，また，それらの条件は具体的にどのような形で研究テーマを生み出してきたのか？」。特に，我々がその研究テーマに関するリサーチ・クエスチョンを定式化する際の条件となっている「そのテーマに関する我々の現時点での理解内容を規定しているのはどういう事柄なのか？」という点について問い直してみる必要がある。さらに，Bernauer（1987）が主張したように，その研究テーマに関する現在の理解内容に至るまでの道筋がどのように決定されたか，そしてまた，検討対象になっている研究テーマのあり方について記述する際にどのようにして特定の要素が除外されていったのか，という点について問い直してみる必要もある。

　したがって，問題化に関するフーコーの主張によれば，いかなる研究テーマであっても客観的に与えられるものではなく，常に特定の歴史性がその背景にあるとされる。また，問題化の作業によって特定され明確化されていくのは，そのテーマをめぐる歴史性のあり方だということにもなる。もし研究テーマが歴史的な経緯を通して作られたものであるならば，そのテーマは，その後の時点では作られなくなったり作り直されたりすることもあるはずである。

　Foucaultの主張に倣（なら）ってより具体的に言えば，問題化は相互に関連する2つの手続きから構成されていると考えることができる。第1に，〈研究テーマが歴史的なプロセスを経てどのようにして出現したか〉，また〈何がそのテーマの前提および条件になっているか〉を精査することによって，批判的な検討ができるようにしていく手続きがある。第2の手続きでは，このようにして研究テーマについてオープンな検討ができるようにすることによって，テーマの根底にある前提に対して疑問を投げかけ，また，それにもとづいて新しい探究の領域を生み出していく。この手続きは，ひいては新しい生き方，行動の仕方，そして考え方につながっていく可能性がある。

　さまざまな研究者が指摘してきたように（Bourdieu, 1996; Derrida, 1978; Heidegger, 1981; Husserl, 1970; Merleau-Ponty, 1962），前提は常に幾つかの［暗黙の］仮定ないし（Gadamer（1994）が述べたように）偏見をともなっていることによって，知識生産の出発点として機能するのである。Koch（1981: 267）が主張したように，「我々は，研究対象としての人間の性質に関して特定の哲学的な観点にもとづく仮定を置いていなければ，……1つの『変数』すら識別することはできないのである」。例えば，リーダーシップに関する

研究は,「リーダーシップ」なるものがこの世に実在する何ものかであると見なして概念化することを可能にする一連の前提を仮定した上でなされてきた。リーダーシップの特性理論はその典型であり,この場合は,安定した個人の属性としてのリーダーの特性を強調している。そもそもリーダーシップに関するそのような想定が存在していなければ,我々には,何を探究すべきか,どのように研究を設計すべきか,またどのようなデータを収集した上でリーダーシップについて分析して理論化すればいいのかすら見当もつかない,ということになるだろう。しかし,Feyerabend(1978: 31)が問いかけたように,どのようにすれば我々は,

> 日常的に用いているものについて再検討することができるのだろうか? どのようにしたら,最も単純で素朴な観察内容について表現する際にそれまで習慣的に使ってきた言葉に分析を加え,またそれらの言葉の前提になっている事柄について明らかにすることができるのだろうか? 通常のやり方で物事が進行している場合に,我々はどのようにすれば当然のものとして想定している世界のあり方について改めて確認することなどできるのだろうか? 答えは明らかである。それについて我々は**内部**から確認することはできない。我々には**外的**な批判基準が必要なのであり,また一連の代替的な前提が必要なのである。

これこそが,問題化の方法論によって可能になることである。リサーチ・クエスチョンを生み出していくための方法論としての問題化における焦点は,特定の研究テーマに関する**既存の理論(自分のお気に入りの理論を含む)の根底にある前提に光をあてて,それに対して挑戦していくこと**なのである。言い換えれば,我々は,問題化の方法論を採用することによって,既存の文献の根底に存在している前提が,研究対象をどのような形で概念化しているか,という点について検討を加えて批判することができるのである。また,この作業を通して,既存の文献の中に[暗黙の内に]含まれている,研究対象に関する「検討されていない思考法」(Foucault, 1994: 456)を明確にすることができるようにもなる。

リサーチ・クエスチョンを生成するための方法論として問題化を開発していくためには,前提に関する2つの重要な問いに答えておく必要がある。第1に,**どのような種類の前提が問題化の対象になり得るか**,という問いであ

る。第 2 の問いは，**どのようにすれば**，これらの前提を，面白い理論の開発
につながる可能性があるようなやり方で確認し，明確な形で表現し，また挑
戦の対象にすることができるか，というものである。ここで重要なのは，近
年増え続けている，理論開発における「面白さ」に対して焦点を当てた一連
の研究である。第 4 章で指摘したように，Davis（1971）は，理論を面白く
て影響力のあるものにする要素について「面白さの指標」という形で最も網
羅的な議論を展開したが，それは，読者が持つ前提に対して挑戦し得る 12
の方法から構成されている（本書の付録 2 を参照）。

　Davis の指標は，読者が持つ前提に対して理論が挑戦していく際の方法に
関する包括的な説明を提供しているが，一方で彼の指標では，〈どのような
種類の前提が問題化され得るか〉という点については具体的に解説されてい
ない。その指標は，前提というものについての定義としては，「X のように
見えるものは実際には非 X である，または X として受け入れられるものは
実際には非 X である」（Davis, 1971: 313）というような形で，ごく一般的な
定義づけを提供しているにすぎないのである。そのような一般的な定義だけ
では，各種の前提が，基本的な性格（Brookfield, 1995），深さ（Abbott, 2004;
Schein, 1985）および範囲（Gouldner, 1970）などの点で相互にどのように異
なっているかは明らかにできない。その種の，さまざまなタイプの前提のあ
いだの違いは，問題化を通してリサーチ・クエスチョンを構築していこうと
する際には，本質的に重要なポイントだと言える。さらに，Davis の指標で
は，さまざまな種類の前提について確認した上で明確化し，またそれらの前
提に対して挑戦する際に用いるべき方法に関わる具体的な指針は提供されて
いない。

　以下ではまず，前提の類型論を構築する。これは，リサーチ・クエスチョ
ンを作成する際の問題化の作業に利用できる前提のタイプについて明らかに
するものである。続いて本章では，前提の内容を確認した上でそれらに対し
て挑戦していく際の方法に関する一連の指針について詳しく説明していく。

問題化の対象になり得る前提の類型論

　学術研究の世界にはさまざまな種類の前提が存在しているが，深さと範囲
という両方の点で相互に異なる 5 種類の前提を大まかに区別することが有用
であると考えられる。つまり，学派内，ルートメタファー，パラダイム，イ

デオロギー，および学術界レベルの前提である。この類型論の一部は，Morgan（1980）が［組織理論との関連で］提唱した，パズル解き，ルートメタファー，パラダイムという3つの区分に触発されている。我々の類型論はまた，パラダイムをめぐる議論の中で何人かの著者たちが「自分自身が信奉するパラダイムには必ずしも拘束されずに各種の世界観（パラダイム）を俯瞰できるはずだ」と主張している点を踏まえている（Burrell and Morgan, 1979）。このような主張は，さまざまなパラダイムの相対的な位置づけを示すような何らかの全体的なアイデアと前提によって統一された議論の場を想定することが重要であることを示している。イデオロギー関連の前提を重視するのは，研究者たちの学術分野への関与は人間的な利害関心や政治的な位置取り（ポジショニング）に関して決して中立的ではない，という認識にある（Habermas, 1972）。学術界レベルの前提という考え方は，学問領域のあり方に関してより広い見方を採用している研究者たちの発想に触発されている（例えば，Bourdieu, 1979; Foucault, 1972）。

　学派内の前提は，ある学派の支持者によって特に疑問の余地がない自明のものとして共有され受け入れられているという意味において，特定の学問上の流派の内部に存在しているものである。学派内の前提は，特定の研究テーマについてある理論学派が持っている一連の発想を指しているという点でパズル解きとは異なる。それに対して「パズル解き」という場合の前提は，その学派内で指定されている特定の研究方法に関わるものである。

　学派内部の前提の例としては合理主義学派内の特性理論が挙げられる。この場合は，通常，リーダーシップを，個々のリーダーが持っているフォーマルな知識，技術，態度，性格特性などの特定の属性のセットとして概念化する（Yukl, 2006）。したがって，例えばもし我々が，「リーダーシップは，リーダーが持っている技術的知識というよりは言語的なスキルによって定義されているのではないか？」というような形で疑問を呈するような場合，我々はリーダーシップ研究を専門とする研究者たちに特有の学派内の前提に対して挑戦していることになる。

　したがって，リーダーシップの説明における「技術的知識という特性の相対的な重要性」を問うべき問題として取りあげる際には，我々は特性理論全体ではなく，特定の特性の重要性に対して挑戦しているだけに過ぎない。そのため，特性理論それ自体は挑戦されないままに温存される。言い換えれば，学派内の前提を問題化の対象にするというのは，理論それ自体ではな

く，特定の理論の一面だけを問題として取りあげるということになるのである。

　それに比べて，**ルートメタファー的な前提**の場合には，特定の研究対象に関する，より広い範囲に及ぶイメージとの関連がある（Atkinson and Checkland, 1984; Morgan, 1980, 1997）。例えば，組織研究では，組織のメンバーが共有する均質的な価値観や信念という点に焦点を当てて，組織を「文化」と見なすことがよくある。しかし，ルートメタファー・レベル（Smircich, 1983）に関して言えば，研究者の中には，組織文化の統一性や独自性ないし［組織内部での］コンセンサスなどの前提に対して疑問を投げかけ，組織文化に見られる重要な側面としてむしろ分化，断片化，非連続性，曖昧性などを重視してきた人々もいる（Martin, 2002; Martin and Meyerson, 1988）。高等教育関連の研究では，大学組織は，［スクリーニングのための］ふるい，インキュベーター，聖堂，ハブ（Stevens et al., 2008），あるいは，若者たちを忙しくさせておいたり失業を抑えたりするための場などとして見られることがあるが，一方で，専門職従事者を目指す者たちの地位達成欲求を増幅させる仕掛けと見なされることも多い（Alvesson, 2022）。

　社会学という学問領域の文脈では，社会はしばしば機械，有機体，生態系，システムなどとしてとらえられてきた（Swedberg, 2020）。このような例について理解する際に最も重要になってくるのは，ルートメタファーが，現象について考察し実際に調査をおこなう際の方法をかなりの程度にまで規定している，という点である。例えば，「システム」を社会や組織を把握する際のルートメタファーとして見た場合，我々はそれらを要素間の相互作用やフィードバック・ループの観点から理論化した上で研究をおこなう傾向がある。逆に，「エコロジー」を社会や組織のルートメタファーとしてとらえた場合，我々にはそれらを同化，競争，対立の観点から研究して理論化する傾向がある。したがって，既存の文献に埋め込まれているルートメタファーを特定し，それに対して挑戦することは，問題化における本質的な作業になるのである。

　特定の文献の根底にある存在論的，認識論的，および方法論的な前提は，**パラダイム的な前提**としての性格を持っていると考えることができる（Brookfield, 1995; Burrell and Morgan, 1979; Husen, 1988; Kuhn, 1970; Ritzer, 1980）。この種の前提に対して疑問を投げかけた上で挑戦することは，面白いリサーチ・クエスチョンを創り上げていく際の中心的な要素であることが

多い。例えば，Sandberg（2000）は，専門的コンピタンスに関して解釈的視点を導入することによって，主流の考え方である合理主義学派の根底にある二元論的な存在論（オントロジー）の前提——つまり，専門的コンピタンスは労働者が持つ一連の属性と一連の業務活動という2つのものによって構成される，とする想定——に対して挑戦した。Sandbergが採用した解釈的アプローチの観点からすれば，コンピタンスは相互に明確に区別できる2つの実体で構成されているわけではなく，むしろ人と業務は，業務活動における「生きられた経験」を通して相互に不可分の関係を形成しているとされるのである。このような問いかけをすることによって，Sandbergは，合理主義学派のものとはきわめて異なる前提基盤を設定し[1]，それにもとづいて，専門的コンピタンスに関する斬新なリサーチ・クエスチョンを作成することができたのであった。

イデオロギー的な前提には，研究対象に関して想定されているさまざまな政治的，道徳的，およびジェンダー関連の前提が含まれる。例えば，Burawoy（1979）は，労働研究を専門とする研究者は，「なぜ労働者はもっと一生懸命に働かないのか？」という問いを出発点にしたり，その上で［「相場感」として労働者のあいだで共有されている］リーズナブルな労働量をめぐる規範について調査したりするべきではないと主張した。Burawoyによれば，研究者が出発点にすべきなのは，むしろ「なぜ労働者はあれほどまでに一生懸命働くのか？」という問いだと言うのである。同様にSievers（1986）は，それまでの動機理論に対して疑問を投げかけて，「組織内で人々の動機づけを高めるためにはどのようにすればよいか？」と問うのではなく，むしろ，「もし自分たちの仕事を意味のあるものだと考えているのであれば，なぜそもそもそういう人々はやる気を持つように仕向けられる必要があるのだろうか？」と問うべきだと主張した。同じように，マーケティングにおいて，Peter and Olson（1986: 111）は，マーケティングは科学であるという一般的な考えに対して異議を唱えて，逆に「科学はマーケティングであるか？」と問いかけてみることを推奨している。また，教育研究に関して言えば，「良質の成人教育のプロセスは本質的に民主的である」という，一般的に共有さ

1　「前提基盤（assumption ground）」という用語は1971年にDavisによって初めて導入され，現在では「問題化関連の文献」において広く使われている。「前提基盤」という概念は，研究者が問題化しようとしている既存の前提の代替案として提示する，特定の一連の前提群を指している。

れているイデオロギー的な前提がある（Brookfield, 1995: 3）。

　特定の**学術界全般に関わる前提**は，何らかの研究対象に関してかなり広い範囲で共有されている一連の前提である。それは，特定のパラダイム内部の異なる学派間で共有されていることもあれば，場合によっては，パラダイムや学問領域の違いを越えて共有されている例もある。例えば，限定合理性（bounded rationality）に関する Simon（1947）の研究は，恐らく，比較的穏健な形ではあるが見事な形で特定の学術界全般に関わる前提について明らかにした上でそれに対して挑戦した典型例の 1 つとして見ることができる。実際，Simon は，「人間は合理的な意思決定者である」というかなり広い範囲で共有されていた前提に対して挑戦し，また限定合理性というそれに代わる前提を提示したのだが，この挑戦と提案は，斬新で興味深い一連のリサーチ・クエスチョンと理論の可能性を切り拓いていったのであった。

　なお，特定の学術界全般に関わる前提は，一見敵対的であるように見える複数の学派を実際には統合している可能性がある。これらの学派同士は，あるレベルでは明らかに異なっているし，また反目しあっているように見えることもよくあるのだが，より深いレベルでは，幾つかの特定の学術界全般に関わる前提を共有していたりするのである（Bourdieu, 1979 参照）。例えば，労働過程論系の研究者とポスト構造主義を指向する批判的経営理論系の研究者は，両方とも，「管理（management）」と呼ばれるものが実際に存在し，また，管理主義的なイデオロギーないしそれに関する言説は批判的に検証されるべきであると主張するという点では，共通の見解を持っている。しかし，実際の議論の場では，これら両学派はそれぞれ，自分たちこそが経営や管理に関して洞察に満ちた理解ができるのだと主張しているのである。

　全体として見た場合，以上で解説してきた類型論は，問題化の対象になり得るさまざまなタイプの前提の連続体と見なすことができるが，それぞれの類型のあいだには重複もある。その内，学派内の前提が連続体の一方の極に位置づけられ，特定の学術界全般に関わる前提かもう一方の極ということになる。学派内の前提に挑戦することはマイナーなレベルの問題化と見なすことができる。ルートメタファーの前提に対する挑戦は中程度の問題化だと考えることができる。そして，パラダイム，イデオロギー，および特定の学術界全般に関わる前提に対する挑戦は，より広範囲で根本的なレベルの問題化だということになる。これら 3 タイプの前提のいずれかに挑戦した場合には，面白くて影響力がある理論の開発につながる可能性のあるリサーチ・ク

エスチョンが作成される可能性が最も高いように思われるかも知れない。

　もっとも，これらの広い範囲に及ぶ前提に対する挑戦であっても，場合によっては表面的なレベルの挑戦にとどまる可能性がある。というのも，広い範囲の知識の分野に取り組もうとする場合に，深さと精度を達成することは困難であることが多いからである。一方で，学派内ないしルートメタファー的な前提に対する深いレベルの理解にもとづく挑戦は，新しい理論を開発するプロセスにおいて重要な突破口になる可能性がある。したがって，挑戦の対象になる前提がカバーしている範囲の広さや何か新しいアイデアを提案していくということよりも重要なのは，問題化の質という点とそれによってどれだけ新鮮な驚きを生み出すことができるかという点なのである。その新鮮な驚きという要素は，何年にもわたって挑戦されたことがなく当然のことと見なされてきた前提を問題化した場合には，より効果的なものになる可能性がある。

　ここで，問題化の対象になる前提の正確な範囲について確認すること，つまり，それが学派内の前提であるのか，それともルートメタファー，あるいはそれ以上の範囲に及ぶ前提であるのかを見分けることが困難である場合も多い，という点について付言しておく必要があるだろう。例えば，パラダイムの存在を確認する作業とその境界について特定する作業とのあいだには違いがある場合も多い。Kuhn（1970）自身，パラダイムに関する見解に関して不正確で一貫性がなかったことはよく知られている。なお，社会学についてKuhnの言うパラダイム概念が該当するような範囲を明らかにしようとする試みには幾つかのバージョンのものがあり，また，そのパラダイムの数は2個から8個まで実にさまざまである（Eckberg and Hill, 1980）。Eckberg and Hill が述べているように，「社会学というパイは実に多くのやり方で切り分けることができる」（p.123）のである。したがって，この例からも分かるように，前提のレベルを特定することに関して正確かつ信頼できる基準を設定することはあまり期待できないのである。

　もっとも，ここまで各種の前提について解説してきたのは，必ずしも前提のレベルないし範囲を明らかにしていくような試みを奨励するという意図からではない。むしろ我々が意図していたのは，さまざまなタイプの前提が存在しているという事実それ自体を指摘することなのであった。実際，その中には，特定の理論や学派の信奉者によってのみ共有されている前提から，研究分野に属するほとんど全ての人々によって事実上共有され，場合によって

は異なるパラダイムの境界を越えて共有されている前提まで含まれている。したがって，前提のレベルやタイプについて意識的になるということは前提に対して適切なやり方で取り組もうとする際には重要であるものの，その際には必ずしも前提の範囲やレベルを正確に特定しておくことは必要ではないのである。実際，多くの場合，研究者はこの点に関して特に明確な形では言及しないようにする方が無難であろう。

前提について確認しそれを明確にした上で
挑戦していくための方法論的指針

　上で解説してきたように，問題化の作業を通してリサーチ・クエスチョンを作成していこうとする際の重要な課題は，自分自身のスタンスと他のメタ理論的なスタンスとのあいだで弁証法的な問い直しを開始することである。その目的は，新しい問いの領域を切り拓いていくような形で，先行研究の根底にある中心的な前提について確認し，それを明確にした上で問い直していくことにある。そのような問い直しを通して前提を問題化できるようにする際の方法論的指針には，以下のようなものがある——(1) 文献の領域を特定する，(2) その領域の根底にある前提について確認した上で明確な形で整理する，(3) それら既存の前提に関する評価をおこなう，(4) 既存の前提の代替となる前提基盤（assumption ground）を新たに作成する，(5) その代替的な前提基盤について読者層との関係を念頭に置いて検討する，(6) 代替的な前提基盤について評価する。

　ここでは話を分かりやすくするために以上の6つの指針を整然とした順序で示したが，実際の問題化の作業プロセスには，直線的（リニア）というよりは反復的な性格がある。つまり，確かに (1) から (6) まで順番通りに作業が進行する場合も多いのだが，その順序が入れ替わったりすることもよくあるのである。例えば，全体の作業プロセスの後の方の段階になってから該当する文献領域に対して修正を加えた方が適切であるように思えてきたり，あるいは，実際にそうせざるを得なくなったりする場合がある。あるいはまた，代替的な前提基盤やそれを元にして構築したリサーチ・クエスチョンについて評価してみた結果として，既存の前提について改めて確認したり新しい前提を定式化したりするために追加の作業が必要になってくる場合もある。さらに，これらの指針については，レシピ的な手順に含まれる固定的な

要素のリストとしてではなく，むしろ問題化の作業をおこなっていく際に考慮すべき重要な要素として考えておく必要がある。実際，これらの要素の中には実際の作業の中では省略されたり，あるいは複数の要素が一緒に組み合わされたりする場合もあるのである。

　時には，何か新しいものを創造しようとする作業の前段階ないしその作業の補助として特に入念でシステマティックな批判的検討をおこなうこともなく，研究者が創造的なやり方によって，むしろ多かれ少なかれ無自覚のままに既存の前提に対する異議申し立てをおこなうこともある。Deacon（2000: 135）が指摘しているように，問題化というのは，単なる自動的な手続きではないし，厳密な性格を持つ分析手順などでもない。というのも，その作業には常に何らかの創造的な行為がともなうからである。Deacon は，これについて次のように述べている——「場合によっては前もって『これこれのタイプの問題化が結果として生じるだろう』と推論することができないという意味において，問題化というのは創造的なプロセスなのである」。

　厳格で機械的なルールに従っておこなわれる知識生産につきものの問題点については，Feyerabend（1978）の古典的な著書 *Against Method*（［邦訳『方法への挑戦』］）でも的確に解説されている。もっとも，たとえそのような面があったとしても，単に創造性というものに頼るだけではあまり効果的ではないということもまた事実である。実際，「創造的であれ！」というのは，アドバイスとしてはほとんど無意味である。しかし，その一方で，次のような一連の手続きについては，ある程度は手順化ができるだろう——システマティックで地道な作業を通して支配的な前提について解釈し，あるいは新たにそのような前提を明確に整理した上で，それらの前提が抱えている問題点や限界について検討する。しかる後に，それらの代替となるような前提を開発，改良，改訂，定式化していく。言葉を換えて言えば，創造性は，前提について詳細に検討して問い直すための方法論によって有意義な形で補完することができるのである。

1．前提に挑戦する際の検討対象となる文献領域を特定する

　通常は，一連の先行研究を特定の文献領域として区切った上でそれらの文献を自分の研究に関連づけていくための定番的な方法などがあるわけではない（Locke and Golden-Biddle, 1997）。事実，ある分野における先行文献の範囲や境界を確定するのは困難である場合が多い。たいていの場合は，権力，

知識，文化，イノベーション，人種，学習，言説などという既存のラベルは，文献を選り分けていく上ではあまり参考にならない。また，研究分野を構造化するために使われてきた慣習的なやり方を適用したり，文献を分類する際に使われる一般的なラベルに頼ることは，むしろ逆効果になる可能性がある。

　したがって，文献の分類というのは，〈リサーチ・クエスチョンを構成する際にギャップ・スポッティングあるいは問題化のどちらの方法を採用するか〉という点とはかかわりなく，厄介な問題を含んでいるし，恣意的であることも多いのである。ただし，ギャップ・スポッティング的な研究の場合と比較すれば，問題化に焦点を当てた研究の取り組みの場合は，特定の領域内の全ての文献を可能な限り網羅的に検討しようとはしない。むしろ，それらの研究にとって先例となった研究に含まれる前提を無批判に再生産するようなことにはならないように注意を払っていく。

　事実，問題化による研究の場合は，通常，ターゲットとなる特定の文献領域の根底にある前提について確認して，それに対して挑戦するという特定の目的のために，文献レビューの範囲をもっと狭い範囲に絞り込んだ上で幾つかの主要な文献のテキストを詳細に読み込んでいくことになる。その意味では，昨今支配的になっている，「自分自身の研究を該当する全ての文献に関連づけるべきだ」とするような考え方は，問題化のアプローチにとっては不利な規範であるし，実際そのような規範は受け入れるべきではないのである。その代わり，文献領域を特定する際には，主として，その領域内の主要な研究，あるいは典型的な研究文献に対して焦点を当て，次にそれらの研究の根底にある前提について体系的に検証していくことになる。

　問題化の対象となる文献領域を特定する際には，相互に関連する2つの問題について考慮しておくことが重要である。つまり，実際にターゲットとして設定した文献領域と，特に深いレベルでの読み込みや読み直しのために選び出した特定の文献である。特定の文献領域を特定したり新たに設定したりする手続きは，その中から何点からの文献を選び出していく作業にとってはその出発点になる。しかし，それらの文献を注意深く読み込んでいくことは，最終的にリサーチ・クエスチョンにとってのターゲットとなり得る文献領域それ自体を変更していくことにつながる可能性がある。

　1つの可能性として考えられるのは，特定の文献領域で決定的な役割を果たしてきた範例的な文献，つまり研究動向を規定するような文献（path-defining study)（Abbott, 2001; Kuhn, 1970）に焦点を当てるというやり方である。それらの模範例は，よく知られていて頻繁に参照される研究であり，一般的に高く評価されている。中には，激賞されているものすらある。また多くの分野には，模範例として明らかに際立った位置づけでとらえられているテキストが少なくとも1つは存在するものである。

　研究動向を規定するような文献が持つ重要性について考えてみると，そのような焦点の当て方は生産的であるかも知れない。しかし，当然ではあるが，その後の手続きとしては，そのような文献を先例として実施された一連の学術文献を確認してそれらの文献に検討を加えた上で，興味深い挑戦の対象になると思われる全ての前提が未だにそれらの研究に対して影響を及ぼしているかどうか，という点についてチェックしてみる必要がある。これは容易な作業ではないことも多い。というのも，研究動向を規定するような文献に関しては，それに対して何度となく批判的検討，議論，およびマイナーないしメジャーな改訂などがおこなわれている例が多く，そのため，幾つかの前提のうちの一体どれとどれが依然として問題化をおこなう上で意味があるものであるかという点が分かりにくくなっている例が少なくないからである。（古典的なテキストそれ自体を価値あるものと見なして検討を加えて，どのような文献が最近の研究に対して影響を与えているかについては特に注意を向けない，というようなアプローチによる研究もあり得る。しかし，そのような研究の目的は，我々がここで扱っている優れた斬新なリサーチ・クエスチョンを生み出すという目的とは性格がやや異なるものである。）

　もう1つのオプションは，要約的な内容が盛り込まれた特定の文献あるいは幾つかの定評ある要約的な文献に対して焦点を当てることである。ただし，その場合も，あまりに一般的だったり範囲が広すぎたりしないものに限られる（実際，それでは，前提を明らかにする際の手がかりという点では曖昧すぎる文献レビューになってしまう可能性がある）。3番目のオプションは，特定の文献領域に見られる何らかの意味でのバリエーションをカバーしている，より最近になって発表された，影響力があり高い評価を受けている何点かの論文について検討を加えてみるというやり方である。

　これらのオプションをとる場合は一方でより広い範囲の文献の読み込みによって補足する必要もあるのだが，問題化をおこなおうとする者にとっては，どちらかと言えば精選した文献テキストを詳しく読み込んでいく手続きが最も重要なポイントになる。

2．選択した文献領域の根底にある前提について確認した上で
   明確に整理していく

　特定の文献領域の根底に存在する前提は，明示的に定式化されているというようなことは滅多に無い。もっともある場合には，例えば経済学の「個人は常に自己利益を最大化しようとする」，ディスコース分析の場合は「言語は（社会的）現実を構成する」などのように，前提が実際に明確な形で述べられている例も見受けられる。このように明示的に定式化された前提は，「前提」というよりは［数学における］「公準」に似ていると言えるだろう。しかし，そのような公準のさらに背後には暗黙のうちに自明の事柄として見なされていることが多い前提が存在しているものだし，明示化された前提の場合についても同様の点が指摘できる。Gouldner（1970: 29）が指摘したように，公準には「特に仮定されてもいなければ特定の名前も付けられていないような2組目の諸前提が含まれている。……というのも，それらは公準が立ち現れる背景の一部となり，……また，明確に定式化されていないために理論家が向ける注意の背後にとどまっているからである」。

　同様に，Mahrer（2000）は，精神療法に関して，この分野がいかに巧妙な形で目に付かないようにされている一連の前提ないし基本的な信念に基礎を置いており，また同分野の研究者と実践者の両方がそれらによっていかに誘導されてしまっているかを明らかにしている。Mahrer が指摘するように，精神療法の基本的な信念は，一般に流布している概念や言い回しの中に組み込まれて自明視されることによって批判的な検証を免れている場合が多い。実際，「**条件反射，境界性パーソナリティ障害**，ないし**発達段階における肛門期**というように一般に流布している概念を，当然のものとして受け入れて使っていると，恐らくはほとんど無自覚のうちに，その種の，一見無害にも見える用語や文章の意味あるいは用語法の基礎になっている基本的な信念を丸ごと受容してしまいがちになるのである」（2000: 1118，強調は原文）。

　問題化の方法論において主なターゲットとなるのは，まさにこのような種類の信念ないし前提なのであり，これらはほとんどが暗黙のままにとどまっているか，あるいはかなり曖昧にしか表現されていない。ただしその一方では，特定の領域で長年にわたって明示的な前提として通用してきたものについても問い直してみる価値があるかも知れない。これが特に当てはまるのは，それらが頻繁に言及されてはいるものの，当然の事柄として見なされており，多かれ少なかれごく自然で客観的な事実であると見なされているよう

な場合である。

　ここで重要な問題になってくるのは，一般に真実ないし事実として見なされているものを改めて前提の一種としてとらえ直してみることである。そうすることによって，暗黙的なものないし隠蔽されてきたものが明示化されて，精査して検討すべき対象になる。これには，〈さまざまな異なる手がかりの存在に注意を向け，それらに対して解釈を施し，またそれら複数の手がかりのあいだを行ったり来たりしながら再解釈することを通して，明確に言語化されておらず，恐らくは著者自身にすら把握も検討もされていなかった前提を明るみに出す〉という解釈学的なプロセスが必要とされる場合が多い。その作業にあたっては，事前理解と理解とのあいだで循環的におこなわれる作業（つまり，常に繰り返される作業）などに関わる解釈学的なアイデアが有効である（Alvesson and Sköldberg, 2017）。

　我々は，先にその概要を示した前提の類型を利用することによって，先行研究に含まれている前提について確認する手続きをおこなう際に利用できる一連の方法論的戦術を示すことができると考えている。例えば，学派内の前提については，特定の著者グループ内における議論やそれらの著者たちのあいだの関係を調べることで特定することができる。これらの著者は，互いの文献や隣接する分野の著者たちによる文献を頻繁に参照しあっており，また，自分の研究を関連のあるグループの研究に対して何らかの形で関連づけ，さらに似たような叙述スタイルや語彙を採用している場合が多い。その一方で，ある程度は違う見解を持っている。

　より具体的には，例えば，さまざまな研究者は，「文化」を何らかの安定したものとしてではなく，むしろプロセス——つまり一種の交渉過程——（Alvesson, 2013b）として見ることによって，組織が単一でそれぞれ独自の文化を持つものであるとする考え方に対して異議を唱えてきた（Van Maanen and Barley, 1984）。また，明瞭で安定したサブカルチャーから構成されるものとして組織をとらえる発想に対して挑戦してきた例もある（Martin and Meyerson, 1988）。

　ルートメタファーに関連する前提の場合は，（1）特定の文献のテキストや学派に対して影響を与えている，社会的現実に関する基本的なイメージまたはメタファーについて確認し，（2）その代替となるような対立するメタファーを見出したり新たに作成したりすることによって既存の前提を見つけ出していくことができる。

Morgan（1986）の *Images of Organization* は，メタファーという観点を利用して代替的な概念化の可能性について認識する方法，したがってまた，メタファーを通して自分自身が抱いている前提を明確にする方法を示す例としてよく知られている。Alvesson（1993）はそのような発想を取り上げて，用いられているメタファーの背後にあるメタファー（つまり，メタレベルのメタファー）を探り当てることで既存の前提を明確にすることができる，と主張している。例えば，組織を政治的な闘争の場として概念化するメタファーの背後には，その種の場に関するさまざまな見方が存在することが想定できる。1つは（一定のルールに従って運用される）議会制民主主義という場としての見方である。もう1つの可能性として，それに比べれば政治的な戦いという点に関して洗練されていないしルールにも従っていない，ジャングルのような場としてとらえる見方もある。さらに，政治的な闘争の場については，それを，言説的な闘争ないし何らかの台本にしたがっておこなわれ，登場人物に特定の役割（英雄役，被害者役等）が割り当てられる演劇の舞台と見なすこともできる。

　パラダイム・レベルの前提について確認しようとする際には，通常，特定のパラダイムとは異なる世界観についてある程度精通している必要がある。しかし，だからと言って，その代替的な世界観に囚われてはならない。それについては，複数のパラダイム間の相対的な関係をマッピングした上でそれらを対比させて示してきた幾つかの既存研究が参考になるだろう（例えば，Burrell and Morgan, 1979; Ritzer, 1980）。また，パラダイムという考え方をめぐる議論に関連する文献に目を通しておくことも有効なやり方ではある。

　しかし，前提に対して挑戦することを目指す際には，そのような議論やその種の議論において表明された特定の立場に囚われたりすべきではない。むしろ，他の人々や我々自身の物の見方に対して一定の距離を置いて眺めてみる際に役立つ重要なヒューリスティックなツールとして活用していくべきである（Abbott, 2004: 86）。特に，パラダイムは，複数のパラダイム［の優劣］をめぐる論争において特定の立場を選択するためというよりは，むしろ問題化をおこなう際の1つのインプットとして利用すべきである。当然ではあるが，特定の立場を断固支持することと，優柔不断に複数の立場を行ったり来たりすることのあいだで一種のジレンマが生じる可能性がある。

　イデオロギー関連の前提については，検討対象として取りあげた特定のイデオロギー的な立場とは，関心，目的，一体感，価値，倫理的コミットメン

ト等の点で非常に異なるタイプの立場があり得る，という可能性を認識することによって明らかにすることができる．1つの戦術としては，ポジティブであり真剣に取りあげるべきだと考えられるものをむしろ取り組むべき問題ないし何らかの解決策が要求される事柄としてとらえて解釈を加えるというやり方がある．もう1つの戦術は，ネガティブなもの（例えば抑圧的なもの）を無害ないしむしろポジティブなものとして考えてみるというようなやり方である（例えば，限定された条件のもとで言えば，中程度の児童労働について，それを貧困国の家族にとって生存のための手段として価値があるものとしてとらえ，また，経済的に豊かな国や家族では恐らく支配的な，消費者主義的で快楽主義的な育児方式よりもポジティブな形の社会化と見なすことなどが挙げられる）．

　また，前提の明確化の作業に取り組む際には，多様な利害関心や価値観，およびそれらのあいだに存在する明白な矛盾やジレンマについて認識していくことも有効だろう．例えば，〈自律性 対 リーダーシップ〉，〈言論の自由 対 政治的正しさ〉などというような複数の価値観のあいだの矛盾や対立がその例になり得るだろう．

　学術界全般に関わる前提について確認するという作業には，その世界に属する「誰もが」それらの前提を共有しているということもあって，かなりの困難がともなう．実際また，それらが明確な形で学術的な文献においてテーマとして取りあげられることはきわめて稀である．1つの選択肢としては，複数の理論上の学派や学問上の陣営に対して横断的に検討を加えた上で，それらのあいだに，特定の研究対象を概念化する際の仕方に関して共通点があるかどうかを確認してみる，というやり方が挙げられる．別の選択肢には，一見非常に異なったもののように見える複数の理論的立場のあいだで繰り広げられてきた議論や批判に着目した上で，彼らが問題としては取りあげていない事柄に対して焦点を当てることである．つまり，議論の対象にされてこなかった共通の合意の基盤がどのようなものであるかについて検討を加えてみるのである．

　他の学術界の状況について検討してみることも，何らかの手がかりになる視点を獲得する上では有効かも知れない．ある意味では，本書でこれまでおこなってきたことそれ自体がそのような戦術の1例であるとも言える．というのも，本書では，ギャップ・スポッティング方式を，我々の分野である組織研究だけでなく他の研究分野においてもリサーチ・クエスチョンを生成する方法として採用されてきた，学術界全般に関わる前提であることを確認し

た上で，それに対して挑戦しているからである。そして我々は，その作業を
おこなう上で Davis（1971）という，我々自身が属する学術界の外側に位置
する研究者のアイデアを援用したことについて自認している。

　以上で見てきたような，特定のタイプの前提に対して焦点を当てるという
やり方は，確かに有効ではある。しかし，少なくとも最初のあいだは，むし
ろ焦点を色々と変えてみて，特定の領域の先行文献の根底にはどのような学
派内，ルートメタファー，パラダイム，イデオロギーないし学術界全般に関
わる前提が存在しているのか，という点について検討してみる方が望ましい
場合も多い。

　検討対象として取りあげた先行研究の背景には，さまざまなレベルの理論
が存在している場合があるが，それら各種の理論レベルの前提に対して焦点
を当てて検討してみることも重要である。これは，面白いリサーチ・クエス
チョンの定式化につながる見込みという点では，対象として取りあげた研究
の背景になっているさらに広い理論的視点（例えば，象徴的相互作用論の視点）
に関連する学派内の前提に挑戦することの方が，その研究が直接依拠してい
る特定の理論（例えば，人的資本理論）に対して挑戦する場合よりも，より
可能性が高いからである。

　またこの点に関しては，前提というもののレベルや範囲は固定されている
わけではなく，むしろある程度は，検討を進めていく際のターゲットとして
設定する文献領域の性格と範囲を確定していく際にどのような方法を採用す
るかによって決まる部分が多い，という点に注意しておく必要がある。ま
た，文献領域の範囲についてはそれを狭めたり広げたりすることによって多
様な解釈が可能である，という点にも注意が必要である。したがって，さま
ざまな前提について確認しそれを明確化していく際には，詳細な解釈学的読
解，創造的な努力，大胆さ，忍耐，自己批判，自分が依拠する理論的立場以
外の理論的視点の援用など諸々の要素を組み合わせていくこと（および時に
は運さえも）が重要になってくるのである。

　創意工夫をこらして何らかの前提について確認しようとする際に特に重要
になってくるポイントの1つは，視点をさまざまに変えてみるというやり方
である。これは，各種の前提に対する感度を上げておくために，さまざまな
理論的アイデアに注意を向けるということを意味する。というのも，他の多
くの人々の場合と同じように，問題化を積極的におこなおうとする研究者は
単に知的な関心だけで作業をおこなうわけではないからである。実際，前提

を明らかにしていこうとする際には，自分自身の感情的な好みについて理解しておかなければならない。また，自分のアイデンティティのありようが，どれだけ盲点や偏った物の見方を生み出すことになり，あるいはまた，通常目を向ける側面以外の側面については真剣に検討することを困難にしてしまっているか，という点について自覚することも重要なポイントになる。

　したがって，自分自身のアイデンティティおよびそれに関連する感情的なコミットメントあるいは盲目的なこだわりに対して距離を置いてみることやアイデンティティ自体の転換などの試みを通して，それらの傾向に関して自覚的になることが大切である。そのような距離の置き方やアイデンティティの転換をおこなう上では，例えば，他の理論的視点について検討してみたり，自分とは異なる見解を持つ人々と積極的に議論する機会を持つようにしたり，自発的に（各種のパラダイム，知識を探究する際の基本的な関心事項，理論，社会的アイデンティティに関連する）他の見解の支持者の立場に立ってみることなどが挙げられる。

　例えば，主として批判理論系の立場をとってきた研究者の場合には，試しに組織の運営責任者や経営幹部［のようないわゆるエリート層］と自分自身とを同一視してみてもいいだろう。象徴的相互作用論者について言えば，マクロ社会学が専門の研究者の見方について真剣に考慮してみた方がいいかも知れない。ポスト構造主義者の場合は，脱構築主義的な立場からのアイロニカルなテキスト解釈ではなく，実質的な解決策が求められている問題を想定した上で，「絶対確実で明確な結論を出そうとしている機能主義者としての自分」というものを想像してもいいだろう。こうした作業は，そのどれもが，想像力を強化し，また前提について確認するという，きわめて困難であることが多い企てを少しでも容易にすることを目的としている。

　必ずしも全ての前提が問題化や新しい前提と新規のリサーチ・クエスチョンを開発する上での素材として有力な候補になるわけではない。したがって，挑戦の対象になり得る前提については多めに設定した上で，それらの前提をさまざまな方法で定式化しておいた方が良い場合が多い。それによって，その後でおこなう作業には色々な可能性が出てくる。事実，最初は興味深いものだと思われていた前提が，後の段階になってみれば，実際には当初考えていたほどには面白いものではなく，またあえて挑戦するほどの価値はないと評価されるかも知れないのである。また，挑戦に値すると思われる幾つかの前提を確認するために［既に解説したような］何らかの戦術を用いる

こともできるだろう。しかし，仮にそれらの前提のどれ1つとして，興味深い新しい前提の形に発展させていくことはできないと判断された場合には，もっと興味深いものになりそうな前提を開発するために改めて作業を始めることになる。つまり，ここで解説している問題化のための手順の後の方の段階から逆戻りして，このセクションで解説した作業をやり直すのである。

3．明確化された前提について評価する

検討対象として選んだ文献領域の中から幾つかの前提を見つけ出した上で明確な形で整理した次の段階では，それらの前提に関する評価をおこなう必要がある。実際のところ，必ずしも全ての前提が問題化の対象としてふさわしいものではない。また，あらゆる前提が重要な研究上の貢献ないしそのような貢献に向けておこなわれる作業における重要なステップを構成する要素になるわけでもない。したがって，問題化の作業をおこなう際には常に次のような問いかけをしなければならない——「特定の前提に挑戦することによって可能になる理論的貢献にはどのようなものがあるか？　これは新しい試みなのか？　これを明らかにすることによって，実質的な意味がある再検討へとつながっていく可能性はあるのか？　どのような形で生産的で斬新なリサーチ・クエスチョンにつながっていくのだろうか？」

一般論として言えば，パラダイムや学術界レベルの前提などのような広い範囲をカバーする前提に対して挑戦することは，大きなインパクトのある理論構築に結びついていく可能性が高い。しかし一方で，それらの前提について確認した上で首尾良く挑戦するというのは困難な課題である場合が多い。それに加えて，そのようなレベルの前提はあまりにも広い範囲に及び，また不正確なものでしかない可能性もある。さらに先に指摘したように，重要なのは，「それは面白い！」という洞察（インサイト）がどれだけ斬新なものであるかという点なのであって，問題化された対象がカバーする範囲がどれだけ広いかというような問題ではないのである。しかし当然ではあるが，狭い範囲ではなくより広い範囲の読者に向けて斬新で刺激的なことを語れるのであれば，それはそれで確かに望ましいことではある。

問題化の対象になり得る前提を見きわめる上での包括的であるが曖昧でもあるポイントは，その既存の前提が，研究対象に関する「良い（good）」理解にはそれほど寄与しないものであるにもかかわらず，特定の研究分野内では依然として広く共有されていなければならない，という点である。ここで

言う「良い」［ないしその逆のあまり良くない理解の程度について判定する基準］には3つの側面がある。ただし，実際にはそれらの側面のあいだに明確な区分を設けることが困難な場合も多い。1つは，特定された前提が不正確であったり，誤解を招きかねないもの，狭すぎるもの，あるいはそれら以外の意味で研究対象に関する間違った理解に結びついている可能性があるという点である。もう1つは，確認された既存の前提が知識という点での価値をあまり高めていないということであり，これは恐らく，その前提がかなり以前から存在していて知的刺激を生み出す上での潜在力が失われた結果，一定程度の興味を引きつけはするものの，非常に瑣末で追加的な研究成果をもたらすだけにすぎない，というものである。3つ目は，前提の実用的な価値という点である。つまり，学問的な文脈での「面白さ」（＝理論的関心を持つ研究者にとっての面白さ）の範囲を越えた外側の世界にとって特定の知識が持ち得る現実関連性や価値ということである。

　上で指摘した3つのうちの最初の側面は「真実性」ということであるが，考え得るどのような意味での真実性であったとしても，これは，まず考慮すべき重要な基準である。つまり，「真実ではない」と見なすことができる前提であれば，それは問題化の対象になり得るのである。ここでは，何らかの前提に問題があることを示す実証的エビデンスの存在が重要なポイントになる。問題化を目指す場合には，既存の実証研究を注意深く検討することを通して前提の真偽について判断を下す必要があるのである。もっともその一方では，実証研究の結果を信用しすぎないことも重要である。というのも，経験的研究の当否は通常は前提［の内容や質］に依存しているのであり，それらの前提の幾つかはそれ自体が問題を抱えている可能性があるからである。

　例えば，「国民文化」なるもの，およびその文化が行動に対して与える影響に関する質問表調査による研究は豊富にあるが，これらの研究は，〈均質で固定的な文化が現実に存在しており，またそれが何らかの結果を導く原因になり得る〉という前提にもとづいている。しかし，これらの研究が示してきた結果には疑いの余地が十分にある。実際，たとえもしその種の研究によって一見確実かつ目覚ましい実証研究の成果が提供されていたとしても，それらの研究は根本的な問題を隠蔽しており，本質的な意味で疑わしいものでしかない可能性が否定できないのである（McSweeney, 2002）。また，ここでは，ある種の前提，例えばパラダイムのような前提は，実証データによって直接的に調査できたり検証できたりすることは滅多に無い，という点も付

け加えておく必要がある。というのも，そのような前提は，あらゆる面で研究に関係し，また研究の進め方をあらかじめ規定しているからである（Astley, 1985; Kuhn, 1970）。

2番目の側面［＝知識的な価値への貢献］は，従来焦点が当てられていた側面以外の側面について検討することによって，新しいアイデアや洞察が生じてくる可能性に関するものである。これは，真実性（実証データによる支持）の基準についてはある程度割り引いて考えるということを意味する。実際，真実性それ自体は確定することが難しい場合も多く，また，真実性には知識が持つ価値とは異なる面がある。例えば，何らかの意味で真実ではあってもそれが瑣末な知識や情報でしかなく，またほとんど何の役にも立たないことがある。また，何かが真実であることを証明しなければならない（仮説を検証する必要がある場合）ということがむしろ制約になる場合もある（Becker, 1998: 20-24; Starbuck, 2006: 99-101）。

したがって，かなり複雑かつ重要で面白い研究というのは，単純な仮説検証とは次元が異なるものなのである。実際，理論的な豊かさや新奇性，あるいは理論が研究者たちを触発して関心を引きつける可能性については，それらには真実性を越える価値があるとまでは言えないものの，真実性の場合と同じ程度に心に留めておくことが重要だと言える。そして，それらの可能性こそがまさに理論を面白くしているのである（Astley, 1985）。また，理論的な貢献というのは，新しい側面を見出したり，問題設定についての見直しを提供したりすることでもあり，それは，研究対象についてのより広範な理解ないし質的に異なる理解に結びついていくものである。そして，そのような貢献には，知識に関わる主張が実証データによって支持されているかどうかという問題の次元をはるかに超える意義がある場合も多いのである。

以上の点と密接に関連している基準の1つには，確認された前提に挑戦していくことがどの程度まで新しい研究分野や具体的な研究プログラムの誕生を促すものであるか，というものがある。また，明確化された前提については，それがどのような形で，他の確立された知識の領域にとってその基礎となり，あるいはまた，（例えば，想像力にとっての制約となり，別種の発想の可能性を閉ざしてしまうというような）規格化を生み出す傾向を持つ支配的な発想の基礎になっているか，という観点からも評価することができる。

「タイミング」というのも，もう1つの検討事項になる。ある種の前提は，特定の時点では生産的で刺激的なものであったかも知れないのだが，

徐々に既存の知識の一部になり，斬新な知識を生み出す力を失ってしまう可能性がある。例えば，批判理論系の視点（ポスト構造主義，批判的ディスコース分析，フェミニズム理論）の多くは，しばらくのあいだは問題化的な性格を持つアプローチにとって重要な契機となっていたかも知れない。しかし，ある時期からは，それら自体が新たな挑戦を受けることもない一連の前提——つまり，再検討をうながす契機というよりはむしろ単純な応用——を確立することになっているのかも知れないのである。そのような場合には，その種の前提を新たな形で問題化していくことが必要になってくる。それについては，十分な検討を加えた上で問題化の対象になった立場を弁護するというやり方（Donaldson, 1985）や，例えば，先行研究の問題点を指摘するとともに一部については肯定的にとらえる方法（Newton, 1998）等の，新しいアプローチや統合的なアプローチなどがある。

　3つ目の側面では，既存のものを代替するような前提の実践的な重要性について検討することになる。前提というものは，研究者にとって知的な意味で面白いだけでなく，重要な社会的，経済的，ないし政治的問題に対して明らかな現実関連性を持っていなければならない。これは，面白くて新しいアイデアを生み出すことを目的とした研究の場合には主要な関心事というわけではないのだが，前提について評価していく際には注意を払う必要があるポイントである。特定の理論やアイデアが大きな影響力を持っているという事実は，多くの人々が，それらの理論やアイデアには重要な物事と現実的な意味での関連性があると見ていることを示唆するものだと思われる。また，我々は，自分自身が面白いと思うことや，学界内でのキャリアアップに役立つものを優先してしまうような，ナルシスティックで自己中心的な傾向を抑制していくべきなのである。

4．代替的な前提基盤を新たに作り上げる

　既存の前提の代わりになるような前提を定式化する手順は，分析上は，問題化に関わる一連の作業における重要な段階ではある。しかし，これを他の指針から切り離された別個の手続きとして見るべきではない。ここで解説する前提の（再）定式化は，一連の手続きにおける初期の部分の延長線上にあると考えることができるのである。実際，既存の前提について確認していく際には，少なくとも直感的なレベルでは，代替的な前提についてのアイデアが浮かぶものである。また，既存の前提が首尾良く確認できている場合には

代替的な前提の方もより明確な形で出来上がってくると思われる。

　既存の前提について確認してそれを明確にしていく手順の場合と同じように，新しい前提を開発していく際には，その時点で入手可能な批判的で自省的な文献，競合する幾つかの学派のそれぞれを代表するような一連の研究，そして例えば Abbott（2004）によって提供されたような，さまざまな形式のヒューリスティックなツールを参照することによって有効な手がかりが得られる[2]。もっともその一方で，先に強調したように，既存の前提に対して挑戦しようとする場合には，これらの手がかりに対して一定の距離を置き，また既に利用可能になっている代替的な前提の範囲を超えて検討を進めていく必要がある。

　したがって，その作業には，ギャップ・スポッティング方式の文献レビューとは性格が異なる手続きが含まれることになる。というのも，この作業をおこなう場合は，自分の研究を押し込むことができる空きスペース（隙間）を見つけ出すために研究上の下位分野の文献群を洗いざらいレビューしていく作業などの際よりももっと広い観点を持つことが必要になるからである。また，ギャップ・スポッティング方式の場合よりも多くの事柄について考慮していかなければならない。その場合，例えば，機能主義的な前提への対抗軸として解釈的なスタンスを適用してみたり，批判的実在論のアイデアを社会的構築主義の研究に対して適用したり，解釈的ヒューマニズムをポスト構造主義に置き換えてみたくなってくるかも知れない。また，安定性や何らかの実体（システム，構造，特性等）が想定されているようであれば，それが何であれ，その視点に対してプロセス志向の視点で対抗したくなってくる誘惑にかられるかも知れない。

　しかし，本書で提案するアプローチでは，むしろそのような戦略を回避することが1つの重要な目的になっている。繰り返しになるが，本書で定義する真の意味での問題化はプログラム化された手順に収まるものではなく，むしろ新たな視点からの再検討や創造的な作業が不可欠になる。斬新で良質のリサーチ・クエスチョンを作成することは，取りも直さず，事前に規定された答えなどは用意されていない，ということを意味するのである。実際，新しい問いは，新しい答えにとってその出発点を提供するのである。そのような問題化の作業を順調に進めていく上では，複数の理論的視点と対象になる

2　付録3には，Abbott のヒューリスティック・ツールの概要を示した。

文献領域とのあいだで弁証法的な問い直しを一時的に適用することが有効である。そのような手続きの狙いは，さまざまな理論的スタンスとその資源に触発されつつ，それらを創造的に使用することによって，従来まったく予期していなかった斬新なものを生み出すというところにあるのである。

　代替的な前提的根拠を作成するための1つの方法に，Feyerabend（1978: 29-33）が「反帰納（counter-induction）」と呼んだ発想を利用するというアプローチがある。これは，異なる理論的立場に含まれている，互いに矛盾する前提を相互に比較してみること，特に，自分にとってお気に入りの理論的立場の前提をそれとは矛盾する前提と比較していくことを意味する。このような矛盾する前提同士の比較という作業を通して，新しいリサーチ・クエスチョンを構築して定式化することを可能にする一連の代替的な前提が生み出されていく可能性が生じてくる。

　もう1つの方法は，アナロジーをヒューリスティックな用具（ツール）として使用することである。Abbott（2004）が示唆するように，自分の分野とはまったく異なる分野における研究テーマに関する発想を援用して特定の研究対象を理解しようとすることによって，アナロジーを活用することができる。Abbott は，Hannan and Freeman（1977）の研究が，生態学のアナロジーを使って，一群の組織を生態系と見なすことによって組織研究の分野で新しい学派を形成していった例や，人種差別を経済現象として見なすことによってまったく新しい研究分野を切り拓いた Becker（1998）の例を挙げている。Abbott が指摘するように，そのようなアナロジーは，研究テーマを新しい観点から見ていくのに役立つだけでなく，アナロジーを借用した分野で採用されているモデルや概念の道具立てを全体として利用することによって，特定の研究テーマに関する分析や解釈をさらに前進させていくことができるようにもなる。

　逆転（reversal）は，Abbott（2004）によって提案されたもう1つのヒューリスティクスであるが，これは，代替的な前提基盤を作成するために活用することができる。例えば，ほとんどの人にとって，大学が学習を促進することは自明である。となると，この考え方を逆転してみることは，大学が学習を促進するのではなくむしろ妨げることがある，と主張することになるだろう。例えば，大学は，若者に対して「学生時代の経験」を提供するためのインフォーマルな社会関係の形成を支援したり，ポジティブなイメージになるような統計データを作成しようとしたり，あるいは大学自体の活動が「知識

社会」の理念に沿っていることを示そうとするなど，さまざまな種類の活動をおこなっていることが多い（Alvesson, 2022）。

Abbott 自身は，DiMaggio and Powell（1983）が発表した有名な論文「鉄の檻再訪（The iron cage revisited）」を，非常に成功した逆転の事例として挙げている。その論文では，「なぜ，全ての組織が同じように見えるのか？」（2004: 129）という問いを提示することによって，Hannan and Freeman（1977）の「なぜ，これほど多くの種類の組織が存在するのか？」という問いを逆転させている。

別の例は，テロリズムを悪いものと決めつけるのではなく良いものとして主張するようなことだろう。そのような主張はあまりにも非常識であると思われるかも知れないが，それは一方では研究の新しい可能性を開くことにもなる。例えば，そのような見方によってテロリズムが，テロの脅威に対抗して「テロとの戦い」という名の下に愛国心あふれる人々を団結させたり，軍隊と警察にとっては追加の予算と必要な資源が得られるきっかけになったりすることに対して光を当てていくかも知れない。また，そのような逆転を採用することによって，「テロリズム」に関する我々の理解の根底に存在する一連の前提に関する認識を深く掘り下げて，テロリズムという言葉に含まれるさまざまな意味を，かなり微妙な点に至るまで詳しく識別できるようになる可能性も出てくるだろう。

代替案となる前提を定式化していく際には，理論研究または実証研究のための新しい方向性が示されるようなやり方を心がけるべきである。それには，研究テーマに関する予備的な理論的（再）概念化が含まれる。これは，研究を将来さらに進めて行くための方向性を提示するものであるが，その際には何らかの結果を所与のものとして想定すべきではない。第2章で解説したように，真に意義のあるリサーチ・クエスチョンにはかなりオープンな性格がある。つまり，リサーチ・クエスチョンであるからに考察の方向性を示す必要があるのだが，事前に答えを固定してしまうべきではないのである。

したがって，代替的な前提基盤を開発する作業には，その表現方法について工夫をこらした上で，さらにそれに対して微調整を加えていく作業が含まれることになる。実際，驚きをもたらし，通念に対して挑戦し，また思いがけない発想に対して前向きに取り組むというような，一連の目論見を実現するためには，修辞的な魅力という点にも注意を払う必要があるのである。代替案となる前提に含まれる美的な側面も，魅力的で説得力のある議論を構成

する上では重要である（Astley, 1985）。例えば，「それは面白い！」というリアクションが得られるようにするためには，メタファーをはじめとする言語表現上の技巧を駆使する必要があるし，印象的で記憶に残るような概念や定式化の仕方を工夫していくことも重要なポイントになってくる。

　我々自身の研究分野である組織研究の例としては，March and Olsen（1976）の意思決定のゴミ箱モデル（garbage can model of decision making）と Brunsson（2003）の組織化された偽善（organized hypocrisy）というアイデアがある。

　ゴミ箱モデルは，「意思決定の合理性」という通念的な発想を否定し，〈物事に関する決定というのは，その意思決定に関わる決定時機，参加者，問題および解決策という複数の流れがたまたま出会う時に偶発的になされることが多い〉と主張する。例えば，解決策として職業技能向上プログラムのような方策が定期的に提供されていて，たまたまそれが提供された時に誰か関係者がその地域における失業問題を特に気に懸けていたというような場合がある。そして，その技能向上プログラムという解決策の支持者が失業問題を気に懸けているその関係者と出会い，また，その時に幾らかの追加的な予算が執行可能になっており，しかも技能向上プログラムについて懐疑的な関係者がいないという場合には，首尾良く決定が下される可能性がある。March and Olsen によれば，〈出発点として特定の問題がまず存在していて，その上で，さまざまな解決策について慎重かつ合理的に分析を加えた上で決定がなされる〉という例はむしろ稀なのだと言う。

　「組織化された偽善」というアイデアでは，組織においては，組織運営の柔軟性を維持するために，話し合い，決定，および実践という３つのプロセスが相互に脱連結される傾向があることが示唆される。一方では，確かに話し合いを通して正当性は高められるだろうし，ある種の決定は特定の利害関係者たちを満足させるかも知れない。しかし他方で，実践はその正当性についてはあまり気にせずになされ，またそれに関わる意思決定も，実際にどのような形で物事がなされるかという点については良く知らないし，あるいは知ろうともしないような，さまざまな関係者たちを満足させられるような形でおこなわれるかも知れないのである（Meyer and Rowan, 1977）。

　ここで取りあげた著者たちは，優れた洞察力を持ち，また物事の詳しい事情を明らかにするための確実な枠組みを提供しているように見えるかも知れない。しかし，我々は，ここで彼らの仕事を，［そのような事実解明のための

優れた業績というよりはむしろ] 前提に対して挑戦した模範例として見ているのである。実際，彼らの論考は，その発表から何年も経った現在でも，さまざまな問題に関する再考を促しており，また興味深いリサーチ・クエスチョンの可能性を示し続けている。実際，その結果として，March and Olsen, Brunsson，そして Meyer and Rowan たち自身が提案したものとはまったく異なる新しいアイデアが生まれてくる可能性さえあるのである。

　結局のところ，本当の意味で面白いと思われる理論的貢献には，何らかの点で明らかに際だって見えるもの，挑戦的かつ大胆なものが含まれているのである。その意味では，革新的な性格というのは，認識や思考の働き方という点についてだけでなく，文章を組み立てていく作業についても強調されなければならない。文章の表現法というのはどのような状況でも重要なものではあるが，斬新で通常の想定を超えるような前提を生み出すことを目的とする研究においては，尚更のこと決定的に重要なのである。したがって，単に既存の文献に対して付け足しをしていくことを目指す多くの漸進的な研究に比べれば，問題化を目指す研究の場合には，文章表現に関する創造的な発想が持つ重要性は比べものにならないほど大きなものになるだろう。実際また，通常の文章表現だけでは十分ではなく，何らかの脚色を加えていくことが必要とされる場合も多いのである。

5．読者との関係性を考慮しながら代替的な前提について検討する

　挑戦のターゲットになる前提について考えていく際には，それを支持している研究者集団や研究コミュニティに関する一般的な知的，社会的，政治的状況との関係を考慮していく必要がある。これは複雑なところがある問題である。というのも，「読者層」というのは通常，一元的ではなく多元的な集団であり，あるタイプの読者層が持つ前提は，別の読者層が持つ前提とは異なっている可能性があるからである。また，読者層が複数のサブグループによって構成されている場合，代替的な前提に対して関心を示す可能性がある読者層を特定することはさらに難しくなってくる。例えば消費者研究，または解釈的な視点による消費者研究などの場合ですら，特定の研究分野には，相互に重複も多い複数のグループが［潜在的な読者層として］曖昧な形で存在しており，それらの人々を明確なセグメントに分けることには困難がともなうことも多い。

　研究助成団体は，専門家，広い範囲に及ぶ学術関係者，一般的な政策や公

益事業の関係者などで構成されていることが多いこともあって，代替的な前提について評価する際に考慮すべき関係者のグループの1つであると考えられる。実際，研究助成団体というのは，研究が果たす貢献についてその価値を認めたり関心を示したりする人々の代弁者ないし指標の一種として考えることもできる。さらに，より一般的には，政策立案者や行政官が重要な意味を持つ場合もある。このように，自分の専門分野，特にそれが極度に専門化した分野である場合には，その外部の世界にまで目を向けて，より広い範囲の読者層が持っている前提について知ることは難しくなってくる。さらに，実務家や一般人からなる読者層は，学術的な読者層に比べると，どのような構成であるかを見きわめる上での情報が無いことが多いため，その範囲を確定したり特定したりすることがさらに難しくなる可能性がある。

　1つの方法として考えられるのは，実務家が読んだり時には自ら執筆していたりするような，一般的な読者を想定した専門誌に目を通してみることである。そのような文献レビューとあわせて，問題となっている特定のテーマに対する彼らの見解や彼らがそれに関連して持っている前提について理解するためには，研究者だけでなく，特に関係がありそうな場合には実務家も含めて，その両方から話を聞いてみることも重要である。

　また，マスメディアや，隣人，親戚，友人，その他の「一般市民」と話してみることによって，より広い範囲で共有されている前提を知ることもできる。ただし，ここでの多様性は非常に高いものであるし，興味深い理論的貢献を達成するという狙いからすれば，一般市民が抱いている前提にはそれほど関心を持てないかも知れない。実際，ほとんどの場合，前提に挑戦しようとする研究者は，主な対象として一般市民は想定に入れていない。しかし当然ではあるが，ごく一部の研究者仲間という範囲を越えて，自分自身の専門分野以外の研究者を含む，より広い範囲の教養ある一般の人々に対して何か興味深いことが言える可能性があるのであれば，それ自体が大きな利点になるだろう。事実，社会科学における多くの研究テーマは，本来，多くの一般市民や実務家にも関心を持ってもらえる可能性があるはずなのである。

　想定される読者層が持つと思われる期待や前提についてより詳細に調査・検討してみることがプロジェクト全体の見直しにつながっていくこともある。その見直しの対象の中には，当初想定していた文献領域や挑戦すべき前提が含まれる場合もある。

　挑戦の対象となる前提を選んでいく際には，それに関連する政治力学につ

いて認識しておくことも重要である。実際，既存の前提への挑戦は，研究自体の進歩というだけでなく，学問の世界における政治的な状況をめぐる問題について理解することも含まれるのである。特に，〈特定の前提に異議を唱えた場合に誰が勝ち，一方で誰が負けるのか〉というような問題は非常に重要である。同じように，特定の読者層はどのような種類の挑戦を論理面および感情という点で受け入れることができるだろうか？　言葉を換えて言えば，一体どのようにすれば，支配的な研究者グループに属する人々にあまり動揺を与えずに，また彼らが批判的な見解を無視してまったく取りあげなかったり，あるいはそのような内容を含む論文の刊行を邪魔したりするという挙にさえ出るような事態を未然に防いだ上で，既存の前提に対して異議を唱えることができるだろうか？

　ここで1つ言えるのは，学派内およびルートメタファー・レベルの前提を対象にした問題化は，イデオロギー，パラダイム，または学術界レベルの前提を問題化する場合に比べれば，恐らくはより好意的に（つまり防衛的ではなく）受け入れられるだろうということである。しかし一方では，誰も動揺させないという［逆の］リスクについても考えることができる。つまり，それまで維持されてきたコンセンサスを打ち破る作業は，その意図を明確にした上で断固として敢行すべきなのであり，また読者のあいだにこちらが期待したような反響を巻き起こしていくためには，ある種の対立は避けることができないのである。

　また，研究者にとっては，代替的な前提基盤を受け入れてもらうことが必ずしもその主たる目的ないし重要なポイントではない，という点についても考えてみる必要がある。一方には，遠慮会釈など一切せずにあからさまな形で挑発をおこなうというやり方もある。確かにこういう方法も時には生産的であり，また少なくとも特定の読者層にとっての理論的貢献をさらに面白いものにすることができる。しかし他方で，本来の目的が，特定の研究テーマについて提案しようと目論んでいる視点とは別種の見方を強く支持している読者層にも面白いと思ってもらえるものを生み出すことにある，というような場合だってあるだろう。その場合は，読者層が想定している既存の前提の幾つかに挑戦する一方で，他の前提については「そっとしておく（undisturbed）」という配慮とのあいだの「バランス」という問題が重要になってくる。実際，研究上の貢献には対話的な要素が要求されるのであり，読者層が抱く世界観との関係を維持することや，それらの人々がこちらの提案を完

全に拒絶してしまうというリスクを冒さないように配慮しておくことが必要になってくるのである。

　したがって，本来の意図である，意外性，挑戦，予期せぬ可能性への展開というような効果を達成するためには，読者の反応について考慮しておくことが重要になってくる。そのために効果的なものとして一般に使用される文章表現における修辞上の戦略は礼儀正しさである（Myers, 1993）。例えば，Locke and Golden-Biddle（1997）がレビューした文献の場合，全ての著者は，さまざまな礼儀正しさの戦略（当該分野に対する他の研究者の貢献を認めるなど）を使用して，彼らが（マイルドな調子で）批判した研究者がパニックに陥ってしまうようなリスクを減らしていた。もっとも当然ではあるが，既存の前提に対して挑戦しようとする場合には，その礼儀正しさという戦略を過剰にまでに採用したり，既存の研究との類似性をあまりにも誇張したりすべきではない。重要なポイントはあくまでも前提に対する**挑戦**なのであり，これにはある種のパンチ（迫力・衝撃）が必要となる。

　一方で，（もし実際にあるとして）その「ショック効果」を和らげ，読者に新しいアイデアを受け入れてもらう覚悟をしてもらうためには，読者との共通点やコンセンサスを打ち破る要素がもともと含まれていると思われる共通の知識基盤について指摘する，ということも考えられるだろう。これを一種の自己批判のような形で文章化することもできるだろう。例えば，「我々は（あるいは少なくとも私や同僚の何人かは），我々の分野における慣習によって視野が限定されていたのかも知れない。この点については考え直してみる必要があるだろう」というような書き方が考えられる。

　また，自分が主張しようと思っている斬新な代替的前提との関係で挑戦の対象となる既存の前提を取りあげる際には，後者に対して向ける注意の程度を調整することもできる。1つのやり方は，それまで影響力を持ってきた幾つかの代表的な文献を取りあげた上で，それらの文献の問題点を指摘することによって，ある領域において支配的な発想法について慎重かつ徹底的に批評を加える，というアプローチである。それとは別のやり方としては，そのような問題点の指摘や批評にはあまり注意を向けずに，その代わりに代替案となる前提の方をより明白な形で強調するという方法も挙げられる。そのアプローチの場合は，既存の前提に対する批判の程度を調整することもできる。例えば，新しい前提の方が明らかに優れている理由について強い調子で主張することもできれば，むしろ多元的な視点の存在を認めるという立場を

採用して，幾つか代替案になり得る前提の可能性についても考慮すべきだ，と主張することもできるのである。つまり，確かに何らかの批判的検討は必要なのだが，その際に，「これが根本的に間違っている点だ」と指摘するのと「この問題については別の考え方もできるのではないだろうか」というアプローチを取るのとでは，その後の展開はかなり異なるものになるはずなのである。

　もっと過激で対立を巻き起こすような他のタイプの戦術や文体を採用することもできるだろう。そのような戦術の場合には，既存の理論との共通点に対してはそれほど注意を払う必要はないし，読者層に対して「我々」と呼びかけることも稀である。この戦術では，より多くの前提に対して異議を唱えたり，あるいはそれらの挑戦の対象にのみ焦点を当てることになる。したがって，この場合は，先に解説した「バランス感覚」を考慮して共通の基盤を確認するようなやり方とは，〈コンセンサスについて確認するかそれに対して挑戦するか〉という点での配分の比率が異なってくるだろう。

　いずれにせよ，どのようなアプローチを採用するかという問題は，理論的貢献の度合い——つまり，どの程度根本的に新しいものが含まれているか——に依存するものであるが，その一方で，どのような文章表現や文体を選ぶかという点にも関わる問題なのである。

6．代替的な前提基盤について評価する

　理論開発をめぐる面白さに焦点を当てた一連の文献（Bartunek et al., 2006; Davis, 1971; McKinley et al., 1999）によると，問題化の作業の正否について最終的に判断する際の基準について言えば，その中で方法的厳密性や実証データによる裏づけの程度——通常これらの点も重要なのだが——が占める比重は必ずしも高くない。それよりも重要なのは，「それは面白い！」という経験が得られるか否かなのである。Davis（1971）は，代替的な前提基盤がどの程度面白いものとして見なされる理論に結びつくかという点について評価する上で用いることができる3つの判断基準を提案している（図5.2参照）。

　それは明白（アタリマエ）だ！　一連の代替的な前提が，対象となる読者層が依然から受け入れている前提——彼らが研究対象について予め事実として前提にしていること——の大部分を改めて肯定するような場合，多くの人々はそれを明白なこと（アタリマエ）だと見なすだろう。

　それは馬鹿げている！　もっともその一方で，代替案として提示される前

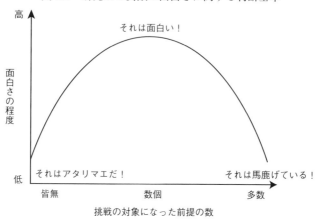

図 5.2　研究上の貢献の面白さに関する判断基準

提が，読者として想定されている人々が受け入れてきた前提の全てを否定するような場合，それは到底信じられないものだと思われてしまう可能性がある。

　上記のような 2 種類の読者層の反応は両方とも，代替案として示された前提が失敗に終わる可能性が高いことを示している。

　それは面白い！　これは理想的な反応である。Davis をはじめとする「面白い理論」（Weick, 1989）の提唱者によると，「それは面白い！」という経験が生じるのは，代替案として提案された前提基盤が，想定される読者層がそれまで受け入れてきた前提の一部については受け入れ，その他については否定しているような場合であると言う。というのも，そのような場合，読者層は多大の関心を持ちまた進んで耳を傾けるので，新しいアイデアや挑戦を真剣にとらえて検討してくれるだろうからである。したがって，面白い理論として見なされるためのリトマス試験は，代替案として示される前提基盤が，アタリマエであると見なされるものと馬鹿げていると見なされるものの中間地点のうちのどこかにある，ということなのである。

　ここで重要な問題になってくるのは，読者層に見られる多様性そしてまた内部的な分断である。事実，学問領域の中には確かに比較的均質な分野もあるが，それ以外の領域の場合はかなり多様であり，かつ変化が激しく，しかも領域間の区分が曖昧で多くの研究者が出たり入ったりしていたり，またその周辺領域に関与していたりするために，結果としてカオス的な状態になっ

ていることさえある。

したがって，そのような状況で，理論的貢献について発表した際に，さまざまな読者層からほとんどありとあらゆる種類の反応が寄せられる可能性がある。場合によっては，それによって，明確な方向性も無い，相互に矛盾する複数の査読レポートが提出されるという泥沼的な状況が生じて，ジャーナルに論文が掲載される見込みなどほとんど消滅してしまうことすらある。その結果として，研究活動の焦点がさらに狭い範囲に限定されたものになっていき，また研究分野の細分化にもつながっていくことが少なくない。事実，ギャップ・スポッティングへの傾斜とあいまって，そのような細分化は社会科学の多くの分野においては近年特に顕著な傾向になっている。そうなってしまえば，そのような狭い範囲に限定された研究に対する読者層の反応は容易に予測可能なものにはなる。しかし，研究が本当に面白いものになる可能性，ましてやそれが影響力を持ち得るものになる可能性は低くなってしまうだろう。

この点に関連して言えば，新規性，意外性，興奮などを中心とする知的な面での影響という点（Abbott, 2004）に加えて，斬新なリサーチ・クエスチョンが，新しい研究プログラムの開発や社会的関連性を持つ新しい知識の提供という点で持ちうる実効性やその意義について考慮していくことも大切だろう（Corley and Gioia, 2011; Van de Ven, 2007）。さらに，代替案として示される前提の複雑さの程度に対する読者層の反応についても考慮することが重要になってくるかも知れない（Peter and Olson, 1986）。例えば，代替案となる前提基盤があまりにも複雑すぎる場合，提案された前提を読者が理解して自分でも使ってみるためにかなりの時間を費やす必要があるということで，想定される読者層からの反応はそれほどは好意的なものではないかも知れない。逆に，代替案の前提が単純ではあるがそれでも強いインパクトを持っているような場合，読者はそれほど苦労せずにその前提について理解しまた自分でも利用できるので，好意的な反応が示される可能性がある。

代替案として示された前提基盤に対して，主なターゲットとして想定される読者層を構成するさまざまなタイプの人々がどういう風に反応するかという点についてテストしてみることも重要である。彼らは実際にどのような反応を示すだろうか？　反応が時間の経過とともにどう変わり得るかという点について考慮することも重要なポイントである。実際，当初の反応が，後の段階における反応のあり方とは違っている場合もある。中には，最初は斬新

で面白い代替案であるように見えたものが，批判的な検討が加えられた後では不人気になってしまう例があるかも知れない。他の場合には，それとは逆に，最初はあまり好意的ではない反応ないし冷ややかな反応——あるいはまったくの無関心という例さえある——でしかなかったものが徐々に変わっていくことがあるかも知れない。実際，社会科学の領域で最も影響力のある文献の中には，長年にわたる著者の試みがことごとく失敗した挙句にようやく刊行されたという例もある。

　問題化の作業を進めていく際には，代替案の前提に対する読者層の反応が時間の経過とともにどのように変わっていくかという点も重要なポイントになる可能性がある。また，研究成果の積み重ねを通して進行していく学習プロセスが研究プロジェクトにおける次の作業へとつながり，最終的に面白い知識が開発される可能性が広がってくる。例えば，前提が修正を加えられて展開され，新しい形式のレトリックが採用され，それまでは違う発表媒体や各種のコアな読者層に（それにともなって特定のジャーナルへの掲載を目指す場合がある）アプローチしていくこともあるだろう。特定の研究テーマについては既に多くの議論がなされてきたし，読者層は予期しない方法で反応することも多い（あるいは，まったく反応しないことも多い）ので，我々は自分のアイデアの素晴らしさについては滅多に確信が持つことができない場合も多い。したがって，我々は人々が何を面白いと思うか（あるいはそう思わないか）という点について常に真剣に受け止める必要があるのだと言える。

結論

　本章では，先行研究の根底にある前提に対して挑戦するためのフレームワークとして問題化の方法論を開発した上で，それを提示した。その目的は，想像力に富み，興味深く，したがって影響力のある研究プロジェクトの遂行とそれによる画期的な研究成果の可能性を高めることができるリサーチ・クエスチョンを作成していくことにある。より具体的に言えば，本章では，どのような種類の前提が問題化の対象になり得るかを特定するための類型論と，先行研究の根底にある前提について確認して明確化し，かつそれに対して挑戦するための一連の指針について詳しく説明した。そのような前提に対して挑戦していく際には，前提について解釈するための解釈学的で詳細なテキストの読み込み，それらの前提に関する慎重な評価，挑戦するに値す

る興味深い前提を選び出していく上での適切な判断，そしてまた「それは面白い！」と感じるような経験につながる代替案の前提を定式化していくための創造的な努力が必要になる。本書の著者として我々は，このフレームワークが，研究者が，確立され自明視された支配的な前提を単に再生産するようなことは避けて，むしろコンセンサスに対して挑戦し，斬新なリサーチ・クエスチョンを構築する上で役立つものであることを願っている。これによって，社会科学系の研究者の多くが現在作り出していると思われるものよりも，より予測可能ではなく退屈なものでもない研究プロジェクトや理論を開発できるような可能性が高まっていくと思われる。本章でその概要を紹介した問題化の方法論の要点を，表 5.1 に示しておいた。

表 5.1　問題化の方法論とその主要な要素

問題化の方法論の目的：自分自身のホームポジション的な理論的スタンスや他の理論的スタンス，および前提への挑戦のターゲットとなった文献領域に関する**弁証法的な問い直し**を通して斬新なリサーチ・クエスチョンを作成していく

問題化の対象となる前提の類型論

学派内：特定の学派の内部に存在する前提

ルートメタファー：既存の文献群の根底にある特定の研究テーマに関する一般的なイメージ

パラダイム：既存の文献群の根底にある，存在論的，認識論的，方法論的な前提

イデオロギー：既存の文献群の根底にある，政治的，道徳的な前提，あるいは，ジェンダーに関連する前提

学術界：特定の研究テーマに関して異なる理論学派のあいだで共有されている前提

前提について確認し挑戦していく作業における原理

1. **文献領域を特定する**：その領域にとって主要な文献群やカギとなる文献はどのようなものか？
2. **既存の前提について確認した上で整理する**：特定された文献領域における主な前提はどのようなものか？
3. **既存の前提について評価する**：確認された前提は挑戦に値するか？
4. **代替的な前提基盤を開発する**：どのような前提を代替的なものとして開発できるか？
5. **代替的前提と読者層との関係について検討する**：どのようにすれば挑戦の対象になった前提を支持している主な読者層を十分に説得できるようなメッセージを作成することができるか？
6. **代替的な前提基盤について評価する**：代替的な前提によってターゲットとなった読者層に面白いものと思ってもらえる理論を生み出すことはできそうか？

ただし，それよりもさらに大切なのは，我々がここで提案している方法論に厳密に従うのではなく，むしろ，研究分野内における主流の理論的観点について批判的に検討した上で，それを無批判的ないし怠惰に再生産してしまうようなやり方を避ける，ということである。我々の意図としては，本書に盛り込まれたアイデアが，前提について［意識的に］検討を加え，新しいアイデアやリサーチ・クエスチョンを開発することへの知的な志向を刺激し，またその一例となることを目指している。したがって，本書で提案した方法論については，「それを採用するかしないか」という二者択一的なスタンスで考えるべきものではない。むしろ，本書の読者が１つのリソースとして利用して，それに変更を加えたりさらに改良できるもの，あるいはまたそれ自体に挑戦して別の，恐らくはもっと良い方法を考え出すための招待状としてとらえるべきであると考えている。

　前提に対する挑戦は，非常に創造的でありかつ想像力を要する作業であることを認識しておくことが重要である。しかし，検討しておくべき重要な要素と作業手順に関して我々がここで一般論として提案した内容は，イノベーション（知的革新）を促進する上での助けになる可能性があると思われる。研究というものは決して，神秘的なインスピレーションを得たり，創造面での天賦の才能に依存するというようなことだけではない。それに加えて，我々の多くは，通常，どのようなことをする場合であってもシステマティックであるべきであり，かつ一定の方法論に従って作業をおこなう必要があるのだと言える。

　第６章では，社会科学における３つの具体的な領域，つまり組織におけるアイデンティティ，ジェンダーの実践と減却実践，制度ロジックという３つの具体的な問題に適用することを通して，問題化の方法論がリサーチ・クエスチョンを構築していく際にどのような形で利用できるか，という点について解説する。既に本章で述べたことの繰り返しにはなるのだが，現実の問題化の作業というのは，その時々でさまざまな順序をたどるものであり，また研究者は前提に挑戦する際には各種のコツや資源を利用するものである。そのような点について改めて確認しておく必要はあるのだが，次章では，解説上の便宜のために，本章で述べてきた６つの問題化の指針の順番に大まかに沿った形で解説をおこなっていくことにする。

第**6**章

問題化の方法論を実際に適用してみる

　第5章では，問題化を，先行研究の根底にある前提について確認した上で
それに対する挑戦をおこなう作業を通して，面白くかつ革新的なリサーチ・
クエスチョンを作成していくための方法の1つとして提案した。また，その
方法論について詳細な解説をおこなった。同章では最初に，どのような種類
の前提が問題化の対象になり得るかという点に関する類型論の概要を紹介し
た。続いて，前提について確認した上でそれに対して挑戦し，さらにその作
業を踏まえて，影響力を持つ研究の契機となり得る斬新なリサーチ・クエス
チョンを構築する際のガイドラインとなる一連の指針を作成して提示した。

　本章の目的は，問題化のための方法を実際に適用して，特定の文献群を元
にしてリサーチ・クエスチョンを作成する際の方法について，具体的な事例
を通して解説していくことにある。その方法が実際にどのような形で使用で
きるかという点について詳しく説明するために，我々はこの方法を適用する
対象については，広く知られている3つの理論，すなわち，Dutton et
al.（1994）による組織におけるアイデンティティに関する研究，West and
Zimmerman（1987）によるジェンダーの実践と減却実践についての研究，
そして Thornton et al.（2012）の制度ロジックに関する文献の3つに限定し
た。いずれも学術界に大きな影響を及ぼしてきた研究であり，これまで頻繁
に引用され，またその後に続く数多くの研究に対して示唆を与えてきた。
（Google Scholar によると，本書の執筆時点（2023年）で，Dutton et al. は約
8000件の引用がなされており，West and Zimmerman はそれより前に発表された
研究だということもあってか被引用数は2万件を越えている。一方で最も最近の
文献である Thornton et al. の場合は5000件以上というものであった。）

　以下では，問題化の方法論を適用して，これら3つのよく知られた理論の
根底にある前提について確認した上でそれに対して挑戦していく。またその
作業を通して，新しい研究領域の開拓に結びつく可能性を秘めたリサーチ・
クエスチョンを構築した上でそれを定式化していく際の方法について解説す

る。

　［前章で述べたことを］改めて繰り返すと，実際には問題化に関わる各種の手順が前後することも多いのだが，説明の便宜上，以下では前章で概説した問題化に関する6つの指針について，次のような一定の順番に従って解説していく——(1) 文献領域を特定する，(2) その領域の根底にある前提について確認した上で明確な形で整理する，(3) それらの明確化された前提について評価する，(4) 既存の前提の代替となる［新規のリサーチ・クエスチョンの構築および理論構築にとっての］前提基盤を新しく作成する，(5) それらの前提について読者層との関係を念頭に置いて検討する，(6) 代替的な前提基盤について評価する。

　既に前章で述べた点をここで改めて強調しておくと，本書で解説している問題化の方法論に関して重要なのは，決まりきった手順や一定の規則に従って作業を進めることなどではない。むしろ，我々の意図は，特定のタイプの知的態度と研究を進める上での気概について説明し，またそれらを支援することにある。実際，よく「論より証拠」と言われているように，現実の事例を通して興味深く影響力のある理論につながる斬新な問いを作成していく方向性を確認していくということ，まさにそれこそが最も重要なポイントなのである。それとは対照的に，方法論的な手順とされるものを金科玉条のように考えてそれに従うようなやり方では，実質的な成果は得られないだろう。一方，このような非常に困難な企てをおこなう際には，既存の前提を見つけ出して，それに検討を加え，さらに再吟味していくという作業に徹底的かつ辛抱強く取り組んでいくことが重要であるし，またその取り組みから得られるものはかなり多いはずである。あふれるほどの創造性に恵まれた天才的な学者の場合には，そのような骨の折れる作業は，それほど必要とされないのかも知れない。しかし，そうではない我々にとっては，そのようなアプローチはかなり有効だと思われるし，また実際に必要不可欠なのである。

事例1：「組織におけるアイデンティティ」を問題化する

1．前提に挑戦する際の検討対象となる文献領域を特定する

　以下では，「組織におけるアイデンティティ」という研究テーマを問題化していく際の方法について解説するために，組織という場でのアイデンティティの構築に関する文献領域の中でも，特に，この領域における研究の流れ

を変えることになった Dutton et al.（1994）の論文「組織イメージと組織に対するメンバーのアイデンティフィケーション（同一視）（Organizational images and member identification）」に対して焦点を当てていく。研究上で重要な位置づけにある特定の文献に対して焦点を当てることは，前提というものが持つ性格について詳細に検討していく上では恰好の機会になるだろう。しかしその一方では，検討結果が限定的なものになってしまう可能性もある。したがって，問題化の方法が持つより広い範囲での適用可能性について見ていくために，同じ文献領域に属していながらも Dutton et al. とは幾分異なるアプローチを採用している，他の影響力がある研究を幾つか取りあげて，それらについても検討を加えることにする[1]。

　なお，それらの主要な研究以外でも，Dutton et al. のテキストを問題化していく作業にとってさまざまな示唆を含む学術文献も大量に存在する[2]。もっとも，本章で焦点を当てているのは，あくまでも問題化の方法論を構成する幾つかの要素についての解説である。したがって，それらの文献のうちの数例を除けば，我々が以下で Dutton et al. のテキストを問題化の対象にしていく中で取りあげた各種の問題について他の研究者たちがどのような形で論じているかについて検討することは控えた。

　Dutton et al. の研究における主な研究対象は，個人が社会集団に対してどのような形で一体感を持つかという点であり，それは「メンバー（組織成員）のアイデンティフィケーション（member identification）」として概念化されている。彼らはそれについて次のように解説している。

> 所属する職場の組織に対して成員（メンバー）がどの程度同一視（identify）するかという点に関してはバラツキがある。メンバーたちが組織と強く同一視するとき，彼らが組織の特徴について定義する際に用いる属性が彼ら自身を定義することになる。Garbett（1988: 2）は，その著書の中で 3M（スリーエム）社のセールスマンによる次のようなコメントを引用しているが，このコメントに示されているように，組織は同一視のプロセスを通じてメンバーに対して影響を及ぼしているのである――「今日僕は，3M のセールマンであ

1　例えば，Ashforth and Mael（1989），Gioia et al.（2000），Pratt（2000）および Pratt and Foreman（2000）参照。

2　例えば，Alvesson et al.（2008），Brown（2006, 2020），Collinson（2003），Deetz（1992），Elsbach（1999），Foucault（1977, 1980），Haslam（2004），Jenkins（2000），Knights and Willmott（1989），Shotter and Gergen（1989）および Weedon（1987）参照。

ることが，誰もその社名を聞いたことが無いような会社の営業担当であるよりもはるかに仕事がやりやすいことがよく分かった。僕は，自分の立場やなぜそこにセールスに来ているのか説明するためだけに無駄な時間を使わなくてもいいことが分かった時には，それだけで結構自信が持てたんだ。それに，僕は相手が愛想良く接してくれるということが実感できた。それで僕はいい気持ちになれたし，これまでとは違う『いっぱしの社員』になることに対して前向きになれたんだ」。このセールスマンは，彼が新たに獲得することができた前向きな自己認識の背景には，自分が有名企業の3Mのメンバーであるという事実があると考えている。彼が自分の組織についてどう思うか，そしてまた自分の組織について他の人々がどう考えていると思うかは，彼が営業担当者としての自分自身についてどう考えるかという点に関して影響を及ぼしているのである。(Dutton et al., 1994: 239)

　この論文で Dutton et al. は，所属組織に対するメンバーの同一視（アイデンティフィケーション）を，「メンバー（組織成員）が職場との関係で感じている認知的つながりは，そのメンバーが組織について持っている複数のイメージを元にしてどのような形で生じているか」(1994: 239) という点について検討することを通して理解しようとしている。

　第1のイメージ（メンバーが自分の組織について，その組織に関してユニーク (distinctive) で中核的で持続的であると信じているもの）は，「知覚された組織アイデンティティ」として定義される。2番目のイメージ（メンバーが，組織について部外者が考えていると信じているもの）は，「解釈された外的なイメージ」と呼ばれる (1994: 239)。Dutton et al. が組織成員のアイデンティフィケーションに関して構築したモデルでは，これら2つの組織イメージが「自分が所属する組織に対してメンバーが築き上げる認知的なつながりとそれにともなうメンバーの行動のあり方に対して影響を与える」ことを指摘している (1994: 239)。また彼らのモデルは，「組織のメンバーたちは，組織に関するイメージの好ましさについて評価するにあたって，その組織イメージがどの程度彼ら自身の自己概念の連続性にとって支持的であり，そのユニークさの根拠となり，また自尊心を高めるかによって判断する」と主張する (p.239)。このモデルにもとづいて，彼らは，組織アイデンティフィケーションに関するさまざまな命題を提示している。それらの命題は検証可能な形で示されているのだが，以下では，主として，それらの命題の背後にある前提を検討の対象にしていく。

2．選択した文献領域の根底にある前提について確認した上で
　　明確に整理していく

　Dutton et al. は，彼らの研究の中心的な前提が〈組織の一員であるという
認識が人々の自己概念を形成する〉というものであるという点に関しては明
確に述べている。もっともその一方で，彼らの議論の基礎になっていると考
えられる，それ以外の前提については同じような形で明文化されているわけ
ではない。というよりはむしろ，彼らの論文の記述内容は，その議論の内容
や論理展開が自明の真理から導き出される事柄を根拠にしている，というよ
うな印象を与えるものになっている。

　例えば，著者たちは，組織成員（メンバー）によって知覚された組織アイ
デンティティは，その成員が，組織が持つユニークで中核的でありかつ持続
的な属性（これは Albert and Whetten（1985）の定義を下敷きにしている）に関
する信念を持っているという意味において実在するものである，と主張して
いる。また彼らは，組織のメンバーは，自分の属する組織を定義するもので
あると信じているのと同じ属性で自分自身についても定義することがある，
とも主張している。

　このような議論には，「個人は具体的にどのような経緯で組織に対して愛
着を抱くようになるのか？」という研究テーマについて概念的に整理してい
く際には本来必要となるはずの前提が［あらかじめ］含まれている。しか
し，それらの前提は必ずしも正しかったり生産的であったりするとは限らな
いだろう。

　まず手始めに，「メンバーが，自分の組織が持つユニークで中核的であ
り，かつ持続的な属性について抱いている信念」という論点について考えて
みよう（Dutton et al., 1994: 239）。その際の前提の1つは，「人々は自分自身
を組織のメンバーとして見なしている」というものである。その場合，その
組織というのは，人々が自発的な選択として参加するクラブや協会のような
ものであると想定されていることになる。もう1つの前提は，メンバーは組
織の属性に関して何らかの信念を持っており，それらの属性には「ユニーク
で中核的かつ持続的」という特徴がある，というものである。同じように，
「組織を定義するものだと信じているのと同じ属性によってメンバーが自分
自身を定義する程度」（1994: 239）という文章も，本来は，さまざまな前提
が存在することによってはじめて成立するはずのものである。その前提の
1つは，個人と組織はそれぞれ，内在的であり，また多かれ少なかれ持続性

がある一連の属性で構成されている，というものである。もう1つは，個人の属性は，組織と個人のあいだに形成される認知的つながりを通して幾つかの点で組織の属性と類似したものになる，という前提である。

Dutton et al. は，これらの前提にもとづいて，個人と組織の両者について［それぞれが個別の実体として］，メンバーが組織に関して抱くイメージと部外者が組織について持っている見方を仲立ちにして相互に関連を持つものである，として概念化する。このような議論の進め方の背後には，人と世界は互いに別個のものとして存在するという二元論的な存在論的前提をはじめとする，さまざまなパラダイム・レベルの前提が存在していると考えることができる（Sandberg and Targama, 2007: ch.2）。

ここで手短かに，この Dutton et al. の論文を，それと関連する文献領域内における他の何点かの論文のテキストと比較してみよう。Pratt（2000: 457）は，Dutton et al. の議論にかなり依拠しながら，「組織はどのようにして，メンバーが組織との関係で自分自身を見る見方に対して変更を加えようとし，またそれに成功したり失敗したりするか」という点について検討を加えている。Pratt は，「組織がメンバーとの強い結びつきを効果的に生み出す方法に対して焦点を当てる［べきである］」とするような，先行文献で重視されてきた点に対しては一定の距離を置いて，その代わりに「ポジティブ，ネガティブ，アンビバレント，ないし破綻したアイデンティフィケーションに結びつくような組織の条件について検討する」べきだとしている（Pratt, 2000: 457）。また，［組織がメンバーの］同一視に対しておこなう管理［操作］が「さまざまな同一視のタイプに応じてどのような形でなされてきたか」（p.458）という点について検討すべきだとしている。

Pratt は，Dutton et al. のものと同じような前提を共有しながらも，「個人のアイデンティフィケーションのあり方は変化し得るものである」という点について指摘することによって，この文献領域における議論に対して新たなアイデアを付け加えている。彼の指摘には，「アイデンティティには，常に進行している持続的な作業としての性格がある」という Ashforth の主張（1998: 213）とある程度共通するところがあり，この主張はさらに Ashforth and Mael（1989: 30）の「［個人の社会的アイデンティティを構成する複数の］アイデンティティは独自性が強く，またそれぞれ特定の文脈に対応する独特の要請がともなうものである［したがって，複数のアイデンティティ間には矛盾や葛藤が生じる場合も多い］」という指摘によっても裏づけられている。同じ

ように，Gioia et al.（2000: 64）は「アイデンティティというものが見かけ上持っているようにも見える持続性にはやや誤解を招きかねない面がある」（2000: 64）と主張する。というのも，アイデンティティの安定性や持続性というのは，実際には，「**メンバーが，自分たちが組織の性格だと信じているものを示すために使うラベル**がどの程度持続的なものであるか」という点によって変動しうるからである。

こうしてみると，上記の著者たちは，Dutton et al. が想定する〈組織メンバーのアイデンティフィケーションは「ユニークで持続的な属性」[に対して] である〉という前提を共有しながらも（Ashforth and Mael, 1989: 154），組織アイデンティフィケーションに関して，よりダイナミックであり，かつ組織サイドからの観点のみに偏らない見解を表明していることが分かる。

Dutton et al. が（そして，かなりの程度は Ashforth and Mael, Gioia et al. そして Pratt も）抱いている前提については，[本書の第5章で解説した] 前提の類型論を利用して，さらに掘り下げて検討していくこともできるだろう。例えば，彼らにとっての前提である「メンバーは組織が持つ特定の属性に関して何らかの信念を持っている」という想定は，これらの著者たちが属する学派内で共有されている前提の一種であると考えることができる。

この，「個人は信念の運び手である」という前提については，パラダイム・レベルの前提として問題化の対象にすることもできる。個人と（ある意味で人間のような面がある）組織とのあいだで属性のオーバーラップが成立し得るという発想に示される，両者のあいだの「自然であり」，潜在的に調和のとれた関係という想定については，イデオロギー的な前提という観点からもさらに詳しく検討することができるだろう。また，そもそも（社会的に構築されるものであるかどうかとは関係なく）「組織のアイデンティティ」や「個人のアイデンティティ」なるものが実際に存在し，また，それらは研究の対象になり得るという考え方自体が学術界レベルで広く共有されてきた前提の1つである可能性もあるだろう。

3．明確化された前提について評価する

以上で確認することができた幾つかの前提（＝メンバーシップ，個人および組織をモノ（実体）であるかのように見る固定観念，および個人と組織の属性間の類似性に関する認識についての前提）については，それ以上さらに問題化していくだけの価値があるか否か，またどの程度まで問題化すべきかという点

などを評価した上で最終的な判断を下す必要がある。

　例えば，「人々は自分自身を，所属する職場組織のメンバーとして見なすものである」という［メンバーシップという点に関わる］前提については，雇用というものに含まれる［経済的利害関係を中心とする］道具主義的な面，あるいはまたネガティブな面について指摘することを通して疑問を投げかけることができる。そうすることによって，Dutton et al.（1994）の「組織人（organizational man）」的な見解の根底に存在するイデオロギー的な前提を浮き彫りにして，それに対して異議を唱えることができるようになるだろう。つまり，次のように考えることができるのである——Dutton et al. は，雇用状況を自然かつ重要なアイデンティティの源泉であると仮定した上で，一方に雇用主を置き，他方にはごく限られた程度の自我しか持ち合わせていない従順な従業員を置いて，両者のあいだにポジティブかつ強力なつながりを想定している。

　Pratt（2000）の場合は，それほど肯定的ではない種類のアイデンティフィケーションもあり得るという可能性について指摘することによって，この問題についてはある程度オープン［まだ明確な答えが出ていない状態］にしている。しかしその一方で，Pratt は「メンバーは所属組織との関連で自分自身を見るものである」とし，またアイデンティティに関する問題は「管理し得るし，管理の対象にすべきである」という前提に依拠しているのである（Pratt and Foreman, 2000: 18）。

　メンバーが組織の属性に関する信念を持っており，またそれらの属性がユニークで中核的で持続的であるという前提についても，さらに重ねて疑問を投げかけることができるだろう。人が組織と関係を持つ時のあり方には，通常，それほどまでに人とモノとのあいだの関係と似たような面があるのだろうか？　別のメタファーを使用してみた場合，例えば組織は，その時々にクローズアップされる特定の側面や文脈次第で，その見え方や感情のあり方が変わる，広大で複雑な地形のようなものに喩えることができるかも知れない。実際，「組織」は時には同僚や経営陣を指す場合がある。それ以外の場合には，自分が所属する部署や仕事，または将来のキャリアの見通し，俸給や福利厚生の程度を指す場合がある。さらに，「組織」という場合には，主としてマスメディアで描き出されている姿，主要な製品，ないし人事管理のあり方を指す場合もあるだろう。

　Ashcraft and Alvesson（2009）が指摘しているように，人々は「管理・

経営（management）」のような一見ごく単純に見える事柄に対してさえ，さまざまな意味づけをその時々で変容させながら構築した上で，その事柄と自分との関係を形成するものである。したがって，アイデンティフィケーションの対象としての「組織」については，多元的であり，また移りゆくものとしてとらえる方が適切であると考えられる。このような点については，既にGioia et al.（2000）および Pratt and Foreman（2000）によってある程度は指摘されている。しかし，これらの著者の場合ですら，依然として，組織全体（およびその中核的で明確で持続的な属性）に関しては何らかの信念が存在することを［自明の］前提にしているのである。一方で我々は，それに対する対抗的な前提として，「ほとんどの人々が［「組織」であると見なした上で］関係を取り結ぶのは，そのような実体的なモノとしての存在ではない」と仮定することだってできるだろう。

こうしてみると，個人と組織が同じような属性を持ち，したがって両者のあいだに「適合的な関係」が形成され得る，というような前提には相当程度の問題があるように思われるし，実際，上で述べた以外にもさまざまな点から疑問を呈することができるだろう。例えば，人と組織のあいだの関係は，そのような既存の前提で想定されているよりもはるかに摩擦が大きく，変動が激しく，流動的なものである可能性がある。

この点に関しては，さまざまなアイデンティフィケーションの類型（Pratt, 2000），組織アイデンティティに関する多元的な信念（Pratt and Foreman, 2000）および組織イメージの変化によって引き起こされるアイデンティティの変容（Gioia et al., 2000）などをはじめとする幾つかのアイデアを検討してみてもいいだろう。というのも，これらのアイデアは，幾つかの既存の前提の中でも特にどの前提が何らかの角度からさらに深く掘り下げた上で問題化してみる価値がありそうか，という点について確認していく上で重要な手がかりを与えてくれるからである。

さらに見方を変えれば，多くの人が職場と自分を同一視しているという前提については，もっと根本的なレベルで問い直すこともできるだろう。例えば，Graeber（2018）は，「ブルシットジョブズ」という概念を用いながら，多くの人々が自分の仕事を無意味なものと見なしており，また雇い主に対してもほとんど敬意を払っていない，と論じている。一方で，大多数の人々は，所属する組織に対してより中立的あるいは無関心な態度をとっており，また組織に対して同一視もしなければ特にあえて自分と切り離して考えてみ

ることさえしない可能性だってあるだろう。

4．代替的な前提基盤を新たに作り上げる

　我々は今や，上で解説したような問題化の手続きを通して確認され明確化
された前提に対して対抗的な性格を持つ前提，あるいは少なくとも代替案的
な内容を含む前提を新たに作り上げていくという作業の段階に達した。前提
について確認し明確化していく作業の場合と同じように，問題化をおこなう
際に重視すべき点について考えていく際や参考にすべき文献を検討していく
際にも各種の理論的視点を援用することができる。

　この点に関して考えられる理論的立場の１つは批判理論である。この場
合，代替的な前提としては少なくとも２つのものが考えられる。１つ目の代
替的な前提としては，Dutton et al. が想定している「組織におけるメンバー
シップ（成員性）」という前提は，フレキシブルな資本主義［経済のグローバ
ル化にともない労働・雇用，地域社会，政治等が不安定化している状況］におけ
る現代の職業生活のあり方をかなりナイーブな形で理想化してしまってい
る，というものである。現代の資本主義社会では，組織に対する持続的な関
係やコミットメントはむしろ軽視されるようになっており（Sennett,
1998），また，それによって特定の組織に対するアイデンティフィケーショ
ン（同一視）というのは稀にしか観察されない現象にすぎない。あるいは，
たとえ存在していたとしてもせいぜい微弱なもの——広い範囲で現実に存在
するというよりは，恐らくは経営者の夢想に近いもの——でしかない，とい
うことになる。

　この前提とはまったく異なる性格を持つ批判理論にもとづくもう１つの代
替的な前提の場合には，組織に対して強固なアイデンティフィケーションを
持つ可能性などというのは，人々が一種の文化中毒者（cultural dope）にな
り果てて，雇用者側との関係における自立性をあらかた失ってしまうことを
意味すると指摘する。この場合，雇用者は従業員の精神と心を我が物にして
しまうことになる（Kunda, 1992 ; Willmott, 1993）。

　もう１つ，以上とはかなり異なる方向性としては，［組織人（organizational
man）の前提からではなく］合理的な観点から自己利益を最大化しようとする
「経済人（economic man）」という前提からのアプローチが考えられる
（Camerer and Fehr, 2006; Henrich et al., 2005）。その場合，アイデンティフィ
ケーションは，自らの出世をはかるために利用される戦術的な資源として見

なされることになるだろう。

　3番目の理論的立場からの選択肢としては，ポスト構造主義の視点を踏まえたものが挙げられる。この視点をとる場合は，固定した一次元的な実体として組織を見るような前提に対して疑問を投げかける。そしてその代わりに，組織を多元的で絶え間なく形を変え，談話を通して構成されるハイパープロセス［極端に変動するプロセス］ないし一種の流動体としてとらえることになる。要するに，この場合，組織というのは多元的で多様な社会的アイデンティティを示す場だということになる（Chia, 2000）。この前提は，［何らかの実体（モノ）として存在するものである］アイデンティティが時間の経過とともに変化するという点を強調するような立場（例えば，Gioia et al., 2000 やPratt, 2000 のような立場）にもとづく発想とは明らかに異なるものである。

　上で解説した，批判理論（の2つのバージョン），経済人的な考え方，およびプロセスを重視するラディカルな発想に関連する問題化は，そのそれぞれを代替的な前提を作成していく際の拠り所として用いることができる。以下で我々は，新しいリサーチ・クエスチョンを開発するために，これら全ての発想に含まれるさまざまな要素を選択的に使用していく。先に強調したように，問題化が最も効果的に成し遂げられるのは，既存の前提を解体して再考するための資源として各種の理論的視点が利用（元のままの形で「適用」するのではなく）できる時なのである。

　例えば，「個人と組織のあいだには確実かつ安定した類似性が認識され得る」という前提については，メンバーの自己定義や組織の社会的構築をめぐる変化，プロセス，およびダイナミクスという発想と関連づけることによって新たな前提の形に改変することができるかも知れない。実際，組織と個人の**合流点**——つまり，両者のあいだに「類似性という認識」が確立される可能性がある場——は，むしろ稀であるかも知れない。

　というのも，人々は，たいていの場合，自分と自分を雇用している組織との関係について，抽象的で全体的なレベルで意識することなどは特になく，むしろ淡々と日々の労働に従事している可能性があるからである。それでも，時には，そのような合流点が重要な意味を持つ場合があるのかも知れない。個人と組織の類似性を静的な（ないし単に徐々にという意味でダイナミックな，つまり Pratt や Gioia et al. が仮定するように「展開する（evolving）」）状態と見なすのではなく，組織と個人をそれぞれ（自己と組織の）互いに異なる**複数のストーリーの流れや往来**と見なすことができる。そして，これら複

数のストーリーは合流することもあるだろう。つまり，その場合は，一時的であるにせよ組織へのアイデンティフィケーションが生じるのである。

ここで1つの可能性としてあり得るのは，〈ある時点での状況に，従業員にとって何らかの利益が含まれている一方で特に不都合な点は含まれていない場合には，従業員が自分と組織のあいだにポジティブな関係性を形成する場合がある〉ということである。したがって，アイデンティフィケーションは，自己利益に動機づけられる談話的な行為であり，また通常それは一時的であって状況次第で変わり得るし，時には機会主義的な性格を持っているものである。

実際，先に挙げた Dutton et al. が引用した 3M の従業員の証言には，アイデンティフィケーションが持つそのような側面が示されている。確かにある種の営業活動という特定の場面に関して言えば，有名な大企業の販売員であるというのは好都合なことであり，また実際にセールス・プレゼンテーションを容易なものにする条件だと思われる。したがって，その場面では個人と組織のあいだのポジティブな絆が強調されるだろう。しかし，果たしてそれと同じようなポジティブな絆——そしてまた組織へのアイデンティフィケーション——が，企業における官僚主義やピラミッド型の階層構造（これらは大企業のネガティブな側面として言及されることが多い）ないし経営陣から職務上の業績に関して与えられるプレッシャーに関連する場面において表明されるかどうかという点については，かなり疑わしいところがある。

例えば，ある主要大学に関する研究によると，教員はその大学における管理の仕方が抑圧的であり非常にフラストレーションを感じさせるものだということで，できるだけ職場に近づかないようにしていた。もっとも，このようにネガティブな感情を持っているにもかかわらず，多くの教員はその大学での勤務を続けていた。その主な理由は，大学自体が高い地位を保っているという点に加えて，比較的短期間での昇進が望めるだけでなく高額の給与が得られるから，というものであった（Rintamäki and Alvesson, 2023）。

したがって，アイデンティフィケーションが成立するという可能性がまったく無いというわけではないが，それは，場面限定的でかつ変動し得るものであるし，また，むしろ顕著な疎外感や機会主義的な対応が表明されることの方が多い場の中で成立しているのかも知れないのである。このような点について考え合わせてみると，新しいリサーチ・クエスチョンとしては，組織の統一性ないし複合的な文脈性（もし仮にそのようなカテゴリーが人々にとっ

て何らかの意味を持つ場合の話だが）に関する問いが提案できるだろう。また，〈個人がさまざまな機会にさまざまな領域（設定）でどのようにして自分自身と組織とのあいだで一体感を持ったり，逆にそれを放棄したりするか〉という点に関するリサーチ・クエスチョンを提案できるかも知れない。

　ここで改めて，以上で考察してきたような，代替的な前提とそれを踏まえたリサーチ・クエスチョンについて要約しておこう。まず，組織の中で働く人々は，一般的には自分たち自身を，組織のメンバーシップという点に関してさまざまな経験を持つ従業員として見ている。従業員が自分自身について定義する際の仕方と，所属する組織について表現したり言及したりする時に使用する意味の内容は，ある程度は一致していることもあれば，まったく無関係であることもあり，あるいはむしろ敵対的ですらある場合もある。人々は実際に自分自身と自分の組織とのあいだに類似性があると思うのだろうか？　もしそういうことがあるとするならば，どのくらいの頻度で，またそれはどういう時なのだろうか？　恐らく，自己と組織に関する発言のあいだに何らかの関連があるように見える（ごく稀な？）状況については，それをきわめて状況限定的な構築プロセスとしてとらえた上で検討を加えることができるが，それは「アイデンティティ・ワーク」［＝自己アイデンティティの形成・強化・修復・変更等の作業］の状況であると言える。

　第2に，Gioia et al.（2000）やPratt（2000）の主張とは違って，従業員は必ずしも固定的で持続的な信念を持っているわけではない。また，そのような信念が変化するのは従来とは劇的に異なる新しい状況に限定されるのだし，また徐々に一定の時間をかけた上でなければ変化しない，というわけでもない。従業員はむしろ，組織への帰属性については一時的で暫定的な立場をとっているのであり，その立場のあり方を規定する要因には，メンバーシップというものに関する感情の変化，雇用契約の条件，組織構造で従属な位置にあることなどが含まれる。こうしてみると，恐らく，従業員にとっては，［組織や自己の］属性に関して持っているとされる静的ないし持続的なイメージなどよりも，特定の状況や出来事およびプロセスというものが重要な意味を持っているのではないだろうか？　人々は，自己と組織について，一貫して統一的な信念やイメージを持ったり表現したりするのだろうか，それとも，それはむしろ常に変化し断片化されているものなのだろうか？

　これらの点に関しては，［意思決定の］ゴミ箱モデル的な状況が想定できるだろう。その中では，個人のアイデンティティおよび社会的アイデンティ

ティとアイデンティフィケーションの対象に関わる多様な選択肢（組織に関するものだけでなく，グループ，職業，民族，ジェンダー，年齢に関するものも含まれる）に加えて，各種の主体のポジショニング［相互作用や社会文化的文脈との関係で規定される主体の位置づけないし立ち位置］（例えば，日和見主義，疎外感，帰属感）が一緒くたになっており，それらが［その時々の状況に応じて］さまざまな組み合わせの形で立ち現れてくるのである。

　時には，ポジティブな形での組織的アイデンティティが構築されて，それがアイデンティフィケーションを通してポジティブな自己概念に結びついていくこともあるだろう。しかし，それは必ずしも固定された特性などではなく，むしろ一時的で壊れやすいものであり，また恐らくはごく稀な状態なのではないだろうか？

　アンビヴァレンス［相互に矛盾する内容を含む両価的な感情］ないし明らかに複雑な感情，あるいはきわめて状況依存的であり文脈次第で変わるような結びつきもありうる。例えば，「地位に関わるアイデンティティ＋同一視」という組み合わせと「内容に関わるアイデンティティ＋同一視」という2つの組み合わせを相互に区別することができるし，実際，これら2つの組み合わせのあり方は，その後それぞれ異なる経緯を辿っていく可能性がある。

5．読者との関係性を考慮しながら代替的な前提について検討する

　以上では，組織アイデンティティと組織アイデンティフィケーションをめぐる問題に対して4つの指針を適用してみた。その検討結果は，これらの問題に関しては，単にDutton et al. が採用したアプローチについてだけでなく，それと関連する，より広い範囲の文献領域の根底にある前提について再検討していく必要があることを示している。これらのテーマに関する，かなり膨大で今もなお拡大しつつある文献領域（Haslam and Reicher, 2006）の根底に存在する重要な前提は，「ほとんどの従業員は自らを組織のメンバーとして自己規定するか，あるいは，組織自体がうまく機能しており，また（アイデンティティに関わる）管理が適切になされている場合にはそうするであろう」というものである。

　当然ながら，そのような前提はさまざまな種類の問題化による挑戦の対象になり得るものである。その中には，組織アイデンティティとアイデンティフィケーションという研究課題に関する既得権を持つ学派が提唱しているような，「人々は，組織に所属することで，部分的ないし全面的にその組織と

の関係で（中核的でユニークかつ持続的な属性について）自己規定するようになる」という中心的な信念の土台を突き崩すという，かなり強力な（パラダイム・レベルの）問題化がある。他方には，よりマイルドな形式の（学派内の前提に関する）問題化による理論の改訂という方向性もあり得る。

　一方で，組織研究の分野では，アイデンティティというものが重要な研究領域であり，また重要な意味のある変数として見なされて，これまで相当程度の労力や研究資金が投入されてきた（Brown, 2020; Pratt et al., 2016）。さらに，この分野がアイデンティティに関わる問題を中心にして構造化されていることを考えてみれば，あまりにも強力な問題化のアプローチを採用して研究をおこなった場合には，その研究は不適切な（＝馬鹿げている）ものと見なされて不利な立場に追いやられてしまう可能性がある。つまり，許される安全圏の枠を問題化がはみ出すことへの「許容範囲」はかなり狭くなっているとも考えられるのである。

　もっともその一方で，従来のアイデンティティ研究に対する根本的な挑戦は，アイデンティティに関してプロセス的な側面を重視する社会構築主義的な前提を支持するさまざまなグループによって称賛されるかも知れない。ただし，彼らはそのような前提を特に新規なものだとは見なさないかも知れない。他方で，経営学者や実務家の大多数によって真剣に受け止められるのは，恐らくは，そのようなポスト構造主義を支持する研究者たちが好むものほど極端ではないバージョンの問題化の方であるに違いない（実は，その極端なバージョンの問題化こそが我々の代替的な前提基盤が示唆するものなのだが）。なお，前提に対して挑戦がなされた側である研究者グループの内部からの反応に関して言えば，さまざまな種類のリアクションが示される可能性がある。中には，かなり政治的な反応を示す人々もいるだろう。というのも，研究者というのは自分の理論に関する既得権を持っており，また自らの理論に対して［それこそ］アイデンティフィケーションするものだからである（Bourdieu, 2004; Breslau, 1997）。

　その一方で，少なからぬ人々が，実際に問題化の作業を経て研究に関する新たな選択肢を見出すという可能性も想像できる。事実，たとえ根本的な点で新しい内容を含む前提を完全には受け入れられなくても，それまでは違った考え方をすることが持つ潜在的な価値について認識することくらいはできるだろう。また，研究上のアイデアやリサーチ・クエスチョンに関する考察の幅を広げることだってできるようになるだろう。具体的に言えば，多くの

人々が問題化の手続きを契機にして，地位に対する同一視と内容に対する同一視という2つのものを区別したり，イメージと同一視の関係について検討していく場合も，より流動的で状況特殊的な点に着目した発想を採用してみる可能性について探っていこうと考えてみるかも知れない。

6．代替的な前提基盤について評価する

　問題化に関する6番目の指針の場合，その主な課題は，代替的な前提にはどの程度，アイデンティティに関する，より面白いものとなり得る理論を生み出すことができる新しいリサーチ・クエスチョンの構築へと結びついていく可能性があるか，という点について評価することである。そのような評価をおこなう際の最初の手順は，主として〈どのような読者が組織理論に関連する文献，もしくはより広い範囲で言えば社会科学全般の領域においてアイデンティティ関連の文献領域と何らかの関わりを持っているか〉という点についてさらに詳しく調べてみることである。

　もしかしたら，そのような検討にはそれほど意味が無いように思われるかも知れない。しかし，ここで組織におけるアイデンティティに関する一連の先行研究をレビューしておくことは，主なターゲットとなる読者層を特定する上で重要な課題になる。というのも，それによって論文の中に新機軸として盛り込むメッセージを微調整していく際の基本的な方向性に関する情報が得られるからである。

　もっとも，先行研究については特に詳細に検討しなくても，広い意味で，Dutton et al. (1994) の研究のベースになっている認知心理学的な視点を（意識的にせよ無意識的にせよ）共有している人々は，ここで取りあげている問題化の例を含む論文にとってその主要な読者層になると思われる。また，「世界というものは安定して存在する実体（モノ）に関する認識によって構成されている」というような見方を好む人々も重要な読者層になり得るだろう。なお，一口に「認知心理学的な視点の支持者」とは言っても，その人々が示す反応は，どのような特定の分野，例えば心理学，社会心理学，社会学，組織研究のうちのどれがターゲットになるかによって異なる場合がある，という点にも注意を払う必要がある。

　ターゲットとなる主な読者層が明確になった段階では，Davis が理論の面白さについて提案した基準が使えるようになる。例えば，その読者たちは，代替的な前提を，馬鹿げている，あるいは自分たちにとっては無関係なもの

だと判断するだろうか？

　それとも面白くて有望であると見なすだろうか？　ここで想定している代替的な前提基盤によれば，組織に対する個人のアイデンティフィケーションは，Dutton et al.（および，他の多くの著名な組織アイデンティフィケーション関連の研究者）が前提としているよりもはるかに脆弱であり（まったく存在しない場合さえある），また流動的で不安定であることを示唆している。しかし，一方で我々が作成した代替的な前提基盤は，研究テーマを概念化する際の方法，つまり組織メンバーのアイデンティフィケーションそれ自体に対して徹底的な批判を加えているわけではない。また，本章で提案した一連の代替的な前提は，Dutton et al. が採用した認知心理学的視点の根底にあるパラダイム・レベルの前提に対して意図的な攻撃を加えているわけでもない。したがって，一連の代替的な前提は，機能主義的な観点から組織のアイデンティティやアイデンティフィケーション関連の研究に従事してきた多くの読者からは面白いものとして受け取られる可能性がある。

　一方で，我々が提案する代替的な前提について，ラディカルな社会構築主義系の読者たちがどの程度面白いものだと見なすか，という点については疑問の余地がある。というのも，彼ら自身はそれら代替的な前提のうちの幾つかを既に採用しているからである。したがって，ターゲットとしてそのような読者層を想定する場合に恐らく重要なのは，特定の考え方［Dutton et al. のような組織および組織アイデンティフィケーションをかなり固定的なものとしてとらえるような発想］（それ自体は問題化の直接的な対象ではないのだが）が実際にこれまで支持され，また一定の理論的展開を見せてきたという事実を強調することによって，「それはアタリマエだ」と見なすような反応を回避することである。（実際，その種の読者層にとって意味があるのは，むしろ Dutton et al. のような文献に含まれているものとはまったく異なる性格の一連の前提を対象にして問題化をおこなっていくことなのである。）

　ターゲットとして想定した読者層によって特定の代替的な前提基盤が面白いものと見なされる可能性が高いと判断できた場合，次のステップでは，いったん問題化の作業から離れて，新しいリサーチ・クエスチョンを作成する手続きを開始することになる。例えば，従業員は，自分が雇われている組織を安定した方法で［社会的な現実として］構築したり認識したりしているのだろうか？　そして，もし実際にそうだとするならば，個人的な意味づけは，いつ，またどのような形で，組織に関するそのような現実構築や認識の

個人の同一視（の多様性）に関連しているのだろうか？　この問いの焦点を，さらに絞り込むこともできるだろう。例えば，従業員については，組織のユニークさと持続性について明確で少なくとも短期間のあいだは確固たる信念を持ち得る組織の成員（メンバー）であるということを想定する必要はないのかも知れない。むしろ，（通常は）彼らを「メンバー」として概念化するのは必ずしも適切ではないという発想にもとづいて，〈人々は，**いつ，なぜ，またどのようにして，**彼ら自身を，彼らが雇用されている組織の性格や特徴について何らかの確固たる信念を持っている成員として構築するのか，**またそもそもそのようなことは実際に生じるものなのか？**〉という点について研究をおこなうこともできる。

　実際，自己や組織の表出とアイデンティティの可能性の循環，またゴミ箱の中身のような要素間の結合と分離に関する分析というのは興味深い研究課題になる可能性があるだろう。例えば，人々は，自分の社会的アイデンティティにとってポジティブな意味合いを持つ対象とネガティブな意味しか持たない対象とのあいだを行ったり来たりすることがあるのだろうか？　もしそうだとしたら，それらの対象のあいだを実際にどのような形で行き来するものであり，またそのような移動は，計算高くて搾取的な動機や懐疑的な距離のとり方（脱アイデンティフィケーション［＝脱同一視］）の経験によってどの程度動機づけられているのだろうか？　このような意味での，同一視と非同一視のあいだの行き来は，それ自体が興味深い研究テーマになり得るだろう。

　また，「従業員はどのようにして自分の所属する組織がユニークで中核的で持続的な属性を持っているという信念を持つに至り，またそれを維持するのか？」という問いも有効な研究課題になり得る。そのような信念を首尾一貫したものとして抱くということはごく自然でありふれた事態であるというよりは，むしろ，現代の組織生活に特有の，変化に富み曖昧であり分断化された性格を度外視できる能力があるからこそはじめて成し遂げることができる成果の1つとして見なすこともできるだろう。事実，社会的現実には流動的で非実体的な性格があるということを前提として考えてみれば，組織アイデンティティや自己アイデンティティそして両者のあいだでの整合性の構築（「私は私の組織に似ている」という感覚や信念）は，組織生活における脱分断化と脱プロセス化の成果であると見なすことができる。それは，それらの中に含まれる各種のテーマの多元性や流動的な構築プロセスに対抗することに

よってはじめて達成できるものだと言える。

　以上の点を踏まえてみれば，次に挙げるような，問題化をベースとする面白いリサーチ・クエスチョンを定式化することもできるだろう。「人々は本当に，組織や自己，あるいは組織と自己とのアイデンティフィケーションなどというテーマを安定したものとしてとらえているのだろうか？　どのような（稀な）条件があったり，あるいは意図的な操作をおこなったりすれば，自己や組織に関わる経験を認知的に固定化したものにし，また両者を象徴的なレベルで融合させることができるのだろうか？　言葉を換えて言えば，自己というものに関する物語と組織というものに関するポジティブな物語はいつ，またどのようにすれば幸せな形で融合できるのだろうか？」

　［このような問題化とリサーチ・クエスチョンの構築作業を通して］組織アイデンティティの形成という研究テーマや，多かれ少なかれ自明視されてきた現象としての組織アイデンティフィケーションは，ダイナミックで流動的な文脈の中に位置づけられることになる。そして，それらに関連する各種の構築プロセスが，新たな問いの対象になっていくのである。

　以上のようなリサーチ・クエスチョンは，Dutton et al. の論文を肯定的にとらえた上でおこなわれる研究に比べて，より面白くて影響力がある研究に結びついていく可能性は高いのだろうか？　その保証は必ずしもない。しかし，第１章と第４章でリサーチ・クエスチョンと問題化について検討してきた上で提示した結論が正しければ，Dutton et al. のアプローチの根底にある前提を問題化することを通して生成されたリサーチ・クエスチョンは，それとは対照的に，ギャップ・スポッティング戦略によって，Dutton et al. 流のアプローチを援用した文献群の中において埋めていく必要のあるギャップを明らかにした上で研究を進めていくという場合に比べて，面白い理論を生み出す契機になる可能性は高いと思われる。

　こうしてみると，Dutton et al. のテキストは，模範ないし従うべきガイドラインというよりは，むしろ新しいタイプの問いを提起するためのインスピレーションの源泉あるいは踏み台のようなものとして考えることができる。

事例２：「ジェンダーの実践と減却実践」を問題化する

１．前提に挑戦する際の検討対象となる文献領域を特定する

　ジェンダーは社会科学における中心的な研究テーマの１つであり，この

テーマに関しては，これまで相当数の理論と実証研究の成果が提示されてきた。「性」と「ジェンダー」に関する各種の区分法，あるいはまた〈ジェンダーに関わる生物学的基準が実際には社会的に構築されたものである〉という点に関しては，複雑な問題や込み入った議論も少なくない。しかし一般には，ジェンダーは生物学的に決定されるのではなく，社会的および文化的に規定されるものだとされている。ジェンダー研究の分野はきわめて広大で，また幾つかの学問分野にまたがっており，その全貌を把握することはほとんど不可能である。

ここでは，ジェンダーに関する社会学的研究における重要なテキストの1つ，すなわち West and Zimmerman（1987）の古典的な論文「ジェンダーの実践（Doing Gender）」に焦点を当てる。主として組織研究の中に位置づけられる Dutton et al.（1994）の研究と比較すると，West and Zimmerman（1987）の研究は，複数の学問領域を横断し，ジェンダーのあり方と社会におけるジェンダーの形成について研究をおこなっている。彼ら[訳注D]の論文は，幾つかの理由で，その根底にある前提について検討していく上で恰好の事例であるように思われる。第1に，彼らの理論的視点は広く知られており，またジェンダー研究の方向性を規定した研究の1つであるとされてきた。そして，ジェンダー実践学派に属する研究者の多くは上記の論文に含まれる前提を適用し，（したがって）その妥当性を認めた上で議論を進めてきた（Deutsch, 2007）。第2に，著者たち自身が，20年後になって発表した論文（West and Zimmerman, 2009）で，彼らは原論文で表明した視点を特に修正する理由はないと考えている，と述べている。

この章における課題はあくまでも問題化の方法について説明することである。したがって，他の研究事例（Alvesson and Billing, 2009; Butler, 2004; Deutsch, 2007 が含まれる）に言及する際には，それらの事例が特に West and Zimmerman の論文に関連がある場合に限定される。また，ここでの目的は，ジェンダーに関連するさまざまな側面について包括的に議論することではない。我々の目的は，むしろ次のような点について検討していくことにある——West and Zimmerman をはじめとするジェンダー実践学派による研究の根底にあるものとは異なる前提を基盤にして考えてみた場合，どのよ

［訳注D］Candace West は女性，Dan Zimmerman は男性の研究者であるが，以下では「彼ら（の）（they, their）」をジェンダーに中立的な代名詞の訳語として使用している。

うにすれば新しいリサーチ・クエスチョンを開発していくことができるか？

West and Zimmerman（1987）の場合の中心的な研究テーマは，我々が日常的な相互作用［＝人々のあいだのやりとり］においてどのようにジェンダーを実践しているかというものである。彼らの目的は，「ジェンダーが相互作用を通してどのように表出されたり描かれたりしており，そしてまた，実際にはジェンダーは社会的に組織化された結果として生み出されているにもかかわらず，『自然のもの』と見なされるかについて明らかにしていくこと」である（1987: 129）。したがって，著者たちは，ジェンダーを生物学的ないし固定的なものとしてではなく，日常の相互作用の中で持続的になされる社会的行為を通して実現されるものとして概念化している。彼らが構築して採用した「ジェンダー実践」という視点はエスノメソドロジーの発想にもとづいており，また Garfinkel や Goffman による先行研究に依拠している。しかし一方では，West and Zimmerman の論文それ自体を独自の理論的貢献として見なすこともできる。

West and Zimmerman は，ジェンダーに関する幾つかの一般的な理論的見解に対して異議を唱えており，そのような見方の中には，ジェンダーを一連の特性，変数，役割，または構造的特質であるとする考え方が含まれる。その代わりに，彼らはジェンダーを「ある種の社会的実践によって生み出されるもの」と見なす（1987: 129）。ジェンダー研究の分野では，ジェンダーは主に生物学的なものではなく，むしろ社会的なプロセスを通して実現されるものである，という認識それ自体は広い範囲で共有されている。また，ある場合には，そのような意味でのジェンダーの実現は，ジェンダー・アイデンティティにつながる社会化のプロセスを通して生じると考えられている。

しかし，West and Zimmerman によれば，ジェンダーは，生後何年か経過した後，あるいはそれ以上の長期的な社会化を経た後の段階であったとしても，必ずしも固定されたり，不変または静的になるものではない。むしろ，ジェンダーは日々進行する社会的相互作用を通して実現されるものである。つまり，ジェンダーは「ルーチン的で，秩序だっており，何度となく繰り返される実践によって達成されるのである」（1987: 126）。この多かれ少なかれ反復的な実践にもとづく達成の背景には，〈男女どちらかのジェンダーにとってふさわしく見えなければならない〉という期待に結びつく，制度化された枠組みに由来するプレッシャーがある。ただし，ジェンダーを適切に実践しようとする際には，単に特定のジェンダー役割にふさわしい行動をと

るだけでなく，その時々の状況に合わせてしかるべき対応を示すことも必要
になってくる。それらの実践の中には，その場の状況に応じて，「その詳細
がどのようなものであれ，最終的には，その場においてジェンダーの観点か
らして適切であるように見られる，ないしそのように受け取られる可能性が
あるように対応する。また，もしジェンダー的に**不適切**であると見られるよ
うなことがあった場合には，それについて**説明できるようにしておく**」（1987:
135）ことが含まれている。

　West and Zimmerman の論文は，彼ら独自の方法によるジェンダーの概
念化を提案しており，ジェンダー研究における 1 つの知的伝統の基礎となっ
ていった。その知的伝統においては，ジェンダー実践というものに関して，
主にそれが女性（またある程度は男性）に制約や不利益をもたらすものであ
るという事情に対して焦点を当てている。Deutsch（2007）が指摘するよう
に，West and Zimmerman に触発されたほとんど全ての研究は，ジェンダー
間の関係がどのように維持されているか，という点について調査している。
実践する（doing）ということは，ジェンダーにふさわしいあり方を遵守し，
またそれを再生産することを意味する。

　ジェンダー実践という視点に触発された研究は，「人々が実際には伝統的
なジェンダーのあり方から何らかの形で逸脱することがあるとしても，人々
がどのように依然としてさまざまな方法で伝統的な概念や期待に沿った形で
ジェンダーを実践するか？」という問いに焦点を当てる傾向がある。例え
ば，管理職の女性は，リーダーシップとフォロワーの関係，服装，仕事と家
庭のバランス等において特定の形式の女性らしさを示すものだ，とされる。
したがって，特にジェンダーをめぐるステレオタイプに凝り固まっていない
場合であっても，人々は依然として伝統的なジェンダー関係を維持する上で
重要な要素に関わっているのだとされる。そして，この問題が，ジェンダー
実践という理論的視点の提唱者が研究をおこなう際に主として焦点を当てて
いく対象なのである。

2．選択した文献領域の根底にある前提について確認した上で明確に整理していく

　「ジェンダーの実践」は，それ自体が部分的には問題化の作業を元にして
書かれた論文である。もっとも，主にエスノメソドロジーの発想に影響され
ていることもあって，その問題化は多分にプログラム化された［＝一定の作

法に従った] 種類のものである。この論文が挑戦の対象にしているのは，社会化過程を重視する理論に見られる，ジェンダー間の違いをかなり固定されたものとしてとらえる見方と，社会構造に着目する理論に特徴的な，〈仕事と家庭のあいだの関係などの構造的な設定がジェンダーのあり方を規定する〉という発想の両方である。

また，「ジェンダーの実践」は，Garfinkel と Goffman の研究に依拠しているが，一方では，Goffman（1976）が「ジェンダー・ディスプレイ」——性別に関わる文化的信念や意味づけに関する通念的な描かれ方——と呼んでいるものに対しては異議を唱えている。Goffman はジェンダー・ディスプレイを個人が比較的自由に選択できるものだと見ている。それに対して，West and Zimmerman（1987）は，我々は常に他者から〈女性あるいは男性のどちらか〉という二分法で見られており，また，それによってその区分法に対処せざるを得なくなっているのだとする。つまり，彼らは，我々は常にジェンダー実践に取り組まなければならなくなっているという意味では選択の余地は無いのだ，と主張しているのである。また West and Zimmerman（1987: 145）は，行為者の性別カテゴリーは「事実上全ての行動にともなうものである」と主張し，次いで，「我々は果たしてジェンダー実践を回避することができるのか？」という問いを提起した上で，その答えは否定的なものだとする。つまり，「ジェンダー実践は回避できない」（p.145）のだと言う。彼らは，「相互作用の参加者は，多種多様な活動をジェンダーを反映ないし表現するような形で組織化し，また他者の行動についても同じような観点から認識する傾向がある」と強調している（p.127）。

West and Zimmerman のジェンダー実践という視点の根底にある中心的な前提は，以下のようなものであると考えられる。

1 ジェンダーは，人々が男性あるいは女性のどちらかであるという認識を持ち，また一連のジェンダーの期待が常に機能しているという意味で，自由に選択できるものではない。
2 人々にとっての重要な関心事の１つは，〈ジェンダーを無視したり軽視したりすることはできない〉という意味でジェンダーが遍在しているという事実である。
3 我々一人ひとりが自分自身のジェンダーをどのように組織化しディスプレイ（表示）しているかという点は，他者によって詳しくチェックさ

れている。

4　ジェンダーというのは,「正常な」ジェンダー的行動から逸脱しかね
ない行為が絶えず監視の対象になり, またそれによって制約と不平等の
原因となるという点で問題含みの事柄であることを意味する。

5　ジェンダーは主として個人的なものではなく, 社会的相互作用によっ
て規定されるものである。

ここで, 上記の前提が West and Zimmerman のジェンダーの視点の根底
にあるという我々の主張の論拠について手短かに確認しておこう[3]。

(1) ジェンダーには選択の余地が無いという前提は,〈ジェンダーは相互
作用の中に存在しているだけでなく,(人々の期待のあり方を規定する共
有された均質な[文化的な]意味づけの一部として)常に人々の心を占め
ている〉という考え方にもとづいている。これは, セックスに関する事
柄が常に人々の心を占めているという Freud 的な発想に似ている。
West and Zimmerman (2009: 114) は最近の解説で, いったんある社会
の構成員が, 例えば「異なるジェンダー・カテゴリーの該当者」などの
ような形で自分たち自身を互いに区別するための基準を作成すると,
「異なるカテゴリーの該当者は互いに『本質的に異なる性質』を持つと
いう見方と, それらの性質を前提にして作られた制度的な仕組みを是認
するようになる」と説明している。

(2) ジェンダーは遍在し, また常に重要な事柄だとされる。West and
Zimmerman (1987: 136) によると,「事実上全ての行動にとって重要な
意味を持つ環境条件の1つは行為者の性別カテゴリーである」ことに
よって, 我々は男性ないし女性のどちらかとして見なされることになる
のだという。West and Zimmerman は, ジェンダー実践の重要性につ

3　前提に関する我々の主張をより確実なものにするためには, もっと多くのスペースを割いて
West and Zimmerman のテキストを引用する必要があるだろう。しかし, ここでは, スペー
ス上の制約と, 本章での議論が煩瑣になることを避けるために, それは差し控えた。問題化の
方法論を適切に使用するための基準は, 問題化の作業に際してより高度な正確さを期し, また
全ての前提について「正しく」把握することを目指すというよりは, 新しいリサーチ・クエス
チョンを生み出す上での契機として十分なだけ興味深くかつ実り多い代替的な前提を作成する
ことを心がけているのである (実際, 既存の前提が明示されていない場合もあるので, このよ
うな作業には, 常にある種の推量や曖昧さが含まれている)。つまり, 問題化の作業には,「純
粋な」意味での批判的検討とは多少性格が異なる面が含まれているのである。

いて直接的な形で主張しているわけではない。しかし，それは論文全体の論調からは自明の事実に関わる強力なメッセージとして伝わってくる。一方，それ以外の全ての要素は状況次第のものとして扱われており，またジェンダーと比較すれば，ほとんど取るに足らないか特に重要ではない事柄として扱われている。例えば，人種や階級などのように，通常はジェンダーの重要性と組み合わせて取りあげられる事柄についてはほとんど言及されていない（もっとも，後に発表された文献では，著者たちはそれらの事柄について言及している）。彼らの前提は，ジェンダーは通常，人々が実践していることとの関係で非常に重要な意味を持っており，また人々は自らのジェンダー実践について説明する責任を負っているということである。West and Zimmerman の論文では，この説明責任に関する認識が，全ての相互作用における重要な関心事の１つになっているように見える。

(3) この論文は，ジェンダーを実践する複数の個人間には一種の相互的な利害関係ないし一致した理解があるという前提にもとづいている。個人は，少なくとも社会の一人前の構成員として，ジェンダーの組織化とディスプレイに従事しており，他者は，この個人によるジェンダー実践をモニターすることに気を配っている。個人がおこなうジェンダー実践の動機の一部には，他者が示す関心についての予期があるように思われる。我々は自分のジェンダー実践について説明する責任を負っているという事実や，他者が，その実践について正当では無いあるいは他の意味で規範的に問題があると感じてしまうというリスクは，相互作用においてジェンダー実践が絶え間なくおこなわれているという事実の背後にある主な要因であるように思われる。

(4) ジェンダーは，制約やリスクの源泉として見なされている。West and Zimmerman は，標準化された男性および女性の行動というものについては特に示唆しておらず，むしろ人がジェンダーという点で巧みな操作をおこなうことがある，という点について強調している。もっとも，それでも彼らは，ジェンダーというものが，逸脱的なジェンダー行動に対して制裁を加えるような評価の枠組みであるということを議論の前提にしている。そしてそれは恐らくは，警備が厳重な「牢獄」というよりは潜在的な「罠」としての性格を持つものとして想定されていると思われる。というのも，不適切なジェンダー実践は，否定的な判断に続

く制裁に結びついていく可能性があるからである。West and Zimmerman は，この点に関連して次のように述べている——「ジェンダーを『実践する』ことは，必ずしも常に女性性ないし男性性に関する規範的な考え方に従って行動するということではなく，ジェンダーに関わる**評価のリスクに直面しながら**行動するということなのである」(1987: 136)。彼らはまた，「他の人が我々を判断し，その判断に応じて我々に対処するという事実」(p.140) にも言及している。

(5) ジェンダーは人々の心の外部に［社会的な現象として］存在しているとされる。個人無しでのジェンダー実践はあり得ないが，一方でジェンダーは個人のアイデンティティや主体的な行為能力というよりはむしろ，相互作用における個人の行動のあり方に関わるものである。他者の認識を受け入れることは，個人レベルで私的なアイデンティティを構築することよりもはるかに中心的な事柄であるように思われる。実際，かなり巧妙なやり方でジェンダー実践をおこなうことを余儀なくされており，また説明責任を果たせないことへの不安に駆り立てられている人々の場合を除けば，主観性やアイデンティティは相互作用場面ではほとんど目につかないものとして扱われている。しかし，West and Zimmerman (1987: 142) は，その一方で，人々が「自分や他の人の行動を，それらがジェンダーとの関係で持ちうる意味についてモニターする」際の自己制御的なプロセスについても指摘している。個人は，［相互作用の場において］他者の行動（と自分自身の自己演技）を精査する監視塔のような存在，そしてまた，他者による監視の下で演技するある程度熟練したパフォーマーないし適切なジェンダーを提供する者として登場することになる。このように，West and Zimmerman は，全体として，個人のアイデンティティ，願望，動機，感情，主観性などよりはむしろ常に相互作用のあり方に重点を置いている。その結果として前提とされているのは，ジェンダーは，主として外部，つまり人と人のあいだで繰り広げられる相互作用の中に存在するのであり，それに比べれば主観性が占める余地はそれほど無い（またはほとんど無い）という点である。したがって，［この論文は］人が相互作用に参加していない時には，ジェンダーはそれほど問題にはならない，という印象を与えるものになっている。

3．明確化された前提について評価する

　これらの前提は全て面白い（興味深い）アイデアを提供しており，また我々は，以上の前提にもとづいておこなわれるジェンダー研究は非常に生産的なものになり得ると考えている。したがって，我々はここで，研究者がジェンダー実践に関する研究に取り組むことを思いとどまらせることを意図しているわけではない。しかし一方で，問題化の作業を通して面白いリサーチ・クエスチョンが生み出されるという発想が示唆するように，前提に関する検討とそれに対する挑戦は，斬新な研究を支える重要な推進力になり得ると思われる。したがって，25 年にわたって West and Zimmerman の足跡をたどりながらおこなわれてきた数百もの研究論文（Deutsch, 2007）を踏まえた上で，前項で明確化しておいた前提について批判的で創造的な評価を加えることによって，新しい研究の方向性について提案することができるだろう。我々は，上記の前提が誤りであると主張しているわけではない。しかし，それらの前提を再生産し続けるよりは，むしろ代替的な前提が新たな出発点としてより興味深いものになり得るかどうかという点について確認することには十分に意義があると考えている。

　例えば，前提 1 と 2 について評価してみた場合，ジェンダーは果たして選択の余地が無く，遍在しており，かつ常に重要な意味を持つ事柄なのであろうか？　確かに，我々は身体を家に置いたままで外出することなどあり得ないし，相互作用の場で出会う人々のジェンダーについてのべつ幕なしに考えているという可能性はなくもない。しかしそれは，ジェンダーには選択の余地が存在する場合もあり得るということや，少なくとも重要な関心事ではない状況があるという可能性を否定するものではない。また，通常は互いにやり取りしている人のジェンダーに注意を向けるものであったとしても，それが重要な意味を持つということが当然のように仮定できるわけではない。

　「ジェンダーの重要性」という前提は，ジェンダーは（全ての）相互作用におけるテーマであるだけでなく，常に人々の念頭にもあるという考え方に依存している。結局のところ，確かに少なくとも四六時中まったく何も考えずに行動するような人などはいないだろう。しかし，必ずしも全ての相互作用の場にジェンダーの実践がその重要な要素として含まれているわけではないとも思われる。確かに，ジェンダー実践を意味のあるものにするためには，ジェンダーに関する期待と規範的な枠組みを人々がその場に持ち込んでおく必要がある。しかし，彼ら・彼女ら（我々）は必ずしも常時そうしてい

るわけではないだろう。ジェンダーに対して向けられる注意の程度はかなり大きく変動する可能性がある。時には（実際には頻繁に，また恐らくはかなり頻繁に）ジェンダーというものがまさしく「そこに」あり，男性ないし女性であるというジェンダー意識が高まり，またジェンダー実践が発動されることもある。しかし，その一方でそれ以外の時には（恐らくそれほど頻繁ではないのだろうが）ジェンダーの認識はより低く，恐らく些細な程度のレベルにとどまっている場合さえあるだろう。つまり，ジェンダー実践は，相互作用の場面で特に目につく要素であるような場合でも，その重要性の度合いには一定の幅があるように思われるのである。

　例えば，テレビのニュースを見ること，食事の支度をすること，子供たちを学校へ送っていくこと，学術論文を書くこと，隣人と天気の話をすることなどは，ジェンダー実践があまり重要でないか，あるいはまったく重要ではない状況であるかも知れない[4]。したがって，相互作用における固定的な要素としてジェンダー実践がある意味で「準本質的に」存在するというような主張については疑問視しても差し支えないように思われる。

　前提3について評価してみると，ジェンダーは果たして個人間において相互に納得ずくの利害関心にもとづいて生じているものであろうか？ West and Zimmerman は，ある個人がジェンダー実践をしている時に，その人が相互作用場面に居合わせている他の人々が抱いているジェンダーに関する期待を満たさない場合，他の人々は，その個人のジェンダー実践を否定的に評価する傾向がある，とする。その意味で，West and Zimmerman は，社会的相互作用には一種の一般化された対称性があると想定しているのである。

　彼らは，我々のジェンダー実践に対して他の人々が，どのような時であっても必ず評価をおこなっていると主張しているわけではない。しかし，West and Zimmerman の論文から受ける印象としては，彼らは，人はジェ

4　ここで「かも知れない（may）」という表現を使っていることに注意して欲しい。つまり，我々は疑いようもない真実に関わる主張をしているのではなく，幾つかの活動についてはジェンダーがそれほど重要でないという可能性に関する検討や実証研究にとってオープンにしておきたいだけなのである。もちろん，全てがジェンダー化されていると見ることもできる。例えば，料理は（バーベキューの場合や調理する者がプロのシェフでもない限り）女性的である（ないし「であった」）し，子供を学校に連れて行くことなどもそうである。しかし，「全ての事柄が自動的に男性的あるいは女性的として定義されるものだ」という発想は，さまざまな集団がジェンダーに関わる規範やカテゴリーに対してどのように対応するかという点をめぐるオープンな考え方であるというよりは，単に研究者が持っている固定観念を反映しているだけにすぎない，という可能性が高いのである（Alvesson and Billing, 2009）。

ンダー・カテゴリーに関する規範的な基準に従って判断される可能性が高いと考えているようである。したがって，全ての行動は，それらの規範的基準に沿って評価されるリスクにさらされているので，個人は常に多かれ少なかれ文化的に規定された，同調主義者的な形でジェンダー実践をおこなう必要がある，ということにもなる。

　そのような一般的な対称性の想定については疑問を呈することができる。例えば，ジェンダーについては当事者たちのあいだで非常に多様な見方がある場合も多いだろう。その中には，例えば，ジェンダーに関する評価についての関心をめぐる違いや，そのような評価を受ける可能性だけでなく評価をおこなうこと自体をめぐる懸念や不安の程度の違いが含まれる。現代の西洋社会に見られる相当程度の多元性や分断化を考慮してみると，たとえそれがどのようなものであったとしても，ジェンダーに関する統一的な規範的枠組みを想定してしまうことには無理があるように思われる。

　確かにそのような規範的枠組みが存在する生活領域もあるだろう。しかし，その場合でも，規範から逸脱することに対する恐れはそれほど単純なものではなく，また実際のリスクもごく小さなものでしかないか，あるいはまったく予期されないことだってあり得ると思われる。また，否定的な評価がなされない可能性があるかも知れない。現代の西欧社会は，さまざまな形でむしろジェンダー間における平等的な関係を推進する規範や言説があふれている。その状況は，1980 年代に West and Zimmerman が彼らのアイデアを発展させた当時の状況とは異なるものになっている。

　［現在では］複雑な意味のネットワークが存在しており，それは我々に対して，未だに使用されることがある伝統的で古臭い規範的枠組みに同調することを促す場合もあるが，他方では逆に，そのような枠組みからの解放を奨励することもある。例えば，スポーツに取り組む女性あるいは育児をする男性が，それぞれその他の場面では本来の女性らしさや男らしさを発揮しなければならない，というような考え方などはもはや当然視されてはいないだろう。彼ら・彼女らが実際にそのように通念に従って振る舞うときでさえ（多くの研究がそのような傾向が存在している事実を示している），それらのジェンダー実践は，日々の実践に対してより重要な影響を与える要因（階級，民族，プロ意識，年齢，個性等に関連する要因）に比べれば相対的にマイナーな意味しか持たないのかも知れない（もっとも，「ジェンダー実践」の発想に従っている一部の研究者の場合には，その意味が誇張されている可能性がある）。

相互作用は，West and Zimmerman が想定しているよりもはるかに多様で乱雑なものだという可能性もあるのだ。その多様性や乱雑さの中には，相当程度の自由裁量の余地，あるいは（制裁を加えられずに済んだ）ジェンダー実践の失敗ないし（ジェンダー・ステレオタイプを嫌う人々から課される否定的な反応による）ジェンダー実践自体の破綻などが含まれている。これらの全てが，ジェンダー実践をおこなおうとする傾向を大幅に減少させることになるかも知れないのである。

　前提4について評価すれば，そもそもジェンダーというのは常に制約やリスクをもたらすものなのだろうか？ West and Zimmerman にとって，ジェンダーとは抑圧，制約，不平等，そしてリスクを生み出す源泉に他ならない。ジェンダーに関する規範を遵守するか，あるいは逆に抵抗するかとは一切かかわりなく，いずれにせよ何らかのリスクがともなうものなのだと言う。このように，ジェンダーは1つの問題として見なされており，不確実性と「罰せられる」ことをめぐる不安のために，人々は［ジェンダー規範に］同調するように動機づけられているように見える（ただし，その同調行動は，ジェンダー実践のために利用できる数多くの資源を利用することによって柔軟かつ巧妙な方法でなされることもよくある）。この同調主義が意味するところは，「相互作用は不平等的な関係を維持するように機能する」ということである（West and Zimmerman, 2009: 115）。

　ジェンダー実践理論に対して批判的な論者たちは，以上のような否定的な側面と，規範の遵守と再生産を過度に強調しがちであることによって「ジェンダーをめぐる抑圧的なシステムに関しては本当の意味での変化などはまったく期待できないというような発想を持続させている」という点を強調している（Deutsch, 2007: 107）。これらの論者たちは，ジェンダー（男女）間の不平等の程度については，異なる社会のあいだでもあるいは1つの社会の中でさえも相当程度のバラツキが見られるだけでなく，時間の経過とともに変化してきたという点について指摘する。彼らはまた，少なくともここ数十年のあいだに西洋社会のほとんど全ての地域で生じてきた根本的な変化について強調する場合もある。実際，西欧社会の場合には，今日のジェンダー関係は一世代前とはかなり異なるものになっている。

　したがって，例えばこの数十年間に改善された女性の労働市場の状況に関する実証研究は，問題化の作業にとって必要な情報を提供することになる（Eagly, 2018; McCall, 2005）。例えば，Eagly（2018）は，米国の大学の学長の

30％（副学長の41％），米国における各種組織のCEOの28％，非営利組織のCEOの45％を女性が占めていることを明らかにした調査に言及している。Eaglyはまた，リーダー不在のグループにおいてリーダーが新たに登場することに関する研究を引用し，そのような場合に女性ではなく男性がリーダーになる傾向が着実に減少していることを示す研究を引用している。さらに彼女は，米国連邦政府の従業員のあいだのセクシャル・ハラスメントに関する研究では，1994年から2016年の間に日常的なハラスメントが著しく減少したことが示されている点にも言及している。

　幾つかの研究では，国や状況によっては，何らかの職に応募した女性が面接を受けて内定を得る確率が男性の求職者よりも高いこと，STEM［Science, Technology, Engineering, and Mathematics］系の科目では同等の資格を持つ男性よりも女性が優先的に受け入れられていること，高いポテンシャルを持つ女性の求職者は，ダイバーシティを重視する価値ゆえに男性よりも賃金プレミアム（上乗せ）を享受してきたことなども明らかになっている（Eagly, 2018）。もちろんこれは，人々がジェンダー実践をおこなわないということを意味するものではない。しかし，少なくとも特定の文脈においては，［ジェンダー実践を促すような］期待やその種の圧力に対応した行動は過去に比べて著しく少なくなっているとも考えられるのである。

　批判論を展開する論者の中には，ジェンダーの「減却実践（undoing）」［ジェンダー間の違いを減少させようとする実践］（Butler, 2004; Deutsch, 2007）という言い回しを使って，ある種のジェンダー実践において観察される即興や抵抗あるいは変化について強調している。この場合は，前向きの対応という点が強調されることになる。

　もっとも，彼らの場合も，依然としてジェンダーを1つの問題，つまり牢獄のような状況として見なす傾向がある。彼らによれば，たとえ牢獄のような状況ではあっても，ある程度は抵抗を通してそれを変容させたり，あるいは何らかのスペース（余地）を切り開いて一定の自由と創造性を発揮したりできるはずだ，というのである。

　しかし，ここで，ジェンダーというのはそもそも1つの問題であるにすぎないのか，あるいはまた重要な意味を持つ問題なのかどうか，つまりジェンダーはそもそもリスクと制約を生み出す源なのかどうかという点について問い直してみてもいいだろう。ジェンダーについては何かむしろポジティブな側面があるのではなかろうか。また，同じことがジェンダー実践についてさ

えも指摘できるのではないだろうか。また，ジェンダー実践にはリスク回避や抵抗のための果敢な試み以上のものが含まれ得る，という点も1つの可能性としては考えることができるだろう。

　前提5について評価すると，そもそもジェンダーは常に人々の心の外に存在するものなのだろうか？　ジェンダーは日常的な相互作用の中に埋め込まれており，したがって，主として人々およびその人々に内面化ないし固定された主観性の「外部」に存在するという点を強調することは，ジェンダーが相互作用のあり方と強固に結びつけられており，一方で，人々の主観的な態度の中には特定の居場所ないしジェンダーに関する一種の慣性のようなものは存在しない，ということを意味する。West and Zimmerman 自身も，その論文の中で「個人にとって重要であり，また維持しようと努力しているジェンダー・アイデンティティ」に関しては一応言及している（1987: 142）。しかし，全体としては，彼らにとってアイデンティティは特に重要な事柄ではないようである。むしろ，ジェンダー実践という理論的視点の場合に決定的に重要な要素になっているのは，評価にさらされることのリスクと説明責任を果たす必要性があるという点なのである。

　しかし，ジェンダー・アイデンティティは，特に相互作用や他者による評価が存在していない場合でも，自己制御にとって重要なメカニズムであると主張することもできるだろう。実際，ジェンダー化されたアイデンティティは，単に対人関係に関わる事柄というだけでなく，メディアや社会化の影響という経路を介しても重要な意味を持ちうる，内面化された観念ないし自己認識という形で形成されていく。そのようなプロセスを経てジェンダー化されたアイデンティティは，相互作用における情報として，あるいはまたさまざまな方法でジェンダーの実践（ないし減却実践）をおこなう際の資源として機能する可能性がある。

　また，これまでおこなわれてきた実証研究の中には，周囲の状況からすれば否定的に評価されるというリスクがあるにもかかわらず，人々があえて「ジェンダーを実践する」（ジェンダー・ステレオタイプに沿った形で行動する）場合があるという印象を与える結果を示しているものが含まれている，という点を指摘することもできる。例えば，女性の専門職従事者は，上司は是認していないし周囲の人々も「そういうのはジェンダー・トラップ（罠）であり，配偶者は家事を50パーセントずつ負担する必要がある」と指摘している場合であっても，家にいて子供の世話をすることがある（「50パーセント

ずつ負担」というのは国や集団によっては奇妙に聞こえるかも知れないが，世界の一部ではごく標準的な規範である）。アイデンティティに関連する事柄は，時には［ジェンダーをめぐる］規範的な評価以上に重要なものになることがあるのである。ここでは，例えば組織運営の有効性および専門職の有効性に関して「無ジェンダー（non-gender）」理論の援用が適切であると指摘することもできる。その理論は，職場で人々は主として職務上の成果で評価されることがあり，それが何らかの意味でジェンダーの「無実践（non-doing）」に結びついていくという発想のきっかけにもなる。

　ジェンダー研究者は，この種の「無ジェンダー」関連の文献については，「ジェンダー・ブラインド」である［＝ジェンダーを無視している］としてしばしば否定的にとらえがちである。しかし，そのような理論的視点は，あらゆるところにジェンダーの影響を見てそれを強調するような「視野の狭い（one-eyed）」ジェンダー研究（Alvesson and Billing, 2009）とは異なる観点から職務活動に従事している人々について考えていく上での資源として使用できるだろう。実際，幾つかの実証研究は，女性と男性の管理者（マネジャー）のあいだにはリーダーシップ・スタイルに関して特に大きな違いはないことを示しており，また，女性が男性とは異なるリーダーシップを発揮するかどうかという点に関する実証的な根拠はそれほど決定的なものではないのである（Alvesson and Billing, 2009; Cliff et al., 2005; Eagly and Johannesen-Schmidt, 2001）。

　一方で，そのまったく同じ実証的根拠については，ジェンダー実践をおこなうことに関するプレッシャーは必ずしもそれほど強いものではないことを示している，と解釈することもできるだろう。この解釈は，ジェンダー実践のプレッシャーが常に強力なものであった場合には，リーダーシップにおけるジェンダー間の違いを示すような，より明確な兆候が見られるはずだという可能性によっても裏づけられる。こうしてみると，恐らくは，社会生活における［ジェンダー以外の］他の要素や状況的な要因の方がより重要な意味を持っている場合が多いのであろう。このように，リーダーシップに関する実証研究は，ジェンダー実践理論を問題化していこうとする際に何らかの情報を提供することができると思われるのである。

4．代替的な前提基盤を新たに作り上げる

　次のステップは，ジェンダー実践という理論的視点の根底にあるものとし

て確認することができた幾つかの前提に対する問題化の作業を踏まえた上で，代替的な前提を作り上げて定式化していくことである。上で指摘したように，ジェンダーは必ずしも重要な関心事として常に人々の念頭にあるとは限らず（前提1および2），むしろその種の関心事自体の存在や意味づけあるいは重要性という点に関してはさまざまなバリエーションがあると主張することができる。また，文化的な意味でジェンダーと関連する項目の数はほぼ無限に近く，それらは多様な方法とさまざまな程度において重要なものとして浮上してくる。また，ある場合には完全に無視されたりもする。実際，そこに身体が存在するからといって，それにふさわしい男性性または女性性に関する一連の文化的基準が自動的に適用されるというわけではない。また，場合によっては，ジェンダー実践やそれについて評価するための規範的な枠組みに対してはごく限られた注意しか払われない，という可能性も想定できる。

したがって，ジェンダー実践という発想とは異なる前提にもとづいて研究をおこなう際に，その1つの出発点として考えられるのは〈多くの状況や行動はジェンダーの適切さという観点からは判断されない〉という考え方だろう。こうしてみると，研究を進める上での問いとしては，例えば次のようなものが考えられるだろう——「ジェンダー実践は**どのような時**に生じるのか？」，「ジェンダー実践はどのような場合に重要なものとして扱われるのか？」。

次に，〈ジェンダー実践は複数の個人のあいだで共有されている意味づけが一致する形でおこなわれる〉という発想（前提3）に代わるものの1つとしては，むしろ分断化や多様性を強調するという代替案を想定できる。これに関しては，ポスト構造主義的な発想が，ジェンダー実践の円滑さや普遍性という点について再検討する際に参考になるだろう（Alvesson, 2002; Bacchi and Goodwin, 2016: Butler, 2004）。そして，（少なくとも現代の西欧社会では）ジェンダーを評価する上で一般的に共有されたり強化されたりしているような均質的な枠組みなどは存在していない，と主張することができる。確かに，ジェンダーに関して否定的に判断されることへの不安は強いものであるかも知れない。しかし，それに関しては，人々の関心のあり方，注意の程度，そしてジェンダーの適切性に関する基準次第でかなりのバリエーションがあり得るだろう。

例えば，ウェイトレスは，女性らしく見えることよりも，むしろ来店客に

対して適切なアドバイスをしたり食べ物や飲み物をテキパキと給仕できる能力があると見なされることの方に関心があるのかも知れない。同様に，来店客の側が，ウェイトレスの女性らしさ，[料理についての]アドバイスの適切さ，的確な給仕の仕方などについて気に懸ける度合いも人によってさまざまであろう。それに加えて，実際にはウェイトレスと来店客の双方が，以上の点に関する相手側の状況判断について誤解しているのだが，そのギャップに特に気づいていない場合だってあるだろう。したがって，ジェンダーの適切性は必ずしも常に遵守すべき基準であるとは限らず，場合によってはむしろ他の評価基準の方がより顕著なものになっていたり，時にはそれがジェンダー実践に関する基準とは食い違っている場合もあり得るのである。

　（批判的フェミニズム系の）研究者の観点からは，ジェンダーは否定的にしか見られないか主として否定的に見なされがちである（前提4）。これについては，他のタイプのイデオロギー的な視点から再検討してみることができる。実際，ジェンダー実践には恐らくポジティブな理由や動機も含まれていると考えることができる。確かに人には，不適切なジェンダー実践をしていると思われることを避けようとする傾向がある。また，不適切な実践をリスクとしてとらえて同調的な行動の原因であると見ることもあれば，むしろ逆に[ジェンダー・ステレオタイプへの]抵抗の手段として見なす場合もあるだろう。しかしその一方で，ジェンダー実践は，多くの人々にとって，ポジティブであると見なされることもあるという点は明らかなのである（もっとも，常にそうだというわけではないし，アンビバレントな感情がともなわないわけでもないのだが）。したがって，ジェンダー実践にはリスクがつきものだという前提に対抗する代替的な前提として次のようなものが考えられるだろう——「人々がジェンダー実践をおこなうのは，その実践が，自分がどのような人間であると感じているか，そしてまた，彼らが自分のアイデンティティをどのように表現したり強化していきたいと思っているかという点と一致しているからである」。恐らく，ジェンダーは自尊感情と自己承認にとっての1つの拠り所であり，また他者からの否定的な判断に関する予期や恐れではなく，むしろポジティブな感情によって動機づけられていることも多いのである。

　あるいは，以上のような考え方は非常に保守的な発想であり，またフェミニズムの発想にもとづく活動に対する攻撃である（したがって，イデオロギー的な理由で拒否すべきである）と思われるかも知れない。しかし，必ずしもそ

うであるとは限らない。Foucault や彼の支持者が主張するように，ポジティブな自己感覚を求めることは，むしろ自己制約的で抑圧的である可能性がある（Foucault, 1980; Knight and Willmott, 1989）。抵抗，解放，変化の実現を目指す批判研究は，この逆説的な一面について考慮しておく必要がある。したがって，人々が，ジェンダー実践を実際にポジティブに感じるものであるかどうか，また，それは具体的にはどのような時であるか（また，それらの問いに対して，何を，なぜ，どのようにという問いを追加しても良い）という点について研究することには価値があると思われる。

　人々がジェンダー実践についてポジティブに感じるかどうか，またどのような時にそう感じるかという問いに焦点を当てることは，相互作用だけでなく，相互作用に関わっている人々の見解，またそれらの人々が相互作用の場に持ち込んでくるもの，さらには，そこで起こっている物事について評価する方法に対しても研究上の関心を向けていく，ということを意味する。相互作用に関わっている人々にとって，その場で自己あるいはそれ以外の要素について表示されるものは，ジェンダー実践をおこなう際の動機とその実践を評価する上での動機の両方にとって非常に異なる意味を持つ可能性がある。当然ではあるが，評価されることによるリスクを抱えている人々とその評価をおこなう人々は，まったく同一の相互作用をそれぞれ非常に異なる観点から見ている可能性がある。

　こうしてみると，何かが「ジェンダー的に適切である」と言う際には，それが一体誰にとって適切なのか，という問いが提起されることになる。恐らく，この点に関するコンセンサスは，ジェンダー研究者が想定しているほどには高くはないと思われる。

　要するに，ジェンダー実践研究に対抗して設定される代替的な前提基盤については，次のように要約することができるのである。

1　ジェンダーは，必ずしも相互作用の場に必然的に存在する半ば本質的な特徴などではなく，むしろ状況によって異なるものである。これは，ジェンダー実践に関わる「どのような時に［ジェンダー実践がおこなわれるのか］？」という問いが研究上の重要な問いになることを示唆している。

2　幾つかの状況では，ジェンダーは相互作用の場の前面に出てくる主要な関心事であり，また実際に重要かつ説明責任がともなうものであると

見なされる。しかし，他の状況では，ジェンダーには選択の余地がある
か少なくともそれほど重要な意味はないと見なされている。場合によっ
ては，まったく重要なものではないこともある。そのような場合，研究
上で価値のある問いは，「ジェンダーは，いついかなる時に，［具体的に
は］どのような形で重要な関心事になるか？」というものである。つま
り，「人々はどのような時に，どのような形で『ジェンダー的に適切な』
行動をとるのか？」ということである。また，もしそのようなことがあ
るとして，人々は，逆にどのような時にジェンダー的に適切な行動をと
らないのであろうか？

3　ジェンダー実践は，多くの場合，実践と評価が一致するというような
意味において，均一的な規範に対して（首尾良く）同調するというよう
な問題ではない。ジェンダー実践に見られる特徴は，むしろ多様性と分
断，そして人々に対してジェンダー実践をおこなわないことを求める規
範の存在という点にある。したがって，ジェンダー実践には，しばしば
不整合，摩擦，対立がともなうことも少なくないのである。

4　ジェンダー実践は，評価されるリスク［の回避］，つまりネガティブ
な動機によって（のみ）動機づけられるのではなく，ポジティブな価値
を持つ行為として（も）経験される。

5　ジェンダーは相互作用の中に埋め込まれているだけでなく，ジェン
ダー・アイデンティティとも強い結びつきを持っている。そのジェン
ダー・アイデンティティは，相互作用の場に持ち込まれる重要な要素で
あり，また明白な相互作用の文脈ではなくてもおこなわれるジェンダー
実践にとって重要なきっかけの1つでもある。つまり，人々は，自分が
どのような人間であるかについて確認するためにジェンダー実践をおこ
なうことができる。また，その実践は，評価をおこなう他者が特にその
場に居合わせていない場合でもおこなわれることがある。

5．読者層との関係性を考慮しながら代替的な前提について検討する

West and Zimmerman 論文のテキストに焦点を絞っておこなわれた批判
的な検討から浮かび上がってきた5つの［代替的な］前提に関しては，フェ
ミニズム研究およびジェンダー研究として大まかにくくられる分野における
幅広い範囲の読者との関係で考えてみることができる。ジェンダー実践とい
う理論的視点を自分にとってのルートメタファーであると認識してそれを支

持する人々には，ジェンダーを一種の罠として，あるいは差別や抑圧の源として描き出すという傾向がある。彼らからすれば，上で解説した代替的な前提（例えば，ジェンダーについて少なくともその一部分は任意のものであるとしたり，無ジェンダー実践を想定したり，あるいはジェンダーを主観的なアイデンティティとして考えるような）は，全体として，自分たちの研究プログラムとその目的にとっての脅威だと思われる可能性がある。

　そのような懸念について配慮した上で彼らにアピールするためには，代替的前提の枠組みの特徴について解説していく際に，「外的な」抑圧，抵抗，罠としてのジェンダーなどというような，強い意味合いを持つ批判的な用語を付け加えることによって，新たに提案する前提をその人たちにとって受け入れやすくしておく必要がある。

　例えば，ジェンダーは，人々が常にジェンダー実践を強制されない場合でも生じる，構造的・心理的な問題としてとらえることができる。また，ジェンダー実践をおこなうか否かとは別の次元で女性が差別される状況についても考えることもできる。ジェンダーの無実践が「報われる」可能性があるのかないのか，また，むしろそれよりも，いつ，どのような形で「報われる」可能性があるのかという点は，興味深いリサーチ・クエスチョンになり得るだろう。（もちろん，このようなリサーチ・クエスチョンについては文脈という条件を考慮に入れる必要がある。例えば，さまざまな職務や専門職の領域，例えば文脈看護や軍隊などでは同様の傾向は見られないかも知れない）。

　言い換えれば，前提への挑戦は，〈ある程度は同様の批判的な問題関心を共有している〉という認識とのあいだでバランスを取る必要がある。特に，極端に斬新な前提やアイデアに対しては必ずしも受容的ではない読者にアピールしようとしている場合については，それが指摘できる。

　また，ジェンダー実践学派の中には，上で提示したような［彼ら自身の］前提に対する挑戦および問題化の作業を通して導き出された新しいリサーチ・クエスチョンをむしろ歓迎するような人々が存在するという可能性があるかも知れない。実際，既に多くの研究が West and Zimmerman のジェンダー実践学派のアイデアを援用してそのアイデアに沿った研究結果を提示してきたことからすれば，研究上の飽和感が出てきたり，何らかの新基軸を打ち出すべきだという気運が高まったりしている可能性もあるだろう。ここで提案している代替的な前提は，ジェンダー実践学派がジェンダー間の相互作用のレベルやダイナミクスに関するアイデアとして主張してきたことの大半

と概ね一致しており，また相互作用という考え方それ自体についてもかなり前向きに評価している。実際，代替的な前提は相互作用という考え方を段階的に発展させることを意図している。例えば，相互作用が非対称的であり一致していない場合があることを示唆し，また，それに関連する意味づけの多様性に対して注意を向けているのである。

代替的前提がどれほど斬新なものとして受け取られるかについては，ジェンダー研究者のあいだでもかなりの温度差があるかも知れない。それは，ポスト構造主義的発想を考慮に入れた幾つかのバージョンのジェンダーに関連する文献をどの程度まで徹底的に読み込んでいるかによるところが大きいだろう。この研究動向に精通している人々は，本章で提案した新しい前提をとりたてて斬新で予想外のものだとは見なさないかも知れない。我々の提案は，その人たちからは，分断と分化を真剣に考慮に入れていこうとする研究動向の中ではむしろ比較的穏健な性格を持つ提案だと見なされるかも知れない。また，一部の人々にとって，特に現実の変化に関する実証研究をおこなうことに興味や関心を持っている人々の場合には，規範的秩序としてのジェンダーの実践，減却実践（undoing）（＝抵抗）および無実践（non-doing）（＝無視）に関わる一連のアイデアや検討項目は，予想外の斬新なリサーチ・クエスチョンを構築していく上で有効なフレームワークになる可能性がある。

6．代替的な前提基盤について評価する

代替的な前提およびそれらの前提を踏まえてこの問題化の作業から作成されるリサーチ・クエスチョンを最終的に定式化（して論文として発表）する以前の段階において考慮しておくべき大切なポイントがある。それは，論文のテキストを，一定の魅力を持つものであり，また主なターゲットとして想定した読者——読者層の範囲は広い場合もあれば狭い場合もある——と著者とのあいだの対話として受け止められるようなものにするための方法について慎重に考えておくことである。Davis（1971）が強調したように，ここで重要になってくるのは，新しいアイデアを読者が面白いものとして受け止め，また，議論の筋道を前向きに評価するような形で，読者がそれまで自明視していた前提に対する挑戦を試みることである。これには，読者が抱いていた前提のうちの幾つかについては是認しながら，他の前提については問題化していくことが含まれている。

もちろん，主なターゲットとして想定した読者層から「それは面白い！」

というような反応を引き出す上では，必ずしもこの「成功の方程式」に従う必要はない。むしろより対抗的な戦術を用いて，それが結果としては読者からの前向きの反応に結びついていくことを期待することもできる。もっとも，ここでは主に，既存の前提に対する挑戦を読者に受け入れてもらうという理想を達成するための方法について検討しているのである。それに加えて，前提への挑戦というアプローチを採用するような場合であっても，研究成果が最終的に論文として刊行された場合に，その論文に含まれる既存の前提に対する挑戦について潜在的な読者がどのような反応を示すかという点について考慮しておくことは，どのような場合であっても賢明なやり方だろう。

　目的の1つは，ジェンダーを抑圧的な力と見なし，また男女間の平等を目指すべきだと考えている熱心な研究者グループとのコミュニケーションをはかることにあるので，［論文の前半では］まず，ジェンダーの存在感が明確であり，また，ジェンダー実践をおこなうことを余儀なくされたり，促されたり，期待されたりしている人々にとって明らかに制約的な結果をもたらす状況やテーマに対して光をあてることが肝要であるように思われる。

　次に，それとは異なる状況として，ジェンダー実践があまり明確には観察されないか，あるいは特に重要ではないと思われるような状況やテーマを取りあげることができるだろう。また，ジェンダー実践を何かしらポジティブなものとしてとらえるようなアイデアを導入することができるかも知れない。同様に，ジェンダー実践の動機としてのリスクをジェンダー実践にともなう喜びと対比させることもできるだろう。それと同じように，制約をもたらすものとしてのジェンダーは，ジェンダーがポジティブな力として作用する状況と対比させることができる。

　実際，ジェンダー実践は，ジェンダーに関する説明責任を負わなければならないリスクと同じくらいに何らかの希望や期待によって動機づけられていることもあるのではないだろうか？　もちろん，肯定的な形で経験されるものであっても，権力が主観性に対して与える影響という点では問題があるかも知れない。もっとも，構造的・文化的な力には，個人を束縛するような形で作用する面があるという点を認識した上でも，一方では，それが肯定的な体験に結びつく潜在的な可能性についても考慮しておくべきである。

　さらに，West and Zimmerman（1987: 130）は，我々には「他者に女性または男性として見られるという以外の選択肢はない」と主張している。しか

し，我々は，他者との相互作用場面と，他者に対しておこなう評価の双方において，この点について強調したり強調しなかったりするという選択肢を持っているとも考えられる。我々は他者について恐らく常に「女性か男性か」という区分で見ているとしても，それ以外にも，年齢，民族性，体格，階級指標，有能・無能な行動など，他の多くの属性の観点からも見ているはずなのである。実際，我々は，他者が我々をどのように評価するかという点について，常にそれほど厳格であったり，明確な基準で判断したり，リスク回避的であるわけではないのかも知れないし，また，他者の期待と完全には一致しない方法で行動する可能性もある。つまり，我々は，他者を精査する者として，人々が自分たちを特定のジェンダー・カテゴリーに分類することを難しくしてしまうような行動をとる場合があるという点について寛容かつオープンである可能性があるのである。

　West and Zimmerman（2009）は，これがジェンダーの「減却実践」を意味するという点については否定的である。また，彼らは恐らく，我々がここで提案しているような，**ジェンダーの無実践（non-doing）**の可能性を想定した上で，それについて研究することを受け入れるという発想に対してはさらに否定的であろう。事実，West and Zimmerman（2009）は，むしろ「再実践（re-doing）」の可能性を示唆しているのである。しかし，実際には，ジェンダーにともなう制約が及ぶ範囲の限界を明らかにしていく研究，あるいはまた，ジェンダー実践および再実践という選択肢に関する研究の可能性を切り拓いていくことができると思われる。その場合，次のようなリサーチ・クエスチョンを代替案として提案できるだろう——「我々はジェンダー実践をおこなう運命にあるのだろうか？　恐らく，我々はジェンダー実践をしたり再実践したり対抗的に実践することができるだけでなく，そもそもジェンダー実践をしないという選択もあり得るのではないだろうか？」

　我々は，上で述べたような形でジェンダー実践をめぐる選択の余地を考慮に入れたリサーチ・クエスチョンは，結果として新しい洞察につながっていくだろうと考えている。つまり，ジェンダーの実践，再実践，減却実践，無実践という選択肢を想定することによって，従来のものに代わる研究上のボキャブラリーを提示できるのである。さらに，もしジェンダー以外の要素がより重要な意味を持つような場合（あるいは，そのような時には），「より少ないジェンダー実践（less doing of gender）」という言い方を分析上のボキャブラリーに追加することもできるだろう。しかし，その一方では，（少なくと

も実証研究がおこなえる社会では）ジェンダー実践が不可避である状況について
も考慮することができる。もっとも，性別というカテゴリーが実際に使用
され，またそれに対する対応が示される場合であっても，West and Zim-
merman（2009: 114）が主張しているように，これが必然的に「異なるカテ
ゴリーに属する者を『本質的に異なる性質を持つ者』であると確認する」こ
とを意味するかどうか，という点についてはもっとオープンな形で考えてみ
る必要があるだろう。実際，恐らく，「ジェンダー・カテゴリーの本質主義」
は無条件に前提とされるのではなく，むしろ研究テーマとしてオープンにす
べきなのであろう。また，それによって，単に前提を確認するだけに終わる
という落とし穴を回避するようなリサーチ・クエスチョンを設定することが
できるようになるはずである。

　したがって，それらのリサーチ・クエスチョンには，人々がどのように
ジェンダー実践するかを問うだけでなく，次のような問いも含まれているこ
とになる。

　　・人々はジェンダーを実践するか？
　　・もしそうであるならば，彼らはどのような時にそれを実践するか？
　　・（もしそのようなことがあるとして）どのような時にジェンダー実践は軽
　　　視ないし回避されるのか？
　　・ジェンダー実践は，説明責任を余儀なくされるというリスクの認識に
　　　よってのみ，あるいは主としてリスク認識によって動機づけられている
　　　のだろうか？　それとも，ジェンダー実践には，他の種類の，それほど
　　　ネガティブではない動機が関わっているのだろうか？

　ここでの我々の課題は，実際に特定の実証研究にとってのヒントになるよ
うなリサーチ・クエスチョンを具体的なレベルで提案する，ということでは
ない。むしろ，上に挙げたようなかなり広い範囲のものとして定式化された
問いが示しているのは，どのようにすれば原点となったテキスト（または学
派）とそれに含まれる前提から脱却することができるか，という点である。
またそれを踏まえて，新しい研究領域の検討材料となるような一連の代替的
な前提を新たに開発していくことができるかどうかを明らかにすることを示
している。さらに，研究者が持つ特定の関心と研究現場の条件を考慮した場
合に，どのようにすればこれらの新しい研究領域をより明確なものにできる

かを示している。

事例3：制度（非）ロジックを問題化する

1．前提に挑戦する際の検討対象となる文献領域を特定する

制度論［＝制度派組織理論］は，組織に関して，それを社会構造と共有された意味から構成されるものとしてとらえる1つの見解（ないし複数の代替的見解）を提案している（DiMaggio and Powell, 1991; Meyer and Rowan, 1977）。

一般にセンスメイキング［何らかの事態，特に組織をめぐる曖昧で不可解な出来事や状況に関して一定の理解が可能な（腑に落ちる）解釈や意味づけを探し求めていく活動や行為］に関する研究は，出来事，構造，行為実践等のあいだに混乱が生じているように見える状況の中で，個人や集団がどのようにして，そこに意味を見いだそうとするかという点に焦点を当てる（Hultin and Mahring, 2017; Sandberg and Tsoukas, 2015; Weick, 1995）。

［そのセンスメイキング研究との関連で言えば］制度は文化的なルールや共有された信念として定義され，したがって意味やセンスメイキングの作業にとって重要な源泉になるとされることが多い（Weber and Glynn, 2006）。制度論の一部の論者は，制度は「非常にありふれたもののようにも見える一連の活動に対しても秩序と意味を与える」（Lounsbury and Crumley, 2007: 995）ものであると主張し，制度というものを，特に，秩序化された信念の体系という観点からとらえている。

もっとも，何を制度論と呼ぶべきかを特定することは難しく——多数の理論的視点が存在するし，定義自体も曖昧である——制度論関連の文献には，肝心の「制度」が何を意味するのかという点を明確にすることなく，その制度なるものについて言及している文章が満ちあふれている（Alvesson et al., 2019）。制度論に対して批判的な論者たちが苦言を呈しているように，「制度」はあまりにも包括的な用語になってしまっており，ほとんど全てのことを意味しているようでいて実は何も意味していないようにしか見えない場合も多い（David and Bitektine, 2009）。

その点を典型的に示す例として，この制度論という雑然とした分野には，実に多種多様な流派が存在するという事実が挙げられる（Lok, 2019; Ocasio and Gai, 2020）。それらの流派の著者たちは時に「制度論は幾つかのバリエー

ションを含む1つのアプローチである」と主張する場合もあれば，むしろ「互いにかなり異なるところがある複数の理論的視点を示すラベルである」と主張することもある（Lok, 2020）。

制度論は，構造／主体的行為能力，同質性／多様性，安定性／変化，マクロ／ミクロ，同調主義／企業家精神，文化的理念／社会的・物質的実践などのさまざまな関係性に焦点を当てるという点で，ほとんどあらゆる研究分野に見い出される。したがって，ここで問題化の対象になり得るような対象の候補を網羅的に挙げることなどできるはずもない。また，不用意に大雑把な形で特定の対象を取りあげてしまうと，「検討の対象として取りあげた前提に関する整理の仕方が見当違いである」とか，「カバーしていると主張しているものの実は一部についてだけ有効な整理の仕方を提示しているに過ぎない」という反論がなされるかも知れない。しかし，どのような文献領域の場合であっても，その中でも飛び抜けて影響力のある文献が存在するものである。したがって，そのような文献の根底にある前提に対して挑戦することには一定の意義があると考えられる。たとえその挑戦が境界の不確かな，より広い範囲に及ぶ対象のごく一部しかカバーしていないとしても，である。

そこで我々は，近年の制度論の中でも非常に重要な部分［となっている概念的枠組］，すなわち制度ロジック（Institutional Logic: IL）を本章における検討対象として取りあげる[訳注E]。そして，実際にこの枠組にどのような研究が含まれ，また何が含まれないかという点に関しては，それほど厳密な線引きはせずに議論を進めていく。

制度ロジックとは，「前提，価値，信念を含む，社会的に構築された歴史的な［継続性を持つ］文化的シンボルと物質的実践のパターンであり，それによって個人と組織は日々の活動に対して意味を与え，時間と空間を組織化し，また生活と経験のあり方を再生産する」（Thornton et al., 2012: 2）という風に定義される。IL に関するこの定義は，この分野において中心的な位置づけとなっており，また我々がここで取りあげるに足るだけの十分な影響力を及ぼしてきたと考えられる。そこで，この定義を問題化作業の対象として取りあげて，定義に含まれる幾つかの前提を確認した上で，それらについて検討を加えていく。

［訳注E］制度ロジックないし「制度固有のロジック」については，佐藤（2003, 2004）をも参照。

２．選択した文献領域の根底にある前提について確認した上で明確に整理していく

　上で引用した定義はかなり包括的なものであり，その前提として，社会的世界というものが高度に秩序づけられており，またその構成要素同士が相互に関係しあっているということが仮定されている。これは，制度ロジックの内部で閉じたシステムが形成されていることを想定することになる。そのシステムの中では物事の源泉とその結果とが緊密に結びついており，また一連のプロセスは，意味で始まり意味に終わるのである。さらに，マクロレベルの意味は［組織・組織内部・個人等の］ローカルなレベルでの意味や意味づけに対して影響を与えるものだとされている。

　もっと具体的に言えば，上に挙げた定義の文面から容易に読み取れる（ないしは明言すらされている）前提には，以下のようなものが含まれていると考えることができる——(1)「前提，価値，信念を含む，社会的に構築された歴史的な［継続性を持つ］文化的シンボルと物質的実践のパターン」は首尾一貫した全体を形成している。また，それが (2) 組織や個人の「日々の活動に対して意味を与える」。それらのパターンが (3)「時間と空間を組織化し，また生活と経験のあり方を再生産する」。

　これらの前提から次のような点が示唆される——(1) 特定の［制度］フィールド全体（専門職集団，大学，市場，官僚制，あるいはそれら以外の何か）を代表する全体としての「それ (it)」，つまりメガサイズのロジックが存在し，(2) 文化的シンボルと物質的実践の歴史的的に継続するパターンは，巨大な統合化された意味を提供するものであり，(3) このメガ・ロジックが人々の生活と経験を組織化し，またそれらを再生産する。

　そしてこれらの前提を採用する場合には，その他にも存在し得る側面，例えば，もっと断片的な要素やより最近のものであってそれほど長い歴史を経ていない要素，あるいは組織化に対して寄与し得るその他の要素などは検討対象から除外されていく。こうしてみると，制度ロジックの場合，その全体的な前提からすれば，世界というのは非常に秩序立っているものだということになる。また，その秩序は，制度ロジックという包括的な単一の概念で把握した上で説明できる，ということにもなるだろう。

３．明確化された前提について評価する

　我々は，制度ロジック自体の「論理（ロジック）」（そしてある程度は制度論

全般）について検証し，制度が必然的にセンスメイキングや共有された意味の源泉になっているのか，それとも単にそれらの「あるべき」姿を示しているだけなのか，という点について検討することが重要だと考えている。制度ロジック的な発想によれば，制度は物事の意味を提供するし，また実際に制度を通して全てが何らかの意味を帯びるということになる。

これら全ての要素（制度，秩序，共有された意味，明確性等）は全体として，信頼できる混合物を形成しているようにも見える。しかし，実際には同語反復を含んでおり，また閉鎖的なシステムとしての性格を示している。つまり，IL はインプットであるとともにアウトプットでもあり，何らかの一般的なものから始まり，何らかの秩序とローカルなレベルでの意味によって終わる。かくして，IL は始発点と終着点とを固く結びつけるパイプラインのようなものを形成していることになる。

明らかに，これは同語反復に近い。もしかしたら，意味という点での「結果」は，上で引用した Thornton et al.（2012）で想定されているのとは違って，それほどスムーズに生じるものでもなければ，文化的シンボルや物質的な実践行為を経て自動的に生じるものでもないのではないだろうか？　また，もしかしたら，文化的シンボルのパターンと実践に始まり，再生産された経験に至るまでの経路には摩擦や回り道のようなものがあり，その結果として，何らかの点で「奇妙な」ところが含まれている意味や，さらには意味自体の欠如が生じることさえあるのではないだろうか？

組織活動のより現場に近いところに焦点を当てておこなわれた研究では，〈組織内部のダイナミクスを，組織フィールドやその他のマクロなレベルで作用しているダイナミクスから容易に読み取ることはできない〉という点が明らかにされている例が少なくない（Alvesson and Jonsson, 2022; Hallett, 2010; Sandberg and Pinnington, 2009; Smets et al., 2012）。実際，具体的な組織の命運は，ローカルな現場の状況によって大きく左右され得るものである。

実際問題として，管理職従事者や従業員は，どの程度，正当性を求める欲求にもとづいて特定の実践行為や提案に関わり，また組織内での活動を標準化したり安定化させたりしようとしているのだろうか？　また，その種の共有された意味を制度ロジックの「［必然的な］結果」として受け入れることが想定されている人々にとって，そのロジックなるものは実際に論理的（ロジカル）——納得できる，意味づけを提供する——であるように見えるのだろうか？　制度ロジックは，その論理を実地に移すことが想定されている

人々にとっても，（彼らの）生活や経験を再生産するものなのだろうか？

　さらに，制度は，共有された意味を生み出すための選択肢を制限する上で中心的な役割を果たすものであると想定されている（Weber and Glynn, 2006）。この点に関しては次のような2つの前提が存在していると考えられるのだが，これらの前提には議論の余地がある——(1) 制度ロジックにはかなり強い制約性と決定力がある，(2) 意味は広く共有されている。しかし，これらの前提は，意味形成の源泉としての制度ロジックと意味それ自体が実際に共有されている程度の両方について，あまりにも過大に評価している可能性がある。したがって，意味形成に対して影響を与える要因と共有される意味という2つの点の両方については，その代替となるような前提を検討してみることが重要であると考えられる。

　何らかの職業についていたり特定の職場に所属している人々は，現実には個人レベルでさまざまな要因による影響を受けていることが多いと思われる。その中には，例えば，実務上の問題，集団の構成，職場や集団における力学，現場レベルでの管理のあり方，利用可能な資源の制約などが含まれる。同じように，技術の進歩，流行，その時々で生じる環境からの圧力，経済問題なども，さまざまな形で人々に対して影響を与えている。

　また，人々のあいだには，特定の経歴にまつわる事情や集団への所属状況あるいは直面している個別の問題によってさまざまな違いがあるだろうし，またそれらの条件に依存していることもあるだろう。そして，それらの事情や状況は特定の制度ロジックがカバーできる範囲を越えており，したがって人々のあいだでは広く共有されていない可能性がある。実際また，IL［に関する想定］とは対照的に，人々が直面する，社会的に構築され歴史的に継続されてきた，前提，価値観，信念などを含む，文化的シンボルや実践行為のパターンは，むしろ日々の活動に混乱をもたらし，時間や空間を無秩序なものにし，その結果として，生活や経験に関する疑念やシニシズム（冷笑的態度）を生じさせているかも知れないのである。

　したがって，［188ページに引用した］ILに関する中心的な定義の場合に想定されている一連の関係性や全体的なロジックは，まったく異なる事態に直面した場合には通用しなくなることが多いとも考えられるのである。となると，ここで「ILが真にILとして存在するのはどのような場合なのか？」と疑問を呈したくもなってくるだろう。つまり，「想定されている要素が全て存在しており，かくも見事に統合され，また秩序を生み出すはずの全体的な

ロジックが形成されているのは，実際にはどのような場合なのか？」という疑念が生じてくるのである。恐らく，そういう状態はそれほど頻繁には成立していないとも考えられる。

　さらにはまた，「もし制度が，『意図された』ものとして了解されているわけではなかったり，『日々の経験に意味』を与えるものではなかったとするならば，その制度なるものには一体何が残るのだろうか？」と言われてしまいかねないだろう。したがって，このような場合，設定すべきリサーチ・クエスチョンは，むしろ「欠陥がある」あるいは「壊れた」ILをめぐる問いになるかも知れない。また，そうなってくると，ILによってもたらされる結果というのは，物事に付与される意味などではない別の何らかの側面なのかも知れないだろう。（それでも，依然として人々の仕事における経験に対して意味というものが大きな影響を与えているという可能性はある。もっとも，必ずしもILが存在しているという理由でそうなっているわけではないのかも知れないのだが）。

　センスメイキングがILの始発点と終着点とを「固く結びつけるパイプライン」のような形では機能せず，また意味の共有が達成されないような場合には，「制度」には何が残るのだろうか？　恐らくILは崩壊していき，また一見ILのように見えているものも実はILではないのではなかろうか？〔このような場合，〕先に挙げたILの定義に照らして考えてみれば，ILは進行している事態を実際には部分的にしか反映していないのかも知れない。場合によっては，専門職，戦略的経営，結婚など，ILの一種と見なされているものは，実際にはILなどではなく，形式的なロジックを中心にして組み立てられているものなどよりも，はるかに奥深くかつ複雑な何物かである可能性だってあるだろう。ここで重要な研究課題になってくるのは，ILであると主張されている現象は本当にそう呼ぶのが適切であるのか，という点であろう。より具体的には，いつ，どのような点でILが真のILとして存在しており，逆に，いつ，どのような点でそれはILたり得ないのか，という点について検証していくことことが必要になってくるのである。

4．代替的な前提基盤を新たに作り上げる

　以上の批判的な検討について配慮し，また問題化について考慮していくにあたって，また，制度レベルからよりローカルなレベルへの移行に関する理解を探るために，ここで我々は職場ロジックないし組織ロジック（OL: Organizational Logic）を取りあげてみることができるだろう。この OL の場合は，IL が包括的なものであるのに比べて，もっとローカルないしミクロなレベルで生じる現象に対して焦点を当てていくことになる。また，OL は，IL がローカルなレベルでも作用することが期待されている場面で実際には生じ得る断絶のあり方を示すものでもある。

　OL は，「現場の人々（当事者）の視点」，つまり，組織（あるいは特定の職能や事業部などの組織部門）で働く人々の日常活動における意味や経験の文脈において，制度ロジックが実際にはどのような形で作用するかという点について，［スムーズな］移行，直接的な形での継続，または「断絶」などさまざまな可能性を示すものである。言い換えれば，OL という概念を設定する場合には，IL に関する Thornton et al.（2012）による定義における最初の部分（マクロ）と最後の部分（ミクロ）が現実にはどのように関連しあっているか，という点について問うことになる。IL の擁護者たちは，IL について考える際には，それを［統一性のある］1 つの現象だという点を確信している。したがって，彼らが想定するこの前提に対して挑戦する際には，その現象には少なくとも 2 つのものがある，と想定することになる。つまり，IL そして次に OL の 2 つである。

　代替的な前提の 1 つとして考えられるのは，IL と OL——つまりローカル・レベルの組織や職場における意味（づけ）——のあいだに断絶（場合によっては衝突すら）が存在するという風に想定することである。我々はこれを制度ロジックと結びつけ，それらがいかにして組織の「非論理（illogics）」へと変容し得るかという点について議論することができるだろう。たとえ一般的なレベルでは理にかなっており一定の秩序と意味を生み出すものであっても，ローカルな組織の内部というレベルでは，理解し難いもの，あるいは無意味なものとして解釈される可能性がある。つまり，意味深いものであるどころか意味それ自体すら欠落している，あるいは少なくとも理解できないということがあり得るのである。

　例えば，品質管理，HRM（人的資源管理），ブランディングのためのキャンペーン，機会均等プロジェクトなどに関する多くの戦略，方針，訓練，報告書の内容などがそれに該当するかも知れない。制度ロジックの下流効果（最終段階での効果），つまり特定の組織の構成や実践行為のあり方は，実際には，その上流や起源（これはしばしばマクロレベルの現象として説明される）との結びつきが弱かったり，まったく無関係であったりすることさえある。

こういう場合，上位の行為者の側は，まさに制度ロジック［の効果］を目に
しており（もしくは目にすることができると思いたがっており），また物事がう
まくかみあっていると思い込んでいるかも知れない。一方で，複雑なもので
あることが多い現場の状況の中で他の人々と実際にやりとりしながら特定の
仕事に従事している人々にとっては，事情はまったく異なるものであるかも
知れない。

　制度（または制度ロジック）が秩序を形成する能力には限界があり，むし
ろ無秩序，つまり組織の非ロジック（organizational illogics）の引き金になる
ことさえある。したがって，実際に進行するセンスメイキングは，制度に
よって規定され「飼い馴らされた」ものであるというよりは，むしろもっと
「野性的」で，多元的で，創発的である可能性がある。また，そのプロセス
には，ナンセンスメイキング（nonsensemaking）やセンスメイキングの欠如
（無センスメイキング：no sensemaking）が含まれていることだってあるだろ
う（Alvesson and Jonsson, 2022）。

　したがって，このような場合の代替的な前提は次のようなものになる。

・一見単一の現象に見えるもの，つまり IL は，実際には 2 つの現象，あ
　るいはそれ以上の数の多様な現象の集合体である。
・（提案され，統合された）IL を構成するさまざまな要素は，緩やかに関係
　しあっているにすぎないか，あるいは互いに切り離されていることすら
　ある。IL が全体的な視点として「始まり」，現場における特定の集団の
　状況に「入り込む」，あるいは「到達する」際には何らかの変容が起こ
　る。例えば，IL は OL になっていくことがある。
・その OL の内部ではしばしば断絶や緊張関係が生じ，そこにおいては
　IL は論理性や説得力あるいは（積極的な）意味の創造という点で非力で
　あるとされることがある。あるいは，それらの点に関してまったく無力
　だと見なされることすらある。それらの場合，これを組織の非ロジック
　（organizational illogics）と呼ぶことができるだろう。組織が，マクロレ
　ベルないし組織フィールドレベルの要因に由来する，より広い範囲にお
　ける取り決めを適応させるための圧力や期待の高まりに直面するにつれ
　て，ますます多くの事柄が非ロジック（非論理的）であると見なされる
　ようになる。

したがって，包括的なレベルでの対抗前提としては，次のようなものが考えられるだろう。

・制度ロジックは，共有された「ポジティブな」意味（づけ）の形成をもたらすのではなく，それと同程度にむしろ組織の非論理性を引き起こし，陳腐な活動をさらに陳腐なものに見せたりフラストレーションを引き起こすものにしてしまうことも多い。したがって，IL は，むしろ水面下においては無秩序と混乱を助長することがあるのである。

5．読者との関係性を考慮しながら代替的な前提について検討する

　我々の経験によれば，IL 概念の読者ないし聴衆は実に多種多様な人々から構成されている。制度論をベースにして研究をおこなっている研究者の多くは，この概念にもとづくアプローチの主要な部分については非常に擁護的なスタンスをとるようである。制度論に含まれる主張の何らかの部分に対して挑戦した際にどのような反応が生じるかを知る上では，我々の一人が共著者であった以前の論文（Alvesson et al., 2019）の受け止められ方が幾つかの手がかりになる。その論文は好評を博し，これまでかなり頻繁に引用されており，また，かなり稀なことなのだが感謝の言葉までいただくことがあった。

　一方で，その論文における我々の主な主張であった，制度論の研究は「焦点が定まっておらず，不明確で，矛盾が多く，同語反復的でさえある」という指摘については，一部の制度論擁護者からの批判にさらされることになった。Ocasio and Gai（2020: 263）に典型的に示されているように，その種の批判の骨子は，「善意の局外者による批判ではあるが，制度論が近年取り組んでいる研究課題に関する誤解が含まれている」というものだと考えられる。さらに，Ocasio and Gai は，制度論に対する我々の批判を「示唆と洞察に富んでいる」と見る一方で，「［Alvesson らによる 2 つの批判論文の内容が相互に］矛盾していることは言うまでもないが，［2 論文とも我々にとっては］とてつもないフラストレーションを覚えるものでもある（maddeningly frustrating）」とも評している（Ocasio and Gai, 2020: 262）。

　こうしてみると，上で述べてきた制度論に対する我々の批判や制度論の前提に対する挑戦は，潜在的な読者の一部からは，あまり好意的に受け止められず，また根拠薄弱で役に立たない議論だと受け取られる可能性があるよう

だ。また場合によっては，「とてつもないフラストレーションを覚える」とさえ思われてしまうかも知れない。もっとも，他のタイプの読者も存在する。制度論のインサイダーである一部の人々は，一方では恐らく複雑な思いを持つだろうが，他方で，我々が新規に提案した前提のうちの少なくとも幾つかについては，何らかの価値や意義があると思うかも知れない。

　実際，当然ではあるが，制度論に関しては，その理論（かなり多くのバリエーションがあるにしても）に直接的な形で関わっている中心的なグループの構成員以外にも多くの人々がいる。その中には制度ロジックのような考え方に対して批判的な見解を持っている人もいれば，その種の発想にはそれほど強い愛着を持っておらず，むしろもっと現実的な目的に沿って制度論的な発想の一部を援用している人々もいる。恐らく，問題化やそれに関連する新たな前提を受け入れてくれる人々が見い出される可能性が最も高いのは，そのような人々のあいだなのであろう。

　もっとも，ここで強調しておくべきなのは，これは，主として読者層に関する我々の知識を手がかりにして導かれた，ある程度の根拠を踏まえた上での推測だということである。つまり，我々が提案した前提について実際に検証してみた結果に基づいているわけではないのである。［本書で先に述べたように］「面白さ」にとっての鍵の一部は，前提に対する挑戦の程度や元々の理論的なポジションからどれだけの距離があるか，という点であるが，他方では，挑戦をおこなっていく際の作業の質も重要なのである。その中には，前提を支える根拠の信憑性や新しい前提がどれだけ創造的なものであるかなどが含まれる。

6．代替的な前提基盤について評価する

　本書で先に述べたことを思い出していただきたいのだが，この本の目的は，面白くて，したがって恐らくは影響力もある研究の枠組みを提案し，またその具体例を示すことであった。これは，［研究の面白さの］最終的な検証となるのは，新たに提案された前提に対して示される読者の反応のあり方であることを意味する。この点に関するジレンマは，実際に研究がおこなわれ，それに対する読者の反応を確認することが可能になる以前の時点で「面白さ」の度合いについて評価することは難しい，という点である。もちろん，予備的なアイデアや論文の草稿を提示した上で，それらに対する反応について検討することはできる。しかし，これは困難な作業であり，実際に予

備的なアイデアを提示できる相手はごく少数の読者に限られる。

　また，反応が曖昧なものである可能性もある。学会発表では，「これは面白い」という主旨の丁重なコメントが返ってくることも多いが，それと同時に，研究の改善点に対しても焦点が当てられる。したがって，[その発表をした]研究者は，聴衆の人々が「進行中の研究」を本当に面白いものだと感じており，それを記憶にとどめて，さらにその研究に含まれるアイデアを自分でも利用してみるかどうかを十分に見通すのは困難だと思える場合も多いだろう。

　したがって，研究者は自分自身がおこなった判断を信じて，[新しいアイデアを発表した際に受ける]批判については，それをあまりまともに受け止めすぎないようにしながら考慮に入れていく必要がある。また，論理と鋭い思考力を駆使して，代替案の可能性について検討し，説得力と信頼性を高めるためには修辞的な技術を駆使する必要もある。読者の反応を考慮に入れながらも，一方ではその種の反応に関する予測や評価は困難であるという点については認識した上で，研究者としての自分が信じていることを第一の優先事項に据えることが肝要なのである。

　この点に関しては，一種のバランスについて考えておく必要性がある。つまり，一方では，前提について読者との関係を念頭において考慮すること（先に挙げた5番目のポイント）も確かに大切ではある。しかし，他方では，研究者がもっと独自の視点を持つことも重要なのである。またそれには，あらゆる種類可能なフィードバック，つまり「面白さ」だけでなく，同僚やその他の人々が全体的な主張の内容についてどのような評価を下すかという点を考慮に入れることも含まれる。

　制度ロジックの場合について言えば，制度ロジック的な考え方と，それとは大さく異なるアプローチの両方について検討するように促す，ということが面白い発想だと思われる可能性があるかも知れない。その異なるアプローチというのは，「制度ロジックが組織の非ロジックへと変容してしまい，曖昧さ，対立，矛盾，混乱，あるいはその他の無秩序的な組織状況を現実にもたらす可能性がある」ということを示唆するような考え方である。しかし，そのような対比に焦点を当てた発想が，実際に面白いものとして評価されるかどうかは，一定の時間を経た後でなければ分からないだろう。

結論

　この章では，3つの事例を通して，問題化の方法論を実際にどのように用いることができるかという点について説明した。これら3点全てのケースについては，それぞれの研究動向の原点となった論文に加えて何点かの重要な論文を検討対象にしたが，本章で強調してきたように，実際に問題化をおこなっていく際には，もっと広い範囲の文献を対象にすることもできる。さらに問題化の作業を成功させるためには，特定の理論に対して焦点を当てるだけでなく，その理論が属するより広い学問の下位領域の状況について十分に把握しておく作業が不可欠になる可能性がある。ここで重要な点として銘記すべきは，対象となるテキストや領域に対する正確で確実な批判的検討を目指すことではなく，むしろ，従来のものとは異質な性格を持つリサーチ・クエスチョンの構築に結びつくような代替的前提を作成するためにそれらのテキストを読み込んでいくことである。

　代替的な前提は，必ずしも挑戦の対象になった前提と比べて「より優れている」とは限らない。しかし，挑戦の対象にされた前提は時間の経過とともに陳腐なものになってしまっており，何らかの点での見直しが必要になってくるかも知れない。一方で，ある分野の研究者の多くは，その挑戦を受けた前提によって［以前から］相当大きな影響を受けてきており，その結果として，［わざわざ研究などしなくても］最初から答えが予測できてしまうような研究ばかりをおこなうようになっている可能性があるのである（最近では，ジェンダー実践に関する研究の多くがそうなってしまっているように思われる）。

　もちろん，だからと言って，Dutton et al. (1994), West and Zimmerman (1987) そして Thornton et al. (2012) の研究を問題化していく作業を通して構築された一連の代替的なリサーチ・クエスチョンが，必然的により面白くて影響力がある理論の開発に結びついていくという保証があるわけではない。しかし，問題化の作業では（単にさらに追加的なギャップを埋めるために設計されているのではなく）組織アイデンティティ，ジェンダー研究および制度ロジックに関する従来の研究の幾つかの重要な前提に対して意図的な形で挑戦していることを考えてみると，それらの代替的なリサーチ・クエスチョンを元にして作成された理論は面白いものだという評価を受け，したがって影響力を持つ理論になっていく可能性があると思われる。

第**7**章

なぜ，面白い理論の構築にとって逆効果でしかないギャップ・スポッティング的アプローチが支配的になっているのか？

　第5章と第6章では，問題化が，特定の研究分野における先行文献を元にしてリサーチ・クエスチョンを作成していく上で，これまで主流であった方法とは明確に区別できるような代替手段になり得る，という点について説明した。また，実際に問題化の作業に取り組む際の具体的な方法について解説した。しかし，問題化という方法論が現実に適用可能な選択肢として確実に受け入れられるようにするためには，このような通常のやり方とは異なるアプローチによる研究をめぐる社会的側面，特に〈その種の方法論がより広い範囲の研究者コミュニティによってどの程度支持され得るか〉という点について調べておくことが必要になってくる。

　実際，個々の研究者にとってきわめて重要なのは，従来の考え方や慣行を否定するようなアイデアを必ずしも歓迎しないことが多い学問の世界において大過なく身を処していく上での方法を身につけていくことである。この点については，研究者コミュニティへの同調と研究者としての自律性とのあいだのトレードオフという問題に照らしてみた上で，研究者自身にとっての優先順位や目的，あるいはアイデンティティ形成に関する展望などを考慮に入れていくことが含まれている。したがって，この章における目的は，前提に挑戦することを重視する研究における社会的，政治的な側面や，研究者のアイデンティティに関わる側面について検討していくことにある。

　ここでは最初に逆説的な状況，つまり〈既存のコンセンサスについて確認するだけの研究では面白くてかつ影響力のある理論につながることは滅多に無いという点が次第に広く知られるようになっているはずなのに，ほとんどの研究者がリサーチ・クエスチョンの作成にあたってギャップ・スポッティ

ングを採用し，また既存の研究法の枠の中で研究を進めている〉というパラドックスの背景にある事情について検討してみることから始める。言葉を換えて言えば，なぜ我々は，これだけ多くのそれほど面白くもない，あるいは面白いところなどまったくないどころかむしろ退屈でさえある研究をおこなっているのであろうか？

　以下では，このパラドキシカルな状況の背後にあるものとして，次に挙げる3つの重要な要因ないし条件について明らかにしていく——制度的条件，専門家集団の規範，研究者のアイデンティティ形成のパターン。また，研究者の能力の限界についてもここで手短かに解説する。この限界というのは，深いレベルで存在する欠点と特定の資質の欠如が組み合わさったものであることも多く，特定の研究アプローチを学ぶことだけに焦点を当てて他の可能性を排除してきたことからきている。ついで，これらの条件を，ギャップ・スポッティング方式ではなく問題化の方法論によって生み出されるような，前提に挑戦することを目指す研究をより積極的にサポートし奨励するような方向で改善していくための方法について検討を加えていく。我々は特に，社会科学におけるより自省的で独創的な学術的スタンスを開発し，またそれを奨励していくための試みを支持する見解を表明していくことにしたい。

社会科学におけるギャップ・スポッティング型研究の背後にあると思われるさまざまな要因

　本書の第3章と第4章では，ギャップ・スポッティング方式が，社会科学系の学問分野においては，研究課題を構築する際の方法としてほぼ完全に支配的な地位にあることを明らかにした。また，その結果として，面白くて影響力のある理論が生み出されるというよりは，むしろ多くの場合は，既存の理論の漸進主義的な展開という程度に終始してきたという点についても指摘した。もちろん，中には，ギャップ・スポッティング的なロジックを採用せずに新しいアイデアに取り組んだり，参考にした研究上の伝統に対して批判的検討を加えた結果と実証研究の知見とを組み合わせたり，あるいは他の理論との統合を図ったりする研究も数例程度は存在している。しかし，我々の文献レビューが示しているのは，ギャップ・スポッティングとは明確に異なるアプローチを採用している例は稀であり，そのごく稀な研究の場合でも，大胆な形で問題化が採用されている例はそれほど多くはない，という事実で

ある。

そのような状況，つまり漸進主義的であり，もっぱら既存のコンセンサスを確認するようなタイプの研究の方が，コンセンサスに対して挑戦することによって達成される学術的貢献に比べてはるかに一般的であるという事実は，特に驚くことではない。また，それ自体が問題というわけでもない。研究というものの本質は先行研究の積み重ねにもとづいて作業を進めていくことなのであり，その点からすれば当然，前提に挑戦する研究が大量に存在するなどという可能性はあり得ないはずである。また，誰もが常に互いの前提，ないし自分自身がそれまで想定していた前提に対して挑戦することに没頭している状況というのはそれほど好ましいものだとは言えないだろう。事実，大きな影響力を持つ研究というのは，その定義からしても，非常に稀にしか存在しないはずなのである。

もっとも，少なくとも第1章でそのコメントを引用した学術ジャーナルの編集委員やその他の論者が予想外でありまた憂慮すべき事態だと見なしてきたのは，コンセンサスに挑戦するようなタイプの研究が呆れるほどに少ない，という事実である。むしろ漸進主義的な性格を持つギャップ・スポッティング研究の方が圧倒的に優位であるという状況は，コンセンサスを追求する理論ではなくコンセンサスに挑戦する理論こそが最も注目され，かつ多大なる影響力を持つ傾向があるという点が広く知られていることからしてみれば，さらに不可解な事態だとしか言いようがない。

さらに，研究における問題化の重要性を強調するアイデアや視点が実際に利用可能であることを考えてみると，実証主義者からポストモダニストに至るまでの大多数の研究者が，リサーチ・クエスチョンを構築する方法としてギャップ・スポッティングをお好みの方法——ないし少なくとも現実的で便利なやり方——として用いているように見えることは注目に値する。その結果として，彼ら・彼女らにとっては，ギャップ・スポッティングが研究活動上の根本原理になってしまっているのである。

多くの研究者には，先入観にとらわれた枠組みを適用する傾向がある。その枠組みを採用している場合，自分自身の信念は強化されるし，世界は特定の概念カテゴリーの枠の中でパッケージングされた形で認識されることになる。例えば，フェミニストはあらゆるものをジェンダーというレンズを通して見る傾向があり，「実践としての戦略」に注目する研究者は人々がどのように「戦略を立てる」のかについて繰り返し主張し，権力を中心概念にして

いる理論家はほとんど全てに対して権力という概念を適用する。そうなると，多くの場合，研究者は研究活動を通して新鮮な驚きをおぼえるのではなく，自分にとってお気に入りのカテゴリーや視点にうまく納まる範囲の世界とだけ出会うことになってくる。

　したがって，ここでの興味深い（研究上の）問い［＝本章自体のリサーチ・クエスチョン］は次のようなものになる。**なぜ，学術論文に関して見られるように，ギャップ・スポッティングというものが，先行研究にもとづいてリサーチ・クエスチョンを構築する上で主流の方法であり続けているのだろうか？** [1]　この問いには，より一般的なレベルの社会学的観点から見ても重要な意味がある。つまり，これは，学術研究というものが現在どのような形で社会において機能しているか，という点に関する一般的な理解にとっての手がかりになるのである。また，この問いは政策的な意味合いという点でも，政府，大学当局，研究評議会，その他の意思決定者にとって重要な問題である。

　しかし，本書の主な読者として想定しているのはあくまでも実際に研究に携わっている人々である。それらの人々にとって，無自覚なままで主流の研究上のスタンスを採用してしまうことを避けるためには，斬新で面白い研究に取り組むことを躊躇させるような力やその背後にあるメカニズムについて理解していくことが特に重要な課題になってくる。

　そして我々が，主流のスタンスに代わるものとして推奨しまた支援したいと考えているのは，自らの意志で学術研究に取り組み，主流からの逸脱を恐れず，かつ想像力を駆使して各種の作業を慎重に進めていくことを目指す果敢な取り組みなのである。主流の枠組みは圧倒的な影響力を持っている一方で幾つかの重要な点で問題を抱えているのだが，その枠組みからはみ出していこうとする際には，背後にあるメカニズムや既存の枠組の強靱さについて理解しておく必要がある。つまり研究者は，より広い社会的・政治的な状

1　この，本書におけるリサーチ・クエスチョンは，それ自体が，ある程度は問題化の作業によって構築されたものである。つまり，我々は，ギャップ・スポッティング的研究をおこなうことが自然ないし合理的であるという前提に対して疑問を投げかけているのである。もっとも，ここでは「ある程度は」と断っている。というのも，我々は本書で当面は研究方法論に関する自省的かつ批判理論的なアプローチに取り組んできたのであり（Alvesson and Sköldberg, 2009; Sandberg and Tsoukas, 2011），また Davis（1971）の議論を大いに参考にしているのだが，彼の議論に対しては徹底的な批判的検討を加えてはいないからである。したがって，我々のテキストにも事前にプログラム化された［一定の作法に従った］問題化の要素が色濃く残っている。つまり，Davis の見解だけでなく懐疑的な検討の作法にも従っているし，ある意味ではその作法を再生産しているのである。

況について考慮し，また方法論的な選択や慣行をその大きな文脈の中に置いて考えてみる必要があるのである。

先に第4章では，実際には問題化が積極的に使用されているはずなのだが論文の文面上ではそれが隠蔽されているケースがある，という見方を否定した。しかし，もし実際に問題化が論文上では隠されているか目立たないようにされているという事実があったとした場合，ある疑問が浮かび上がってくる。なぜ研究者は，理論の面白さに関する研究によれば研究への関心や影響力を高められるはずのやり方で，自分の研究を定式化することを避けようとするのだろうか？

これはきわめて不思議な事態である。というのも，Mizruchi and Fein が指摘したように，「研究者の活動を動機づけるものがどのようなものであれ，ほとんどの場合は，彼らの研究が革命的ではないにしても，少なくとも影響力があることを望んでいる」(1999: 653) はずだからである。言葉を換えて言えば，なぜ，該当分野の研究者たちからの関心と注目を集める可能性が低くなるようなやり方をわざわざ選んで理論的主張をするような人々がいるのだろうか？　しかも，これまで見てきたように，ギャップ・スポッティングは，「通常」の研究に見られる特徴であるだけでなく，ポスト構造主義に触発された，より「進歩的な」種類のはずの研究にも等しく見出される特徴でもあるのだ。

この問題が特に興味深く思えるのは，［ギャップ・スポッティングを採用してきた］研究者たちは，Davis (1971) や他の論者によれば興味深く影響力のある理論を生み出す上で効果的なやり方で先行研究に取り組むことを「自ら進んで」控えているように見える，という点である。これは，我々が所属している組織（大学，研究者コミュニティ，学術ジャーナル）が研究者に対して，ギャップ・スポッティング的な研究を強く奨励または「強制」している，ということを意味するのだろうか？　一見，これは馬鹿げた考え方のように思えるかも知れない。実際，斬新でありかつ影響力のある知識を開発することこそが以上の組織や研究者自身が抱いている主な関心事ないし野心なのではないだろうか？　事実また，研究者コミュニティの全ての関係者——例えば大学やスクール（専門職大学院），学部，経営陣，ジャーナルの編集委員など——は，画期的な研究の展開に向けた現実的で野心的な取り組みを強力にサポートしているはずである。それとも，本当のところは違うのだろうか？

「なぜ問題化を採用した研究の例は，これほどまでに少ないのか？」とい

う問いに対する答えを，第3章と第4章で調査の対象にした文献の中には見つけられそうもない。それらの文献は，ギャップ・スポッティングが実際に選択されているアプローチ——ないし恐らくは研究論文の正当性を主張するために採用されるレトリックの1つ——であることを示してはいる。しかし，第3章と第4章で検討した文献それ自体は，「なぜ研究者がギャップ・スポッティングについて，それを好ましいやり方であると思ったり，あるいは少なくともリサーチ・クエスチョンの作成にあたってそのような方法を選択するのか？」という問いについては，確かな答えを提供しているわけではない。

　むしろ，その答えは，それらの論文のテキストが位置づけられ，また作成されている学術界の中で見つけられる可能性の方が高い。というのも，研究の成果として発表される文献は社会的・政治的な文脈の中で作成されるものであり，またその場を支配する規則に適応することへの要請は非常に強力なものだからである（Alvesson et al., 2008; Hassard and Keleman, 2002）。事実，学術界は一連の社会規範と研究の方法論に関わる規則で構成されており，それらの規範や規則は，科学的知識の生成やその発表の仕方をかなりの程度方向づけたり規制したりしているのである（Bourdieu, 2004; Cole and Cole, 1967; Kuhn, 1970）。これらの規範やルールの多くは自明視されていることもあって，それら自体を対象とする批判的な精査をおこなう上での動機にもなり得るが（Alvesson and Sandberg, 2021），ここでは，それらの決まり事がリサーチ・クエスチョンと研究の初期段階における一般的な方向性に対して与える影響に対して焦点を当てる。

　したがって，ここで検討すべき重要な問いには，例えば次のようなものが含まれるだろう。特定の学術界の特徴になっているのは，どのような可能性や制約であるのか？　どのような社会的規範が特定の科学分野における学術的知識の生成と学術文献の刊行を規制しているのか？　編集委員や査読者が学術文献のテキストの内容やスタイルを管理する学術コミュニティを代表する関係者として表明している期待と制約はどのようなものであるか？　学術界の中にはどのようなタイプの報酬システム（昇進，研究資金，顕彰制度など）があり，それらは研究の実施，特に学術文献の作成の仕方をどのような形で規制しているか？

　これらの規範の多くは学術界内部では自明視された景観の一部になっており，したがってそれらを見抜くことは困難である（Gadamer, 1994; Gouldner,

1970)。一方で，これから本章で解説していく幾つかの視点は，ギャップ・スポッティングが（過剰に）強調されがちであるという点と既存の前提に対して挑戦するようなタイプの研究が不足気味であるという状況について理解する上で貴重な手がかりを与えてくれると思われる。より具体的に言えば，我々は，学術界には以下に挙げる，広範囲にわたって相互に密接に関連しあっている3つの要因が存在しており，それらによって，社会科学系の研究者のあいだで頻繁に観察される上記の逆説的な行動の理由に関する説明ができると思っているのである——制度的条件，学術界における専門家集団の規範，研究者としてのアイデンティティ形成のあり方。

制度的条件

　制度的条件とは，ここでは，さまざまな組織や機関（政府，大学，スクール（専門職大学院）および学部，研究助成団体など）とその方針が研究の実施，特に研究論文の作成を独特の形で規制している状況を指す。漸進主義的なギャップ・スポッティング型の研究を奨励しているように思われる包括的な制度的条件の1つとして挙げられるのは，現在広く見られる，研究業績を評価する際に特定のジャーナルリストを用いるという慣行である。

　世界中の多くの国の大学と研究者は，近年ますます，英国の RAE（Research Assessment Exercise: 研究評価事業）および REF（Research Excellence Framework: 研究卓越性評価事業）やオーストラリアの ERA（Excellence in Research for Australia: 豪州のための研究卓越性評価事業）など，学術研究の業績を評価するために政府によって導入されたさまざまな評価制度によってその活動のあり方が左右されるようになっている（Bessant et al., 2003; Leung, 2007; Willmott, 1995, 2011）。これらの評価制度において業績を測る上で主要な指標として採用されているのは，指定されたリストで上位を占める学術ジャーナルに掲載された論文の本数である。これが意味するのは，今日多くのエリートクラス（ないしエリートクラス志望）のスクールや大学において重要な研究成果として見なされるのは，事実上 A ランクのジャーナルにおける論文の刊行だけ，ということである。

　各種の学術分野全体を通して多くの人々が指摘しているように（Adler and Harzing, 2009; Lawrence, 2008），そのようなジャーナルリストが使用されていると，研究者は，先行研究の根底にある前提を特定した上でそれに対し

て挑戦することによって独創的な知識を開発するのではなく，むしろ特定の
ジャーナルに自分の論文が掲載されることの方を優先して全精力を傾けるよ
うになる。この傾向に関連して Macdonald and Kam（2007: 702）は経営学
の分野について次のように述べている——「［論文刊行をめぐる］ゲームに勝
とうと必死になる中でほとんど忘れ去られてしまうのは，論文というもの
は，本来，研究で得られた知見を公共的な利益のために伝える手段としての
役割を担っているという事実である」。また，自然科学の場合について，
Lawrence（2008: 1）は，学術研究の業績を評価するためにジャーナルリス
トが使用されているために，「科学者が，科学的発見を成し遂げることが本
来の目的であるはずなのに，それを，できるだけ多くの論文を発表するとい
う目的に貶めることを余儀なくされてしまっている」と述べている。

　ランクの高いジャーナルに掲載するというプレッシャーは，必ずしもそれ
自体が革新的な研究の減少傾向に結びつくというわけではない。実際，ある
場合にはその種のプレッシャーが斬新な研究を促進することもあるだろう。
しかし，以下で説明するように，これらのジャーナルには，研究におけるイ
ノベーションや知的な大胆さよりも，漸進主義的でギャップ・スポッティン
グ的な研究を強調する傾向がある。少なくともそれらのジャーナルが実際に
掲載している論文からは，そのようにしか見えないのである（Bouchikhi and
Kimberly, 2001; de Rond and Miller, 2005; Pfeffer, 2007; Starbuck, 2006, 2009）。

　それらのジャーナルにはきわめて慎重で保守的な傾向があり，有力な研究
者を査読者として使用するし，また，何が優れた研究であり論文として刊行
に値するかという点について判断する上で伝統的な基準を用いる。その結果
として，しばしば非常に定型的な論文ばかりが刊行されることになる（Al-
vesson, Gabriel and Paulsen, 2017）。もちろん，実際に刊行される論文のテキ
ストには，ほとんど場合，何かしら特異性はあるものだし，またそれらの論
文には何らかの意味で新味がある議論を提示することが期待されている。し
かし，そのような場合であっても，必ずしも本当の意味で独創的な内容が期
待されているわけではないのである。

学術界における専門家集団の規範

　ジャーナル，編集委員，査読者はそれぞれ専門家として，学術界において
研究の実施方法や論文の刊行方針に関する規範を設定する上で主導的な役割

を果たしている（Baruch et al., 2008）。漸進主義的なギャップ・スポッティング型の研究は，多くのトップクラスのジャーナル（Johanson, 2007, Pratt, 2009等）において，「先行文献への追加」という規範にもとづいて研究上の貢献を示すための主要なエビデンスとなるものとして強く推奨されている。

　例えば，経営学系のトップジャーナルである*Administrative Science Quarterly*の編集委員長としての26年間の経歴と1万9000件を超えるレビューおよび8000点を超える掲載決定通知に目を通した経験を踏まえて，Johanson（2007: 292）は，彼女は著者［投稿者］に対しては断固として「先行文献への追加」という規範に忠実であるようにアドバイスしてきた，とする。というのも，「先行文献における重要なギャップを埋めているという説得力のある議論ができなければ，あなたは自分の研究がそれら既存の文献に対して貢献していることを明らかにする上で苦労することになるでしょう」。

　学術的貢献に関する先行文献への追加という規範の席捲は，Miller et al.（2009: 278）の検討結果からも明らかである。彼らは，トップクラスのジャーナルは，「その時点で一般的になっている理論の範囲内にうまく収まり，またその種の理論の発展ないしマイナーチェンジを可能にするようなトピック」についての研究を推奨することを通して，漸進主義的なギャップ・スポッティング型の研究をよりいっそう強制しつつある，と指摘するのである。

　トップクラスのジャーナルの場合に先行文献への追加という規範が支配的であるという事実は，必ずしも支配的な前提に対して挑戦することが排除されたり，あからさまな形で抑止されたりしていることを意味するわけではない。しかし，その種の規範では［論文の投稿者が］自分の研究内容を先行文献と関連づけることが強調されていることからすれば，研究者は，ギャップを見つけ，また特定の下位分野で王流のものだとされている一連の研究からそれほど逸脱しないように動機づけられていくだろう。かくして，保守的な影響が支配的になっていく。

　細心の注意を払って自分の研究を先行研究に関連づけるべきだという要請は，多くのジャーナルで支持されている**厳密性**（rigor）に関わる特定のタイプの基準においても強調されている。これは通常次のようなことを意味する――(1) 自分の研究が先行研究に対してどのような貢献を果たしているかを示す方法として，先行研究を体系的かつ過度にペダンティック（衒学的）な形で総ざらえすること，(2)［質的データについては］詳細なコード化手順ま

たは［量的データについては］統計解析によって実証研究を実施すること。さらに，このような厳密な作業をおこなう場合には，既存の文献に何かもっと根本的な点で問題があるのではないか，あるいは，そのデータは分析対象になっているはずの現象を理解する上で本当に重要な意味のある指標なのか，といったような疑問を抱くことなく実施されるべきである。

漸進主義的なギャップ・スポッティング型の研究をさらに推進しているもう1つの要因としては，研究者のあいだで，自分自身（と自分の研究テーマ）を狭くて十分に検討が進んだ研究分野の枠の中に位置づけようとする**細分化の傾向**が強まっていることが挙げられる。これは，Alvesson and Sandberg（2014）が型枠式研究（boxed-in research）と呼ぶものに他ならない。我々の多くは何らかの研究の型枠を奉じる流派に属しており，その枠の中で研究をおこない，論文を発表し，研究者としてのキャリアを形成していくものである。そのような型枠式研究法ないし細分化は次のような意味で，生産性を高くし，研究業績に関する基準を充足する上では実に効果的である——先行文献について熟知している，適切な学会の大会に参加する，重要な人々とのネットワークを形成する，［細分化された］下位領域のジャーナルの規範と規則に精通し，それによって漸進主義的な貢献を含む論文を定期的に掲載してもらえるようになる。

しかし，そのような細かな分類法による位置づけに安住している限りは，既存の理論的枠組みに大幅な変更を加えたり影響力の大きい研究を生み出したりする可能性は概して低くなってしまう。特に，次のような傾向がある場合はそれが言えるだろう——(1)（査読者と編集委員のあいだには）特定の下位領域の範囲内で研究をおこなう人々には，その領域内における全研究の中から相当数の論文を引用するだろう，という強い期待がある，(2) 新しい研究の分野を開発していく上では，本来，その下位領域以外の文献を引用することが必要なのだが，そのための掲載スペース，労力あるいは許容度は限られている（Bourdieu, 2004; Pierson, 2007; Starbuck, 2003）。時には，この種の細分化を推進するような発想がかなり強い調子で［論文の投稿者に対して］伝えられることがある。例えば，本書の著者の1人は，査読者から論文が却下されるべき理由について，次のような説明を受け取ったことがある——「私はこの論文がリーダーシップ研究という点で既存のアプローチや議論の中に満足のいく形で位置づけられるとは到底思えない」。しかし，革新的な研究というのは，本来，特定の下位領域における先行研究の中に容易に位置づけ

られるものではなく，むしろ，その枠を打ち壊して挑戦するものだと思われる。

　また，ギャップ・スポッティング型の研究は，社会科学で強固に支持されている，［知識に関する］「**蓄積規範**（*accumulation* norm）」によってもサポートされている。その規範では，〈学術的な知識は，特定の分野内での漸進主義的な蓄積を通じて前進していく〉ということが想定されている（Alvesson and Sandberg, 2020）。組織研究の分野を事例として取りあげてみれば，*Administrative Science Quarterly* の創設者であった Litchfield and Thompson は，組織研究という分野のビジョンを次のような形で示していた——「研究者は，経営に関する蓄積的，包括的，一般的な理論を築き上げていくべきである」（Palmer, 2006: 537 に引用）。この蓄積規範は現在もなお支配的である。例えば，*Academy of Management Journal* の投稿基準では，「投稿原稿には，その内容が既存の経営関連および組織研究関連の文献との関係でどのような理論的貢献を果たしているかという点が明確な形で示されていなければならない」と規定されている。同様に，*Journal of Management Studies* は，論文掲載に関わる主な基準について，投稿された論文が「一貫した知識体系の開発に対して顕著な貢献を果たす」べきであると述べている。

　蓄積規範は，研究者に対して，体系的で分析的かつ多くの場合は限定された範囲の焦点の採用を要求することを通して，ギャップ・スポッティング的なロジックを強化していく傾向がある。またそれによって，研究テーマに関する根本的なレベルでの再考を促すような，より本質的で懐疑的な問いかけができなくなってしまう。さらに蓄積規範は，［社会科学という学問領域に関して，それが］理性，合理性，進歩などが特徴となっている集合的なプロジェクトであるという印象を与える。そして，それは，社会科学的な研究には主観性，恣意性，相対主義の要素が濃厚に含まれているのではないか，という後ろめたさの感情を和らげる上で効果的かも知れない（Pfeffer, 1993）。事実，自分たちは軽薄で信頼できない人間などではなく，真の意味で合理的で科学的な活動に関わっているのだという確信を持ちたいと思っているような場合には，確立された知識体系の基盤を踏まえた上で，それに対して漸進主義的な追加をおこなっていくというように，伝統的でありまた一見堅牢に見えるロジックを採用するというのは実に理に適っている。

　したがって，ギャップ・スポッティング型の研究は，特定の研究だけでなく［ある分野全体における］学術研究の営みそれ自体を正当化するために使

用される可能性があるのである。また，それによって，知識の蓄積を科学における根本的な理想として見る発想が維持され再生産されていくことにもなる。もっとも，このような発想は，Kuhn（1970）や社会科学が持つマルチパラダイム的で論争的な性格を強調する研究者（Burrell and Morgan, 1979; Delanty, 2005）が明らかにしているように，本来は到底受け入れられないはずのものなのである。もっとも，ここで注意が必要なのは，経営および組織に関する研究の分野と比べてみれば，社会科学における他の領域では蓄積規範はさほど優勢ではない可能性があるということである。

　［知識の］蓄積という理念と密接に関連しているのは，他の研究者がおこなった研究活動の基礎の上に立脚することとそれらの研究を引用することの必要性を強調する**言及規範**（*crediting* norm）である。文献の引用は，確かに学術研究にもとづく刊行物にとって不可欠な要素ではある。しかし，近年では，ごく狭い領域の範囲について強力な真空掃除機でもかけるような形で徹底的に文献レビューをおこなってその領域にあるほとんど全ての文献を引用すべきだとする期待がますます強くなっているようである。しかも，その種の要請は，論文の文章がさらに込み入ったものになって読みにくくなり，しかも数多くの文献に言及したとしても何も新しい情報が追加されない場合でもなされているのである。これについて，Gabriel（2010: 764）は次のように指摘している。

　　　今や論文の刊行は長期にわたるプロセスとなり，相互に矛盾するような要求を突きつけてくるさまざまな厳しいご主人様［＝査読者］を満足させようとして，自分にとってはまったく関心がない著者の名前を引用したり，興味のない議論を取りあげたりするためにおびただしい数の改訂をおこなわなければならない。しかも，それらを，厳しい字数制限の範囲内で処理する必要がある。ほとんどの著者は，ただひたすら自分の論文が掲載されることを目指して，これらの苦難と大量の改訂の苦痛を甘受し，また特に不平不満を表明することもなく事実上全ての批判とありとあらゆる提案を受け入れていくのである。

　また，ジャーナルの側からは，自誌に掲載された論文を引用するようにという要請がなされることがある。これはそのジャーナルのインパクト・ファクターを高めることを意図した要請であるが，最終的には，その要請に従う

ことが論文採択の条件にもなり得る。

　かくして，ジャーナルは強力な規律的管理体制（Foucault, 1980）として機能しているのだが，その管理の中には（研究成果の提示法に関して）著者がまさにおこなおうとすることを入念に監視することや，執筆と刊行に関わる規範からの逸脱があった場合には，それがどのようなものであれ逐一指摘することによる規格化の両方が含まれている。このように，この管理体制には功罪相半ばする面があり，実際，制約的であるとともに，他方である意味では生産的でもある。全体としては，品質を向上するための要素が最も顕著であり，またジャーナルもある程度の革新や斬新さは奨励するし，それを要求してもいる。

　確かに，論文は，多大な時間をかけてなされるおびただしい回数に及ぶ査読や改訂から一定の恩恵を受けることにはなる。しかし，著者が査読者たちの要求をほぼ完全に受け入れ，また多かれ少なかれ関係者全員を満足させなければならないという点に関する，ますます事細かな内容を含むようになっている期待は，むしろ論文の質を台無しにしてしまうことがある。特に我々が本書で提唱してきたような研究の理想に照らしてみれば，そのような意味での逆効果は明らかである。

　独創的なアイデアを発展させ，独自の考え方を追求しようとする試みは，議論の内容の全てを特定の下位領域における先行文献で既に言われていることに基礎づけるべきである，という要求によって阻止されることが多い。原則論としては，これらの両方を達成することも不可能ではないはずである。しかし，通常は，時間，労力，知的関心の焦点，論文の字数などにはおのずから制約がある。そのような状況で，一方に，論文の全ての内容が文献，データ，方法論等に関するルールに忠実に従っていることを要求するような規範を置き，他方には想像力に富んだ斬新的な研究の企てを置いた場合，両者のあいだには当然のことながら矛盾が生じることになる。

　実際，より想像力に富んだ研究論文を目指す場合には，既存の研究を徹底的に詳しく検討することなどよりも，むしろ大幅な裁量の余地があることが必要になってくる。特に，投稿された論文と先行研究との関連をより密接なものにすることを目的としてなされる，投稿された論文のアラ探しが中心になっているような査読プロセス，あるいはまた査読者および編集委員のコメントを遵守させることを重視する現在の慣行は，斬新で挑戦的なアイデアの開発を奨励するのではなく，むしろ漸進主義的な研究を生み出すことにつな

がる可能性の方が高いだろう（Bedeian, 2003, 2004; Tsang and Frey, 2007）。要するに，規律的な権力が厳格に行使されている場合には，創造的で挑戦的な研究や知識の貢献が促進されていくことなどはあり得ないのである。

研究者としてのアイデンティティの形成

　上記の制度的条件と専門家集団の規範は，研究活動のあり方や研究成果が学術文献という形で報告される際の方法に関する支配的な規範的統制力として実際に多大なる影響を及ぼしてきた。学術界における長期にわたりまた広範囲に及ぶ社会化体験を通じて，ほとんどの研究者はそれらの規範と条件を内面化し，**ギャップ・スポッティング的なハビトゥス**［性向］（Bourdieu からこの用語を借用している）と呼べるものを身につけていくことになる。また，このハビトゥスに従うことによって，我々自身がその支配力を再生産し，他の人々にもそれに従うことを余儀なくさせる。かくして，我々は，ギャップ・スポッティングに対して，社会現象を対象とする研究においてリサーチ・クエスチョンを作成し理論を発展させるにあたって採用すべき，妥当ないし「適切な（right）」方法という地位を付与することになる。言葉を換えて言えば，我々は漸進主義的なギャップ・スポッティング研究を実践する「ギャップ・スポッター」になるのである。

　このギャップ・スポッターとしてのアイデンティティは，さらに，社会科学の研究者たちは，多くの場合，論文を「適切な」ジャーナルに定期的に掲載しなければならないという要請を非常に真剣に受け止めているという事実によって強化されることになる。実際，少なくともこれは，学会大会やその他の交流の場において，研究者同士で交わされる会話の中で話題として頻繁に取りあげられる事柄である。そのような際に研究者たちは，論文刊行に関するプレッシャーを感じていることについて話し合っている。また論文刊行がうまくいかなければ，在籍しているスクールのランクが一段階ないしそれ以上下がったり，テニュア（終身在職資格）を取得できなかったり，論文を着実に発表している場合に比べて昇進が順調に進まなかったりする可能性があるかも知れないのだと言う。

　多くの研究者にとっては，論文掲載についての期待に対するこのような受け止め方はごく自然かつ自明なものになっている。実際，多くの［社会科学系の］分野の研究者が目指しているのは，斬新で挑戦的かつ実践的な意義の

ある研究を志す真の意味での研究者になることなどではない。彼ら・彼女らはむしろ，できるだけ多くのジャーナル論文を製造することを切望する，それぞれの下位領域におけるギャップ検出作業のスペシャリストになり果てているのである。その人々にとってのアイデンティティの拠り所は，独創的な知識や学術的知に対する独自の貢献などではない。むしろ，どれだけの本数の論文をどのジャーナルに掲載できたかという点が主たる関心事項なのである。「私はどのような者であるか？」という質問に対しては，「私はどこそこのジャーナルに論文を掲載した者である」という回答が増えている。

　このような形でのアイデンティティ形成のあり方を示す兆候は，ジャーナルにおいて著者自身が自分のプロフィールを紹介する際の記述の内容にも頻繁に見られる。ここでは，多くの者がまず大学などの所属機関の名称を挙げてから，次にこれまでどのジャーナルに論文が掲載されてきたかという点を強調する。論文の掲載先は，アイデンティティ・マーカー［アイディンティを識別するもの］として明らかに中心的な位置を占めるようになっているのである。どこに論文が掲載されたかという点にもとづいてアイデンティティを構築することによる特に深刻な影響は，Willmott（2011）が「ジャーナリスト・フェティシズム」と名付けたものに容易に結びついていく可能性があるという点に表れている。つまり研究者は，実際の研究が果たし得る貢献よりも論文の発表媒体に関心を持ち始めてしまうことになるのである。

　このように，アイデンティティ・マーカーおよびキャリアアップの手段としてのジャーナルへの論文掲載を過度に偏重するという，やや病的とも言える風潮は，研究者をさらに，漸進主義的なギャップ・スポッティング方式を採用するような方向に向けて駆り立てると同時に，より真正な意味での学術研究を軽視するように仕向けていく。本来の学術研究の場合には，本来，広い範囲の文献を渉猟し，かつ広い範囲のアイデアに通じるとともに，それらに対する関心を持つことが必要になる。

　それとは対照的に，Barnett（2010）が痛烈に指摘しているように，現在では，研究室にいるところを同僚に見られた時に本を読んでいる姿を見られると，恥ずかしくて罪を犯した気分になってしまう場合すらある。つまり，本などを読むのではなく論文を書くことが想定されているのである。同じように，Gabriel（2010: 762）は，彼の同僚の大多数が「ほとんどの場合，論文はアブストラクトの部分に目を通すだけにして，詳細な議論を注意深く理解しようとするためにはそれほど時間を費やしてはいない」と指摘している。

「その点からすれば、どうやら多くの者にとっては、（査読評を書くという目的のために論文を読み込むという明らかな例外を除けば）読むことは書くことに比べてそれほど重要ではなくなったようなのである」(2010: 762)。これは、研究者が同じ領域の［論文］執筆者に向けて論文を書いているという可能性に結びついていく。また、その読者候補として想定されている執筆者たちもまた、「それが何であれ、自分自身の論文執筆計画に役立つものに目を向けていく」ことにのみ関心があるのである。

　もっとも、ここではあまり誇張しすぎないことも大切である。以上で挙げた観察内容は主としてビジネススクールに関するものであり、それらは必ずしも社会科学の他の分野で起こっている傾向を代表するものではない。実際、全ての学問分野と全ての個人が、上で解説してきた程度にまで狭い料簡の手段優先主義的な対応を示しているわけではない［手段優先主義 (instrumentalism) ＝研究活動を学術的知識の向上それ自体を目的とするのではなく、安定したポストの確保やキャリアアップの手段として考えるような傾向］。

　同じように、上で述べてきた批判の内容に関してもあまり誇張して一般化しすぎないことが重要である。適切なジャーナルで論文を刊行するということは、好奇心、開放性、リスクを冒して挑戦する覚悟や想像力と創造性を発揮しようとする意欲などを含む、幅広い学識や強い知的関心と本質的な点で矛盾するというわけではない。ジャーナルは実際に学術的な貢献を要求するものであるし、ランクの高いジャーナルは、論文を受理して刊行する際には、少なくともある程度の創造性と斬新さを要求することが少なくない。もっとも、それらの特徴を持つ全ての投稿論文が現在のジャーナルが設定する刊行基準に合致して受理されるとは到底言えない。また、そのような創造的な論文と定期的に一流ジャーナルに論文を刊行するという要件とのあいだの相性は必ずしも良いものだとは言えない。多くの知的な企てには何かもっと広いものが必要なのであり、それは標準的なジャーナルのフォーマットには容易に適合しないのである。

　もしかしたら、本書で描いてきたような、もっぱら狭い範囲に焦点を絞った、漸進主義的で退屈な論文の掲載だけを許可するジャーナルによって飼い馴らされ、それによって相応の報酬を与えられている手段優先主義的でご都合主義的な研究者の姿というのは、社会科学におけるある種の学問領域や研究分野については当てはまらないのかも知れない。しかし、たとえそれが事実だとしても、その一方で、真剣な検討が必要となるような憂慮すべき兆候

や実例が大量に存在していることもまた紛れもない事実なのである。第1章でも述べたように，この30年ほどのあいだ，社会科学と自然科学の両方で，創造的破壊を含むような真の意味で重要な研究が発表されることはますます稀になってきている（Park et al., 2023）。

問題は次の2つの要素から構成されている——(1) 現在のジャーナルのフォーマットは必ずしもあらゆる種類の研究内容と研究上のスタンスにとって適しているとは限らない，(2) 専門家のあいだで現在共有されている規範は，漸進主義的なギャップ・スポッティング研究をあまりにも優先しすぎている。この2つの要素があいまって，「本物の」研究者ではなくジャーナルへの論文掲載を得意とするテクニシャンが続々と生み出されてきたのである。特に，非常に狭い範囲の対象しか眼中に無い手段優先主義的なアプローチというものがその顕著な特徴になっている漸進主義的なギャップ・スポッティング研究は，問題化や既存の前提に対する挑戦とは完全に真逆のものである。それによって，斬新かつ影響力のある研究などはほとんど不可能になっているのである。

一般的には，より画期的な研究には，研究者がより長期的な視点でリスクの高いプロジェクトに取り組むことが求められる。その場合，研究者は「幅広い既存の知識に取り組むことが必要になるはずなのだが，……その要件を満たすのは時間が経てば経つほど難しくなってくる。ごく狭い範囲の知識に依存することは，確かに個人のキャリアにとってはプラスになるだろう。しかし，一般的な科学の進歩に結びつくことはないのである」（Park et al., 2023: 143）。

細分化され狭い範囲に焦点が絞られたギャップ・スポッティング的な研究スタイルは，社会科学系の研究者が，査読プロセス，昇任人事審査委員会，キャリアアドバイス，パブや学会での会話などを通して，互いに他者や自分自身のアイデンティティに関する規制（Alvesson and Willmott, 2002）を実施し，「トップジャーナル」（のみ）への論文掲載を自明のものとし，また規格化することによってさらに強化されることになる。

ジャーナルという発表媒体を過度に重視することは，一面では，より面白い論文が生み出される可能性を損なってしまう傾向をもたらすことになる。実際，我々はどうやら，研究者コミュニティの一員として，研究者のアイデンティティ形成における重要な要素として，ギャップ・スポッティング的な行動スタイル——学識を重視するスタイルではなく——を助長してきたよう

なのである。幅広い範囲の知的資源を活用したいと思い，またそれに見合う
だけの能力があり，かつ想像力に富み挑戦心に溢れた研究者というのは，き
わめて稀にしか存在しない。少なくとも，トップジャーナルに著者として名
前が出てくる人々の場合にはそのような点が指摘できるのである。これは研
究者の採用方針に関わる問題でもある。ほとんどの分野では，本当に才能が
あり創造的な人材が払底している。学識的なマインドセットを持つ人材が不
足気味であるのは，主として社会化の結果である。理論，方法論，論文執
筆，知識への貢献などに関して特定のアプローチを身につけることが重視さ
れているために，研究者は狭量で想像力に欠ける人材になりがちであり，自
己中心的にすらなってしまうのだ。

学者 対「ブロートゲレアーテ」[2]

　独創的な研究が不足する背景として外的な条件——例えば，現代の管理シ
ステムや組織構造の性格あるいは専門的規範のあり方（それらの中には大学
教育・研究の一般化と大衆化に伴って生じているものも含まれている）——を挙
げるのは容易である。しかし，我々は，社会化による影響とは別個のものと
して，それら外的要因にはそれほど左右されない，より「実存的」な性格を
持つ幾つかの事柄についても考慮することが重要なポイントだと考えてい
る。それらの事柄は，人にとっての基本的な原動力に関するものであり，
「外部」からのインプットやアイデンティティの原動力にはそれほど刺激を
受けない（少なくとも容易に影響は受けない）。

　これについては，18世紀の［ドイツを代表する］詩人，作家，学者であっ
た Friedrich Schiller が，イエナ大学の歴史学教授としての就任特別講演の
中で的確に表現している。Schiller は2種類の学者を区別したのである。つ
まり，「ブロートゲレアーテ（Brotgelehrte）」（直訳すれば「パンによって養わ
れている学者」）と「デア・フィロソフィッシェ・コップフ（der philoso-
phische Kopf）」（哲学的なマインドまたは精神）である（Schiller, 1789）。

　Schiller にとって，哲学的精神は［ゲーテが戯曲『ファウスト』で描いた］
ファウストの理想に似ており，「常に新しく，また美しい思考の形式を通し
て，……卓越性の高みを目指していく」（[1789]: 257）。それとは対照的に，

　2　このセクションは，Alvesson, Einola, Schaefer（2022）を元にしている。

ブロートゲレアーテは「名声の獲得を目指すちっぽけな欲望」を満たすことに執着しており，「自らのパンの糧となっている学問におけるあらゆる進歩は彼を動揺させる（中略）。というのも，それは，彼にとってより多くの仕事を予感させるだけであり，あるいは過去の蓄積を無に帰してしまうからである。また，あらゆる重要な革新は彼を怯えさせる。彼がそれまでのあいだに苦労して獲得した古い学派の形式を無残にも打ち砕くからであり，また人生を通して積み重ねてきた努力の成果を失ってしまう危険にさらされるからでもある」（［1789］：255）。

　200年以上経った今でも，Schillerの講演とその痛烈な指摘には的を射ているところがある。むしろ現在は，これが恐らくはかつてないほどに適切だろうと思えるほどである。我々は，「哲学的精神」か「ブロートゲレアーテ」のどちらかになることを選ぶのだろうか？　それとも，どちらかのタイプになるように仕向けられているのだろうか？　あるいは，さまざまな動機，アイデンティティ，文化的規範，その時々の状況，キャリアステージ，構造的な要因などに突き動かされて，これら2つのキャラクターのあいだを右往左往しているのだろうか？

　［真の］学者は，関心のある現象の性格について積極的に考え，新しい角度から世界を見ようと努力し，理解と分析の枠組みについて再考を重ね，データを注意深く精査し，既成の発想に対して果敢な挑戦を試みる。一方，ブロートゲレアーテは，手段優先主義的な志向を持ち，何を研究すべきか，あるいはどのように研究を進めるべきかという問題に対して「内閉的なマインドセット」で臨む。彼らは既存のシステムをどのように利用するかについて承知しており，またそれを維持することの方に関心があるのである。彼らにとっては従来の慣習や習慣が全てなのであり，外部からの圧力や期待に応えることが優先事項になっている。結局，ブロートゲレアーテは，自分のキャリアに関わる特定の目標を達成するために，慣れ親しんだ道を進んでいくことの方を選ぶのである。

　現代のブロートゲレアーテは，規範的な管理主義者の理念の影響を強く受けている。すなわち，世渡りに関して適切なカードを切ることで出世コースを着実に歩んでいき，優れたKPI（Key Performance Indicators：主要業績評価指標）（つまり，Ａリストのジャーナルへの論文掲載）を達成することで大学の執行部を喜ばせ，効率の良い研究戦略を選択し，もっぱら業績管理上の良好な評価とそれに見合った報酬を得ることに力を注ぐのである。このような

ブロートゲレアーテ的な戦略を支持することで得られる短期的な成果は，適切な業績上の数値を世に示すことに躍起になっている大学（あるいは少なくとも大学の経営陣）にとっても少なからぬ利益をもたらすだろう。

　しかしそれは，学術界，そしてまた，漸進的な知識上の貢献だけでなく「真の」知識の貢献から利益を得るはずの社会のある部分にとっては壊滅的な打撃となる。研究者の多くは評価されることを欲しており，またそれにともなう何らかの報酬から現実的な利益を得ていることもあって，彼らにとって，本当の意味での知識の貢献がもたらす成果はそれほど明確なものだとは思えないだろう。しかし，現在のような手段優先主義やアウトプットの最適化を目指す傾向が支配的である状況は，豊かで前向きな職業生活のあり方とは相矛盾するものである。そのような職業生活は，本来，研究や教育における価値ある有意義な知識貢献を含んでおり，個人的なキャリアや大学経営者だけでなく，学術コミュニティや社会全体に対しても利益をもたらしてくれるはずのものなのである。

　一方，ブロートゲレアーテは，「曖昧なところがあるデータについては本来もっと深く掘り下げて検討していく必要があり，また，実は，そのようなデータの中には新たなアイデアを触発する可能性が潜んでいるかも知れない」というような考え方については，それを単に無視してしまう。また，より洞察力のある枠組みが存在していて，それを適用したり発展させることができるかも知れない，という可能性について深く考えたりなどはしない（Rorty, 1989）。他方で，彼らは，どのようなタイプのデータの場合でも，それを確立された枠組の中に押し込めて分析できるような方法を見つけることに躍起になっている。したがって，分析結果が不確かだし時間もかかって，しかも華やかなところもないフィールドワークなどには取り組まずに済むようにするために，ますます多くの論文を量産していくことに励むだろう。

　ブロートゲレアーテは，したがって，そのような種類の研究を実施してその成果を論文として発表するために，単に既存の前提，学問的慣例，研究上の定番的なレシピを再現することなどで充足しているのである（Mills, 1959）。物事の複雑さは回避され，知識のアウトプット［としての論文やその他の文献］は，昇進や地位，自尊心にとって役に立つ商品として見なされる。しかし，それは，研究課題について丹念に再考を重ねる知的な努力などしたくもない，という問題でもあることも多い。つまり，この点に関しては，手段優先主義というだけでなく，野心的な知的態度の欠如もまた深刻な

問題なのである。

　優秀な学者であっても，Schiller が掲げるロマンティックな人物像に完全には沿えないと思う人々がいるかも知れない。しかし，ここで重要なのは，むしろ情熱と結びついた知的な関心と野心である。つまり，この意味での「学者（scholar）」というのは，必ずしも「グレート・マインド」や学問的な意味でのスーパーヒーローである必要はない。むしろ，強い知的関心に突き動かされ，オープンマインドであり，何か他の目的を達成しようとする手段的な動機よりも内発的な動機づけに駆られて何かを見出そうとする人のことである。彼らは，［その範囲内で研究を続けていれば］安楽な研究生活ができるような既存の枠組みから踏み出していくことにむしろ関心を持っているのである。

　今述べたような意味での学者にとって，前提に挑戦することはごく自然なことであり，また，彼らはそれを自分にとっての重要な関心事，つまりチャレンジするに値する事柄だと考えている。Schille 派の学者も，あるいは前提に挑戦することを目指す研究者の場合も，彼らに共通する顕著な特徴になっているのは，偏狭な学問の枠組みから脱却し，根本的な考え直しをおこなって飛び抜けて斬新なアイデアに挑戦しようとする心意気なのである。

　もっとも，これは，学問的野心が常に全開であり，またそれがいつもうまく機能しているというような意味ではない——恐らく全ての人々にはブロートゲレアーテ的な契機があると思われる。しかし，知的コミットメントというのは，本来，「前提に挑戦的することを（強く）支持する」はずである。しかし，実際問題としては，完全にブロートゲレアーテ的な論理の外側にいる者はほとんどおらず（また逆に言えば，その論理に完全に支配されている者が存在するわけでもない），その論理は，ほとんどの研究者のアイデンティティや仕事のやり方に対して，多かれ少なかれ何らかの影響を与えている。本書の著者である我々も，確実にその種の論理からの影響を受けていると言える。しかし，ある者にとっては，真に学術的な研究はより中心的な位置づけを持つ活動になっており，また，理論や前提，特定の語彙を単に再現するのではなく，むしろそれらを超越しようとする絶えざる意欲が，時として明らかな結果をもたらすこともあるのである。

専門家集団の規範，制度的条件，研究者のアイデンティティ形成
——3つの要因間の関係

「システムの犠牲者」という説明の仕方

　制度的条件，専門家集団の規範，研究者のアイデンティティ形成のあいだの相互作用は，これらの三者が渾然一体となっており，そこから脱却するのが非常に難しい緊密なシステムを形成していると見ることができる。したがって，議論の1つの方向性としては，漸進主義的なギャップ・スポッティング型の研究が席捲することになった背景にある，前述の主要な3要因間の関係，そしてまた，それらが相互に強化しあうことによって生じる効果について強調してみることである。

　大学等の機関や組織はランキングを重視し，ジャーナルと研究者は成功を目指し（さもなければ，経済的な面でも象徴的にも深刻な事態に直面することになる），各種のランキングにおける順位の上昇にひたすら努めている。また，研究者のアイデンティティに関わる実践は，ランキングと差別化に囚われている。つまり，優れた研究者であることは取りも直さずAランクのジャーナルに論文が掲載されることに他ならず，研究者は自分の論文がその種のジャーナルに掲載されるためであるならば，たとえそれがどのようなことであってもやり遂げなければならないのである。Aランクのジャーナルに論文が掲載された者は通常「より優れた」学者として見なされるので，他の者もそれらの研究者に追随してそのやり方を見習う。また，そのパターンから逸脱したり結果的に失敗してしまった場合は，経済面および象徴面でダメージを被ることになる。つまり，雇用，キャリア，地位，自尊心がリスクにさらされる可能性が高いのである。

　ほとんどの研究者の場合，そのような厳しく統制されたシステムのもとでは，何年もかけて真の意味で革新的な内容を含む研究書（あるいは一連の論文でさえ）を書くことなど事実上不可能になる。実際，20年ほど前までは刊行されていたような革新的で影響力のある著作は，今日では滅多に見られない。我々自身の分野である組織研究について言えば，1970年代，1980年代，ないし1990年代初頭に刊行されて広く読まれ，また尊敬の対象であった一連の研究モノグラフと同じ程度の影響力と重要性がある書物が刊行されることは，今では滅多に無い。一方で，30～40年前に比べれば，まがりなりにもこの分野で活動している研究者の数自体は飛躍的に増えているのであ

る。

　「昔の方が良かった」と示唆するような発言については，保守主義やノスタルジアの表れとして一蹴したくなってくる。しかし，現在では，ネガティブで後ろ向きな傾向が確実に観察されるのである。実際，高等教育と研究の一般化と大衆化，業績評価，数値評価，昇進，ジャーナル論文の掲載の基準化といった「合理化プロセス」は，必ずしも，想像力に富み，創造的で，真の意味での変化をもたらすような斬新な研究を促進するような組織文化や学術的アイデンティティの構築を助長するものにはなり得ないだろう。それどころか，研究者の時間，集中力，自己像に対する上からの支配力が強化され，Ａクラスのジャーナルに論文を掲載しようと死に物狂いになって努力する研究者を奨励したり育成することによって，ほとんどの分野においては，学術的なメンタリティを持つ研究者の存立基盤を浸食するような傾向が助長されている。

　今では多くの大学やスクール，特に国際的にトップクラスの高等教育機関は，Ａランクとしてリストアップされたジャーナルに掲載された論文数を基準にして教員を処遇するようになっている。したがって，この一次元的なモノサシで測定された業績が思わしくないという場合には，研究者はキャリア展望に加えて自尊心という点でもリスクを抱えることになるだろう。多くの研究者は，そこそこの程度の成功を収めるのにさえ苦労している。

　また，大学による業績管理と研究費配分の方針次第では，定期的にジャーナル論文の刊行実績が示されていない教員については，授業負担が増加し，学会参加のための旅費・滞在費や図書費が減らされるなどという深刻な事態になる可能性がある。そのような場合，野心的な研究をおこなうために必要となる十分な時間や資金的援助を見つけるのは難しくなってしまうだろう。また，同僚たちも失望するかも知れない。というのも，十分な本数のジャーナル論文がないと，大学ランキングでの自校の順位が下がってしまったり，もっと端的に言えば，その大学がＢランクやＣランクの高等教育機関であり，もはや「大学」と呼ぶに値しないと見なされる可能性すらあるからである。

　研究者は多かれ少なかれ，これほどまでに厳しく規制されたシステムの中で生き残るために，高度に専門化された分野で漸進主義的なギャップ・スポッティング型の研究に従事することを余儀なくされるようになる。そのような状況では，複雑な面があまり無く，リスクも少なくて「着実な成果が見込める」研究が一般的になってくる。

社会科学の領域では面白くて影響力のある理論が不足気味であるという点に関する，以上のような「システムの犠牲者」的な説明の仕方は，直感的には理解しやすいものである。しかし，それは部分的な説明でしかないし，また多くの高等教育機関における「システム」はそれほど厳しくもないし制約もさほど強くはない。また，日常的な会話では頻繁に不平が出てくる割には，実際にはこの「邪悪な」システムに対する抗議が滅多に見られない，というのも不思議と言えば不思議に思える（このような管理体制に対抗するための抗議運動を効果的な形でまとめていくことは困難である。これは1つには，このシステムに対する代替策を提案するのが難しいということであり，また体制に同調しない者は相当程度の不利益を被る可能性があるためでもある。Sauder and Espeland, 2009 を参照）。

　たとえこの体制が望ましくないものだと言うことは分かりきってはいたとしても，このような状況は今後も続いていくと思われる。その理由の1つには，現在のような体制に囚われている人々が多かれ少なかれ自発的にそれを再生産しているということがある。また，現状の変更に対して消極的な態度を示す「勝者」が少なくないという事実も重要である。Starbuck（2006: 94）が指摘したように，その種の不条理な状況が続いているということは，ほとんどの場合，「誰かがそのような状況で利益を得ているからなのである。それにしても一体，知識が前進していないという事態によって得をしているのは，主にどのような人々なのだろうか？」。

　上で述べてきたようなモノサシで測った場合に，一方の端である成功の極に位置づけられる研究者や高等教育機関の多くは，このような不条理な状況の恩恵を受けていると考えることができる。現状のようなシステムであれば，大学の経営陣や学部長たちは，教員の研究成果をコントロールしたり監視したりするための強力な道具を手に入れることができる。また，トップクラスのジャーナルは，インパクト・ファクターを高めることで，より多くの投稿数を達成し自誌のステータスを高めることができる。一部の成功した研究者について言えば，キャリアアップできるし学術コミュニティ内での地位も上昇し，権力を振るうことができるようにもなる。博士課程の大学院生やテニュアを得ている出世志向の教員に対しては，今後の自分のキャリアをどのように管理していけば良いかという点に関する明確なルールが示されることになるし，それによって彼ら・彼女らの不安は軽減されるかも知れない——少なくとも投稿論文の査読評を受け取るまでは，なのだが。

一方では，特に，目覚ましい成功を治めることができていないスクールの研究科長の場合には，論文の刊行を偏重する体制によって自校の低い地位がさらに強調されてしまいがちだということになる。したがって，地域社会にとって有益な研究や社会政策など，［論文刊行以外にもあるはずの］社会的な意義がある他の課題に対して十分なエネルギーを振り向けることは難しくなってくる。というのも，それらの活動はトップクラスのジャーナルにおける論文の掲載や一流の出版社での研究書の出版に結びつくことは滅多に無いからである。また，成功した研究者が在籍している場合，学部長や研究科長は学部やスクールの運営に際して困難を覚えることになるかも知れない。というのも，「スター（花形）」的な研究者は，その実績によって強力な権力基盤を獲得しており，学部長や研究科長の指示に従わない場合があるからである。これは，ブロートゲレアーテ志向の成功者がいる学部にも当てはまるであろう。もっとも，このような学者たちは経営管理体制の側についており，報酬額をベースとする大学の経営システムとは大抵の場合うまくやっていけるだろう。

「システムの当事者」という説明の仕方

　以上では，3つの要素（制度的条件，専門家集団の規範，研究者のアイデンティティ形成）が，全体として，相互に緊密な形で結合されたシステムを構成しており，それが社会科学系の研究者を（被害者ないし受益者として）漸進主義的なギャップ・スポッティング型の研究をおこなうことを余儀なくしている，とする見方について説明した。しかし，それよりも決定論的ではない視点や，3つの要素のあいだには以上で解説したよりも緩やかな関係が存在している，という見方を提示することもできる。実際，政府や大学当局自体としては，特定のタイプの研究に特に執心しているわけではない。

　彼らは恐らく，偉大な革新的成果や影響力の大きい研究が示されれば，それがどのようなものであれ相応に高く評価するだろう。たとえ業績の刊行数が（若干）少なくなっても，それなりの評価を与えるだろうとも考えられる。しかし，それ程深い知識があるわけでもないので，彼らにとってもっぱら関心があるのは，出資した資金に見合うだけの実績が達成されること，資源の配分が得られること，そして納税者が提供してくれた税金を合理的に管理しているという印象を外部に与えることなのである。

　当然ながら，これら全ての関心は正当なものである。資源は無限ではない

のだし，研究者の能力や生産性の違いを考慮に入れないで資金や資源を全ての研究者に対して広く薄く配分することを避ける，というのは確かに重要なポイントである。説明責任を果たすことは研究者にとっても重要であり，また研究をおこなう全ての者が価値のある知識を生み出せるわけではない，という点について認識しておく必要もある。ここ数十年のあいだに高等教育は大幅に拡大し，また，研究成果に対する社会的な注目も高まっていった。これらの動向によって，研究を生み出そうとしている人々の数に比べて，彼らの努力の成果である学術文献を読んでそこから何かを学ぶことに興味を持っている人々の数は相対的に増大することになった。この相対的な比率の変化は，知識の生産者ないし論文の著者にとって，ますます不利な状況を生み出している。

　ここでもし仮に，各種の専門家のグループが，既存の前提に対して挑戦するような研究をより高く評価する一方で，ひたすらコンセンサスを求めて先行文献に対する追加的な情報の提供を目指すような研究は低く評価するということを決意したとする。そのような決定は，「納得のいくやり方で資源を活用する」という規制機関が重要だと考えている目標にも，また，「大学，学校，研究グループの研究業績を評価するための何らかの指標を設定する」という目標にも矛盾するわけではない。

　例えば英国では，［研究評価事業の］審査委員会は研究者で構成されており，彼らは高等教育機関を評価するにあたって大幅な裁量権を持っている。同様に，ジャーナルの編集委員も，特定のジャーナルがどのような刊行方針を採用すべきかを決める上で幅広い裁量権を持っている。したがって，彼らは，単なる漸進主義的なギャップ・スポッティング型の研究ではなく，むしろ想像力に富んだ研究を奨励するような方向での論文の刊行方針を策定できるはずなのである。

　恐らくさらに重要なのは，ほとんどの研究者には，自分自身のキャリア形成に関して相当程度の裁量の余地を持っているはずだという点である。例えば，全ての研究者が超有名大学でテニュア（終身在職資格）を獲得しようと思っているわけではない。また，そのような願望を持っている者の場合であっても，「必要なことであれば何でも」おこなうように仕向けるプレッシャーにさらされるのは，テニュアを獲得する（あるいは他の大学に移籍する）以前の比較的短い期間なのである。

　研究に積極的な研究者の場合，在職中のほとんど全ての期間にわたってテ

ニュアを保証されており，また，多くは，雇用契約の中で多かれ少なかれ研究に専念できる時間を保証されている。（昔と比べてテニュア制度が弱体化しているとは言っても，ほとんどの［テニュアを獲得した］研究者にはかなりの雇用保証があり，特に上級研究者として認められている人々の場合はそうである。また，多くの国では，大学教員の雇用保証は依然として非常に良好である。）また，十分に勤勉で才能がある研究者の中には，それほど多大な労力を費やさなくても必要最小限の刊行点数を達成できるし，またより革新的な研究に多くの時間を費やすことができるはずの者も少なくない。したがって，時折耳にする，次のような不平はそれほど説得力があるものではないのである——「私は特定の種類のジャーナルに特定のやり方で論文を掲載しなければならない，そうでなければ，授業負担が増えるし給料も上がらない。それに，学部長による評価が低くなって昇進が遅れるかも知れない」。

　実際には，先に解説したトップダウン的な説明の論理を逆転させて考えてみて，制度的な仕組み——ランキング，研究助成の方針，大学管理者側からの業績達成に向けたプレッシャー——がプロセス全体を下方向に向けて作動させているのではなく，一連のプロセスはむしろそれとは逆の方向で展開している，と主張することもできる。事実，我々研究者こそが，著者，査読者，編集委員，ジャーナルを運営する学協会のメンバーとして——その意思決定の方法と優先順位の設定を通して——規範を確立したり改訂したりし，またジャーナルのあり方を決めているのである。それが恐らくは，大学や専門機関が実際に評価をおこなう際に，その評価法に対して最も大きな影響を与えているのであろう。個人ないし集団としての研究者は，研究がどのようにおこなわれるべきかという点や，どの研究を質が高いものと見なし，またその成果が論文として刊行されるべきか否かを決める上で重要な役割を担っているのである。

　こうしてみると，最大の問題は，よく言われているような「書き手は善良なのに評価者はそうではない」と言うようなことではない。むしろ，（我々自身である）書き手は，（我々自身である）編集委員や査読者と同じ程度に邪悪なのである。つまり，「彼ら」と呼ばれているのは実は我々自身でもあり同じ人間なのである（もっとも，Gabriel（2010）が指摘するように，査読者のダブルバインド的な立場が人々［＝我々］のあいだに最悪の事態をもたらすことがあるのかも知れないのだが）。

　このように，我々は自分たち自身に対して協同的統制（concertive control）

を行使しているのだと考えることができる。つまり，我々は自発的に独自の制約的な（かつある意味では誘惑的な）ルールと規範を構築し，本来は持っているはずの裁量権を自ら進んで放棄しているのである（Barker, 1993）。結局のところ，誰が研究論文を書き，誰がそれに対してフィードバックを提供して書き直しを指示し，どの論文や本を刊行すべきかという点や論文がどのような体裁のものであるべきかについて決めているのだろうか？　我々全員がそうしているのである。研究者として，我々は自分たち自身のジャーナルのあり方について決めている。また，そのような我々の行為が大学やジャーナルのランキングやその他諸々の事柄を決定している。つまり研究者である我々は，全体として，優れた研究に関わる規範の内容について管理し，したがって間接的にかなりの程度まで，政府や他の機関の政策が研究活動に対して及ぼす影響のあり方を規定し，歪め，あるいはまたそれらの政策について独自の解釈を加えているのである。

　もちろん，我々が個人として持っている裁量には限界があり，また，以上のような状況には，構造的な要因と主体的な行為能力とのあいだの複雑な関係性が関与している。実際，制度化された仕組みはそれ自体が再生産されていく傾向が強いものであり，確立されたゲームのルールに対してボトムアップ的な形で変更を加えていくのは必ずしも容易なことではない。同じように，例えば定量的な指標を基準にした業績評価にもとづく研究資金の傾斜配分の例に見られるような集中的な研究助成政策は，学術界のあり方に対して劇的な影響を及ぼしていくことがある（Adler and Harzing, 2009）。

　もっとも，特定の機関や政府の政策それ自体は，必ずしも独創的でコンセンサスに対する挑戦を含む研究——生産性が高いものであればだが——に対する差別的な扱いに結びつくものではない。また，コンセンサスに挑戦するような研究は，それをおこなう上で，必ずしも単にコンセンサスを確認するだけの漸進主義的なギャップ・スポッティング型の研究に比べてより多くの時間がかかるわけでもない。しかし，もし研究の手続きに関わるあらゆる技術的な問題を適切に処理することが強調されており，しかもそれがギャップ・スポッティング的な厳密性の要求に結びついているような場合には，優れたアイデアを思いついてそれをさらに発展させることは容易ではないだろう。事実，ごく狭い学問の下位領域の動向に精通することと，多様な文献を読みこなして斬新なアイデアを提案し狭い下位領域の既存の型を打ち破ることを両立させる，というのはほとんど不可能なのである。

以上のような「システムの当事者」という説明の仕方が示唆しているのは，研究者がそれを欲し，またその勇気がありさえすれば，社会科学を，それが本来たどるべき軌道に戻すことができるチャンスは豊富にある，ということである。以下では，具体的にどのような形で，研究活動のガバナンス，専門家集団の規範，および研究者のアイデンティティ形成に関わる制度的な仕組みを変えていけば，現在見られるような，面白くかつ大きな影響力を持つ研究が不足気味であるという深刻な事態を改善していくことができるか，という点について論じていく。

社会科学を本来の道に戻す
——革新的で影響力のある研究を奨励していくための方策

今では，ほとんどあらゆる場面において「『高品質（ハイ・クオリティ）』のジャーナルに継続的に論文を掲載すべし」という主旨の要請が見られるようになっている。この事実は，本来は多くの社会科学者にとって最も重要な目標であり，また社会科学にとっての究極の目的でもあるべきもの，つまり，「組織や社会にとって意味のある独創的な知識を創造し生産していく」という目的を見失ってしまっているかあるいは極度に軽視してきたということを意味する。言葉を換えて言えば，本来最も重要なのは論文の生産それ自体ではなく，重要な意味を持ち，また影響力がある知識を創造し作り上げていくことなのである。学術ジャーナルの刊行は，新しい知識を開発し，その質を保証し，コミュニケーションを促進するための手段なのであり，決してそれ自体が目的なのではない。学術ジャーナルは確かに多くの利点を備えた優れた手段にはなり得るものであるが，本章で強調してきたように，現在，そのシステムは幾つかの点で重大な問題を抱えている。

したがって，社会科学分野の研究を本来の軌道に戻していく上で最も重要な課題は，現在のように論文の生産を重視するような発想から脱却して，理論と社会的実践の両方において顕著な違いをもたらすことができる，より革新的で影響力があるアイデアと理論の生産の側に重心を移していくことなのである。そのような研究を奨励するためには，制度的条件，専門家集団の規範，研究者のアイデンティティ形成のあり方，そして理論開発の方法論について再検討した上で，それらを根本的に作り直していく必要がある。

制度的条件の改革をはかる
政府

　政府が研究活動に対して影響を及ぼうとする際に採用されてきた基本的な方法は，少なくとも，グローバルレベルでの基準を設定してきた幾つかのアングロサクソン系の国では，特定の期間内にAランクのジャーナルに掲載された論文数を基準にした研究評価である。しかし，そのような評価法を学術研究の業績とその質に関する主要な指標として使用することにはさまざまな点で深刻な問題がある。特に，そのような評価方式には，もっぱら漸進主義的なギャップ・スポッティング研究を奨励してしまう傾向があるという難点がある。また通常は，どれだけ他の論文に引用されたかという意味での研究の影響力とそれらが刊行されているジャーナル［のランクや格付け］とのあいだには弱い関係しかない（Adler and Harzing, 2009; Glick et al., 2007; Singh et al., 2007）。Pfeffer（2007: 1342）が指摘したように，論文が引用されている頻度に関する研究が明らかにしてきたのは，「エリートジャーナルに掲載されたものの場合ですら，驚くほど多くの論文は一度も引用されていないし，それよりもさらに多くの論文はほんの数回しか引用されていない」という点である。

　政府は，研究業績を評価するための基準を変更したり基準の幅を広げたりすることによって，上で挙げたような問題の多くを是正する（また本来の学識を重視する研究スタイルを適切にサポートする）ことができるはずである。最も重要な改善策の1つは，研究成果の質を測る指標として**被引用数**をこれまで以上に重視するようにしていくことである。このような変更は，たとえそれによって［論文数という意味での］生産性が低下することがあったとしても，より革新的で影響力のある研究を生み出そうとする取り組みにとっては大きな刺激になるだろう。

　もちろん，被引用数を業績の指標として用いることには，それ相応の問題がある。というのも，被引用数はさまざまな形で歪められてしまうことが多いからである。例えば，実証研究に比べれば，方法論に関する論文やレビュー論文が引用される頻度はかなり高い。それ以外にも被引用数を歪める要因として挙げられる中には，次のようなものがある——自己引用，仲間内の論文を互いに引用しあうような著者たちによる結託，否定的な批評の対象となることが多いために頻繁に引用されている論文，流行のテーマを扱った論文，シンプルで覚えやすい理論，論文の著者やその仲間たちのご都合主義

的傾向等々。言葉を換えて言えば,「我々が引用する際には,その文献の質が高いからとか知的な恩義を感じているからということもあるだろうが,『それ以上に』とは言わないまでも,それらの理由と同じくらいに実用性——自分の見解への傍証,何らかのサイン,顕著性,エビデンス,崇拝——の観点から文献に言及しているのである」(Baum, 2012: 5)。しかし,そのような込み入った事情や不確実性はあるものの,被引用数は,依然として面白くて重要であると考えられる論文の内容について多くのことを語っていると言える。ただし,被引用スコアは,機械的にではなく慎重にかつ批判的な判断を加えた上で使用する必要がある。また,被引用数を使う場合は,それが実際に文献の質と影響の度合いを反映しているかどうか評価することを目的として専門家がおこなうピアレビューによって補足される必要がある。

　政府が,より革新的で影響力のある仕事を奨励するために採用できるもう1つの重要な手段は,**発表媒体の範囲を広げる**ことである。指定されたジャーナルリストに頼り切るのではなく,その代わりに,研究書,研究書の章,実務家向けのジャーナルや雑誌など,他の発表媒体も参考にすべきである。これによって,一流のジャーナルに頻繁に論文を掲載すること（のみ）に重点を置くようなことはなくなり,狭くて標準化されたタイプのもの以外の研究をおこなえる余地が広がっていくだろう。

大学および学部における方針を見直していく

　上に挙げた幾つかの改善提案が採用された場合には,それらが大学や学部における慣行に対しても影響を与えていく可能性がある。例えば,採用,終身在職資格の付与,昇進等に関わる学内委員会は,指定されたジャーナルリストだけでなく,被引用数あるいは書籍や書籍の章などの他の媒体で発表された研究に対してこれまで以上に重点を置いて業績評価をおこなうことができるようになる。

　また,研究者が一定数の論文を発表することが期待される**時間枠があまりにも短かくなりがちである**という点についても再検討をおこなう必要があるだろう。多くの人々が指摘してきたように,研究上の生産性をそのような基準で測定すると,漸進主義的な研究が奨励されてしまうという傾向が出てくる。例えば,McMullen and Shepard (2006) の研究によれば,短かい期間のあいだに特定数の論文を刊行するべきだという強力なプレッシャーは,特にその目標が達成されない場合に何らかのペナルティ（授業負担の増加等）

が課されるようなときには，コンセンサスに挑戦する研究をおこなうことを躊躇させるような方向で顕著な影響を及ぼしていた。そしてその影響は，若手の教員だけでなく，シニアの研究者にまで及んでいたのであった。

　革新的で影響力の高い研究への取り組みを奨励する可能性があるもう1つの方針変更は，狭量な手段優先主義に対抗することである。これは幾つかの方法でおこなうことができる。それには，昇進速度があまり速くならないような制度設計をすることや，称号のインフレーション傾向を抑制することによって外発的な報酬を減らすことなどが含まれる。例えば，称号のインフレーションに対抗する1つの方法は，正教授（full professor）の称号については，論文数を重視して授与するのではなく，むしろ相当程度の学術的貢献を果たした人々のために留保しておくことである。狭量な手段優先主義に対抗するための追加的な手段としては，Aランクのジャーナルに論文が掲載された際に支払われる（かなり高額であることも多い）報償費を一切無くすか減額すること，あるいはまた新規採用，終身在職資格，昇進などに関して判断する際に，研究業績の評価について幅の広い基準を使用することが挙げられる。例えば，研究上のテーマや方法についてバリエーションを設けることを要求し，また発表媒体にもバリエーションを持たせることなどがそれに含まれる。

　社会科学におけるほとんどの分野では，准教授や正教授への昇格にあたって，［論文だけでなく］研究書や，より多くの読者によって読まれる可能性がある展望論文ないし編集委員へのレター（Letter to the Editor: 掲載論文への意見・反論等）などの出版物の刊行実績も評価の際の条件として含めるのが妥当だと思われる。これは，正教授への昇進の場合には不可欠の条件に含めても良いくらいだろう。もっとも，このような基準は，技術な面で専門化した学問分野やその下位分野における慣例に矛盾しているために，人々のあいだや組織の中で問題を引き起こす可能性があるかも知れない。しかし，そのような事態はそれほど悪いことではないとも思われる。というのも，それは，幾つかの分野に見られる過度の専門化や学問上の関心が一面的かつ内閉的になりがちな傾向を抑止する対策になり得るからである。実際，10本以上の論文をジャーナルに掲載した後の段階は，より広い視野で文献に目を通し，考えをめぐらし，自分が属する学問上のサブグループ以外の教養ある一般の人々や研究者にとっても意味のある発言をすべき時期なのかも知れない。

また，漸進主義的なギャップ・スポッティング型の研究が席捲している状況を改善するためには，スクール，学部，および各種の学術団体がトレーニングやワークショップを主催して，自省的で独創的な学術的姿勢を高く評価しコンセンサスに挑戦することを目指す研究スタンスを奨励したりしていくことも考えられるだろう。例えば，研究者をジャーナル論文の執筆者として育成するという従来のやり方に代えて，既存の前提に対して疑問を投げかけることができるようにするためのトレーニングやワークショップの機会を設けたり，クリエイティブ・ライティングや，より広い範囲の聴衆を念頭に置いた論文の執筆，そしてまた研究書の刊行を奨励したりしていくことなどが必要になるだろう。

言うまでもなく，我々は研究成果をジャーナル論文の形で発表するという行為それ自体に対して反対しているわけではない。実際，ジャーナル論文は，研究の質の保証を示す上で重要な指標であり，また学術研究の主要な発表媒体でもある。我々がむしろ強調したいのは，知的作業のあり方についてこれまでよりも多くのバリエーションを持たせ，また，ジャーナル論文の標準的な型に収まりきらないような学術的貢献に対しても発表の機会を与えていくことなのである。

専門家集団の規範について再検討する

上で指摘してきた政府，大学，学部単位でなされる制度的な仕組みの改善以外の点に関して言えば，専門家集団の規範，特にジャーナル論文の刊行に関わる規範についても再検討していく必要がある。先にも触れたように，とてつもなく奇妙なものでありながらも急速に普及していった規範の1つに，〈ある査読者からのコメントが別の査読者からのコメントとは基本的に矛盾している場合であっても，著者は査読者たちが突きつけてくる要求のほとんど全てに従う必要がある〉というものがある。我々の見解は，査読者のコメントをこのような形で杓子定規に受け取って採用することを要求する規範は見直されるべきだ，というものである。

さらに，ほとんどの投稿原稿は却下されるべきであろう。我々は常々思ってきたのだが，あまりにも多くの論文が刊行されており，それはAランクのジャーナルであっても例外ではないのである。その一方で，ジャーナルが**革新的で独創的なアイデア**の質を高く評価していく方向での改善も考えられるだろう（また，そのような基準を適用すれば，その結果としては，現在よりも

はるかに多くの投稿原稿を却下することになる）。その場合，著者に対しては，査読者のコメントを，論文をどう修正すべきかという点に関する厳格な指示などではなく，むしろ論文を改善していくための方法に関して研究者仲間から与えられるアドバイスとして考えるようにさせるだろう。

　当然ではあるが，多くの場合，ないしほとんどの場合は，本当の意味で素晴らしいアイデアが盛り込まれた論文というのは不足気味である。したがって，とりあえず埋めなければならないジャーナルのスペースが存在するという点について考えると，ジャーナルの編集委員たちは，採否を決定するための基準を列挙したリストのようなものを利用したくなってくるかも知れない。そのリストに含まれる要素には，例えば，次のようなものが挙げられるだろう——文章の明確さ，先行研究におけるリサーチギャップの特定，広範な文献レビュー，確立された分析手法の遵守，合理性と厳密性を示す方法論に関する長文の記述，要約的でかなり大量のデータ，学術的貢献についての控えめな言及と「今後の課題」についての呼びかけ等々。そして我々は，このシステムが，漸進的な貢献が含まれる採択可能な研究論文を生み出す上で効果的であるということについてはよく知っている。もっとも，想像力に富む斬新な研究の方により大きな関心があるのであれば，恐らくはアラ探し的なチェックリストを使用することは避けるべきであろう。

　査読者は，「非常に興味深い論文だが……」という風なコメントをした後で不採択の理由を列挙することがよくある。そういう場合は，査読者に対して，その論文を本当の意味で興味深い（面白い）と思っているのか，という点について再考を促したくなってくる。また，査読者たちが本当に「非常に面白い」と思っているような場合には，なぜその論文をリジェクトしてしまうのか，また，なぜむしろ論文の修正を求めないのかという点について改めて考えてもらいたい。

　もう1点，投稿論文を評価するための基準に関して再検討が必要となるポイントは，従来型の**厳密性**の概念である。この基準に従えば，研究者は，先行研究を体系的かつ徹底的にレビューした上で，自分の研究がそれらの文献群に対してどのような追加的な貢献を果たし得るかを示すことが要求される。このような意味での厳密性は，査読プロセスで論文を却下するための主要な基準としてしばしば使用されるものであり，また，多くの場合はそうすることには正当な理由がある。

　しかし一方でそのような基準は，本当の意味において革新的で面白いアイ

デアにとっては不利に働く可能性がある。特に，この種の厳密性は漸進主義的なギャップ・スポッティング研究に関しては重要な意味を持つものではあるが，別の形の「厳密性」（質に関わる基準）を採用する場合には，むしろ既存の前提について確認してそれに対して挑戦していることの方が重視されるべきだろう。言葉を換えて言えば，このような別種の厳密性が標準的なジャーナルの編集方針の一部として採用された場合には，著者に対しては，先行研究の根底にある前提と，それらの前提が研究対象として取りあげたテーマについての理解と概念化をどのように形成しているかという点に関する慎重な検討が要求されることになる。したがって，この「厳密性」の場合には，自省性（reflexivity）というものが重要な要素になってくるはずである（Alvesson and Sköldberg, 2017）。

　同様に，Yanchar et al.（2008: 270）は，そのようなタイプの問いかけと批判的思考をおこなう研究者は，「彼らの理論と方法に対して影響を与えている前提について，可能な限り徹底的に理解しようと努めるだろう。また，それに加えて，代替的な前提に影響を与えている前提についても同様の検討をおこなうのである」と主張した。ここで再び Foucault の議論に戻ると，問題化探求者（problematizer）としての我々の「役割は，効果的かつ真正な方法で問いを提起すること。そして，最大限の複雑さと困難さで，可能な限り厳密に問いを提起することなのである」（Koopman, 2011: 10）。

より学術的なアイデンティティの形成──ギャップ・スポッターから自省的革新者（Reflexive Inventor）へ

　上記のような形で政府，大学，ジャーナルがこれまで採用してきた政策や基本的な方針を変更していくことは，大きな影響力を持つ研究が不足気味であるという状態の改善をはかる上で重要な条件となる。しかし，それだけでは十分ではない。というのも，結局のところ，［研究やその発表の仕方に関して］何をどのようにするかについて決めるのは研究者である我々自身だからである。先に挙げた幾つかの研究やコメントから浮かび上がってくる印象は，ギャップ・スポッティングを得意とする研究者──少なくとも高ランクのジャーナルに論文が掲載されており，したがって「重要視されている」研究者──は，知的で，厳密で，勤勉で，方法論および理論という点で非常によくトレーニングされているだけでなく，その一方では，慎重で，手段優先主義的で，規律優先で，キャリア志向で，衒学的であり，しかも断固として

特定の専門分野に特化している。

　このギャップ・スポッティング的なアイデンティティには，ある程度は避けられない面もあり，またこれまで強調してきたように，否定的な面しか無いというわけでもない。もっとも，それとは対照的な性格を持つ，より真正な意味での学術的な価値観と資質のあり方を提案することもできるはずなのである。つまり，広い視野を持ち，独立心が強く，想像力に富み，リスクを取ることをいとわず，進んで知的な冒険に乗り出していき，しばしば既存の理論的立場に対して果敢に挑戦する，というようなスタンスである。そのためには，一流大学における終身在職資格，迅速な昇進，最も権威のあるジャーナルへの掲載などを最優先事項にするのではなく，むしろ思慮深さとインテグリティ（知的誠実性）を重視し，また実質的な意義がある有意味な研究をおこなっていくことが必要となる。

　これはまた，Rynes（2007: 1382）が *AMJ*［*Academy of Management Journal*］の「経営研究を振り返り将来を展望する」と題された編集委員フォーラムに寄せたエッセイにおける結びのコメントで，研究者は「単にトップランクのジャーナルでもう1本『ヒットを打つ』などということを越えるような，より高次の目的を目指すべきである」と述べながら提唱したものでもある。彼女によれば，論文の掲載ではなくむしろ「我々の論文が我々のイメージ，収入，キャリアにどう役立つかという点に焦点を合わせるのではなく，我々自身が重視しているアイデアに対して関与を深めていく必要がある」（Rynes, 2007: 1382）。つまり，我々にとっては，最早，長期にわたって1つの分野だけに関する研究を続けて，ギャップ・スポッティングと論文掲載だけを目指すような手段優先主義的なサブスペシャリストなどは，これ以上は必要ではないのである。

　むしろ今必要とされるのは，もっと多くの研究者が，広い視野を持ち，好奇心旺盛であり自省的であり，自分自身の理論的枠組みに対してさえも疑問を投げかけた上で代替的な視点について考慮していく意欲を持つようになることである。それらの研究者は，何らかの短期的な利益を失うことになるリスクなどはものともせずに，新しい洞察を生み出すことに対して積極的に取り組んでいく。それは取りも直さず，より自省的で革新的な学術研究のスタイルということに他ならない。そのような「学術研究は，未知のものに立ち向かい，物事に関する理解をそれ自体のために求めるという，我々が人間として持つ，何物にも代えがたい欲求を反映している。それは，新たな観点に

立って考える自由，あらゆる種類の命題について常に変化する観点から見直していく上での自由と分かちがたく結びついている。そして，学術研究はまた，新しいアイデアから生まれてくる特別な種類の知的昂揚感を何よりも高く評価するものなのである」(Bowen, 1987: 269 [Boyer, 1990: 17 に引用])。

　研究者のあいだに自省的で独創的な学術研究の気概を取り戻し，またそれを涵養していくためには，[学術界の] 文化と [研究者の] アイデンティティに関わる各種の問題に対して真剣に向き合っていかなければならない。たとえジャーナルが [論文量産という点での] 技術的な卓越性よりも面白い研究の方を重視する方針を打ち出し，またそれを実地に移すことを決定したとしても，その試みが成功するかどうかは，もっぱらどれだけの数の優秀な研究者が自己および自分自身の研究を今まで以上に学術的な形で定義していくか，という点にかかっているのである。またそれは，学術界に関わる我々全員が取り組んでいくべき課題でもある。それは一面では，日々の活動の中で，研究をおこなう上でのさまざまな選択，自省的な実践，（ギャップ・スポッティングのための手段としてなどではない）研究者仲間とのネットワークの思慮深い形での活用，共同研究などを通して，特定の種類の自己理解を育んでいくことに関わる問題である。それはまた他方では，研究チームのリーダー，博士課程の指導教員，大学の同僚などとして，他者に対して及ぼしていく影響のあり方にも関わってくる問題でもある。

　もちろん，その目標を実現するための方法は数限りなく存在する。ここではそのうちの 1 例だけを示しておくことにする。研究セミナーにおけるプレゼンテーションに関してなのだが，なぜそのような機会にはゲストスピーカーに対して自分の論文について発表することだけを求めるのだろうか？このようなプレゼンテーションには，素晴らしいアイデアが含まれているのかも知れない。しかし，実際には，そのアイデアが注目されることは稀であり，議論が集中するのは，基本的なアイデア（もしあればだが）に関する幅広い観点からの見解というよりも，むしろ研究のデザインやデータの内容，論文の改善点などに関わる事柄であることが多いのである。

　それとは別のやり方として，発表者が現在取り組んでいるアイデアや知的な関心事項それ自体を提示することもできるだろう。何か文章として書かれたものが議論を活発にする上で効果的だと思われるのであれば，その分量は 2 ～ 3 ページ程度で十分だろう。また，ゲストスピーカーに対して，最近感銘を受けた興味深い本や論文，特に自分自身の研究や一般的な発想に貴重な

ヒントを与えてくれたり，あるいは，もっと良いことにはそれらを根本から考え直さざるを得なくなるような非常に強い衝撃を与えてくれた文献について発表してもらい，それについて討議することもできるだろう。Gabriel（2010）が指摘しているように，文献を深く読み込んだりその内容について議論したりすることは近年ますます粗略な扱いを受けるようになっており，特に研究書を軽んじるような傾向が続いていることは非常に深刻な問題であり，それについては何らかの対策が必要だと思われる。

結論

　この章の目的は，ギャップ・スポッティング方式が先行研究にもとづいてリサーチ・クエスチョンを構築する上で主流の方法であり続けたという点を取りあげて，その理由について検討することにあった。また，その検討結果を踏まえて，さまざまなレベルの政策立案者に加えて，研究者自身が集団としてだけでなく個人レベルでもより思慮深い対応をするように促すことも目指していた。特に，漸進主義的なギャップ・スポッティング型研究が圧倒的に優位な位置を占めている状況から脱却できるようにするためには，「既存のコンセンサスについて確認するよりもそれに対して挑戦するような理論の方がより多くの注目を集め，また影響力を持つ傾向があるという事実がよく知られるようになってきているにもかかわらず，ほとんどの研究者がギャップ・スポッティング的なロジックに固執してきた理由について認識することが重要である」と主張した。我々は，この不可解な行動の背後にあるものとして，相互に関係しあう３つの主要な要因が存在するという事実について確認した。つまり，各種の組織や機関が採用してきた特定の方針すなわち制度的条件，専門家集団の規範，および研究者のアイデンティティ形成のあり方が，どのような形で研究者に対してギャップ・スポッティング型の研究を強力に奨励するような方法で関連しあっているか，という点について明らかにしてきた。

　今後進むべき方向性として，我々は，これらの主要な要因に対して具体的にどのような形で変更を加えていけば，より革新的で影響力のある理論の開発が促進できるかという点について議論した。各種のランキング，専門家集団の規範，研究者のアイデンティティ形成に関して大学等の組織が採用してきた方針の「邪悪な」システムから脱却することはほぼ不可能なようにも見

表7.1　ギャップ・スポッティング 対 自省的で独創的な学術研究様式：主な特徴

基本的な特徴	ジャーナル・テクニシャン （ブロートゲレアーテ） ギャップ・スポッティング型	自省的で独創的な学究型
理論開発の作業における主な焦点	コンセンサスの追求：先行研究への漸進的な追加による理論の発展。自分自身の前提と偏見に関しては無知	コンセンサスへの挑戦：先行研究の根底にある前提に挑戦することによる理論の発展，および自分自身の偏見について明確に認識している
範囲	研究者はしばしば自分自身（とその研究テーマ）を狭く限定し，また研究し尽くされた研究分野の中に押し込める	研究者は斬新な洞察を求める中でしばしば異なる研究分野や理論を渉猟する
研究成果	追加的かつ漸進的な理論であり，退屈で決まり切った型にはまっていることが多い	既存の枠組みに対して大幅な変更を加えていく理論。しばしば面白くて影響力があるとされ，時には物議を醸すこともある
刊行物	指定されたジャーナルリストに挙げられているジャーナル	ジャーナル，学術書，学術書の章，幅広い読者向けに書かれた論文

えるが，研究者は一見そう思える程にはシステムの犠牲者ではないのかも知れない，という点について指摘した。

　というのも，我々こそが実は，自分たち自身に対して漸進主義的なギャップ・スポッティング研究をおこなうように「強制」し，また面白くて影響力のある理論の枯渇につながるような「邪悪な」システムを作り上げてそれを作動させている張本人だからである。したがって，漸進主義的で面白くもない研究をおこなっていることに関して「システム」を非難することは，まったく的外れの議論なのである。また，それは建設的な議論の仕方でもない。実際，社会的な型枠のような環境を学術界に作り出す研究者集団を非難することは，それ自体が同調主義の言い訳に過ぎないことも多いのである（Alvesson and Sandberg, 2014）。

　表7.1には，ギャップ・スポッティング的な研究をひたすら追い求めるようなスタイルに代えて，真正の学術研究のスタイル，つまりコンセンサスを追求するような研究ではなくコンセンサスに対して挑戦するような研究を重

視していくスタンスをより強力に推進していくために必要となる幾つかの方法に関する我々の提案内容の概要を示しておいた。

このような変革を可能にするためには，政府は学術研究の成果を評価するための基準をより幅広いものにしていく必要がある。例えば，研究評価にあたっては，Ａランクのジャーナルに掲載された論文の本数だけでなく，論文の被引用数も重視し，研究書や研究書の章などをはじめとする論文以外の刊行物も考慮に入れていくべきである。大学，スクール，学部は，そのような政府がおこなう研究評価の変更に従って，新規採用，終身在職資格，昇進に関する方針を改訂していく必要がある。また，ジャーナルの編集委員と査読者は，あらゆる面で専門的規範について再検討すべきである。その中には，例えば，研究者を漸進主義的なギャップ・スポッティング研究へと追いやっていきがちな「先行文献への追加的貢献」という発想や厳密性に関わる基準，そしてまたあまりにも細分化されすぎた専門領域の区分法に関する考え方などがある。特に，各種の制約から比較的自由な研究を積極的に奨励していくためには，一連の代替的な規範を策定すべきである。その一環として，革新的で斬新なアイデアの価値を重視しなければならないし，従来型のジャーナルのフォーマットや標準に準拠すべきだとするプレッシャーについては，それを適宜緩和していくべきである。

我々はまた，個々の研究者として，研究に対する今まで以上に学術的な姿勢を積極的に涵養していく必要がある。それを実現するために決定的に重要な意味を持つステップの１つは，研究の目的が何であるか，そしてまた，どのようにすればより革新的で影響力のある理論を生み出すことができるかという点に関して，批判的な観点からの議論と検討を繰り返していくことである。現時点で優勢なのは，ごく狭い仲間内の集まりでしかないサブスペシャリスト的な集団の構成員に向けて似たような内容のジャーナル論文をひたすら書いていくように仕向けられた研究者としてのアイデンティティである。しかし，そのような事態は，既存の前提に挑戦することが重要な特徴である，面白くて影響力のある研究の理想にとっては明らかに逆効果でしかないのである。

第**8**章

面白いリサーチ・クエスチョンを構築する
——問題化，そして問題化を越えて

　この章の目的は，本書で提示してきた一般的な議論を要約することである。ここでは，問題化の方法論によって達成され得る主な貢献と，特定の研究領域における前提について確認した上でそれに対して挑戦するための全体的なフレームワークについて説明する。さらに，それにもとづいて，面白くてしかも影響力がある理論の開発に結びついていくリサーチ・クエスチョンを構築するための枠組みについても解説する。また，我々は，先行文献にもとづいて「非主流的な」リサーチ・クエスチョンを作成し，それを実証研究の最中およびその後という両方の時点における分析において経験的資料（データ）の問題化を通じて補足する方法についても簡単に説明する。言葉を換えて言えば，我々は先行研究からリサーチ・クエスチョンを構築する作業の段階を越えて，それに続くプロセスとの関係で研究プロセス全体を展望するのである。さらに，問題化の方法論が特にどのような状況で有効であるかについても解説する。

本書の貢献

　本書の主な目的は，問題化の方法論をリサーチ・クエスチョンを作成するための手段として提案し，またそれについて詳しく解説することによって，より自省的で独創的な学術研究を奨励していくことにあった。さらに，より面白くて，コンセンサスに挑戦するような内容を含む研究をおこなう上で必要となる，広い範囲にわたる制度面および規範面での「支援（バックアップ）体制」について検討した。これはさまざまなやり方で達成することができるが，研究に対するアプローチや実際に研究をおこなう際の方法に含まれる数多くの側面について注意深く検討しておく必要がある。それらの側面の多くについては，他の著作（Alvesson and Sandberg, 2021, 2022）でも解説してお

いた。我々が特に焦点を当てて検討してきたのは，先行文献の根底にある前提をさまざまな方法で問題化することによって，面白いリサーチ・クエスチョンを作成するための方法であった。当然ながら，リサーチ・クエスチョンの作成作業にはそれ以外の要因も関連している。しかし，本書では我々の検討作業における焦点をあらかじめ絞っておいたので，「あらゆる事柄」をカバーしようとするようなことは差し控えた。

　幾つかの主要なテーマについて検討を進めていく上で，我々は以下のような問いを設定しそれに対する答えを求めていった。

(1) 社会科学系の研究者が先行文献（理論研究と実証研究）との関係でリサーチ・クエスチョンを作成する際の方法にはどのような傾向があるか？

(2) 先行文献からリサーチ・クエスチョンを構築するために用いられている各種の戦略の中でも特に主流の位置を占めているアプローチの背景にはどのような規範が存在しているのか？

(3) 面白い理論的アイデアに結びつくものであるとされてきた要素にはどのようなものがあるか？

(4) 面白い理論につながる可能性が高くなるような形でリサーチ・クエスチョンを構築していくためにはどのようにすればよいか？

(5) 研究者にとっては，どのような制度や規範あるいは方針が，より面白い研究をする上での妨げとなり，また，彼ら・彼女らの学術的貢献を漸進的で退屈かつ些末なものにしてきたのか？

(6) 組織や機関，学術界，あるいは研究者の自己アイデンティティのあり方をどのように変えていけば，もっと面白くて挑戦的なリサーチ・クエスチョンの開発が促進され，またそのような研究に対する支援が可能になるのか？

　本書では，これら6つの問いに対する我々なりの答えを示してきた。以下は，その要約である。なお，それぞれの答えには簡単なコメントを追加しておいた。

(1) 本書では，面白くて影響力がある理論の開発を促進する可能性を最大限にできる方法を提案することを念頭に置いて，これまで研究者たちが

実際に先行文献との関連でリサーチ・クエスチョンを構築する際に用いてきた方法について検討を加えた。その結果，ギャップ・スポッティングが，先行文献にもとづいてリサーチ・クエスチョンを作成する上で主として使用されてきた方法であることが判明した。実際，リサーチ・クエスチョンが構築される際の典型的なアプローチは，「ギャップ」——研究自体の欠如または先行文献で明確な結論がほとんど提示されていない点——を探しあてていくことである。ギャップ・スポッティングという大きなくくりの中では，3つの基本的なタイプ，つまり，混乱，軽視・無視，および適用（の欠如）という3バージョンが確認できた。

　ギャップ・スポッティングは，我々が調査の対象にした分野（教育学，経営学，心理学，社会学）において，そしてまた恐らくは社会科学一般の場合も，リサーチ・クエスチョンを設定する際に用いられてきた主流のアプローチのようである。このギャップ・スポッティング方式のアプローチは，今日の社会科学一般に見られる傾向である，専門化した狭い範囲に限定された研究活動との関係で至るところに観察される諸問題を象徴的に示していると思われる。また，実際にそれらの問題と密接に関連しているものであろう。それは次のような評言にも示されている——「現代の社会学理論の多くは，秘教的で難解かつ不毛なものでしかなく，また自己参照的な言説に堕してしまっている」(Delanty, 2005: 2)。事実，ギャップ・スポッティング方式のアプローチを採用する場合には，主流のものとなっており自明視されている，一連の前提，視点，語彙を採用し，結果としてそれらを再生産することになる。

(2) 我々の検討結果から示唆されるのは，従来型の学派とそれを批判する流派（例えば，ポストモダニスト，批判理論の信奉者，ないし他のタイプの問題化を提唱している人々）は，一方では互いにかなり異なる主張を展開しているものの，他方では，先行文献を元にしてリサーチ・クエスチョンを構築する方法に関しては同じような傾向が見られる，という点である。つまり，彼らは，信奉するパラダイムの違いを問わず，リサーチ・クエスチョンを構築する方法という点では，互いによく似た社会的規範と慣習を共有しているのである。あるいは，少なくともそれらの規範と慣習を遵守し，またそれらを再生産してきたのだとも言える。

　このように，多くの研究者は今や先行文献を元にしてリサーチ・クエスチョンを構築するにあたってギャップ・スポッティング方式を採用す

るように仕向けられているのである。このような状況の背景には，理解能力に関わる問題，社会規範，および制度的メカニズムの存在があり，それらのあいだには相互に重複する部分も多い。もう少し具体的に言えば次のようになる——(i) ギャップ・スポッティングは容易に理解できるやり方である，(ii) ギャップ・スポッティングは，リサーチ・クエスチョンを構築するための方法としては，批判されることが少ない無難なアプローチである，(iii) 科学研究の理想である知識の蓄積というのは，既存の研究を——徹底的に批判するのではなく——肯定的な形でとらえることであると解釈できる，(iv) 研究機関は在籍する研究者の生産性の高さを積極的に支持する一方でコンセンサスに挑戦するようなハイリスクの研究は奨励しない場合が多い，(v) 現在のジャーナルの慣習的なフォーマットや評価法は，ギャップ・スポッティング方式の研究を促進してきた，(vi) ギャップ・スポッティングはそれほど難しい手法ではないが，一方で，その代替手段の1つである問題化は，政治的にも知的な作業という点でも相当程度の困難をともなう場合が多い（これらの諸点については第7章でも取りあげたが，Sandberg and Alvesson（2011）では以上の点についてより広い範囲にわたって検討を加えている）。

　我々が本書での検討をおこなうために新たに開発した用語法を使って言えば，各種の知的伝統［経営学，心理学，社会学，教育学等］のあいだの違いにもかかわらずギャップ・スポッティングが支配的な方法であるという事実からは，この方法それ自体が社会現象に関わる研究の多くの領域で，またひいては社会科学全体においても広く共有されている「前提」になっているという可能性が示唆される。

　そのギャップ・スポッティング方式は，既存の理論からリサーチ・クエスチョンを作成する際の手続きに関わる規範になっているのだが，その規範は，研究者のあいだで共有され，かなりの程度自明視されている（少なくとも刊行された論文における記述の上ではそのような説明がなされており，結果として，それらの論文が提示する研究上の貢献の内容を事実上規定している）。しかしながら，ギャップ・スポッティングは先行文献に含まれていたアイデアをさらに発展させるという点では確かに重要な役割を果たすものの，一方では，確立された理論の基盤である既存の前提に対して異議を唱えることはなく，むしろそれをさらに強化することになる。それによって現実には，非常に面白い理論が生成される可能性が

低くなってしまう。

　したがって，ギャップ・スポッティングが社会科学研究における「学術界全般に関わる前提」であることについて確認しその前提を明確化したことは，それ自体が本書の重要な貢献であると見ることができる。事実，本書の検討結果からは，学術コミュニティに対して「リサーチ・クエスチョンを構築する方法として現在ギャップ・スポッティングが占めているような圧倒的な影響力を弱めていくべきである」という強力な警告メッセージが提示されることになるだろう。同時に，本書の解説内容は，研究者がギャップ・スポッティング的な論理を越えて，それとは異なる方法でリサーチ・クエスチョンを作成し，それによってもっと面白い理論や研究結果を提示していことを目指すことを推奨している。

　我々は，ギャップ・スポッティングには意義や利点があるという事実を否定するものではない。実際，このようなやり方はそれなりに意味があるし，ほとんどの研究はこの全体的なロジックに従っておこなわれている。しかし一方で我々は，研究者がギャップ・スポッティング方式を既存の理論からリサーチ・クエスチョンを構築する際に採用すべき方法として採用したり，その方式を当然視したりすることを促すような一連の社会的規範による拘束を緩めていくことが重要であると考えている。とりわけ，現在では，先行文献（研究者自身が継承してきた知的伝統の系譜に属する文献を含む）の根底にある前提に対して挑戦していくことが，理論を面白くて影響力のあるものにする上できわめて重要な手続きであることが認識されていることを考えると，知識生産に関わる規範と方法論ガイドラインの幅を広げることによって，単にギャップ・スポッティング方式の基本について学ぶだけでなく，それを超えられるようにすることが望ましいだろう。

(3) 本書で我々は，リサーチ・クエスチョンを構築していく上で実際にどのような方法を採用すれば面白くて影響力のあるアイデアや理論につながる可能性が高くなるか，という問題についても検討を加えてきた。ギャップ・スポッティング的なリサーチ・クエスチョンは，既存の理論の根底にある前提に対して異議を唱えることがないため，面白い理論の開発につながる可能性が低い，という点については疑いの余地は無い。事実，「真実」とされてきた事柄を単に受容してそれを繰り返すだけでは，知識に対する貢献はごく些細なものにとどまるだろう。

これを踏まえて我々は，ギャップ・スポッティング的なアプローチに明らかに代わり得る代替案として問題化の方法論があるという点について指摘し，その具体的な手続きについて検討した。基本的なアイデアとして提案したのは，リサーチ・クエスチョンを作成するにあたって，確立された考え方を打破しその代替案について検討することを目的として，既存の前提，世界観，視点，決まり事，特徴的な用語法など各種の要素に対して焦点を当てて注意深くかつ批判的に考察していくアプローチを開発し，またそれを積極的に推奨していくことである。これによって，「一般的な通念（received wisdom）」を構成する幾つかの基本的な要素を再定式化し，また，恐らくは予想外のものであり，また「既存のロジックの枠を打ち破る」ような斬新なリサーチ・クエスチョンを切り拓いていくことにつながっていくだろう。

　問題化の作業にあたっては，特に「問題化にとって親和性がある」知的伝統（つまり，解釈的，言語論的，または社会的構築主義の伝統）のどれかあるいはそれらのうちの幾つかの組み合わせなど，さまざまな知的資源を利用することができる。また，通常はそうすることが多い。しかしながら，問題化における本質的な基準の1つは——少なくとも本書における問題化の定義を採用する場合には——，その種のアプローチを機械的ないし自動的に適用することにとどまるべきではない，というものである。例えば，ジェンダー間の不平等に関して既成の標準的なフェミニズム理論を援用したリサーチ・クエスチョンを設定する，Foucault の議論を援用して知識と権力を結びつける，あるいはプロセス哲学の発想を援用して他の人が安定性を想定する場面に流動性を見出す，というようなことは，決して，我々が本書で定義するような種類の問題化を実践する上では十分ではない。我々が想定する問題化の方法論は，研究活動の実践に対してかなり高度な要求を課すものであり，またある程度のオリジナリティが必要となる。しかしだからと言って，我々はここで，パラダイム革命や何かそれと同じようなレベルの壮大な企てを提唱しているわけではない。実際，パズルを段階的に少しずつ解いていくようなやり方と従来のものとはまったく異なる知的世界観を提案することのあいだには，多くの中間的な選択肢が存在しているはずなのである。

　ギャップ・スポッティングと問題化に関しては，それぞれ，その範囲や複雑さという点でさまざまなバリエーションがあり得る。また，多く

の研究には，（マイナーな形での）問題化の要素や（何らかの）ギャップ・スポッティング的な要素——特定の手続き，考慮される項目，各種の要素の組み合わせなどという形で——が幾つか含まれているものである。研究の全体的なプロセスのさまざまな部分や段階には，ギャップ・スポッティングないし問題化の性格が濃厚な要素として含まれている場合がある。また，リサーチ・クエスチョンの作成に関連して文献を参照する手続きに関してもこれら2種類の作業が両方とも含まれている場合もある。もっとも，それにもかかわらず，本書で詳しく解説したように，ギャップ・スポッティングと問題化のそれぞれを構成する中心的な要素は，互いに非常に性格が異なるものである。実際，この2つの研究アプローチのロジックは，明らかに互いに異質なものである。ギャップ・スポッティングは，既存の研究とその根底にある前提を信頼した上で追加的な研究をおこなおうとする。それに対して問題化では，もっと懐疑的なスタンスをとる。この場合は，既存の研究を下支えしている前提がどのような点で根本的に「間違っているか」を問い直し，それらの前提に対して挑戦しようとする。しかも，その挑戦の鉾先は，自分がシンパシーを感じている理論にさえ向けられるのである。

　本書で見てきたように，問題化が，論文のテキストにおいて研究の内容を定式化するという決定的に重要な最終段階——つまり論文が果たし得る知識上の貢献について述べた部分——において明確に示されている例は非常に稀である。実証研究やそれ以外の研究プロセス全体における他の段階で問題化が実際にどの程度使用されているかというのは，それ自体が興味深い研究テーマではある。しかし，それは本書の範囲を超える問題である。推測の域を超えるものではないが，我々は，それらの段階で問題化がおこなわれている例も非常に限られていると考えている。実証研究をおこなう段階で支配的な前提に対して挑戦すれば，漸進主義的なリサーチ・クエスチョンを越えるものが生まれてくると考えたくなってくるかも知れない。しかし，漸進的な研究がこれだけ学術界において席捲しているという事実は，実証研究の実施段階で理論的前提に対して挑戦するような野心的な研究はそれほど多くはないことを示唆している。

(4)　本書でおこなった検討による主な貢献は問題化方法論の提示であるが，これは，ギャップ・スポッティングおよびプログラム化された問題

化とは包括的かつ体系的な形で異なる方法論を提案することを意味する。実際，この方法論は，先行文献におけるギャップについて確認したり新たに作り出す（その上でそのギャップを埋める）ための戦略を新たに提示しているわけではない。一方で，本書は，他者の前提に対して事前にパッケージ化された作法によって挑戦するような問題化のための戦略を提案しているわけでもない。実際，本書で解説した方法論を用いれば，先行文献の根底にあるさまざまなタイプの前提について確認して明確化した上で，それらに対して挑戦し，またそれにもとづいて，より面白く影響力のある理論の開発を促す可能性のあるリサーチ・クエスチョンを定式化することができるようになるはずである。

　この方法論では，我々自身にとって身近な理論的立場，他の理論的スタンス，および対象となる文献ドメインに対して弁証法的な問い直しをおこなうことを提唱する。それによって前提への挑戦が2つの点でより容易なものになる。第1に，この方法論では，前提に関する5つの広範なタイプから構成される類型論——学派内，ルートメタファー，パラダイム，イデオロギー，および学術界レベルの前提——を通して，前提を特定した上でそれに挑戦する作業を支持するようなヒューリスティクスを提供している。第2に，本書で解説した問題化の方法論では，既存の理論の前提を問題化し，またそれにもとづいて新しいリサーチ・クエスチョンを作成できるようにするための一連の具体的な指針を提示している。

　その指針とは，次のようなものである——(i) 前提に挑戦していく作業をおこなう際の文献領域を特定する，(ii) 既存の理論の根底にある各種の前提（学派内，ルートメタファー，パラダイム，イデオロギー，特定分野の前提）を可能な限り徹底的に確認して明確にし，整理する，(iii) それらの前提について評価し，その欠陥，問題点，および見落としなどについて指摘する，(iv) 新しい前提を作成し，それに対応するリサーチ・クエスチョンを定式化する，(v) 代替的な前提基盤と想定される読者層との関連を評価し，読者層が代替的な前提基盤に対して示すかも知れない抵抗感や好意的な反応について検討を加える，(vi) 代替的な前提を使用することによって，結果的に面白いものとして評価され得る理論を生み出せるかどうかについて確認し，また，代替的アプローチによる研究を読者が好意的に受け入れてくれる可能性を高めるために，既存の

前提との関係も考慮に入れながらその研究の方向性について決めていく。

　ここで重要なポイントとして強調しておくべきなのは，たとえ以上のような形で提案した方法論を単独で適用したとしても，問題化という作業の成功は保証されない，という点である。それ以外にも，創造性，想像力，自省性，習得した知識の範囲，さまざまなメタ理論的視点に関する幅広い理解など，さまざまな要素が重要な意味を持っているのである。また，研究テーマに関連する実証データに関する豊富な経験も有効だろう。一方で，研究者は，理論とデータだけから可能になるよりもはるかに多様な方法で特定の研究テーマに対してアプローチし，それについて検討を加えていこうとする際には，自分が持つ事前理解——長い時間をかけて蓄積されてきた経験，信念，観察，文化的な知識等——を用いることができる（Alvesson and Sandberg, 2022）。

　既にさまざまな観点から多くの検討がなされてきた分野については，斬新な形での問題化の方法を思いつくのはかなり難しいことであるかも知れない。しかしながら，本書で紹介してきた方法論は，全体としては，先行文献の問題化を通じてこれまで以上に斬新なリサーチ・クエスチョンを作成するための体系的なアプローチを提供していると考えられる。実際，これはきわめて有効な方法であり，また，創造的な研究プロセスにおける他の要素との相乗効果が期待できると思われる。

　ここで重要な点として強調しておきたいのは，問題化の方法論が目指している目的には，通常，何らかの意味での自分自身に対する問い直しが含まれるということである。つまり，しばしば問題化の対象にする意義があるのは「我々」，すなわち我々自身の学術コミュニティあるいはマイクロ部族［研究者ムラ］なのである。そこでは，人々が世界のあり方を特定の方法でとらえ，またそれを社会的に構築しているのだが，それによって，現象を構築する際に用いるお気に入りの方法を「客観的現実」ないしより優れた真実と混同してしまっている例が少なくない。事実，先に挙げた**弁証法的な問い直し**というのは，自分自身がそれまで当然視していた発想についても積極的に見直しをおこなって修正を加えていく覚悟がある，ということを意味するのである。これは，先行研究の根底にあるさまざまなタイプの前提を確認して明確化した上でそれらに対して挑戦していく可能性を高め，また，それにもとづいて，より面白

くかつ影響力がある理論の開発の促進に結びつくようなリサーチ・クエスチョンを策定する上では欠かすことができない条件である。

　先に述べたように，問題化を通して斬新なリサーチ・クエスチョンを作成していこうとする際には，他の人々が自明視している前提に挑戦する上で，自分が気に入っている特定のメタ理論的な視点を援用するだけでは十分ではない（これは，異なるパラダイム間の論争，あるいはまた，さまざまなタイプの批判理論系の視点が適用される時には採用されがちなやり方である）。この種のレディメイド的ないしプログラム化された問題化は，一種の「疑似問題化」と見なすことができるのだが，結果としては，単に研究者自身が影響を受けてきた理論的枠組みに含まれている前提を再生産するだけに終わりがちである。したがって，疑似問題化の場合には，研究者自身がある種の理論的枠組みや理論家を初めて紹介するという意味で一種のパイオニアであり，しかも，その研究分野では誰しもがその種の新しいアイデアについては不案内であるというわけでもない限り，とりたてて斬新で面白いアイデアにつながる可能性はほとんどない。

　「本物の」問題化には，自分自身のメタ理論的な立場の根底にある前提に対しても疑問を投げかけることが含まれているのである。当然ではあるが，目指すべきなのは必ずしも自分の立場を完全に否定することではない。むしろそれを十分な程度にまで解きほぐして，それまで自分自身が自明のものとして受け入れてきた前提の幾つかについて精査し，また斬新なリサーチ・クエスチョンを構築していく作業の際にそれらについて再検討できるようにしておくということなのである。

　本書の著者である我々，および面白い研究を促進していくことに関心のある他の著者たちに重要なインスピレーションを与えてきたのは，既存の前提に対する挑戦が理論を面白いものにするという点について指摘した Davis（1971）の独創的な洞察である。彼はそのアイデアを「面白さの指標」という形で詳しく解説している。本書で解説した我々の問題化の方法論は，次の2つの重要な点で Davis の指標を拡張し，またそれを超えようとしている——(i) 前提に関する Davis による一般的な定義（「Xのように見えるものは実際には非 X である」）と比べてみた場合，本書の問題化の方法論で検討を加えて提案した前提の類型論では，どのような前提が問題化の対象になり得るかという点に関して，より詳細か

つ充実した形で特定化している。(ii) Davis とは対照的に，我々の方法論の場合には，先行文献の基礎となる前提について確認した上で明確化して挑戦し，その上で，面白くて斬新なリサーチ・クエスチョンを構築するための方法を一連の具体的な指針として提供している。

(5) 本書でその結果について解説した我々の調査研究が明確に示しているのは，問題化の作業は，リサーチ・クエスチョンの構築作業における重要な要素であるはずである。しかし，実際には滅多に用いられてこなかった，という事実である。これは，前提への挑戦が理論を面白くて重要なものにしているという認識が高まっていることを考えると実に驚くべきことである。もっとも，それ以上に意外だったのは，前提に対して挑戦し通念について再検討することを積極的に推奨してきた各種の「問題化的転回（problematization turns）」の支持者（例えば，解釈学的，政治的，言語論的，構築主義的，ポストモダニスト的な理論家）の場合ですら，リサーチ・クエスチョンを構築する際には，ギャップ・スポッティングを自分たちにとってお気に入りの方法として採用してきたように見受けられる，という点である。当然ではあるがこれには例外もあり，多くの研究にはマイナーなレベルでの「問題化」の要素が含まれている。しかし，それらの場合も，通常は，前提に対して大胆な形では挑戦していない。このように，実は，ギャップ・スポッティング方式は新実証主義的な研究者の場合に限定されてはいないのである。（当然ではあるが，各種の学術分野の内部では多くの批判や議論がなされてきた。しかし，これは通常，ある立場の支持者がそれとは異なる理論的枠組みに対してほとんどの場合は予測可能なやり方で議論した上で批判しているだけである。つまり，必ずしも自分がそれまで肯定的ないし「中立」の態度をとっていた文献について問題化しているわけではないのである。）

　多くの研究分野では，面白くて影響力のある研究が不足気味であるという事実をめぐっては失望感が蔓延している。それについては，何人かの主要な学術ジャーナルの編集委員と著名な研究者が繰り返し呼びかけをおこなって状況を変えようとしてきた。しかし，その呼びかけが実を結ぶことはなかった。それらの人々は独創的で挑戦的な論文を求めているのだが，研究者［投稿者］たちの側は，多かれ少なかれ自らの意思で漸進的で退屈きわまりない研究を発表してきたのである。ここで重要になってくるのは，2つの点である。1つは，過去数十年のあいだに研究

の数自体は劇的に増加してきたにもかかわらず，本書の著者である我々自身の分野（組織研究）を含めて，少なくとも幾つかの分野では面白くて影響力のある研究が深刻なまでに不足している理由について理解することである。他方で，より革新的で影響力のある研究を生み出すことができるような方法を提案していくことである。本書では，これまでギャップ・スポッティング方式が席捲してきたという事実の背景にあると思われる幾つかの要因を取りあげてそれらについて解説した。

　我々はまた，より広い視野から現代の学術界の機能のあり方について検討することを通して，ギャップ・スポッティングと問題化という2つのアプローチの相対的な比率，そしてまた漸進的でそれほど面白くもない研究が過度に重視されてきた傾向の背後にある主な3つの要因——それらは相互に密接に関連している——について明らかにしてきた。つまり，組織や機関が採用している特定の方針，すなわち制度的条件，専門家集団の規範，そして研究者のアイデンティティ形成のあり方という3つのものが，どのような形で相互に関連し合うことによって，研究者たちに対してギャップ・スポッティング型の研究をするように強く働きかけ，時にはほとんど強制してきたかという点について見てきた。

　ランクの高いジャーナルでの論文の刊行を強力にプッシュするような風潮，刊行された論文数の偏重，ジャーナルの性格に関しては特定の下位分野の専門誌であることや標準化されたフォーマットを整備することの奨励，そして研究者たちが自分たち自身を下位領域のエキスパートとして規定し，最高ランクないしより上位のジャーナルに論文を掲載することが（潜在的な）成功者になるための道だと考えていること，これらの全ては，控えめで漸進主義的な型通りの研究の席捲へとつながってきた。一方で研究者の側と言えば，問題化に取り組む独創的な研究者ではなく，むしろ漸進主義的なギャップ・スポッターとしての自己アイデンティティを形成していくことになるのである。

(6) 本書では，ギャップ・スポッティング型研究の席捲の背後にあるこれらの主な要因をどのような形で変化させていけば，社会科学において革新的で影響力がある理論の開発を促進することができるかという点について議論し，その具体的な方法を提案した。学術研究に関わる各種のランキング，専門家集団の規範，研究者のアイデンティティ形成をめぐって各種の組織や機関が採用してきた方針という「邪悪な」システムから

脱却することはほぼ不可能のようにも見える。しかし，我々は，他方で，研究者は見た目ほどにはシステムの犠牲者ではないのかも知れないという点についても指摘した。これは，研究者としての我々自身が，「邪悪な」システムを作り上げ，またそれを作動させている張本人であるからに他ならない。一方でそのシステムは，我々に対して漸進的なギャップ・スポッティング型の研究をおこなうことを「強制」し，また組織研究やその他の分野において面白くて影響力のある理論が決定的に不足しているという深刻な事態を引き起こしてきた，と言われてきたものなのだが……。

　本書では，ジャーナルの編集委員や査読者だけでなく政府，大学，スクール，学部が，もっと積極的に，コンセンサスを求める研究ではなく，むしろそれに対して挑戦していく研究が重視されるような自省的で独創的な学問研究のスタイルを奨励することを通して，現在のようにもっぱらギャップ・スポッティング方式のみが偏重される状況から脱却できるはずだと考えて，そのための幾つかの方策を提案した。同時に，我々は，個々の研究者が，研究に対するより学究的な姿勢を積極的に鍛え上げ，安全第一で手段優先主義的な姿勢を採用するのではなく，むしろ進んでリスクをとり，より長期的な視点を持って研究に取り組むことができるようにするための方策を提案した。さらに，我々としては，社会科学系の研究者に対しては，より学究的なスタンスを身につけていくために，確立された理論的なフレームワークから脱却することを重視する理論を開発する上で必要となる代替的なフレームワークと方法論を使用したり開発したりしていくことを推奨したい。

　その点に関して本書では，特に，先行文献の根底にある前提について確認した上でそれらに対して挑戦し，それにもとづいて，より革新的で影響力のある理論を開発することを念頭に置いて設計した方法論について提案した。当然ではあるが，我々は，このアプローチだけが面白い研究をおこなう唯一の方法であると主張しているわけではない。というのも，明らかにそれ以外にも多くの方法があり得るからである。ここでは単に，少なくとも社会科学における幾つかの重要な分野が現在抱えている幾つかの問題を解決していくことを支援する上で効果的だと思われる方法論的な道具立てを1つの可能性として提案しているのである。

リサーチ・クエスチョンの作成に際して問題化という方法を用いるべきなのはどのような時か？また，それはなぜなのか？

　面白い理論を生み出すことができる可能性を考えると，問題化こそがリサーチ・クエスチョンを定式化していく作業における重要なポイントだと思えてくるだろう。また，この方法論を，本書で提案されている方式ないし別の形で「操作的に定義された」一般的な理念として提唱したくなってくるかも知れない[1]。もっとも，その一方では，さまざまなタイプのギャップ・スポッティングに関しても，少なくとも筋の良いリサーチ・クエスチョン——それほど斬新な問いではないにしても——を作成する方法としては考慮してみる価値が十分にあると言える。

　例えば，ギャップ・スポッティング型の研究は，他の研究を補足したり充実させたりする方向での検討をおこなうとか，多様な意見や相互に矛盾する複数の分析結果が提示されてきた問題に関する議論を整理していこうとする際には有効であるかも知れない。また，実証研究を通して得られた知見が研究自体の目的を明確化する上で重要な役割を果たすこともある。例えば，研究の全体的なプロセスのかなり遅い段階になってから研究課題を（再）定式化するような場合である（Alvesson and Kärreman, 2011）。それに加えて，定評のある文献群の中でも特定のものを対象にして，その根底にある幾つかの前提に対して挑戦することを通して部分的に問題化することを念頭に置いてさまざまな要素や戦術を組み合わせていくことは，恐らく「純粋主義的」なアプローチよりも生産的である。ここで純粋主義というのは，通念的な考え

1　繰り返しになるが，ここで焦点を当てているのは，文献領域内の先行文献（理論研究と実証研究に関わる文献）との関連でリサーチ・クエスチョンを定式化していくプロセスである。当然ではあるが，これだけが研究全体の枠組みを決定していく際に考慮すべき唯一の要素だというわけではない。何らかの点で理論的に興味深いものを開発することを目指すような研究の場合には優れたリサーチ・クエスチョンは重要であり，また，「決定的」とさえ言える役割を担うことになる（グラウンデッド・セオリー・アプローチのような厳密に帰納的アプローチの提唱者たちは，この点については同意しないかも知れない。なお，純粋に実証的な根拠に基づいて理論を「発見」または開発できるとするような発想に対する批判的な議論については，Alvesson and Sköldberg, 2017 を参照）。当然ではあるが，リサーチ・クエスチョンが先行文献以外の情報を元にして構築されることもあるし，先行文献を踏まえた理論研究についての関心が限られているか皆無であるような記述的研究の場合は，リサーチ・クエスチョンがそれほど重要な要素にはならない場合も多い。しかし，本書ではそのようなタイプの研究は主な検討対象にはしていない。

方から脱却して創造的なアイデアを作り出すために採用される各種の方法の中でも，先行文献を問題化していく手続きをそれ以外の方法とは切り離して考えるような発想である。

また，ポストモダニズム（脱構築など）ないしある種の批判理論系の研究の場合のように，際限の無い問題化（つまり過度の問題化）を追求することによって疲労感のようなものが生じたり肯定的な結果が不足気味になってしまったりするリスクについても認識しておく必要があるだろう。実際，十分な根拠がある生産的なアイデアに対して詳細な検討を加えたり洗練したり検証したりする作業に対してよりも，むしろ前提に対する挑戦の方に多くのエネルギーが注がれるようになってしまうとさまざまな問題が発生してくるものである。Barley（2006）が的確な形で注意を喚起しているように，研究者の大多数が面白い論文を書くことに専念し，それがことごとく首尾良く達成された場合にはどのような事態が生じるであろうか――

　　面白いものにするために論文が他の論文とは違うものであることが要求されるようになったとしたら，やがてその分野は混乱の極みに達するだろう。全ての論文が，新しい研究テーマを取りあげたり，新しい方法を考案したり，物事についての新しい見方を提供したりするようになる。もし我々全員が次々に面白い論文を書くことを目指して懸命に努力するようになったとしたら，どの現象もたった一度しか研究対象にはならないし，方法やアイデアが洗練されていくこともない。少なくとも科学的な意味での知識の発達は，ほとんど停止してしまうだろう。さらに悪いことには，どの新しい論文が面白いかを判断するための基準となるような「現状」というものが存在していないために，研究分野は混乱に陥るだろう。

　　そのような状況になってしまった段階では，研究者は，1つの研究テーマ，方法，または理論に固執するというリスクを冒すことによってのみ，面白さという泥沼状態から研究分野を救い出すことができるのである。結局のところ，面白い論文が登場するのはごく稀であり，また，誰も我々にもっと面白い論文の書き方を教えてくれないというのは，実はとても幸運なことなのかも知れないのである。実際，世界全体がキャンディーで出来ていたとしたら，ウィリー・ウォンカ［ロアルド・ダールの小説『チョコレート工場の秘密』に登場するエキセントリックで魅力的な工場主］は存在し得なかったに違いない！（Barley, 2006: 19-20）。

確かに以上のような Barley の指摘には一理あるかも知れない。しかし，今では，先行研究のギャップを埋めることを念頭に置いてそのギャップを確認ないし新たに作成するというようなアプローチが強固な主流の伝統になっているのである。その現状に照らして考えてみれば，我々は，問題化を，社会科学におけるより面白く影響力のある理論の開発に結びつくような新しいリサーチ・クエスチョンを構築するための方法論として採用していく余地は相当程度に存在するはずだと思っている。事実，学問の世界が突如として非常に面白い論文で溢れかえるというような「リスク」は実際にはかなり小さいようにも思える。

本書で提案した［問題化の］方法論は，特に，支配的な伝統が確立されたことの結果として生じがちな政治的支配と認知的な閉塞状態という状況を打破する上で有効であると思われる。ここで**政治的**状況というのは，良いアイデアに対する関心ではなくむしろ特定の社会的な利害関係によるバイアスや政治的要因が知識生産のあり方を支配してしまっている事態を指す。もっとも，特定の学派が学界を支配しているような状況が存在している場合にも，新しいアイデアが抑圧されたり，政治的動機にもとづく問題化のみがおこなわれる可能性がある。**認知的な**閉塞状態は，特定の世界観が研究者の内面を植民地化してしまっている研究分野で特に顕著である。そのような状況では，批判的な議論が制約されている場合が多く，主流から逸脱した見解は沈黙を余儀なくされ，代替的な発想を生み出そうとしても，公的な場での議論や関心からはほとんど支持が得られない。そのような状況にある場合には，先行文献への積み重ねというようなギャップ・スポッティング的なロジックを回避することが特に重要なポイントになってくるように思われる。実際，それによって研究分野を活性化していくことには大きなメリットがあるだろう。もっとも，その課題は容易に達成できるものではない。実際，強力な政治的支配が存在しまた閉塞的な状況が蔓延している場合には，野心的な問題化の試みを受け入れてもらうためには相当程度の努力が必要になるに違いない。

先行文献を問題化する作業に続く次の段階
――実証的な研究との関係

我々の中心的な検討課題が先行文献（理論研究と実証研究の両方を含む）と

の関連を踏まえた問題化であることを考えれば，実証研究という巨大なテーマに取り組むことは本書の範囲を超えている。しかし，我々はここで，先行文献の問題化と経験的資料（データ）の問題化の性格が強い実証研究とのあいだに成立し得ると思われる関係について手短かにコメントすることによって，本書を締めくくることにしたい。支配的な理論的アイデアに挑戦するために従来採用されてきた主流の方法の1つは，アイデアや仮説に最終的な審判を下すものとして経験的資料を用いることである。したがって，反証（falsification）は問題化の1つの契機として見なすことができる。これは，Kuhn（1970）がアノマリ（anomaly: 変則事例）と呼んだもの，つまり，確立されたパラダイムに問題を引き起こし，科学革命［パラダイムシフト］に向かう展開へと結びつく可能性があるとしたものに類似している。しかし，我々の面白い研究に対する見解は，仮説を検証ないし反証するものとしてのデータという見方，またデータが問題化のための直接的なインプットを提供するものとして考える実証主義的な理解の範囲を越えるものである。

実証研究における「謎（ミステリー）」の構築とその解明

　データというものの堅牢性を固く信じている他の多くの人々（想像力というよりは規律や勤勉さを重視する定量的調査ないしグラウンデッド・セオリー・アプローチを信奉する方法論者など）とは異なり，我々はデータ――または我々が好む用語法からすれば経験的資料（empirical material）――によっては，理論へと至る正しい道筋を示すことはできないだけでなくアイデアの良し悪しを明瞭に判別することもできない，と考えている。理論と経験的資料の関係性に関する我々の見解では，経験的資料は指針および最終的な審判者などではなくインスピレーションの源泉や，批判的な対話におけるパートナーとして位置づけられる。経験的資料には社会的に構築されたものとしての性格があるという点を認める発想――これは，科学哲学では広く受け入れられている考え方である（Alvesson and Sköldberg, 2009; Denzin and Lincoln, 2000; Gergen, 1978; Kuhn, 1970）――は，理論と経験資料のあいだの関係についての見方を大きく左右するものである。また，この発想を採用する場合には，データと理論を互いに別個のものとして扱うような旧式の発想を放棄することが要求される。

　ここで重要なポイントの1つになるのは，前提というものには，データに関する全ての理解の仕方を導いていく傾向があるという点である。それは，

現実を予測可能な方法で整序し，先入観を確認する傾向を持つ特定の世界観を生み出すような理論と独特の語彙（用語法）を通してなされるのである。事実，どのような経験的資料［を読み取り理解する場合］であっても，その資料を作成する上で用いられた研究プロセスのベースになっている前提によって左右される部分が大きいのである。そのような場合，前提が明示化されオープンになって問題化され，また「データ」の生産と解釈の作業に際して一連の代替的な前提と視点が採用されることがなければ，経験的資料によってその前提に対して挑戦することはきわめて困難なことになる。既存の前提を問題化することによって，研究者は現場調査やその他の種類の実証研究に対してはるかにオープンな形で向き合い，また，経験的資料を分析・解釈する上での方法の多様性についてより十分な形で検討することができるようになるはずである。

　このような考え方は，検討の対象になっている何らかの現象が持つ特定の意味とその表現の仕方を固定的なものにするような形での量的測定ないし［定性的研究の場合には］コードの付与を通じてデータの固定化を目指す発想とは大きく異なる（これが通常どのような問題を含む発想であるかという点に関する詳細な説明については，例えば，Alvesson, 2023; Alvesson and Skoldberg, 2017; Potter and Wetherell, 1987 を参照）。そのような測定ないしコード付与の作業には，むしろ既存の前提を再生産して強化する傾向がある。もっとも実際には，経験的資料には，常にある程度は，理論的枠組みの一部および研究全体の根底にある前提の枠組みの前提とは矛盾するような側面が含まれているものである。

　ここで決定的に重要になってくるのは，既存の理論ないし理論的枠組みが持つ価値や意義について，それが明らかに経験的資料と矛盾している場合だけではなく，たとえ経験的資料と理論が整合的であったとしても疑問を呈することができるようになることである。また，その理論によって説明されることになっている現象との関連で理論が抱えている弱点や問題点について検討できるようにしておく必要もある。それは，理論に対して全面的にオープンな態度で臨み，また，理論あるいは理論的枠組みの再検討や開発の必要性とそれをおこなう際の方向性について認識しておくことを意味する。支配的な前提に対して挑戦するような新しくて興味深いアイデアを発展させるためには，その種の再検討を促すことができるようなやり方で経験的資料を利用していくことが重要になる。要するに，ここでの我々の基本的な発想は，特

定の研究領域に対してアプローチしていく際に，その領域［とそれに関わる経験的資料］を「私たちが現実世界に関して抱いている前提について実証的かつ批判的に再検討し得る場［と契機］ではなく，むしろ，世界に対する自分自身の根本的なスタンスを研究者が表明することができる場にしてしまう」(Miller, 2001: 226) ような考え方などとはまったく異なるものなのである。

　したがって，ここで我々は，理論的前提と経験的印象との出会いを通して理論を開発していくための方法論を提案する。これには，経験的資料が従来のアイデアやカテゴリーについて再検討する上での契機となるような機会を積極的に探究していくことが含まれる (Alvesson and Kärreman, 2011 で提案した発想である)。この前提と経験的資料の出会いに関して特に重要なのは意外なことや事前の予想を裏切られること——事前の予想から逸脱しているために研究者を困惑させるようなこと——である。したがって，理論の発展は，特に既存の理論的枠組みではうまく説明できない物事によって刺激され促進されることになる。つまり，確立された枠組みやありきたりの発見事実とは異なるやり方を通して，曖昧な社会的現実に関して生産的でありまた常識的なものとは異なる理解の仕方が可能になるのである。そして，理想的な研究プロセスには，次の2つの重要な要素が含まれている——(1) 謎 (ミステリー) を作り上げ，(2) それを解明する (Asplund, 1970)。ここで謎というのは，予想を裏切り，研究者を（一時的な）当惑と方向感覚の喪失の状態へと導く経験的知見である。事実，謎というのは，我々が何かを理解できないときに出現し，またそれを解いていくためには，確立された前提や常識の枠組みからはみ出した一連の新しいアイデアが必要になってくるものである。

　したがって，このような場合，経験的資料は——それが注意深く構築されている場合には——常識的理解について再検討し，何らかの事柄について，それが自明の事柄などではなくむしろ驚くべきことであり，また新しいアイデアによって改めて考え直す必要があるということについて認識するためのきっかけを見つける上で強力な刺激になる。もっとも，ここで理想とされるのは，グラウンデッド・セオリー・アプローチ (Glaser and Strauss, 1967; Strauss and Corbin, 1994) などの新実証主義的な研究のように，「現実を忠実に映し出すような理論を生み出す」ような「実際の証拠との密接な相互作用」(Eisenhardt, 1989: 547) を目指すことなどではない[2]。「現実を映し出す鏡」というような考え方は，抽象度が低くて瑣末なものでしかない調査結果

に容易に結びついてしまいがちであり，むしろ想像力にとっての障害になる。

　我々の目標は，経験的資料を，アタリマエで，意義もなく，あるいは馬鹿げている理論的主張などではなく，面白い理論を開発するために利用していく際の方法について模索していくことなのである（Davis, 1971）。ただしこのような目的を実現するためには，従来型の研究では一般的に見られるように，面白い発見へと至るルートをデータが示してくれるのを受動的に待ち受けるというのではなく，むしろ経験的資料を独創的な方法でより能動的な形で構築していくことが必要となる。例えば，グラウンデッド・セオリー・アプローチのようにデータについて注意深く検討するだけでは，想像力を刺激し，真の意味で斬新で挑戦的なアイデアを生み出していこうとする際には不十分である（Alvesson and Sköldberg, 2009）。また当然ではあるが，以上のような一連の作業を成し遂げるためには，通常の意味での方法論的厳密性に関するプレッシャーをある程度緩和しておく必要がある。なお，この方法論の詳細な説明と具体的な適用例については，Alvesson and Kärreman（2011）を参照されたい。

問題化の方法論と謎解きの方法論とを組み合わせる

　経験的資料の扱い方に関する，この「謎解きの方法論（mystery methodology）」は，本書で提案してきた問題化の方法論にとっては恰好の補足的な手続きになる。問題化の方法論は，研究を新しい方向へと導くことができる代替的な前提の可能性を切り開いた上でそれに関する洞察を求めていく。一方で謎解きの方法論の場合は，経験的資料から受ける印象を既存のカテゴリーや理論の枠組みの中に押し込む傾向が弱まることによって，より感度が高くて想像力に富む研究の可能性が開かれる。この謎解きの方法論はまた，実証研究を進める中で，前提に対する挑戦をさらに直接的な形でおこなえるようにし，またその作業における具体的な手続きを調整していくことができるよ

　2　新実証主義（ないしポスト実証主義）は，データの理論的負荷性については認めているものの，正確に把握できる現実というものが存在することを前提にしており，また観察者と観察される対象は別個の存在として分離されており，さらにデータと理論は分離できるものとして扱われている。最終的な目的は，一般化可能な結果を生み出すことなのである（Lincoln and Guba, 2000）。現在ほとんどの定量的な社会調査やグラウンデッド・セオリー・アプローチのような定性的調査——もっとも，後者にはさまざまなバージョンのものがある。これについてはCharmaz, 2000を参照——は，この新実証主義的な前提にもとづいているようである。

うにしてくれる。多くの場合，問題化の要素は，先行文献のレビューと経験的資料を構築していく作業の両方に含まれ得るものである。また，研究プロセスにおいてこれら両方の「パーツ」の作業が互いにサポートしあうようなこともあるだろう。

　本書の発想に沿った研究は，典型的には，文献および経験的資料に関連する前提に対して挑戦する作業を何度となく繰り返しおこない，また相互に関連させることを特徴としている。理想的には，文献についての予備的な問題化は，具体的な実証研究をおこなう際の好奇心へとつながり，それが学術文献をどのように読み込んでいくか（また再読していくか）という作業にフィードバックされ，それがまた経験的資料への取り組み方や資料の利用の仕方に対して影響を与えていくというプロセスが望ましい。

　ここで重要なのは，経験的資料に関する主観的な印象もまた，前提への挑戦のあり方を見直していく際の重要な参考情報となり，また前提をさらに修正していく時の手段にもなり得る，という点について認識しておくことである。例えば，新しい［代替的な］前提は，先行文献について批判的に検討したものとしては一定の説得力があるかも知れないが，改めて経験的資料から受ける印象を考慮に入れてみるとあまり魅力的ではないように見えるかも知れないのである。前提とデータのあいだに一対一の関係が存在することはほとんどないが，データは前提について再検討していく際の刺激となり，したがって進行中の問題化プロセスに対して生産的に関わっていく場合がある。我々が強調してきたように，このプロセスは研究の初期段階に限定されるわけではないし，いったん文献レビューの結果としてリサーチ・クエスチョンが設定されたら，その問いは最後まで変更されない，というものでもない。むしろ通常これら一連の作業は常に進行中のプロセスなのであり，創発的な性格を持ち，時には最終的な研究報告書や論文が刊行される時点まで続いていくのである。

　ここで強調しておくべきなのは，問題化の方法論だけでなく，その実証研究の姉妹版とも言える謎解きの方法論の場合も，それを採用する研究者のアイデンティティに関しては通常とは多少異なるものが想定されるという点である。どちらの方法論も，支配的な前提や経験的資料の構築のあり方に対して挑戦していく上では，通常よりも広い範囲の理論や用語法を用いることが必要となる。また，使用する理論的枠組みとアイデアについては（自己）批判的および解釈学的な視点による解釈がより重要なものになるだけでなく，

コンセンサスに対抗するためにはある程度の大胆さも必要になっている。

　これは一般論としては、狭い範囲に限定された分野でおこなわれてきた研究に関する知識はそれほど詳細なものである必要はなく、また理論とデータを別々のカテゴリーに分けて考えたり、それらを論文中の別個の部分やセクションとして扱うことには消極的であったりすることを意味する。それによって、既存の立場の擁護者からは反感を買うことも多いだろう。要するに、問題化や謎解きの方法論を採用する場合には、研究者としてのアイデンティティの強調点が変わっていかざるを得ないのである。それは、漸進主義的なギャップ・スポッティング型の研究者アイデンティティを身につけていくことに替えて、自省的で独創的な研究者としての途を選択することを意味する。また、硬直的なプログラム化された立場よりもアイロニーやある種の乱雑さを好むことにもなる。そのようなアイデンティティの形成にとっては、リサーチ・ギャップを見つけてそれを埋めるというようなものではない理想の追求を高く評価するような専門家集団の規範による支援も必要になってくるだろう。

結語

　面白くてしかも影響力がある研究を生み出していこうとする際には前提について精査した上で挑戦していく作業が中心になるという点について考えると、社会科学的な研究においてギャップ・スポッティング的な手法が広範に使用されている現状を問い直していく必要があると思われる。コンセンサスに対して挑戦する作業は重要な意味を持つのだが、ここで鍵になるのは、特定の分野内で自明視されてきた各種の前提を問題化していく作業である。当然ながら、我々は、このようなアプローチが全ての研究者やあらゆるタイプの研究に適していると主張するものではない。また、問題化が全面的にギャップ・スポッティングに取って代わるべきだと言っているわけでもない。

　しかしながら、ギャップ・スポッティングが圧倒的に優勢であるという点を——また、今や多くの研究分野で面白い新しいアイデアを生み出すよりも［方法論的な］厳密性が強調されているという点も——考えると、我々は、論文の著者、査読者、編集委員そして各種研究機関に対して、リサーチ・クエスチョンの定式化にあたって主としてギャップ・スポッティング方式のみに

依存しないようにすることを強く推奨したい。というのも，そうすることで，確立された枠組みやその根底にある前提およびそれらと関連が深い用語が［淘汰されずに］生き延びてしまうからである。むしろ，単に既存の前提を再生産するのではなく，それに疑問を呈して**破壊的創造を生み出していく**（disruptive）研究スタイルこそが推奨されまた実際に採用されるべきだと考える。というのも，それこそがより面白くかつ重要な意味を持つ理論の発展や研究結果の提供——言葉を換えて言えば，最初から結論がある程度分かっていて退屈なものでしかない研究ではないような研究——につながる可能性が高いからである。

　また，より一般的なレベルで言えば，問題化の方法論は，保守的であり高度に専門化した漸進的な研究を理想とするような発想によって支配されがちな状況に対抗し，あるいはそのような傾向を補正するものとして，より自省的で独創的な学問を奨励していく上でも効果的であろう。上記のような学術研究全般に及ぶ現状認識は我々自身の主要な関心事でもあり，我々は本書における中心的な主張が，学術研究に関するこのような全体的な認識を支持するための挑発的なアイデアと1つの契機になるものだと考えている。これはまた，学術研究において，もっと創造性，好奇心，大胆さ，そして知的コミットメントが重視されるようにしていきたいという我々のきわめて切なる願いでもある。

　我々が提唱する問題化のフレームワークは，1つの方法論として，学術界や社会全体において主流のものとされてきた知識について積極的に問い直し，またそれを批判的な観点から精査することによって，より斬新なリサーチ・クエスチョンや理論を生み出すことを推奨するものである。またこの方法論は，その目的を実現するために，特定の分野における文献を元にしてリサーチ・クエスチョンを定式化していく上でこれまで用いられてきた支配的なアプローチとは明確に区別できる代替的なアプローチを提示している。

　社会科学の多くの分野で面白くて影響力のある理論が現在払底気味であるという事実を考えると，本書で提案した問題化の方法論は今こそまさに大いに必要とされているものであるように思われる。その一方で，本書全体，より個別的には問題化の方法論は，［従来のものとは異なる］研究者のアイデンティティのあり方をサポートするものだと見ることもできる。実際，研究者が自分自身と自らの研究分野において自明のものとされてきた前提を精査し，それらについて解釈し，批判的に検討し，またある場合には［根本的に］

再検討することを促すことによって，より自省的で独創的な学術的アイデンティティが形成されていくことが期待できる。我々は，現在の学術界の状況下では，まさにこの種の学術的アイデンティティこそが明らかに必要とされているものだと考えているのである。

自省的覚え書き

　我々は，本書が「物知り顔の教えたがり（Besserwisser）」である2人の著者がいわば「上から目線」で解決策について分析，説明，提案している書物として読まれる可能性があることは十分に承知している。また，この本は2人のシニアレベルの研究者が若手研究者に対して，つまりテニュア（終身在職資格）あるいは学界内での安定した地位を求めて悪戦苦闘している人々から見れば遠く離れた立場にいる者が他の人々に対して，何をなすべきか，またどのような人物（つまり，高ランクのジャーナルの常連執筆者になることを志望する者（ワナビー）ではなく，学識を備えた学者（scholar））になることを目指すべきか，という点について教えを垂れている書籍として読まれるかも知れない。そしてある意味で，我々が書いたこの本は，アイデンティティ統制（Alvesson and Willmott, 2002）を目論んでいると思われてしまう可能性もある。［つまり，次のような前提にもとづくアイデンティティ統制である——］ギャップ・スポッティングは問題化より劣ったやり方だ。真正の研究者ないし優れた研究者は学識を備えた学者であり，そのような者は，内発的な動機で研究を志向し，主に斬新なアイデアに関心があり，自ら進んでリスクをとり，研究活動を知的な冒険と見なしている。優れた研究者は，出世志向で名声を求める論文書き，つまり，あれこれのジャーナルで論文が掲載されたという実績にともなう地位やアイデンティティの保証が得られるために必要であれば何でもそれに従うような 輩 ではないのである。

　我々は2人とも，スウェーデン（つまり，ランキングや地位の差別化が少なく，論文の刊行実績に関する監視体制がそれほど強力ではない小さな国）の出身だということもあって——1人はそのキャリアの大半をオーストラリアで送ってきたのだが——ジャーナル中心の一面的な研究スタイルへの社会化の

　3　オーストラリアではまったく事情が異なり，スウェーデンに比べればはるかに多くの規制が設けられている。

影響をそれほど受けてはいない。また，「ジャーナル論文のみが重要だ」[3]と主張することによって自分の研究を正当化するような人々の姿勢にはあまり良い印象を持っていない。もっとも，その一方で我々自身も誘惑的で強制的なジャーナルランキングの影響を受けており，その中で大過なく身を処していけるかどうかを常に気にかけており，ギャップ・スポッティング方式やそれに付随するキャリア・マネジメントに関わる分野細分化的なメンタリティが支配的であるという風潮の中にあって疎外感を感じている。また，投稿論文がリジェクトされた時には気分が落ち込み，特にインテグリティ（知的な一貫性と誠実性）を保ちながら査読者や編集者からのフィードバックや改訂要求に対して自分でも納得がいく対応をすることと，何が何でもAランクのジャーナルに論文を掲載したいという欲求とのあいだでどうしようもない程の葛藤を感じている。

　事実，ナルシシズム的な自己満足や自分のアイデアの過大評価を避けることと，学術研究のあり方に関する自分自身の価値観や信条に反するような所業を繰り返して，いわば「貞操を売り渡す」ようなこととのあいだでバランスをとるというのは非常に困難なことなのである。研究の大量化と手段優先主義の時代に生きる現代の研究者たちの場合，インテグリティと社会的責任をめぐる問題についてはこれまで以上に考えるように動機づけられていることが多い。

　しかし，我々が本書を書きたいと思ったのは，主として，我々自身の分野だけでなく，社会科学全体の重要な部分において何かとてつもなく奇妙で問題が多い事態が生じているという思いを伝えるためなのである。一体全体，この領域の人々は彼ら自身が何をしていると思っているのだろうか？　もちろん，その「彼ら」は「我々」でもある。しかし，我々2人は，規制がかなり緩やかで比較的自由な研究環境の文化の中で研究者としての社会化を受け，これまで主流のギャップ・スポッティング的な研究の外側で相当数の研究をすることができ，またジャーナル論文だけでなく本も書いてきた。したがって，このような場合は，本書全体を告白体の物語的なスタイル（Starbuck, 2006; Van Maanen, 1988）で書くというのは，あまり適切なことではないと思えたのであった[訳注F]。

───────────────

　［訳注F］エスノグラフィー（フィールドワークの報告書）等における告白体・写実主義・印象派的な語りのスタイルについては，ヴァン-マーネン（2010）および Van Maanen（2011: 145-182）をも参照。

付録 1

表 A.1　ギャップ・スポッティングの基本的なスタイルとサブタイプ

基本的なスタイル	基本的なスタイルのサブタイプ	検討対象になった論文
混乱スポッティング	競合する説明	Anderson and Reeb (2004; *ASQ* 49/2: 209-37)
		Burnes (2004; *JMS* 41/6: 977-1002)
		Gibbons (2004; *ASQ* 49/2: 238-62)
		Queen (2005; *ASQ* 50/4: 610-41)
		Schneper and Gullien (2004; *ASQ* 49/2: 263-95)
		Thomson and Walsham (2004; *JMS* 41/5: 726-47)
		Liu et al. (2010; *AUS* 115/5: 1387-434)
		Deuchar and Holligan (2010; *SOC* 44/1: 13-30)
		Le et al. (2011; *JAP* 96/1: 113-33)
		Larrick et al. (2011; *PS* 22/ 4: 423-8)
		Ono and Watanabe (2011; *PS* 22/4: 472-77)
		Hawley-Dolan and Winners (2011; *PS* 22/4: 435-41)
		Papay (2011; *AERJ* 48/1: 163-93)
		Ready et al. (2011; *AERJ* 48/2: 335-60)
		Konstantolopus et al. (2011; *AERJ* 48/2: 361-86)
		Moulder et al. (2011; *LI* 21: 614-24)
		Merkt et al. (2011; *LI* 21/6: 687-704)
		Paakkari et al. (2011; *LI* 2011; 21/6: 705-14)
		Blatchford et al. (2011; *LI* 21/6: 715-30)
軽視・無視スポッティング	見落とされていた領域	Arend (2004; *JMS* 41/6: 1003-27)
		Brown (2004; *OS* 25/1: 95-112)
		Chreim (2005; *JMS* 42/3: 595-23)
		Davenport and Leitch (2005; *OS* 26/11: 1603-23)
		Ezzamel (2004; *ORG* 11/4: 497-537)
		Hannan et al. (2003; *ASQ* 48/3: 399-432)
		Jensen (2003; *ASQ* 48/3: 466-97)
		Korczynski (2005; *JMS* 41/4: 575-99)
		Marchington and Vincent (2004; *JMS* 41/6: 1029-56)
		Meriläinen et al. (2004; *ORG* 11/4: 539-64)
		Mueller et al. (2004; *OS* 25/1: 75-93)

基本的なスタイル	基本的なスタイルのサブタイプ	検討対象になった論文
		Musson and Tietze (2004; *JMS* 41/8: 1301-23)
		Nicolai (2004; *JMS* 41/6: 951-76)
		Ogbonna and Wilkinson (2003; *JMS* 40/5: 1151-78)
		Sidhu et al. (2004; *JMS* 41/6: 914-32)
		Sims (2005; *OS* 26/11: 1625-40)
		Sparrowe and Liden (2005; *ASQ* 50/4: 505-35)
		Vaara et al. (2005; *JMS* 42/3: 572-93)
		Zarraga and Bonache (2005; *OS* 26/5: 661-81)
		Luke (2010; *AJS* 115/5: 1435-79)
		Hook (2010; *AS* 115/5: 1480-523)
		Schwartz (2010; *AJS* 115/5: 1524-57)
		Spires (2011; *AUS* 17/1: 1-45)
		Arial et al. (201.1; *AJS* 17 /1: 90-171)
		Cornwell (2011; *AJS* 17/1: 172-208)
		Holmes (2010; *SOC* 44/1: 139-54)
		Burke et al. (2011; *JAP* 96/1: 46-70)
		Judge and Cable (2011; *JAP* 96/1: 95-112)
		lddekinge et al. (2011; *JAP* 96/1: 13-33)
		Song et al. (2011; *JAP* 96/1: 151-68)
		Wiltermuth and Neale (2011; *JAP* 96/1: 192-201)
		Morrison et al. (2011; *JAP* 96/1: 193-201)
		Wann et al. (2011; *PS* 22/4: 429-341)
		Radford et al. (2011; *LI* 21: 625-35)
		Kopp and Mandl (2011; *LI* 21: 636-449)
		Park (2011; *AERJ* 48/2: 387-420)
	研究が不十分	Balogun and Johnson (2005; *OS* 26/11: 1573-01)
		Baum et al. (2005; *ASQ* 50/ 4: 536-75)
		Brickson (2005; *ASQ* 50/4: 576-609)
		Case and Phillipson (2004; *ORG* 11/4: 473-95)
		Chan (2005; *JMS* 42/3: 625-72)
		Corley and Goia (2004; *ASQ* 49/2: 173-208)
		Javidan and Carl (2004; *JMS* 41/4: 665-91)
		Munir and Phillips (2005; *OS* 26/11: 1665-87)

基本的なスタイル	基本的なスタイルのサブタイプ	検討対象になった論文
		Symon (2005; *OS* 26/11: 1641-63)
		Tsui-Auch (2004; *JMS* 41/4: 693-723)
		Westphal and Khanna (2003; *ASQ* 48/3: 361-98)
		van Breugel et al. (2005; *JMS* 42/3: 539-66)
		Nahrgang et al. (2011; *JAP* 96/1: 71-94)
		Harrison et al. (2011; *JAP* 96/1: 211-20)
		Hammer et al. (2011; *JAP* 96/1: 134-50)
		Landers et al. (2011; *JAP* 96/1: 202-10)
		Chao and Liden (2011; *JAP* 96/1: 221-9)
		Richards and Schat (2011; *JAP* 96/1: 169-82)
		Stanton et al. (2011; *PS* 22/ 4: 44 7-53)
		Bolivar and Chrispeels (2011; *AERJ* 48/1: 4-38)
		O'Connor et al. (2011; *AERJ* 48/1: 120-62)
		Boyd et al. (2011; *AERJ* 48/2: 303-33)
		Lowe and Boucheix (2011; *LI* 21: 650-63)
		Frederiksen et al. (2011; *LI* 21: 601-13)
		Magi et al. (2011: *LI* 21: 664-75)
		Vamvakoussi et al. (2011; *LI* 21: 676-85)
		Jitendra et al. (2011; *LI* 21/6: 731-45)
		Wecker et al. (2011; *LI* 21/6: 7 46-56)
		Hedenus (2011; *SOC* 45/1: 22-37)
		Fox (2011; *SOC* 45/1: 70-85)
	実証研究による裏づけが不足	Dyck et al. (2005; *JMS* 42/2: 387-16)
		Tyrrell and Parker (2005; *JMS* 42/3: 507-37)
		Kim and White (2010; *AJS* 115/5: 1558-96)
		Jones et al. (2010; *SOC* 44/1: 103-20)
		Richter et al. (2011; *PS* 22/4: 464-71)
		Jadallah et al. (2011; *AERJ* 48/1: 194-230)
		Daly and Finnigan (2011; *AERJ* 48/1: 39-79)
	特定の側面に関する検討が欠如	Boyle and Williams (201.1; *JAP* 96/1: 1-12)
		Johnson and Zaval (2011; *PS* 22/ 4: 454-9)
		Lewandowky (2011; *PS* 22/4: 460-3)
		DeScioli et al. (2011; *PS* 22/4: 442-6)

基本的なスタイル	基本的なスタイルのサブタイプ	検討対象になった論文
適用スポッティング	先行文献の拡張と補足	Clegg and Courparson (2004; *JMS* 41/4; 525-47)
		Hancock (2005; *ORG* 12/1: 29-52)
		Hodgson (2005; *ORG* 12/1: 51-69)
		Korsczynski and Ott (2004; *JMS* 41/ 4; 575-99)
		Maguire (2004; *OS* 25/1: 113-34)
		Nickerson and Silverman (2003; *ASQ* 48/3; 433-65)
		Putnam (2004; *OS* 25/1: 35-53)
		Rosenthal (2004; *JMS* 41/4: 601-21)
		Schultze and Stabell (2004; *JMS* 41/4: 549-74)
		Tell (2004; *ORG* 11/4: 443-71)
		Watson (2004; *JMS* 41/3: 447-67)
		Wright and Manning (2004; *JMS* 41/4: 623-43)
		Zanoni and Janssens (2004; *OS* 25/1: 55-74)
		Oliver and O'Reilly (2010; *SOC* 44/1: 49-66)
		Sassatelli (2010; *SOC* 44/1: 67-83)
		Taylor (2010; *SOC* 44/1: 85-101)
		Sayer (2011; *SOC* 45/1: 7-21)
		Montgomery (2011; *AJS* 45/1: 46-89)
		Axinn et al. (2011; *AJS* 45/1: 209-58)
		Russell (2011; *AERJ* 48/2: 236-67)

略称: *AERJ, American Educational Research Journal; AJS, American Journal of Sociology; ASQ, Administrative Science Quarterly; JAP, Journal of Applied Psychology; LI, Learning and Instruction; JMS, Journal of Management Studies; OS, Organization Studies; ORG, Oranization; PS, Psychological Science; SOC, Sociology.*

付録 2

表 A.2 Davis (1971) の面白さの指標の概要

単一の現象の特徴	複数の現象間の関係性
1. 組織化 一見無秩序（非構造的）な現象が，実は組織化された（構造化された）現象である，あるいはその逆	**8. 相互関係** 一見無関係に（相互に独立したように）見える現象が，実は相関のある（相互に関連している）現象であること，あるいはその逆
2. 構成物 一見，相互に異質な現象の取り合わせのように見えるが，実は1つの要素で構成されている，あるいはその逆	**9. 共存** 一見一緒に存在するように見える現象が，実は一緒に存在し得ない現象であること，あるいはその逆
3. 抽象化 個々の現象のように見えるものが，実は全体的な現象である，あるいはその逆	**10. 共変動** 複数の現象間に正の共変関係があるように見えるが，実際には負の共変関係があること，あるいはその逆
4. 一般化 一部に限定された現象に見えることが，実は一般的な現象であること，あるいはその逆	**11. 対立** 一見似ているように見える現象が，実は正反対の現象であること，あるいはその逆
5. 安定化 安定的で不変だと思われる現象が，実は不安定で変化する現象であること，あるいはその逆	**12. 因果関係** 因果関係において独立して存在する現象（独立変数）のように見えるものが，実際には何か他の要因に従属する現象（従属変数）であること，あるいはその逆
6. 機能 ある目的を達成するための手段として，一見非効率的に見える現象が，実は効果的に機能していること，あるいはその逆	
7. 評価 良くない現象と思われていたものが実は良い現象であること，あるいはその逆	

付録 3

Abbott が提唱する主なヒューリスティクス

　Abbott が提唱する発見の方法は一連の**ヒューリスティクス**から構成されており，本書でその概要を示した問題化の方法論にとって貴重な示唆を与えてくれる。Abbott（2004: 85）によれば，ヒューリスティクスは「既に語られていることに対して疑問を投げかけ，それを新しいアイデアや見解に変えていくための」ツールを提供する。

　検索ヒューリスティクスは，特定のトピックや分野の外側から新しいアイデアを導入して利用することによって，既存の発想に疑問を投げかけ，そこから抜け出すことを目的としている。例えば，自分の専門分野のものとは異なる分野の研究テーマを参考にして，自分の研究テーマについて理解しようとする**アナロジー**や，他の分野で開発・使用されてきた**方法を借りて**，自分の研究テーマに適用してみることなどが挙げられる。

　論証のヒューリスティクスとは，身近であり自明なものを，身近ではなく曖昧なものに変えることを意味する。例えば，新しくて興味深い研究の方向性を生み出す方法として，**自明だと思われていたことを問題化**するようなやり方である。例えば，大学は学習を促進するのではなく，むしろ妨げるものであるといった**逆転**の発想がある。

　記述的ヒューリスティクスでは，社会的現実を特定の方法で想像してみたり，可能であれば考え直してみることを支援することが狙いになる。例としては，前景にあるものを背景に逆転させるような**文脈の転換**や，ミクロな文脈からマクロな文脈へといった分析**レベルの変化**などが挙げられる。

　ナラティブ・ヒューリスティクスは現実の描かれ方を変化させる。例としては**静止と運動**の転換があり，例えば，普通は静止しているように見えるものを動かしてみたり，あるいはその逆を想定してみるというやり方である。また，**付随的な条件の導入と除去**というやり方もある。例えば，ある現象は何らかの特定の付随的条件によって左右されるものだと主張したり，あるいは，現象にはいかなる付随的条件も関与していないと主張してみたりするということが考えられる。

　フラクタル・ヒューリスティクスは，実証主義 対 解釈主義，現実主義 対 構築主義というような社会科学における主要な議論に関連するものであり，それらは「研究におけるどのレベルで取りあげてもみて重要だと思われるという意味でフラクタル的」（Abbott, 2004: 163）なのである。Abbott によれば，このような議論やその他の主要な位置づけになっている議論は，互いの理論的視点を対決させてみることによって，新たな研究のアイデアや問題，あるいは研究の可能性を生み出していく上で，素晴らしいヒューリスティックなツールとして利用することができるのだと言う。

参考文献 〈文献のうち，冒頭の数字（①，②……）は邦訳のある書籍ないし論文。邦訳書は参考文献末に一括記載〉

Abbott, A. (2001) *Chaos of Disciplines*. Chicago, IL: University of Chicago Press.

Abbott, A. (2004) *Methods of Discovery: Heuristics for the Social Sciences*. New York: Norton.

Abend, G. (2008) 'The meaning of "theory"', *Sociological Theory*, 26: 173-199.

Adler, N.J. and Hansen, H. (2012) 'Daring to care: scholarship that supports the courage of our convictions', *Journal of Management Inquiry*, 21: 128-39.

Adler, N.J. and Harzing, A. (2009) 'When knowledge wins: transcending the sense and non-sense of academic rankings', *Academy of Management Learning & Education*, 8: 72-95.

Albert, S. and Whetten, D.A. (1985) *Organizational Identity: Research in Organizational Behavior*. Greenwich, CT: JAI Press.

Alvesson, M. (1993) *Cultural Perspectives on Organizations*. Cambridge: Cambridge University Press.

Alvesson, M. (2002) *Postmodernism and Social Research*. Buckingham: Open University Press.

Alvesson, M. (2011) 'De-essentializing the knowledge intensive firm: reflections on sceptical research going against the mainstream', *Journal of Management Studies*, 48: 1640-61.

Alvesson, M. (2013) *Understanding Organizational Culture*, 2nd edn. London: Sage.

Alvesson, M. (2022) *The Triumph of Emptiness: Consumption, Higher Education and Work Organization*, 2nd edn. Oxford: Oxford University Press.

Alvesson, M. (2023) *Interpreting Interviews*. London: Sage.

Alvesson, M., Ashcraft, K., and Thomas, R. (2008a) 'Identity matters: reflections on the construction of identity scholarship in organization studies', *Organization*, 15: 5-28.

Alvesson, M. and Billing, Y. (2009) *Understanding Gender and Organization*. London: Sage.

Alvesson, M., Einola, K., and Schaefer, S. (2022) 'Philosophical minds or Brotgelehrte', *Organization Studies*, 43: 1839-1852.

Alvesson, M., Gabriel, Y., and Paulsen, R. (2017) *Return to Meaning: For a Social Science with Something to Say*. Oxford: Oxford University Press.

Alvesson, M., Hallett, T., and Spicer, A. (2019) 'Uninhibited institutionalism',

Journal of Management Inquiry, 28: 199-218.

Alvesson, M., Hardy, C., and Harley, B. (2008b) 'Reflecting on reflexivity: reappraising practice', *Journal of Management Studies*, 45: 480-501.

Alvesson, M. and Jonsson, A. (2022) 'Organizational dischronization: on meaning and meaninglessness, sensemaking and nonsensemaking', *Journal of Management Studies*, 59 (3): 724-754.

Alvesson, M. and Kärreman, D. (2011) *Qualitative Research and Theory Development*. London: Sage.

Alvesson, M. and Sandberg, J. (2014) 'Habitat and habitus: boxed-in and box-breaking research', *Organization Studies*, 35 (7): 967-987.

Alvesson, M. and Sandberg, J. (2020) 'The problematizing review: a counterpoint to Elsbach and Van Knippenberg's argument for integrative reviews', *Journal of Management Studies*, 57: 1290-1304.

Alvesson, M. and Sandberg, J. (2021) *Re-imagining the Research Process*. London: Sage.

Alvesson, M. and Sandberg, J. (2022) 'Pre-understanding: an interpretation-enhancer and horizon-expander in research', *Organization Studies*, 43 (3): 395-412.

Alvesson, M. and Sandberg, J. (2023) 'The art of phenomena construction: a framework for coming up with research phenomena beyond "the usual suspects"', *Journal of Management Studies*, online first, 29 June. https://doi.org/10.1111/joms.12969

Alvesson, M., Sandberg, J., and Einola, K. (2022) 'Reflexive design', in U. Flick (ed.), *The Sage Handbook of Qualitative Research Design*. London: Sage.

Alvesson, M. and Sköldberg, K. (2017) *Reflexive Methodology*, 3rd edn. London: Sage.

Alvesson, M. and Willmott, H. (2002) 'Producing the appropriate individual: identity regulation as organizational control', *Journal of Management Studies*, 39 (5): 619-44.

Anderson, R.C. and Reeb, D.M. (2004) 'Board composition: balancing family influence in S&P 500 firms', *Administrative Science Quarterly*, 49: 209-37.

Arum, R. and Roksa, J. (2011) *Academically Adrift*. Chicago: University of Chicago Press.

Ashcraft, K.L. and Alvesson, M. (2009) 'The moving targets of dis/identification: wrestling with the reality of social construction', working paper, University of Colorado, Denver, and Lund University.

Ashforth, B. (1998) 'Becoming: how does the process of identification unfold?', in D. Whetten and C. Godfrey (eds.), *Identity in Organizations.* Thousand Oaks, CA: Sage. pp. 213-22.

Ashforth, B. and Mael, F. (1989) 'Social identity theory and the organization', *Academy of Management Review*, 14: 20-39.

Asplund, J. (1970) *Om Undran Infor Samhallet.* Lund: Argos.

Astley, W.G. (1985) 'Administrative science as socially constructed truth', *Administrative Science Quarterly*, 30: 497-513.

Atkinson, C.J. and Checkland, P.B. (1984) 'Extending the metaphor "system"', *Human Relations*, 41: 709-25.

Bacchi, C. (2009) *Analysing Policy: What's the Problem Represented to be?* Harlow, UK: Pearson Education.

Bacchi, C. and Goodwin, S. (2016) *Poststructural Policy Analysis.* Basingstoke: Palgrave.

Bacharach, S.B. (1989) 'Organizational theories: some criteria for evaluation', *Academy of Management Review*, 14: 496-515.

Barker, J. (1993) 'Tightening the iron cage: concertive control in self-managing teams', *Administrative Science Quarterly*, 38: 408-37.

Barley, S.R. (2006) 'When I write my masterpiece: thoughts on what makes a paper interesting', *Academy of Management Journal,* 49: 16-20.

Barnett, R. (2010) 'Being a university: future possibilities'. Public lecture at the University of Queensland, Australia.

Barrett, M. and Walsham, G. (2004) 'Making contributions from interpretive case studies: examining processes of construction and use', in B. Kaplan, D.P. Truex, III, D. Wastell, et al. (eds.), *Information Systems Research: Relevant Theory and Informed Practice.* Boston, MA: Kluwer Academic. pp. 293-312.

Bartunek, J. M., Rynes, S.L. and Ireland, D.R. (2006) 'What makes management research interesting, and why does it matter?', *Academy of Management Journal*, 49: 9-15.

Baruch, Y. and Holtom, B.C. (2008) 'Survey response rate levels and trends in organizational research', *Human Relations*, 61: 1139-60.

Baum, J.A. (2012) Bazerman, M.H. (1993) 'Fairness, social comparison, and irrationality', in J.K. Murnighan (ed.), *Social Psychology in Organizations: Advances in Theory and Research.* Englewood Cliffs, NJ: Prentice-Hall. pp. 184-203.

Bazerman, C. (1993) 'Intertextual self-fashioning: Gould and Lewontin's representation of the literature', in J. Settzer (ed.), *Understanding Scientific Prose.* Madison, WI: University of Wisconsin Press. pp. 21-40.

① Becker, H.S. (1998) *Tricks of the Trade: How to Think About Your Research While Doing it.* Chicago, IL: University of Chicago Press.

Bedeian, A.G. (2003) 'The manuscript review process: the proper roles of authors, referees, and editors', *Journal of Management Inquiry*, 12: 331-8.

Bedeian, A.G. (2004) 'Peer review and the social construction of knowledge in the management discipline', *Academy of Management Learning & Education*, 3: 198-216.

② Bernauer, J.W. (1987) 'Michael Foucault's ecstatic thinking', in J.W. Bernauer and D. Rasmussen (eds.), *The Final Foucault.* Cambridge, MA: MIT Press. pp. 45-82.

Bessant, J., Birley, S., Cooper, C., Dawnson, S., Gennard, J., Gardiner, M., Gray, A., Jones, P., Mayer, C., McGee, J., Pidd, M., Rowley, G., Saunders, J., and Stark, A. (2003) 'The state of the field in UK management research: reflections of the Research Assessment Exercise (RAE) panel', *British Journal of Management*, 14: 51-68.

Bluhm, D.J., Harman, W., Lee, T.W., et al. (2011) 'Qualitative research in management: a decade of progress', *Journal of Management Studies*, 48 (8): 1866-91.

Bouchikhi, H. and Kimberly, J.R. (2001) '"It's difficult to innovate": the death of the tenured professor and the birth of the knowledge entrepreneur', *Human Relations*, 54: 77-84.

Bourdieu, P. (1979) *Outline of a Theory of Practice.* Cambridge: Cambridge University Press.

③ Bourdieu, P. (1996) *The Rules of Art: Genesis and Structure of the Literary Field.* Cambridge: Polity Press.

④ Bourdieu, P. (2004) *Science of Science and Reflexivity.* Cambridge: Polity Press.

Bowen, G.W. (1990) *Ever the Teacher: William G. Bowen's Writings as President of Princeton University.* Princeton, NJ: Princeton University Press. [quoted in Boyer, 1990]

⑤ Boyer, E.L. (1990) *Scholarship Reconsidered.* Princeton, NJ: Carnegie Foundation for the Advancement of Teaching.

Breslau, D. (1997) 'Contract shop epistemology: credibility and problem construction in applied social science', *Social Studies of Science*, 27: 363-94.

Brinkerink, J. (2022) 'In with the old, out with the new! The more we keep pushing for theoretical novelty, the less informative entrepreneurship theory will become', T*he International Journal of Entrepreneurship and Innovation*, online first 18 January. https://doi.org/10.1177/14657503221074581

Brookfield, S.D. (1995) *Becoming a Critically Reflective Teacher*. San Francisco, CA: Jossey-Bass.

Brown, A. (2006) 'A narrative approach to collective identities', *Journal of Management Studies*, 43: 731-54.

Brown, A.D. (2020) 'Identities in organizations', in A. Brown (ed.), *The Oxford Handbook of Identities in Organizations*. Oxford: Oxford University Press.

Bruner, J. (1996) *The Culture of Education*. Cambridge, MA: Harvard University Press.

Brunsson, N. (2003) 'Organized hypocrisy', in B. Czarniawska and G. Sevon (eds.), *The Northern Lights: Organization Theory in Scandinavia*. Copenhagen: Liber and Copenhagen Business Press. pp. 201-22.

Burawoy, M. (1979) *Manufacturing Consent*. Chicago, IL: University of Chicago Press.

Burrell, G. and Morgan, G. (1979) *Sociological Paradigms and Organisational Analysis*. Aldershot: Gower.

⑥ Butler, J. (2004) *Undoing Gender*. New York: Routledge.

Callon, M. (1980) 'Struggles and negotiations of what is problematic and what is not: the socio-logics of translation', in K. Knorr, R. Krohn and R.Whitley (eds.), *The Social Change*. New York: Wiley. pp. 93-125.

Camerer, C.F. and Fehr, E. (2006) 'When does "economic" man dominate social behavior?', *Science*, 6: 47-52.

Campbell, J. P., Daft, R.L., and Hulin, C. (1982) *What to Study: Generating and Developing Research Questions*. Beverly Hills, CA: Sage.

Case, P. and Phillipson, G. (2004) 'Astrology, alchemy and retro-organization theory: an astrogenealogical critique of the Myers-Briggs type indicator®', *Organization*, 11: 473-95.

Castels, R. (1994) '"Problematization" as a mode of reading history', in J. Goldstein (ed.), *Foucault and the Writing of History*. Oxford: Blackwell. pp. 237-52.

⑦ Charmaz, K. (2000) Grounded theory: objectivist and constructivist methods, in N.K. Denzin and Y.S. Lincoln (eds.), *Handbook of Qualitative Research*, 2nd edn. Thousand Oaks, CA: Sage. pp. 509-35.

Chia, R. (2000) 'Discourse analysis as organizational analysis', *Organization*, 7: 513-18.

Clark, T. and Wright, M. (2009) 'So farewell then … reflections on editing the *Journal of Management Studies'*, *Journal of Management Studies*, 46: 1-9.

Cliff, J., Langton, N., and Aldrich, H. (2005) 'Walking the talk? Gendered rhetoric vs. action in small firms', *Organization Studies*, 26 (1): 63-91.

Cole, S. and Cole, J.R. (1967) 'Scientific output and recognition: a study in the operation of the reward system in science', *American Sociological Review*, 32: 377-90.

Collinson, D. (2003) 'Identities and insecurities', *Organization*, 10: 527-47.

Colquitt, J.A. and Zapata-Phelan, C.P. (2007) 'Trends in theory building and theory testing: a five-decade study of the *Academy of Management Journal'*, *Academy of Management Journal*, 50: 1281-1303.

Corley, K.G. and Gioia, D.A. (2004) 'Identity ambiguity and change in the wake of a corporate spin-off', *Administrative Science Quarterly*, 49: 173-208.

Corley, K.G. and Gioia, D.A. (2011) 'Building theory about theory building: what constitutes a theoretical contribution?', *Academy of Management Review*, 36: 12-32.

Credé, M. (2010) 'Random responding as a threat to the validity of effect size estimates in correlational research', *Educational and Psychological Measurement*, 70: 596-612.

Creswell, J.W. (1998) *Qualitative Inquiry and Research Design: Choosing among Five Traditions*. Thousand Oaks, CA: Sage.

Daly, A.J. and Finnigan, K.S. (2011) 'The ebb and flow of social network ties between district leaders under high-stakes accountability', *American Educational Research Journal*, 48: 39-79.

Das, H. and Long, B.S. (2010) 'What makes management research interesting? An exploratory study', *Journal of Managerial Issues*, XXII: 127-42.

David, R.J. and Bitektine, A.B. (2009) "The deinstitutionalization of institutional theory? Exploring divergent agendas in institutional research", in D.A. Buchanan and A. Bryman (eds.), *The Sage Handbook of Organizational Reserch Methods*. Los Angeles, CA: Sage. pp. 160-175.

⑧ Davis, M.S. (1971) 'That's interesting! Towards a phenomenology of sociology and a sociology of phenomenology', *Philosophy of Social Sciences*, 1: 309-44.

Davis, M.S. (1986) 'That's classic! The phenomenology and rhetoric of successful social theories', *Philosophy of Social Sciences*, 16: 285-301.

Davis, M.S. (1999) 'Aphorism and clichés: the generation and dissipation of conceptual charisma', *Annual Review of Sociology*, 25: 245-69.

de Rond, M. and Miller, A.N. (2005) 'Publish or perish: bane or boon of academic life?', *Journal of Management Inquiry*, 14: 321-29.

Deacon, R. (2000) 'Theory as practice: Foucault's concept of problematization', *Telos*, 118: 127-39.

Deetz, S. (1992) *Democracy in an Age of Corporate Colonization: Developments in Communication and the Politics of Everyday Life*. Albany, NY: State University of New York Press.

Deetz, S. (1996) 'Describing differences in approaches to organizational science: rethinking Burrell and Morgan and their legacy', *Organization Science*, 7: 191-207.

Delanty, G. (2005) *Social Science*. Buckingham: Open University Press.

⑨ Denzin, N.K. and Lincoln, Y.S. (eds.) (2000) *Handbook of Qualitative Research*, 2nd edn. Thousand Oaks, CA: Sage.

Denzin, N.K. and Lincoln, Y.S. (eds.) (2011) *The Sage Handbook of Qualitative Research*, 4th edn.Thousand Oaks, CA: Sage.

Derrida, J. (1978) *Edmund Husserl's Origin of Geometry: An Introduction*. New York: Harvester Press. (First published in 1967.)

Destine, S. (2023) 'The interior of the movement for black lives', *Gender and Society*, 37: 292-320.

Deutsch, F.M. (2007) 'Undoing Gender', *Gender & Society*, 21 (1):106-127.

Dewey, J. (1916) *Essays in Experimental Logic*. New York: Dover.

⑩ Dewey, J. (1938) *Logic: The Theory of Inquiry*. New York: Holt.

Dillon, J.T. (1984) 'The classification of research questions', *Review of Educational Research*, 53: 327-61.

DiMaggio, P. (1995) 'Comments on "What theory is not', *Administrative Science Quarterly*, 40: 391-97.

DiMaggio, P. and Powell, W. (1983) 'The iron cage revisited: institutional isomorphism and collective rationality in organizational fields', *American Sociological Review*, 48 (2): 147-160.

DiMaggio, P.J. and Powell, W.W. (1991) 'Introduction', in P.J. DiMaggio and W. W. Powell (eds.), *The New Institutionalism in Organizational Analysis*. Chicago, IL: University of Chicago Press. pp. 1-38.

Donaldson, L. (1985) *In Defence of Organization Theory*. Cambridge: Cambridge University Press.

Dutton J., Dukerich, J., and Harquail, C. (1994) 'Organizational images and member identification', *Administrative Science Quarterly*, 43: 293-327.

Dyck, B., Starke, F.A., Mischke, G.A., et al. (2005) 'Learning to build a car: an empirical investigation of organizational learning', *Journal of Management Studies*, 42: 387–416.

Eagly, A. (2018) 'The shaping of science by ideology: how feminism inspired, led, and constrained scientific understanding of sex and gender', *Journal of Social Issues*, 74: 871–888.

Eagly, A.H. and Johannesen-Schmidt, M.C. (2001) 'The leadership styles of women and men', *Journal of Social Issues*, 57: 781–97.

Easterby-Smith, M., Thorpe, R., and Jackson, P.R. (2008) *Management Research*. Los Angeles, CA: Sage.

Eckberg, D.L. and Hill, L. (1980) 'The paradigm concept and sociology: a critical review', in G. Gutting and S. Bend (eds.), *Paradigms and Revolutions: Applications and Appraisals of Thomas Kuhn's Philosophy of Science*. Notre Dame, IN: University of Notre Dame Press.

Einola, K. and Alvesson, M. (2019) 'The making and un-making of teams', *Human Relations*, 72 (12): 1891–1919.

Eisenhardt, K. (1989) 'Building theories from case study research', *Academy of Management Review*, 14: 532–50.

Elsbach, K. (1999) 'An expanded model of organizational identification', *Research in Organizational Behavior*, 21: 163–200.

⑪ Feyerabend, P. (1978) *Against Method*. London: Verso.

Finlay, L. (2002) 'Negotiating the swamp: the opportunity and challenge of reflexivity in research practice', *Qualitative Research*, 2: 209–230.

Flynn, T. (1994) 'Foucault's mapping of history', in G. Gutting (ed.), *The Cambridge Companion to Foucault*. Cambridge: Cambridge University Press.

⑫ Foucault, M. (1972) *The Archaeology of Knowledge*. New York: Pantheon Books.

⑬ Foucault, M. (1977) *Discipline and Punish: The Birth of the Prison*. New York: Random House.

Foucault, M. (1980) *Power/Knowledge*. New York: Pantheon Books.

Foucault, M. (1984) 'Space, knowledge and power', in P. Rainbow (ed.), *The Foucault Reader*. New York: Pantheon Books.

⑭ Foucault, M. (1985) *The Use of Pleasure: History of Sexuality*, vol. 2. New York: Vintage Books.

Foucault, M. (1994) 'So it is important to think?', in J. D. Faubion (ed.), *Power: Essential Works of Foucault 1954–1984: (vol. 3)*. Trans. R. Hurley and others. New York: The New Press.

Fox, N.J. (2011) 'Boundary objects, social meanings and the success of new technologies', *Sociology*, 45: 70–85.

Freebody, P. (2003) *Qualitative Research in Education: Interaction and Practice*. London: Sage.

⑮ Freire, P. (1970) *Pedagogy of the Oppressed*. New York: Herder & Herder.

Freud, S. (1915) 'Thoughts for the times on war and death', *Standard ed.*, 14: 273–300.

Furedi, F. (2018) *How Fear Works*. London: Bloomsbury.

Gabriel, Y. (2005) 'Glass cages and glass palaces: images of organizations in image conscious times', *Organization*, 12: 9–29.

Gabriel, Y. (2010) 'Organization studies: a space for ideas, identities and agonies', *Organization Studies*, 31: 757–75.

⑯ Gadamer, H.-G. (1994) *Truth and Method*. New York: Continuum. (First published in 1960.)

Galasinski, D. and Kozłowska, O. (2010) 'Questionnaires and lived experience: strategies of coping with the quantitative frame', *Qualitative Inquiry*, 16: 271–284.

⑰ Galbraith, J.K. (1958) *The Affluent Society*. Boston, MA: Houghton Mifflin.

Garbett, T. (1988) *How to Build a Corporation's Identity and Project its Image*. Lexington, MA: D.C. Heath.

⑱ Geertz, C. (1973) *The Interpretation of Cultures*. New York: Basic Books.

Gergen, K. (1978) 'Toward generative theory', *Journal of Personality and Social Psychology*, 31: 1344–360.

Gergen, K. (1992) 'Organization theory in the postmodern era', in M. Reed and M. Hughes (eds.), *Rethinking Organizations*. London: Sage. pp. 207–26.

Gibbons, D.E. (2004) 'Friendship and advice networks in the context of changing professional values', *Administrative Science Quarterly*, 49: 238–62.

Gibbons, M., Limoges, C., Nowotny, H., et al. (1994) *The New Production of Knowledge: The Dynamic of Science and Research in Contemporary Societies*. London: Sage.

Gioia, D., Schulz, M., and Corley, K. (2000) 'Organizational identity, image, and adaptive instability', *Academy of Management Review*, 25: 63–81.

⑲ Glaser, B.G. and Strauss, A.L. (1967) *The Discovery of Grounded Theory*. New York: Aldine.

Glick, W.H., Miller, C.C., and Cardinal, L.B. (2007) 'Making a life in the field of organization science', *Journal of Organizational Behavior*, 28: 817–35.

Goffman, E. (1976) 'Gender display', *Studies in Visual Communication*, 3: 69-77.

Golden-Biddle, K. and Azuma, J. (2010) 'Constructing contribution in "Strategy as Practice"', in D. Golsorkhi, L. Rouleau, D. Seidl and E. Vaara (eds.), *Cambridge Handbook of Strategy as Practice*. Cambridge: Cambridge University Press. pp. 79-90.

Golden-Biddle, K. and Locke, K. (2007) *Composing Qualitative Research*. Thousand Oaks, CA: Sage.

Gomart, E. (2002) 'Towards generous constraint: freedom and coercion in a French addiction treatment', *Sociology of Health and Illness*, 24 (5): 517-549.

⑳ Gouldner, A.W. (1970) *The Coming Crisis of Western Sociology*. New York: Basic Books.

Graeber, D. (2018) *Bullshit Jobs*. New York: Simon and Schuster.

Grandy, G. and Mills, A.J. (2004) 'Strategy as simulacra? A radical reflexive look at the discipline and practice of strategy', *Journal of Management Studies*, 41: 1153-70.

㉑ Habermas, J. (1972) *Knowledge and the Human Interest*. London: Heinemann.

Hallett, T. (2010) 'The myth incarnate: recoupling processes, turmoil, and inhabited institutions in an urban elementary school', *American Sociological Review*, 75: 52-74.

Hammer, L. B., Kossek, E. E., Kent Anger, W., Bodner, T., and Zimmerman, K.L. (2011) 'Clarifying work-family intervention processes: the roles of work-family conflict and family supportive supervisor behaviors', *Journal of Applied Psychology*, 96: 134-50.

Hannan, M.T. and Freeman, J.H. (1977) 'The population ecology of organizations', *American Journal of Sociology*, 83: 929-84.

Hargens, L.L. (2000) 'Using the literature: reference networks, reference contexts, and the social structure of scholarship', *American Sociological Review*, 65: 846-65.

Haslam, S.A. (2004) *Psychology of Organizations*, 2nd edn. London: Sage.

Haslam, A. and Reicher, S. (2006) 'Social identity and the dynamics of organizational life', in C. Bartel, S. Blader and A. Wrzesniewski (eds.), *Identity and the Modern Organization*. New York: Lawrence Erlbaum Associates. pp. 135-66.

Hassard, J. and Keleman, M. (2002) 'Production and consumption in organizational knowledge: the case of the "paradigms debate"', *Organization*, 9: 331-55.

Hawley-Dolan, A. and Winners, E. (2011) 'Seeing the mind behind the art: people can distinguish abstract expressionist paintings from highly similar paintings by children, chimps, monkeys, and elephants', *Psychological Science*, 22: 435.

㉒ Heidegger, M. (1981) *Being and Time*. New York: SCM Press. (First published in 1927.)

Heijes, C. (2011) 'Cross-cultural perception and power dynamics across changing organizational and national contexts: Curacao and the Netherlands', *Human Relations*, 64 (5): 653-74.

Henrich, J., Boyd, R., Bowles, S., et al. (2005) '"Economic man" in cross-cultural perspective: behavioral experiments in 15 small-scale societies', *Behavioral and Brain Sciences*, 28: 1-61.

Henriques, J., et al. (1984) *Changing the Subject: Psychology, Social Regulation and Subjectivity*. New York: Methuen.

Hesse-Biber, S.N. and Leavy P. (2011) *The Practice of Qualitative Research*. Los Angeles, CA: Sage.

㉓ Hofstede, G. (1980) *Culture's Consequences: International Differences in Work-Related Values*. Beverly Hills, CA: Sage.

Hook, J.L. (2010) 'Gender inequality in the welfare state: sex segregation in housework, 1965-2003', *American Journal of Sociology*, 115: 1480-523.

Hostetler, K. (1994) 'Community and neutrality in critical thought: a nonobjectivist view on the conduct and teaching of critical thinking', in K.S. Walters (ed.), *Re-thinking Reason: New Perspectives in Critical Thinking*. Albany, NY: State University of New York Press. pp. 135-54.

Hultin, L. and Mahring, M. (2017) 'How practice makes sense in healthcare operations: studying sensemaking as performative, material-discursive practice', *Human Relations*, 70: 566-593.

Husen, T. (1988) 'Research paradigms in education', *Interchange*, 19/1: 2-13.

㉔ Husserl, E. (1970) *Logical Investigations*, vol. 2. London: Routledge. (First published in 1900-1901.)

Jadallah, M., Anderson, R. C., Nguyen-Jahiel, K., et al. (2011) 'Influence of a teacher's scaffolding moves during child-led small-group discussions', *American Educational Research Journal*, 48: 194-230.

Jenkins, R. (2000) 'Categorization: identity, social process and epistemology', *Current Sociology*, 48: 7-25.

Johanson, L.M. (2007) 'Sitting in your reader's chair: attending to your academic sensemakers', *Journal of Management Inquiry*, 16: 290-94.

Johnson, M.S. (2003) 'Designating opponents in empirical research: the rhetoric of "interestingness" in consumer research', *Marketing Theory*, 3: 477–501.

Jones, I.R., Leontowitsch, M., and Higgs, P. (2010) 'The experience of retirement in second modernity: generational habitus among retired senior managers', *Sociology*, 44: 103–20.

Judge, T.A. and Cable, D.M. (2011) 'When it comes to pay, do the thin win? The effect of weight on pay for men and women', *Journal of Applied Psychology*, 96: 95–112.

Knights, D. (1992) 'Changing spaces: the disruptive impact of a new epistemological location for the study of management', *Academy of Management Review*, 17: 514–36.

Knights, D. and Morgan, G. (1991) 'Corporate strategy, organizations, and subjectivity: a critique', *Organization Studies*, 12: 251–73.

Knights, D. and Willmott, H. (1989) 'Power and subjectivity at work', *Sociology*, 23: 535–58.

Knorr-Cetina, K. (1981) *The Manufacture of Knowledge: An Essay on the Constructive and Contextual Nature of Science*. New York: Pergamon Press.

Koch, S. (1981) 'The nature and limits of psychological knowledge', *American Psychologist*, 36: 257–69.

Köhler, T. and Cortina, J. M. (2021) 'Play it again, Sam! An analysis of constructive replication in the organizational sciences', *Journal of Management*, 47: 488–518.

Koopman, C. (2007) *Genealogical Pragmatism: Problematization and Reconstruction*, University of California at Santa Cruz.

Koopman, C. (2011) 'Foucault and pragmatism: introductory notes on metaphilosophical methodology', *Foucault Studies*, 11: 3–10.

Kopp, B. and Mandl, H. (2011) 'Fostering argument justification using collaboration scripts and content schemes', *Learning and Instruction*, 21: 636–49.

㉕ Kuhn, T.S. (1970) *The Structure of Scientific Revolutions*. Chicago, IL: University of Chicago Press.

㉖ Kunda, G. (1992) *Engineering Culture: Control and Commitment in a High-Tech Corporation*. Philadelphia, PA: Temple University Press.

㉗ Lasch, C. (1978) *The Culture of Narcissism*. New York: Norton.

㉘ Latour, B. and Woolgar, S. (1979) *Laboratory Life: The Social Construction of Scientific Facts*. London: Sage.

Lawrence, P.A. (2008) 'Lost in publication: how measurement harms science',

Ethics in Science and Environmental Politics, 8: 9-11.

Le, H., Oh, I., Robbins, S.B., et al. (2011) 'Too much of a good thing: curvilinear relationships between personality traits and job performance', *Journal of Applied Psychology*, 96: 113-133.

Lee, T., Mitchell, T., and Sablynski, C. (1999) 'Qualitative research in organizational and vocational behavior', *Journal of Vocational Behavior*, 55: 161-87.

Leung, K. (2007) 'The glory and tyranny of citation impact: an eastern Asian perspective', *Academy of Management Journal*, 50: 510-13.

Lincoln, Y. and Guba, E. (2000) 'The only generalization is: there is no generalization', in R. Gomm, M. Hammersley and P. Foster (eds.), *Case Study Method: Key Issues, Key Texts*. London: Sage. pp. 27-43.

Liu, K.-Y., King, M., and Bearman, P.S. (2010) 'Social influence and the autism epidemic', *American Journal of Sociology*, 115: 1387-434.

Locke, K. and Golden-Biddle, K. (1997) 'Constructing opportunities for contribution: structuring intertextual coherence and "problematizing" in organizational studies', *Academy of Management Journal*, 40: 1023-62.

Lok, J. (2019) 'Why (and how) institutional theory can be critical: addressing the challenge to institutional theory's critical turn', *Journal of Management Inquiry*, 28: 335-349.

Lok, J. (2020) 'Theorizing the 'I' in institutional theory: moving forward through theoretical fragmentation, not integration', in A.D. Brown (ed.), *The Oxford Handbook of Identity in Organizations*. Oxford: Oxford University Press. pp. 732-749.

Lounsbury, M. and Crumley, E. (2007) 'New practice creation: an institutional perspective on innovation', *Organization Studies*, 28: 993-1012.

Luke, N. (2010) 'Migrants' competing commitments: sexual partners in urban Africa and remittances to the rural origin', *American Journal of Sociology*, 115: 1435-479.

Lüscher, L.S. and Lewis, M.W. (2008) 'Organizational change and managerial sensemaking: working through paradox', *Academy of Management Journal*, 51: 221-40.

Macdonald, S. and Kam, J. (2007) 'Aardvark et al.: quality journals and gamesmanship in management studies', *Journal of Information Science*, 33: 702-17.

Mägi, K., Lerkkanen, M., Poikkeus, A., et al. (2011) 'The cross-lagged relations between children's academic skill development, task-avoidance, and parental beliefs about success', *Learning and Instruction*, 21: 664-75.

Mahrer, A.R. (2000) 'Philosophy of science and the foundations of psychothera-
py', *American Psychologist*, 55: 1117-125.

㉙ March, J. and Olsen, J. (1976) *Ambiguity and Choice in Organizations*. Bergen:
Unversitetsforlaget.

Martin, J. (2002) *Organizational Culture: Mapping the Terrain*. Thousand Oaks,
CA: Sage.

Martin, J. and Meyerson, D. (1988) 'Organizational culture and the denial, chan-
neling and acknowledgment of ambiguity', in L.R. Pondy, R.J. Boland, and H.
Thomas (eds.), *Managing Ambiguity and Change*. New York: Wiley. pp. 93-
125.

Mathieu, J.E. (2016) 'The problem with [in] management theory', *Journal of Or-
ganizational Behavior*, 37: 1132-1141.

McCall, L. (2005) 'Gender, race, and the restructuring of work: organizational
and institutional perspectives', in S. Ackroyd, R. Batt, P. Thomson and P.S.
Tolbert (eds.), *The Oxford Handbook of Work & Organization*. Oxford: Ox-
ford University Press. pp. 74-92.

McKinley, W., Mone, M.A., and Moon, G. (1999) 'Determinants and development
of schools in organization theory', *Academy of Management Review*, 24: 634-
48.

McMullen, J. and Shepard, D. (2006) 'Encouraging consensus challenging re-
search in universities', *Journal of Management Studies*, 43: 1643-1670.

McSweeney, B. (2002) 'Hofstede's model of national cultural differences and their
consequences: a triumph of faith-a failure analysis', *Human Relations*, 55: 89-
118.

㉚ Merleau-Ponty, M. (1962) *Phenomenology of Perception*. London: Routledge and
Kegan Paul. (First published in 1945.)

Meyer, J. and Rowan, B. (1977) 'Institutionalized organizations: formal structure
as myth and ceremony', *American Journal of Sociology*, 83: 340-63.

Miller, D. (2001) 'The poverty of morality', *Journal of Consumer Culture*, 1: 225-
43.

Miller, F., Greenwood, R., and Prakash, R. (2009) 'What happened to organization
theory?' *Journal of Management Inquiry*, 18: 273-79.

㉛ Mills, C.W. (1959) *The Sociological Imagination*. Oxford: Oxford University
Press.

Mizruchi, M.S. and Fein, L.C. (1999) 'Preview the social construction of organiza-
tional knowledge: a study of the uses of coercive, mimetic, and normative

isomorphism', *Administrative Science Quarterly*, 44: 653-83.

Morgan, G. (1980) 'Paradigms, metaphors, and puzzle solving in organization theory', *Administrative Science Quarterly*, 25: 605-22.

Morgan, G. (1986) *Images of Organization*. Thousand Oaks, CA: Sage.

Morrison, E.W., Wheeler-Smith, S.L., and Kamdar, D. (2011) 'Speaking up in groups: a cross-level study of group voice climate and voice', *Journal of Applied Psychology*, 96: 183-91.

Mulkay, M. and Gilbert, N.G. (1983) 'Scientists' theory talk', *Canadian Journal of Sociology*, 8: 179-97.

Muller, S.M. (2016) 'Becoming the phenomenon? An alternative approach to reflexivity in ethnography', *Qualitative Inquiry*, 22: 705-717.

Musson, G. and Tietze, S. (2004) 'Places and spaces: the role of metonymy in organizational talk', *Journal of Management Studies*, 41: 1301-323.

Myers, G. (1993) 'Making enemies: how Gould and Lewontin criticize', in J. Selzer (ed.), *Understanding Scientific Prose*. Madison, WI: University of Wisconsin Press. pp. 256-75.

Newton, T. (1998) 'Theorizing subjectivity in organizations: the failure of Foucauldian studies?', *Organization Studies*, 19: 415-47.

Ocasio, W. and Gai, S.L. (2020) 'Institutions: everywhere but not everything', *Journal of Management Inquiry*, 29: 262-271.

O'Connor, E.E., Dearing, E., and Collins, B.A. (2011) 'Teacher-child relationship and behavior problem trajectories in elementary school', *American Educational Research Journal*, 48: 120-62.

O'Leary, Z. (2018) *Little Quick Fix: Research Questions*. London: Sage.

Oliver, C. and O'Reilly, K. (2010) 'A Bourdieusian analysis of class and migration: habitus and the individualizing process', *Sociology*, 44: 49-66.

Palmer, D. (2006) 'Taking stock of the criteria we use to evaluate one another's work: *ASQ* 50 years out', *Administrative Science Quarterly*, 51: 535-59.

Papay, P.J. (2011) 'Different tests, different answers: the stability of teacher value-added estimates across outcome measures', *American Educational Research Journal*, 48: 163-93.

Park, M., Leahey, E., and Funk, R.J. (2023) 'Papers and patents are becoming less disruptive over time', *Nature*, 613: 138-144. https://doi.org/10.1038/s41586-022-05543-x

Penfold-Mounce, R., Beer, D., and Burrows, R. (2011) '*The Wire* as social science-fiction?', *Sociology*, 45: 152-67.

Peter, P.J. and Olson, J.C. (1986) 'Is science marketing?', *Journal of Marketing*, 47: 111-25.

Pfeffer, J. (1993) 'Barriers to the advance of organizational science: paradigm', *Academy of Management Review*, 18: 599-620.

Pfeffer, J. (2007) 'A modest proposal: how we might change the process and product of managerial research', *Academy of Management Journal*, 50: 1334-345.

Pierson, P. (2007) 'The cost of marginalization: qualitative studies of American politics', *Comparative Political Studies*, 40: 145-69.

Potter, J. and Wetherell, M. (1987) *Discourse and Social Psychology: Beyond Attitudes and Behaviour*. London: Sage.

Pratt, M. (2000) 'The good, the bad, and the ambivalent: managing identification among Amway distributors', *Administrative Science Quarterly*, 45: 456-93.

Pratt, M. (2009) 'From the editors: the lack of a boilerplate: tips on writing up (and rewriting) qualitative research', *Academy of Management Journal*, 52: 856-62.

Pratt, M. and Foreman, P. (2000) 'Classifying responses to multiple organizational identities', *Academy of Management Review*, 25: 18-42.

Pratt, M. G., Schultz, M., Ashforth, B.E., and Ravasi, D. (eds.) (2016) *The Oxford Handbook of Organizational Identity*. Oxford: Oxford University Press.

Rapley, T. (2022) 'Developing research questions: the social lives of ideas, interests and questions', in U. Flick (ed.), *The SAGE Handbook of Qualitative Research Design*. London: Sage.

Responsible Research in Business and Management (RRBM). (2023) [Website]. Available at: www.rrbm.network/

Richardson, F.C. and Slife, B.D. (2011) 'Critical thinking in social and psychological inquiry', *Journal of Theoretical and Philosophical Psychology*, 31 (3): 165-72.

Richler, J.J., Cheung, O.S., and Gauthier, I. (2011) 'Holistic processing predicts face recognition', *Psychological Science*, 22: 464-71.

Rintamäki, J. and Alvesson, M. (2023) 'Resisting whilst complying? A case study of a power struggle in a business school', *Academy of Management Learning and Education*. Published online.

Ritchie, J. (2003) 'The applications of qualitative methods to social research', in J. Ritchie and J. Lewis (eds.), *Qualitative Research Practice*. London: Sage. pp. 24-46.

Ritzer, G. (1980) *Sociology: A Multiple Paradigm Science*. Boston, MA: Allyn and Bacon.

Ritzer, G. (1998) 'Writing to be read: changing the culture and reward structure of American sociology', *Contemporary Sociology*, 27: 446-53.

Rorty, R. (1989) *Contingency, Irony and Solidarity*. Cambridge: Cambridge University Press.

Rorty, R. (1992) 'Cosmopolitanism without emancipation: a response to Lyotard', in S. Lash and J. Friedman (eds.), *Modernity & Identity*. Oxford: Blackwell. pp. 59-72.

Rosenau, P.M. (1992) *Post-Modernism and the Social Sciences: Insights, Inroads and Intrusions*. Princeton, NJ: Princeton University Press.

Russell, J.L. (2011) 'From child's garden to academic press: the role of shifting institutional logics in redefining kindergarten education', *American Educational Research Journal*, 48: 236-67.

Rynes, S.L. (2007) 'Afterword: to the next 50 years', *Academy of Management Journal*, 50:1379-1383.

Sandberg, J. (2000) 'Understanding human competence at work: an interpretive approach', *Academy of Management Journal*, 43: 9-25.

Sandberg, J. (2001) 'The constructions of social constructionism', in S.E. Sjöstrand, J. Sandberg and M. Tyrstrup (eds.), *Invisible Management: The Social Construction of Leadership*. London: Thomson. pp. 29-48.

Sandberg, J. and Alvesson, M. (2011) 'Ways of constructing research questions: gap-spotting or problematization?', *Organization*, 18: 23-44.

Sandberg, J. and Alvesson, M. (2021) 'Meanings of theory: clarifying theory through typification', *Journal of Management Studies*, 58 (2): 487-516.

Sandberg, J. and Pinnington, A.H. (2009) 'Professional competence as ways of being: an existential ontological perspective', *Journal of Management Studies*, 7: 1138-1170.

Sandberg, J. and Targama, A. (2007) *Managing Understanding in Organizations*. London: Sage.

Sandberg, J. and Tsoukas, H. (2011) 'Grasping the logic of practice: theorizing through practical rationality', *Academy of Management Review*, 36: 338-60.

Sandberg, J. and Tsoukas, H. (2015) 'Making sense of the sensemaking perspective: its constituents, limitations and opportunities for further development', *Journal of Organizational Behavior*, S1: S6-S32.

Sauder, M. and Espeland, W.E. (2009) 'The discipline of rankings: tight coupling and organizational change', *American Sociological Review*, 74: 63–82.

Savin-Baden, M. and Major, C. (2012) *Qualitative Research: The Essential Guide to Theory and Practice*. London: Routledge.

Sayer, A. (2011) 'Habitus, work and contributive justice', *Sociology*, 45: 7–21.

㉜ Schein, E. (1985) *Organization Culture and Leadership*. San Francisco, CA: Jossey-Bass.

Schiller, F. (1789) *Was heißt und zu welchem Ende studiert man Universalgeschichte? [What is, and to what end do we study universal history?]*. Trans. C. Stephan and R. Trout. Washington: Schiller Institute. https://archive.schiller institute.com/transl/Schiller_essays/universal_history.html

Schultze, U. and Stabell, C. (2004) 'Knowing what you don't know? Discourses and contradictions in knowledge management research', *Journal of Management Studies*, 41: 549–73.

㉝ Sennett, R. (1998) *The Corrosion of Character*. New York: Norton.

Shotter, J. and Gergen, K. (eds.) (1989) *Texts of Identity*. London: Sage.

Sievers, B. (1986) 'Beyond the surrogate of motivation', *Organization Studies*, 7: 335–51.

Silverman, D. (2001) *Interpreting Qualitative Data*, 2nd edn. London: Sage.

㉞ Simon, H.A. (1947) *Administrative Behavior: A Study of Decision-Making Processes in Administrative Organization*. New York: Macmillan.

Singh, G., Haddad, K.M., and Chow, C.W. (2007) 'Are articles in "top" management journals necessarily of higher quality?', *Journal of Management Inquiry*, 16: 319–31.

Slife, B.D. and Williams, R.N. (1995) *What's Behind the Research? Discovering Hidden Assumptions in the Behavioral Sciences*. Thousand Oaks, CA: Sage.

Smets, M., Morris, T., and Greenwood, R. (2012) 'From practice to field: a multi-level model of practice-driven institutional change', *Academy of Management Journal*, 55: 877–904.

Smircich, L. (1983) 'Concepts of culture and organizational analysis', *Administrative Science Quarterly*, 28: 339–58.

Starbuck, W.H. (2003) 'Turning lemons into lemonade: where is the value in peer reviews?', *Journal of Management Inquiry*, 12: 344–51.

Starbuck, W.H. (2006) *The Production of Knowledge: The Challenge of Social Science Research*. Oxford: Oxford University Press.

Starbuck, W.H. (2009) 'The constant causes of never-ending faddishness in the behavioral and social sciences', *Scandinavian Journal of Management*, 25:

108-16.

Steier, F. (ed.) (1991) *Research and Reflexivity: Inquiries in Social Construction.* Thousand Oaks, CA: Sage.

Stevens, M. L., Armstrong, E.A., and Arum, R. (2008) 'Sieve, incubator, temple, hub: empirical and theoretical advances in the sociology of higher education', *Annual Review of Sociology*, 34: 127-51.

Strauss, A. and Corbin, J. (1994) 'Grounded theory methodology: an overview', in N.K. Denzin and Y.S. Lincoln (eds.), *Handbook of Qualitative Research.* Thousand Oaks, CA: Sage. pp. 273-85.

Sutton, R. and Staw, B. (1995) 'What theory is not', *Administrative Science Quarterly*, 40: 371-84.

Swedberg, R. (2020) 'Using metaphors in sociology: pitfalls and potentials', *The American Sociologist*, 51: 240-257.

Taylor, N. (2010) 'Animal shelter emotion management: a case of in situ hegemonic resistance?', *Sociology*, 44: 85-101.

Thomas, D. (1979) *Naturalism and Social Science: A Post-empiricist Philosophy of Social Science.* Cambridge: Cambridge University Press.

Thornton, P., Ocasio, W., and Lounsbury, M. 2012. The institutional logics perspective: A new approach to culture, structure and process. Oxford: Oxford University Press.

Tsang, E.W.K. (2022) 'That's interesting! A flawed article has influenced generations of management researchers', *Journal of Management Inquiry*, 31: 150-164.

Tsang, E.W.K. and Frey, B.S. (2007) 'The as-is journal review process: let authors own their ideas', *Academy of Management Learning & Education*, 6: 128-36.

Tsoukas, H. and Chia, R. (2002) 'On organizational becoming: rethinking organizational change', *Organization Science*, 13: 567-82.

Tsoukas, H. and Knudsen, C. (eds.) (2004) *The Oxford Handbook of Organization Theory.* Oxford: Oxford University Press.

Vaara, E., Tienari, J., Piekkari, R., et al. (2005) 'Language and the circuits of power in a merging multinational corporation', *Journal of Management Studies*, 42: 595-623.

Van de Ven, A.H. (2007) *Engaged Scholarship: A Guide for Organizational and Social Research.* New York: Oxford University Press.

㉟ Van Maanen, J. (1988) *Tales of the Field: On Writing Ethnography.* Chicago: University of Chicago.

Van Maanen, J. and Barley, S.R. (1984) 'Occupational communities: culture and control in organizations', *Research in Organizational Behavior*, 6: 287–365.

Watson, T.J. (2004) 'HRM and critical social science analysis', *Journal of Management Studies*, 41: 447–67.

Weber, K. and Glynn, A. (2006) 'Making sense with institutions: context, thought and action in Karl Weick's theory', *Organization Studies*, 27: 1639–1660.

Weedon, C. (1987) *Feminist Practice and Poststructuralist Theory*. Oxford: Blackwell.

Weick, K.E. (1989) 'Theory construction as disciplined imagination', *Academy of Management Review*, 14: 516–31.

Weick, K.E. (2001) 'Gapping the relevance gap: fashions meet fundamentalist in management research', *British Journal of Management*, 12: 71–75.

Weinstein, J. (2000) 'A (further) comment on the difference between applied and academic sociology', *Contemporary Sociology*, 29: 344–47.

West, C. and Zimmerman, D.H. (1987) 'Doing gender', *Gender and Society*, 1: 125–51.

West, C. and Zimmerman, D.H. (2009) 'Accounting for doing gender', *Gender and Society*, 23: 112–22.

Westphal, J.D. and Khanna, P. (2003) 'Keeping directors in line: social distancing as a control mechanism in the corporate elite', *Administrative Science Quarterly*, 48: 361–98.

White, P. (2009) *Developing Research Questions*. New York: Palgrave.

White, P. (2017) *Developing Research Questions* (2nd edn). New York: Palgrave.

Wicker, A.W. (1985) 'Getting out of our conceptual ruts', *American Psychologist*, 40: 1094–1103.

Wilhite, A.W. and Fong, E.A. (2012) 'Coercive citation in academic publishing', *Science*, 335: 542–43.

Willmott, H. (1993) 'Strength is ignorance; slavery is freedom: managing culture in modern organizations', *Journal of Management Studies*, 30: 515–52.

Willmott, H. (1995) 'Managing the academics: commodification and control in the development of university education in the UK', *Human Relations*, 48: 993–1027.

Willmott, H. (2011) 'Journal list fetishism and the perversion of scholarship: reactivity and the ABS list', *Organization*, 18: 429–42.

Yanchar, S.C., Slife, B.D., and Warne, R. (2008) 'Critical thinking as disciplinary practice', *Review of General Psychology*, 12: 265-81.

Yukl, G.（1999）'An evaluation of conceptual weaknesses in transformational and charismatic leadership theories', *Leadership Quarterly*, 10: 285-305.

Yukl, G.（2006）*Leadership in Organizations*, 6th edn. Upper Saddle River, NJ: Pearson/Prentice-Hall.

訳書一覧（参考文献表登場順）

① 進藤雄三・宝月誠訳『社会学の技法』恒星社厚生閣，2012 年

② 山本学・瀧本往人・藍沢玄太・佐幸信介訳『最後のフーコー』三交社，1990 年

③ 原タイトル：*Le règles de l'art*，石井洋二郎訳『芸術の規則 1・2』藤原書店，1995，1996 年

④ 原タイトル：*Science de la science et réflexivité*，加藤晴久訳『科学の科学——コレージュ・ド・フランス最終講義』藤原書店，2010 年

⑤ 有本章訳『大学教授職の使命——スカラーシップ再考』玉川大学出版部，1996 年

⑥ ※第 2 章の訳に次のものがある——越智博美訳「ジェンダーを規制するもの」『術＝statement：近畿大学国際人文科学研究所紀要』明石書店／近畿大学国際人文科学研究所，2008 年，pp.172-194

⑦ 山内祐平・河西美子訳「グラウンデッド・セオリー：客観主義的方法と構成主義的方法」平山満義監訳・藤原顕編訳『質的研究ハンドブック 2 巻——質的研究の設計と戦略』北大路書房，2006 年，pp.169-197

⑧ 内海透雄・大秦一浩訳（2016，2017）「翻訳 おもしろさについての導入研究（前編，後編）——MURRAY S. DAVIS, That's Interesting!：Towards a Phenomenology of Sociology and a Sociology of Phenomenology（訳稿）」『文藝論叢』（大谷大学文藝学会編）第 87 号，pp.16-39，第 88 号，pp.194-216

⑨ 平山満義監訳・藤原顕編訳『質的研究ハンドブック 1 〜 3 巻』北大路書房，2006 年

⑩ 河村望訳『行動の論理学——探求の理論』人間の科学新社，2013 年

⑪ 村上陽一郎・渡辺博訳『方法への挑戦——科学的創造と知のアナーキズム』新曜社，1981 年

⑫ 原タイトル：*L'Archéologie du savoir*，慎改康之訳『知の考古学』河出文庫，2012 年

⑬ 原タイトル：*Surveiller et punir: Naissance de la prison*，田村俶訳『監獄の誕生——監視と処罰』新潮社，2020 年

⑭ 原タイトル：*Histoire de la sexualité: L'usage des plaisirs*，田村俶訳『快楽の活用——性の歴史 2』新潮社，1986 年

⑮ 三砂ちづる訳『非抑圧者の教育学——50 周年記念版』亜紀書房，2018 年

⑯ 原タイトル：*Wahrheit und Methode*，轡田収・麻生建・三島憲一・北川東子・我田広之・大石紀一郎訳『真理と方法 Ⅰ・Ⅱ・Ⅲ〈新装版〉——哲学的解釈の要綱』法政

大学出版局，2012，2015，2021 年）

⑰ 鈴木哲太郎訳『ゆたかな社会 決定版』岩波現代文庫，2006 年［1999 年刊行の新版の訳］

⑱ 吉田禎吾・柳川啓一・中牧弘充・板橋作美訳『文化の解釈学 1・2』岩波書店，1987年

⑲ 後藤隆・水野節夫・大出春江訳『データ対話型理論の発見——調査からいかに理論をうみだすか』新曜社，1996 年

⑳ 岡田直之・田中義久・矢沢修次郎・矢沢澄子・栗原彬・瀬田明子・杉山光信・山口節郎訳『社会学の再生を求めて〈1〉〈2〉〈3〉』新曜社，1974-1975 年

㉑ 原タイトル：*Erkenntnis und Interesse*，奥山次良・八木橋貢・渡辺祐邦訳『認識と関心』未来社，1981 年，復刊 2001 年

㉒ 原タイトル：*Sein und Zeit*，細谷貞雄訳『存在と時間 上・下』ちくま学芸文庫，1994年

㉓ 万成博・安藤文四郎監訳『経営文化の国際比較——多国籍企業の中の国民性』産業能率大学出版部，1984 年

㉔ 原タイトル：*Logishe Untersuchungen*，立松弘孝訳『論理学研究 1-4』［新装版］みすず書房，2015 年

㉕ 中山茂訳『科学革命の構造』みすず書房，1971 年

㉖ 金井壽宏解説・監修，樫村志保訳『洗脳するマネジメント——企業文化を操作せよ』日経 BP，2005 年

㉗ 石川弘義訳『ナルシシズムの時代』ナツメ社，1981 年

㉘ 原タイトル：*La vie de laboratorie: La production des faits scientifiques*，立石裕二・森下翔監訳『ラボラトリー・ライフ——科学的事実の構築』ナカニシヤ出版，2021年

㉙ 遠田雄志・ユング，アリソン訳『組織におけるあいまいさと決定』有斐閣，1986 年

㉚ 原タイトル：*Phénoménologie de la perception*，中島盛夫訳『知覚の現象学 改装版』法政大学出版局，2015 年

㉛ 伊奈正人・中村好孝訳『社会学的想像力』ちくま学芸文庫，2017 年

㉜ 梅津祐良・横山哲夫訳『組織文化とリーダーシップ』白桃書房，2012 年

㉝ 斎藤秀正訳『それでも新資本主義についていくか——アメリカ型経営と個人の衝突』ダイヤモンド社，1999 年

㉞ 二村敏子・桑田耕太郎・高尾義明・西脇暢子・高柳美香訳『新版 経営行動——経営組織における意思決定過程の研究』ダイヤモンド社，2009 年［原著第 4 版の翻訳］

㉟ 森川渉訳『フィールドワークの物語——エスノグラフィーの文章作法』現代書館，1999 年

訳者解説──「目からウロコ」の研究論文を目指して

つまらない問いとつまらない答え
──ルーチンワークとしての学術研究

　答えはツマラない。なぜなら問いがツマラないからだ。

　マルセル・デュシャンの有名な警句「答えは無い。なぜなら問いが無いからだ」をもじって言えば，このようになるでしょうか？　マッツ・アルヴェッソンとヨルゲン・サンドバーグは，その画期的な解説書 *Constructing Research Questions: Doing Interesting Research*──本訳書の原著──で，〈続々と大量に生み出されている紋切り型の論文のツマラなさは，多くの場合，その論文で設定されている問い（リサーチ・クエスチョン）自体のツマラなさによるものである〉と指摘します。その上で，より面白い，つまりもっと "interesting" な研究をおこなうための具体的な方法について，その基本原理だけでなく実際の適用例を示しながら丁寧に解説していきます。

　上に引用したデュシャン（1887-1968）は，現代美術の先駆けとなった数々の作品とアイデアを生み出したフランス出身の美術家です。そのデュシャンは，ある時，代表作の１つである「彼女の独身者たちによって裸にされた花嫁，さえも」の制作意図について友人の１人に訊かれた際には，先のように応じたとされています。たしかに，芸術作品については，その意味や制作意図について明快な答えを求めることにはあまり意味が無い場合も多いでしょう[1]。

　しかし当然ながら，学術研究となると事情はまったく違うものになってきます。研究をおこなう場合には，まず問うべき事柄，また何よりも「そもそも問うに値するのはどのような事柄であるか？」という，いわば「問いについての問い」に対して真正面から向き合い，それについて考え抜いていく作

1　Tomkins（1962: 57）。ミンク（2006: 73-86）をも参照。

業が不可欠になるはずです。そして，最終的な研究成果を報告する論文では，問い自体の具体的な内容および特定の問いを設定することの根拠を明確に示していく必要があります。したがって，学術研究をおこなう際には，少なくともその最終段階までには，研究活動を通して解明しようとしている問いとそれに対応する明快な答えを提示できるようにしておかなければならないのです。

しかしながら，アルヴェッソンとサンドバーグは，あまりにも多くの論文が，いわば「天下り式」に型通りのリサーチ・クエスチョンを立てた上で紋切り型の答えを出しているに過ぎない，と指摘します。また「日本語版への序」で彼らが述べているように，実際，あえて研究などをしなくても最初からリサーチ・クエスチョンに対する答えがほとんど分かりきっているとしか思えないような論文も少なくありません。その種の学術研究は，半ばルーチンワークとしての性格を帯びていると言っても良いでしょう。

出来合いのパズルを解くか，みずからパズルを創り上げるか？

アルヴェッソンとサンドバーグは，以上のような傾向の背景にあるのは，「ギャップ・スポッティング（隙間検出）」的な研究姿勢であるとしています。ギャップというのは，この場合，いわゆるリサーチ・ギャップのことであり，「研究自体の少なさ，あるいは先行研究では決定的な結果が示されていないという点」[2]を指します。また著者たちは，もっぱらその種のリサーチ・ギャップに焦点を当てるような研究スタイルを隙間を埋める作業ないし「ギャップを埋めること（gap-filling）」と呼んで，それが現在では主流の位置を占めていると指摘しています[3]。確かに，そのようなギャップを見つけてそれを着実に埋めていくような研究スタイルを採用すれば，論文を「量産」していくこともできるでしょう。

この，いわば「隙間充填」的な論文刊行の技に長けた，「ゲームの達人」とでも呼べる研究者たちは，続けざまにトップジャーナルに論文を掲載し，また首尾良く一流どころの大学や研究機関に就職して順調に出世の階段を駆け上がっていくことができるかも知れません。しかし，別の角度から見れば，そのような研究者は，喩えて言えば，出来合いのジグソーパズルで欠け

2　本訳書 pp.74, 99, 241。
3　本訳書 p.91。隙間充填式の研究スタイルとその問題点については，Alvesson et al.（2017）でさらに詳しく論じられている。

ていた小さなピースを埋めることにほとんど全ての精力と時間を費やしているのです[4]。その種の作業に没頭している限りは，研究の大きな枠組みを形作っているパズルの絵柄それ自体を，より大きな研究テーマや理論的視点あるいは現実社会との関連性という大局観（ビッグピクチャー）の中に位置づけることはできないでしょう。ましてや，それまで誰も思いつかなかったような斬新な問い——ジグソーパズルに喩えて言えば，まったく新しい絵柄のパズル——を創り出した上で広く世に問うことなどできるはずもありません。

　しかしながら，本書の第3章で，トップクラスの学術ジャーナルに掲載された119本もの論文に関する詳細な分析結果にもとづいて示されているように，現実にはむしろ，そのようないわば「落ち穂拾い」的な性格を持つギャップ・スポッティング型の研究こそが隆盛をきわめているのです。著者たちは，それがひいては，社会科学のさまざまな領域において深刻な停滞状況を生み出していると主張します。

　この問題に関連して，著者たちは，次のように指摘しています。

　　多くの［社会科学系の］分野の研究者が目指しているのは，斬新で挑戦的かつ実践的な意義のある研究を志す真の意味での研究者になることなどではない。彼ら・彼女らはむしろ，できるだけ多くのジャーナル論文を製造することを切望する，それぞれの下位領域におけるギャップ検出作業のスペシャリストになり果てているのである。その人々にとってのアイデンティティの拠り所は，独創的な知識や学術的知に対する独自の貢献などではない。むしろ，どれだけの本数の論文をどのジャーナルに掲載できたかという点が主たる関心事項なのである[5]。

4　よく知られているように，トマス・クーンはそのパラダイム論において，通常科学（normal science）における研究活動の基本的な性格をパズル解きに喩えている（Kuhn, 1970: Ch.4）。また，アルヴェッソンとサンドバーグは2020年に発表された論文でジグソーパズルのピースを埋めていくような文献レビューの根底にある前提に対して手厳しい批判を加えている（Alvesson and Sandberg, 2020: 1293）。なお本書で挑戦の対象とすべき前提として取りあげられているものの中には，パラダイム的前提だけではなく，他の4種類の前提も含まれている。これについては，第5章参照。

5　本訳書 pp.212-213。

「現実に根ざした研究」対「内輪（ムラ）の事情に根ざした研究」

　本書の第7章では，このように，多くの研究者が自らを「ギャップ・スポッター（gap-spotter）」つまりギャップ検出者として自己規定しているという点が指摘されます。また社会科学全体が出口の見えない一種の閉塞状況にあることの背景として，制度的条件，学術界における専門的規範，研究者としてのキャリア形成のあり方という3つの要因が挙げられています。

　詳しくは本書をお読み頂ければと思いますが，制度的条件としては，例えば政府が研究資金を大学等に配分する際の基準として，論文の本数，とりわけジャーナルを格付けしたリストに掲載された論文の本数を採用するような政策が挙げられます。その政策に対応して大学等もまた，教員の採用やその後の処遇（昇進，終身雇用資格等）に際して同じような基準を適用する場合が少なくありません。それによって，研究者たちは，トップクラスのジャーナルに論文が採択されることをひたすら目指すことを余儀なくされてきたのでした。

　ギャップ・スポッティングというのは，取りも直さずそのような「載りやすい論文」ないし「採択（アクセプト）されやすい論文」を作成するための研究戦略に他なりません。そして，そのようなギャップ検出的な研究および論文刊行をめぐる戦略に拍車をかけてきたのが，ジャーナルの編集委員や査読者が採用してきた刊行方針です。つまり，彼らもまた，大胆な知的革新を高く評価するというよりは，むしろ既存の理論的ないし方法論的枠組みを踏襲して先行研究の「ギャップ」を埋めていくようなタイプの投稿論文を採択してきたのでした。

　結果として生じてきたのは，本来の学術的価値を軽視し社会的現実からも遊離することによって一種の「ゲーム」と化してしまった研究活動です。実際，研究の狙いがギャップの検出とその充塡にとどまる限り，論文において設定されるテーマをめぐるリサーチ・クエスチョンの多くは，過去の研究の（「蓄積」というよりは）堆積から生まれることになります。つまり「研究から研究が生まれる」という，内側に閉じたループの中で自足することになるのです[6]。

6　Campbell et al.（1982）は1980年代初頭の時点で次のように指摘している——「あまりにも多くのリサーチ・クエスチョンが単に『先行研究で取りあげられていたから』という理由だけで採用されている。職場や従業員の行動を直接観察した結果からリサーチ・クエスチョンが設定されている例は稀なのだ」（p.155）。

このようにして，研究活動が主として研究者たちのあいだで繰り広げられる「内輪話」に終始してしまった場合，リサーチ・クエスチョンがその範囲を越えて，現実の社会が直面する重要で切実な問題から生まれてくることは稀になってしまうでしょう。またそうなると，「社会科学」とは言いながら，多くの論文は，現実の「社会」の状況に対して真正面から取り組んだ「科学」的研究の成果をまとめたものではなくなっていきます。むしろ，社会の現実からは背を向けて，極度に細分化され分断化された「学者ムラ」（アルヴェッソンは，別の共著書の中でこれを何度か「極小部族（microtribe）」と呼んでいます）[7]内部の評価——「内輪ウケ」——に狙いを定めたものになっていったのでした。要するに，今や，研究者たちが在籍する大学も，また研究成果の公表の可否を決めるゲートキーパー（門衛）役を担う学術ジャーナルも，社会の現実に根ざした研究をおこなう場ではなく，その多くが「内輪_{ムラ}の事情に根ざした研究」とその発表の場と化しているのです。

そもそも論からの問い直しを目指す「問題化探求者」への道

上の解説からもある程度推測できると思いますが，研究者たちは，必ずしもその全てがギャップ・スポッティング的な研究が席捲する，抑圧的で「邪悪（evil）なシステム」[8]の犠牲者ではあるとは限りません。実際，このシステムは，単に政府や大学当局などがトップダウン方式で作り出したものではなく，少なくともその一部は，研究者たち自身がボトムアップ式に形成しまた維持してきたのです。実際，彼らは，在籍する大学や研究機関において，新規採用予定者や同僚の業績を，トップクラスのジャーナルに掲載された論文の数を基準にして審査してきました。また，ジャーナルの査読や編集委員の業務を担当する際には，投稿論文に対してギャップ・スポッティング的な規範と基準を適用してきました。さらにある場合には，ジャーナルのインパクト・ファクターの数値を上げるために，投稿者に対して過去に自誌に掲載された論文の引用を強要することさえあります。つまり，研究者たちは，内輪の事情（「大人の事情」）を優先するあまりに，邪悪なシステムの形成や維持・拡大に加担してきたのです。その意味では，いわば「自分で自分の首を

7　Alvesson et al. (2017: passim). 特定の研究者集団の内閉的で排他的な傾向を示す「部族（tribe）」のメタファーの最も良く知られた古典的な例にLeijonhufvud（1973）がある。なお，トゥーリッシュ（2022: 42, 246, 247）をも参照。

8　本訳書 p.222。

絞めてきた」ような一面があるとさえ言えます。

　もっとも，もし研究者たち自身が抑圧的なシステムの一翼を担っているのだとしたら，それを自分たち自身の手で変えることも不可能ではないはずです。その解決策として原著者たちが提案するのが「問題化（problematization）」の方法論です。

　問題化の骨子は，研究活動の根底にあって，当然視され不問にされることが多い各種の「前提（assumptions）」を問い直していくことにあります[9]。その上で，代替的な前提基盤を作り上げ，それを踏まえた新たな問いを生み出し定式化して新たなアプローチによる研究と議論の出発点にしていきます。本書では，この問題化を，真の意味で革新的でありかつ「面白い（interesting）」ものであると評価され，また結果的に大きな影響力を及ぼしていくことになる研究をおこなうための有力な方法論の1つとして提案しています。

　問題化の方法論は，現時点で研究者たちのあいだで主流になっている研究および論文刊行上の戦略とは正反対のアプローチです。実際，問題化を採用する場合には，ギャップ・スポッティング方式とは違って，ジグソーパズルのように全体の枠となる絵柄があらかじめ決められた台紙の上にピースを一つひとつ慎重にはめ込んでいく，というようなことはしません。むしろその枠，つまり既存の研究の基盤となっている暗黙の前提を根底から見直すことによって覆していきます。その場合，出来合いのピースは全くと言ってよいほど役に立たなくなることも多いでしょう。また，絵柄である既存の理論的枠組み自体がその根底から否定されたりもします。

　つまり，ギャップ・スポッティング方式が議論の土台の部分を不問にした上でいわば表面的なディテールについて検討を重ねていくのに対して，この問題化の方法を採用する場合には，「そもそも論」のレベルからその土台自体を掘り下げ掘り崩して根本的な問い直しを図っていくのです。そして，このようなアプローチを採用する研究者は，ありきたりのギャップ検出者ではなく「問題化探求者（problematizer）」になります。実際それによって，研究者は「自らの意志で学術研究に取り組み，主流からの逸脱を恐れず，かつ想像力を駆使して各種の作業を慎重に進めていくことを目指す果敢な取り組み」[10]をおこなうことができるようになるのです。アルヴェッソンとサンド

9　本書で扱われている「前提」の中には，研究者たちのあいだで共通に見られる信念ないし固定観念のような性格を持つもの場合もあれば，むしろ必ずしも信じ込んでいるわけでは無いものの一種の約束事（「お約束」）として共有されているものも少なくないだろう。

バーグは，そのような研究者が増えていくことが，ひいては社会科学という学門領域が現在陥っている閉塞的な状況の打開へと結びつき，またそれによって学術界がもっと風通しの良い場になっていくことを期待しているのです。

問題化＝「目からウロコ」の見事な実践例

　本書の第5章では，その問題化をおこなう上での具体的な手続きが中心となる6つの手順を中心にして詳しく解説されています。またそれに続く第6章では，「組織アイデンティティ」と「ジェンダーの実践」という，未だにきわめて大きな影響力を持っている2つの研究分野を事例にして，問題化の方法論を適用した場合にどのような形で革新的なリサーチ・クエスチョンと新たな研究の地平が切り拓かれていくか，という点が鮮やかに示されています。

　そして，著者たち自身が明言しているように，実は何よりも本書自体が，問題化の方法論の見事な適用事例になっているのです。ここで問題化すなわち「そもそも論からの問い直し」作業のターゲットになっているのは，取りも直さず「ギャップ・スポッティング的研究をおこなうことが自然ないし合理的である」[11]という，これまで学術界において暗黙のうちに仮定され広く共有されてきた前提です。そして，この前提に対して挑戦することによって，アルヴェッソンとサンドバーグは，次のような斬新なリサーチ・クエスチョンを構築していくことになるのです。

　　なぜ，学術論文に関して見られるように，ギャップ・スポッティングというものが，先行研究にもとづいてリサーチ・クエスチョンを構築する上で主流の方法であり続けているのだろうか？[12]

　つまり，本書は研究技法の解説書であるとともに，研究方法論の分野でこれまで見逃されてきた——もしくは見て見ぬフリをされることが多かった

10　本訳書 p.202。
11　本訳書 pp.201, 242。
12　また，本書では第7章のタイトルをはじめとする幾つかの箇所では，次のようなパラドックスを基本的な問いとして設定している——既存のコンセンサスについて確認するよりもそれに対して挑戦するような理論の方がより多くの注目を集め，また影響力を持つ傾向があるという事実がよく知られるようになってきているにもかかわらず，なぜ，ほとんどの研究者はギャップ・スポッティング的なロジックに固執してきたのか？（例えば本訳書 p.175 および p.237 参照）。

——問題領域に踏み込んで，まさに面白くて影響力がある理論を打ち立てることを目指した，画期的な研究書としての性格を持っているのです。そして，その見逃されてきた問題領域というのは，「ギャップ（隙間）」などというよりはむしろ「峡谷」に喩える方がはるかにふさわしい，巨大な空白地帯であったと言えます[13]。実際，原著は刊行されてから既に10年が経過していますが，本書に盛り込まれた発想の斬新さと衝撃力は一向に失われていません。

それどころか，本書でなされている数々の提案の価値と意義はむしろ今だからこそ増しているようにも思われます。というのも，近年，世界レベルで研究資金や優秀な研究者（および優秀な学生と大学院生）の獲得をめぐる競争がますます激化し，また大学や学術ジャーナルのランキングが重要性を増す中で，ギャップ・スポッティングを基本ルールとする「論文刊行ゲーム」が学術界を席捲しているからです。その圧倒的な流れに歯止めをかけ，また学術研究の意義について見直していく上で重要な手がかりとなる本書の価値は計り知れないものがあるでしょう。

2つのハードルを越えて

もっとも，いかに本書が示唆に富む斬新で大胆な提案をしているとは言っても，本書の議論の進め方やその内容については，多くの読者からは「苦手意識」を持たれてしまうようなところがあるかも知れません。これには，大きく分けて（1）本書の著者たちが依拠する理論的基盤，（2）読者が置かれている現実的状況，という2つの理由があると思われます。

1つめの理由について言えば，本書には，主として欧州系の哲学ないし「現代思想」系の哲学者や社会学者の発想をベースにした「批判的経営研究」と呼ばれるアプローチの発想が盛り込まれています。例えば，本書における

---

[13] 詳細な解説は他稿（佐藤，2021b, 2021c, 2021d）に譲るが，リサーチ・クエスチョンに関する本格的な検討は，長らく未開の領域であった（Merton, 1959; White, 2017a, 2017b）。また，研究方法論に関する教科書や解説書でもリサーチ・クエスチョンに関しては1章ないし1節程度でごく簡単に扱われるだけであり，また，そのほとんどが初級ないし中級編のマニュアルとしての性格を持っている（例えば，De Vaus, 2001; Denscombe, 2010; Andrews, 2003; White, 2017a, 2017b; Bryman and Bell, 2015; Booth et al., 1995; O'Leary, 2018; 盛山，2004; 野村，2017; 上野，2018; 佐藤，2015, 2021a; 小熊，2022）。なお，「問いの立て方」それ自体を中心に据えたエッセイ（例えば，グレガーセン，2020; 宮野，2021）もあるが，それらの書籍は本書のように特に学術研究におけるリサーチ・クエスチョンの構築プロセスの特徴やその方法論に焦点をあてているわけではない。

議論にとっては，ハンス＝ゲオルク・ガダマー（独）やミシェル・フーコー（仏）などの主張が重要な意味を持っています。それらの欧州の哲学者ないし思想家たちの名前，あるいは，本書で何度か「ポスト構造主義」や「解釈学」などという，耳慣れない言葉が使用されているのを目にすると，それだけでもう自分とは縁遠いものだと思えてきて敬遠したくなってくる場合も多いでしょう[14]。

　事実，本書の中で著者たちも，米国の社会学者マレイ・デイビスの論文を引用しながら，何らかの理論が「それは面白い！（That's interesting!）」と思ってもらえるための重要な条件の１つとして，その理論に含まれているアイデアが，読者がそれまで抱いていた常識的理解や想定からあまりにも遠くかけ離れているわけではない，という点を挙げています[15]。つまり，面白さを感じてもらえるためには，読者の想定の「半歩先」ないし最大でも２歩ないし３歩先程度というのが適度な距離なのです。実際，特定の理論的前提にあまりにも馴染みが薄い場合には，読者は読み進めていく中で議論についていけず置き去りにされてしまったような印象を持つでしょう。場合によっては，「それは馬鹿げている！（That's absurd!）」というような拒否反応を引き起こしてしまうことさえあるかも知れません。

　もっとも，本書の内容は，上にあげた欧州系の哲学理論や用語への言及などを除けば，基本的な主張の骨格という点ではきわめて明快であり，また比較的理解しやすいものだと思われます。また，多くの章では，最後の節でそれぞれの章の内容を要約しており，さらに第８章では全体の議論の要点を総括しています。ですので，まずそれらの要約に目を通しておいてから本文を読み進めていくようにすれば，本書自体の「面白さ」のエッセンスがより理解しやすくなると思われます。実際また，読み進めていく中で，まさに「目から鱗が落ちる」ような新鮮な驚きを味わうことができるでしょう。

中範囲の問題化を目指して
　本書の内容について苦手意識を持たれたり「敷居が高い」と思われる可能

14　ここで１つの告白をしておけば，訳者自身，大学院生時代に当時の世相もあって，これらの思想家の翻訳書に目を通していた時期もあるが，その後は研究や講義をおこなう際には主として米国系の，本書では「新実証主義」などと呼ばれている系統の研究書や論文を参考にしてきた。

15　本訳書 pp.139-142。

性がある2番目の理由としては，読者，その中でも特に若手および中堅の研究者の人々が置かれている現実的な事情という点が挙げられるでしょう[16]。近年は日本の学術界でも，論文刊行のプレッシャーの強さは相当程度のものがあります。特に，大学に在籍する研究者の場合には，〈査読付＋外国語（英語）＋高インパクト・ファクター〉のジャーナルに採択されて掲載される論文をコンスタントかつ大量に産出していくことが究極の目標とされている例が少なくありません。そのような場合には，現実問題として，本書で提案されているような，問題化の方法論による研究などは「もっての外」ということにもなりかねません。むしろギャップ・スポッティング方式という「安全運転」による着実な論文の刊行が最優先されることの方が多いかも知れません[17]。

その場合には，本書の議論の内容については，「理屈としては分かるのだが，目の前の課題をこなすだけで精一杯でとてもそこまではできない」というような受取り方がなされるかも知れません。あるいは，「ギャップ・スポッティングには確かに限界があるとしても，短期間で論文を量産するためには背に腹はかえられない」という反応になる可能性も高いと思われます。

そのような受け止め方には一理も二理もあると思われます。確かに，これまでもっぱらギャップ・スポッティングを心がけていた場合には，一足飛びに本格的な問題化に取り組むことには明らかに無理があるでしょう。ですので，ここでは，本書の著者たちが「中範囲」の問題化あるいは「中間的な選択肢」などと呼んでいる戦略の採用を推奨したいと思います[18]。つまり，ギャップ・スポッティング方式と問題化のアプローチを組み合わせてみたり，比較的穏健なレベルの問題化を試みるというようなやり方です。

実際，著者たち自身は，ギャップ・スポッティングと問題化が「これかあれか」という二者択一的な研究法であると考えているわけではありません。むしろある種の目的にとってはギャップ・スポッティングが有効なアプロー

---

16 また，原著者のアルヴェッソンとサンドバーグが第8章の最後の「自省的覚え書き」でも述べているように，既に比較的安定したシニアレベルの研究職にある者が若手や中堅の研究者にアドバイスを提供したり忠告したりするということには若干の問題があるかも知れない。また同様の点は，退職間際である訳者についても指摘できるだろう。

17 例えば，中谷（2020）では，先行研究のnicheを探し出し（Ch.5），また，そのnicheを埋めることを示す言い回しの1つとして"This paper aims at filling this gap."を採用することが推奨されている（p.129）。

18 本訳書pp.98, 102, 244。

チであることを認めているのです[19]。また，本書の第5章では，問題化によって挑戦すべき各種の前提にはそのラディカルさの程度やカバーする範囲の広さという点でさまざまなタイプに分類することができる，という点について指摘しています（5つのタイプからなる前提の類型論については，第5章の表5.1に分かりやすくまとめられています）。したがって，実際に従来の典型的なギャップ・スポッティング方式ではないアプローチによる研究に挑戦していこうと考えている場合は，本書におけるこれらの議論が大いに参考になると思われます。

タフな研究者，そして「破壊的創造」を生み出す面白い研究論文のために

また，そのような戦略を採用して斬新なリサーチ・クエスチョンの構築に挑戦していくことを目指す場合には，著者たちが「本書で解説している問題化の方法論は，必ずしもその手順に忠実に従わなければならない厳密なルールではない」と断っている点にも注意が必要でしょう[20]。事実，問題化の方法論を鉄則ないし金科玉条のようにとらえることは，本書の中心的な主張の1つである〈他の理論や研究者の主張だけでなく自分自身が当然視してきた前提についても常に意識的になる〉という「自省的（reflexive）」なスタンスとは正反対の研究姿勢なのです。実際また，そのような自省的で自覚的な姿勢こそが，「単に既存の前提を再生産するのではなく，それに疑問を呈して破壊的創造を生み出していく（＝ disruptive な）研究スタイル」[21] を可能にするものだと言えます。

当然のことながら，そのような研究スタイルを心がけることによって，真の意味で面白くて影響力がある研究をおこない，またそれを論文ないし研究書という形で公表していこうとする場合には，どうしてもそれ相応の覚悟と胆力＝「タフさ」が必要になってくるでしょう。これを，よく知られた探偵小説の主人公の台詞にならって言えば，次のようになるかも知れません。

　　タフじゃなくては（学問の世界では）生きていけない。面白くなくては，研究論文と名乗る資格はない[22]。

19　本訳書 pp.100, 252。
20　本訳書 pp.144, 146, 244。
21　本訳書 p.261。

そして，日本の社会科学が「アメリカ流の国際標準への過度の同質化」（浅川和宏・慶應義塾大学教授）[23] に陥ることなく，日本の現実に根ざした独自の特徴を持つ面白い研究論文を生み出す学術界になっていくためには，1人でも多くの研究者が知的なタフさを身につけた上で，ギャップ検出者および「ギャップ充塡者」の殻を脱ぎ捨てて問題化探求者への道を目指していく必要があるでしょう。また，中堅・シニア層の学界・大学関係者たちには，そのような若手の研究者を積極的にサポートできるような制度を構築していく責務があるのだと言えます。

翻訳上の方針に関する付記
原著に見られた誤植等については，原著者の確認を得た上で適宜修正しました。また，原著者に確認して原文の一部を言い換えたり削除したりして訳出した箇所もあります。

謝辞
本書の刊行に際しては，多くの方々から貴重なご助言とご示唆をいただきました。この場を借りて，それらの人々に心からの感謝の念を捧げます。

特に白桃書房の大矢栄一郎氏には，昨年の『経営学の危機——詐術・欺瞞・無意味な研究』（デニス・トゥーリッシュ著）に引き続き，かなり専門的な内容を含む学術書の刊行を引き受けていただいたことに改めて御礼を申しあげたいと思います。また，同社のスタッフの方々には本書の表記の統一や原著の参考文献表に挙げられた中で邦訳書がある書籍の確認などに際して並々ならぬご尽力をいただきました。

原著者のお一人であるサンドバーグ教授には，文章表現や用語法などに関する訳者の大量の質問に対して迅速かつ丁寧に回答していただきました。訳者の質問の中には，かなり細かな点に関するものが含まれていたのですが，サンドバーグ教授からは，そのいずれに対しても即座に明快な返答を頂戴できたのでした。

2023 年 3 月 11 日

訳　　者

---

22 Chandler（1988: 147）。「タフじゃなくては生きていけない。やさしくなくては，生きている

訳者解説・第2版　　305

【訳者解説・第2版】

Constructing Research Questions は 2013 年に初版が刊行されて以来，さまざまな分野で画期的な解説書として大きな反響を呼んできました。また，同書で提案された「問題化」の方法論は，今や研究方法論における定番的な項目になっていると言っても過言ではありません。

その初版から 11 年の歳月を経た 2024 年に満を持して刊行されたのが，この第 2 版です。

原著の著者たちによる「第 2 版への序」にあるように，この新版には，初版が刊行された 2013 年から 2023 年までの 10 年間に発表されてきた，創造的で野心的な研究アプローチに関する各種の文献の内容が盛り込まれています。一方で，本書を貫く中心的なメッセージは，初版いらい一貫しています。つまり，面白いリサーチ・クエスチョンこそが，ともすればタコツボ化し，また小さくまとまりがちな学術研究の停滞状況を打ち破る革新的な研究の契機になり得る，というものです。

本書自体の「面白さ」と魅力に関する訳者としての見解は，初版への訳者解説で述べておきました。また，本書の内容については著者たち自身が第 8 章でその要点について，6 つの問いとそれに対する答えという形で解説しています。ここでは，第 2 版における主な改訂のポイントについて，以下の 4 点を中心にして解説していきます。

①刊行爆発の中での学術研究の停滞
②「面白さ」優先の研究への批判とそれに対する反論
③制度派組織理論の問題化
④ジャーナル・テクニシャン 対 学究型の研究者

「刊行爆発」とは裏腹の学術研究の停滞（1 章）

平均読者数は 1.5 人。多くの日本の大学で発行されている紀要に掲載された論文については，かつてこのようなことが言われていました。しかも，その読者数の中には論文の著者自身が含まれているというのです。たしかに，査読プロセスなどを経ることなく，いわば「誰でも」論文が掲載できる学術

資格はない」は，小説家の生島治郎による訳（生島，1974: 264）。
23　浅川（2021: 18）。

誌の場合には，実際にそのようなことがあっても特に不思議ではありません。

　もっとも，過去40年以上にわたって継続している「刊行爆発（publication explosion）」の趨勢を見ると，それと非常によく似た状況が一流誌を含む国際ジャーナルに掲載された論文についても指摘できるのではないか，と思えてきます。実際，論文が過剰生産気味になっている状況にあっては〈書きたい人は山のようにいるのに，読みたい人の数はごく限られている〉という事態が生じてしまうのは，ごく当然の成り行きだと言えるでしょう[24]。

　例えば，代表的な文献データベースであるWeb of Science（クラリベイト社）の情報によれば，自然科学系の分野では2022年の1年間におよそ211万本もの論文が新たに刊行されていると推定されます。しかも，論文の刊行数は年々拡大し続けており，1981年から2022年までのあいだには自然科学系だけでも全体で5倍以上に膨れ上がったと言われています[25]。

　ここに1つのパラドックスがあります。このように年を追うごとに学術文献の数が増えているのにもかかわらず，学術研究の進歩自体はむしろ停滞気味だと思える節があるのです。

　本書の初版では，主に社会科学の分野に焦点をあてて，そのようなパラドックスの根底にある学術界の慣行に対して，「ギャップ・スポッティング」という論文刊行戦略に焦点をあててメスを入れていました。第2版の第1章では，それに加えて *Nature* に掲載されたある論文を引用して，「刊行爆発の中における学術研究の停滞」が社会科学だけでなく自然科学を含む学術界全体において観察される現象である，という可能性について論じています。

　引用されているのは，2023年に *Nature* に掲載された「論文と特許は，年を経るごとに破壊的革新性を失っている」というタイトルの論文です[26]。この論文では，1940年から2010年までの70年間に刊行された4500万件の論文と390万件の特許が主な分析対象になっています。著者たちは，各種の文献データベースを利用し，文献間の相互引用のパターンや使用されている用語の頻度などを分析した結果として，次のような傾向が確認できることを明らかにしています——ほとんどの学術領域で研究文献の総数が指数関数的に

24　この学術文献の「過剰生産」の背景として，著者たちはmass education（大衆［高等］教育）と並行して進展してきたmass research（研究の一般化・大衆化）を挙げている。本訳書，p.iii および Alvesson et al.（2017: 43, 110, 132, 141）参照。

25　科学技術・学術政策研究所（2024: 134）。

26　Park et al.（2023）。

増加しているにもかかわらず，創造的な破壊を生み出すような革新的なアイデアや発見はきわめて稀である。

　つまり，この論文の著者たちによれば，多くの論文では過去に発表された文献の主張を覆すような斬新なアイデアや知見を提示するというよりは，むしろ先行研究の延長線上にあって，その先行研究の内容を補足したり何らかの修正を加えたりするような論文や特許が多数を占めるようになっている，というのです[27]。

　こうしてみると，ギャップ・スポッティングは，どうやら社会科学の場合に限らず自然科学系の領域を含む学術界全体において一般的な傾向になっているように思えてきます。実際，知的好奇心の追求や実践的な知の創造による社会への貢献を目指すのではなく，論文刊行ゲームで着実に「勝ち点」を上げ続けることが主要な関心事になっているのであれば，リサーチ・ギャップを見つけてそれを埋めていくという安全策をとるのが最も賢明なやり方だと言えるでしょう。また，論文をより「面白い」ものにするためにあえてリスクを冒す必要はそれほど無いのかも知れません。

　以上のような現状認識を踏まえて，著者たちが初版と同様にこの第2版でも改めて強調しているのは，既存の前提に対して果敢に挑戦する面白い研究こそが，学術界の停滞を打ち破り学術研究を飛躍的に前進させていく上で重要な契機になる，という点なのです。

面白さと「確からしさ」は二律背反？（4章）

　もっとも当然ですが，だからと言って，「面白ければそれで良い」というわけではありません。論文が学術的な成果を報告するものである以上，その面白さは「（実証データに根ざした）確からしさ」によって裏づけられていることが不可欠の条件になります。言葉を換えて言えば，論文の面白さは，（良い意味での）虚構の物語である小説やドラマあるいは映画などが追求する面白さとは本質的に異なる次元に属するものなのです。

　ただし，「言うは易くおこなうは難し」であり，理論的なアイデアの革新性や面白さと確実な実証データによる裏づけの2つを両立させることは至難

27　英国の社会科学分野の研究に限定された研究ではあるが，同じような点についてはPardo-Guerra（2022）参照。Pardo-Guerraは，14万本以上の論文を対象にした調査を通して，それらの論文におけるテーマや使用されている用語が英国の研究評価事業を重ねる度に同質化していることを示唆している。

の業です。実際，一方の点では優れた研究ではあっても，他方が手薄になっている例は珍しくありません。そのような事情もあって，リサーチ・クエスチョンや研究それ自体の面白さを追求する研究アプローチに対して批判的な見解を持つ人々は，理論的アイデアの意外性や奇抜さを重視することによって確実なデータをふまえた実証の手続きが軽視されてしまいかねない，という点を強調する場合があります。つまり，面白さを追求するあまり実証がおろそかになりがちであり，現実のデータに根ざしていない思いつきのようなアイデアを提示するだけに終わってしまう可能性がある，というのです。

第2版では，そのような主旨の批判的見解を幾つか取りあげた上で，それらについて検討を加えています。特に詳しく紹介されているのは，2022年に発表された，テキサス大学教授のエリック・ツァン（戦略論・国際経営専攻）による，「『これは面白い！』数世代にわたって経営学者に影響を及ぼし続けてきた欠陥論文」という論文です。

この論文で俎上に載せられているのは，米国の社会学者マレイ・デイビスの「これは面白い！　社会学の現象学と現象学の社会学を目指して」(1971)という論文です。この論文は，通念や常識に反する着想の面白さが学術研究にとって持つ重要性を指摘した画期的な論考として高く評価されてきました。また，ディビスの議論は，本書においても重要な論拠の1つになっています。

一方で，ツァンは，ディビスの論文が半世紀以上にわたって特に経営学分野の研究において好ましくない影響を与えてきたとします。その上で，学術文献を読む人々の反応や関心を重視する「面白さ」などは科学的研究にとっては，ほとんど何の意味もない無価値なものでしかない，と主張します。それどころか，次のように幾つもの点で害悪をもたらす可能性すらあると言うのです——「不適切な方法での科学的研究を助長し，HARKing［仮説の後出し］のようなやり方の横行に拍車をかけ，再現研究にとっての阻害因となり，研究者が当然果たすべき義務を無視し，博士課程における教育を弱体化させる」[28]。

要するに，ツァンは，「科学」的な学術研究の究極の目標は，厳密で確実な仮説検証の手順を前提とする，実証データと理論的説明とのあいだの密接な対応，つまり確からしさを追求していくことにある，と見ているのです。

---

28 Tsang（2022: 161）。

そのような立場からすれば，読者の「ウケ」を狙って面白さを追求するような企ては，学術研究にとって邪道でしかない，ということにもなってくるでしょう。これに関連して，ツァンは次のように主張します——「科学的研究の成果の質の評価は，人気投票でもなければ文芸作品に対する批評とも異なるものである」[29]。

このツァンの主張に対して，本書の著者であるアルヴェッソンとサンドバーグは，主に以下の2点を中心にして反論を展開します——①二項対立的な想定，②旧式の実証主義的な前提。

彼らはまず，ツァンの議論が，科学研究における面白さと確からしさとを二律背反的なものとしてとらえる単純な発想にもとづいている，と指摘します。たしかに，大向こう受けを狙ってひたすら面白さを追求することは，学術研究を底の浅い「アイデア勝負」のようなものにしてしまう恐れがあるでしょう。しかし，アルヴェッソンとサンドバーグは，そのような，実証データによる裏づけに乏しい，いわばアイデア倒れのような研究は「社会科学の世界では奇妙なものだと受け取られるものであり，また面白いものだとは見なされない」はずだと主張します。またデイビス自身の論考には，その点が既に織り込み済みであるとも指摘します[30]。もし実際にそうだとしたら，面白さと確からしさを二項対立的なものとしてとらえるツァンのデイビス批判には，やや的外れなところがあると言えるでしょう。

また，アルヴェッソンとサンドバーグは，ツァンの議論の前提には，科学的研究における究極の目標を，物事の「あるがままの（客観的な）姿」を正確に再現することにあると考える，（やや旧式の）実証主義的な発想があると指摘します。実際には，過去数十年にわたる科学史・科学哲学あるいは科学社会学の研究などを通して，現在ではむしろ「曇りのない実証データとの適

---

29 Tsang (2022: 152)。

30 本訳書，p.87。もっとも，ある種の（準）学術書やビジネス書の中には（場合によっては学術書の中にも），アイデアの斬新さや奇抜さで一時期脚光を浴びたものの，明らかな事実誤認が含まれていたり，実証的な根拠という点できわめて疑わしいものも少なくない。例えば，ウィリアム・オオウチの世界的ベストセラー *Theory Z : How American Business Can Meet the Japanese Challenge* には，次のような記述がある——「［1980年代前後の］帝国大学では授業料が徴収されていない」，「民間の銀行に天下りできるのは通産省の役人だけである」，「［子ども時代に不利な条件にあった会社員は］55歳になったらヌードルショップ［訳書では「ソバ屋」］を開くか自分の子どもたちの世話になるしかない」(Ouchi, 1981: 20, 22)。同様の「トンデモ本」に近い性格を持つ準学術書や論文については，例えば，トゥーリッシュ（2022: 序章，第7章），リッチー（2024）等を参照。

合性というものを達成できるような，特定の理論的観点から独立して作成されるデータなど現実には存在しない」という見解が広く共有されるようになっているとされます。その見解からすれば，ツァンがデイビス批判の論拠にしている，「仮説検証」，「実証データとの適合性」，「再現研究」などの論点は必ずしも疑う余地のない自明の理ではなく，むしろ議論の余地が大いにある想定だということにもなります[31]。つまり，この点に関しても，ツァンの「面白さ」に関する批判は，物事の一部分しかとらえていない一面的な主張だと言えるのです。

　いずれにせよ，先に述べたように，理論的なアイデアの面白さと実証的な裏づけの確実さの両立というのは，まったく不可能ではないものの非常に困難な到達目標である場合が少なくありません[32]。その意味でも，問題化の作業を通してリサーチ・クエスチョンの面白さを追求する場合には，確実な実証データによる裏づけが得られるように最善を尽くすべきことは言うまでもありませんが，その一方で，ツァンのような批判に対してもきちんと反論できるような「理論武装」をしておく必要があると言えるでしょう。

「制度ロジック」と制度派組織理論の問題化（6章）

　問題化のエッセンスは，常識や通念を覆すようなアイデアを提示するところにあります。したがって，その挑戦の対象になる理論的前提の影響力が大きければ大きいほど，その衝撃力（と破壊力）は絶大なものになります。本書の初版の第6章では，「組織におけるアイデンティティ」と「ジェンダーの実践」という，両方とも現在にいたるまで主流の位置を占めている2つの研究アプローチの起源となった論文を事例として取りあげ，第5章で解説された問題化の方法論を適用しています。第2版では，それら2つの事例に加えて制度派組織理論，特にその研究アプローチの中でも「制度ロジック」という概念に焦点をあてて問題化の作業がおこなわれています。

　組織の構造や過程と制度的な要因との関連を重視する組織理論については，1990年代初めに新制度派組織理論（neo-institutional theory of organization）と呼ばれる理論的アプローチの基本的な視点や立場が明確に打ち出されました。それ以来現在に至るまで，制度派組織論は30年以上にわたって

31　本訳書 p.88。
32　この点については，例えば沼上（2000），佐藤（2021a: 第5章）参照。

組織理論における主流の学派の一角を占め続けています[33]。また近年は,「制度ロジック（institutional logics）」という概念が大きな影響力を持ってきました。この点に関連して特筆すべきは,2012 年に刊行された *Institutional Logics Perspectives: A New Approach to Culture, Structure, and Process* という研究書です。同書自体は,組織研究との関連で制度ロジックという概念を最初に提案した文献ではありませんが,この概念を体系的に整理し,またさらに広く普及させる上で決定的な役割を果たしたと言えます。

　例えば,Google Scholar でみると,上記の書籍の引用回数は 6237 回にのぼります。また,"institutional logics" で検索してみると,全体で 3 万 1400件の文献がヒットしますが,検索期間を 1991 年から 2011 年までの 20 年間にしてみると 5610 件がヒットします。それに対して,2012 年から 2023 年までの 11 年間のヒット数は 2 万 3900 件となっています。その意味でも,「制度ロジック」は組織理論において大きな影響力を持つ「旬の」概念であると言えるでしょう。

　制度ロジックというのは,各種の社会制度（例えば,家族制度,市場制度,政治制度など）のそれぞれを特徴づける中心的な構成原理を指します。その中には,各制度を他の制度と区別できるような独特の（固有の）規範や認知的枠組みあるいはシンボルなどの象徴的・文化的要素だけでなく,それぞれに特徴的な行為や活動も含まれます[34]。例えば,家族制度であれば,生活共同体としての家族を単位とする物の見方が基本にあり,また家族のメンバーに対する思いやりなどが制度的慣行の中心になる原理だと考えられます。一方,市場制度は,個人や組織にとっての経済的利害を中心とする視点およびその視点に立った上での功利性や効率性のあくなき追求を最優先にするロジックだと考えることができます。

　先ほど挙げた *Institutional Logics Perspectives* がその典型例の 1 つですが,制度派系の組織研究では,この制度ロジックをマクロレベルの制度的要因と組織や集団あるいは個人との関係およびその変化などについて説明する

33　もっとも,Ocasio and Gai（2020: 262）は,Alvesson and Spicer（2018）および Alvesson et al.（2019）による制度派組織論批判に対する反論の中で,〈自分たちの理論もその中に含まれる,近年の組織に関する制度派組織理論（organizational institutionalism）は新制度派組織理論に大きな影響を受けてはいるが,それとは区別されるべきものである〉と主張している。したがって,近年の制度論は,「新・新制度派組織理論」と呼ぶことができるのかも知れない。

34　Friedland and Alford（1991）,佐藤（2003）,Thornton et al.（2012: 3）。Thornton et al. による制度ロジックの定義には非常に難解なところがある（本訳書,p.188 参照）。

際の戦略的な概念として使用する例が少なくありません。この概念の背景となっている制度派組織論の前提に対する本書における問題化およびそれにもとづいて提案された代替的な前提の詳細については，第6章の記述内容を参考にしていただきたいと思います。

　ここで，かいつまんでその要点だけを述べると，アルヴェッソンとサンドバーグが問題視するのは，制度派組織論では，社会全体のマクロレベルで存在する制度ロジックが，マクロの領域からマイクロレベルに至るまで首尾一貫した価値や信念あるいは慣行の体系を構成し，また人々の行動に秩序と意味づけを与えることを想定している，という点です。つまり，このような前提が，あまりにも予定調和的であり，例えば，組織の現場の個別事情や社会全体のレベルと組織のレベルの現実との食い違いを無視ないし軽視していると言うのです。

　その批判的検討を踏まえて，著者たちは代替的な前提として，制度ロジックに加えて「組織ロジック（organizational logics）」，そしてまた，制度非ロジック（institutional illogics）と組織非ロジック（organizational illogics）を提案します。つまり，マクロレベルの組織原理や行動原理である制度ロジックと，組織の現場レベルの構造や行動に関連するロジックとのあいだには多かれ少なかれギャップが観察される可能性があるはずだ，とします。また，マクロな制度ロジックそれ自体には必ずしも首尾一貫した「論理的」な要素だけでなく矛盾や混乱が含まれており，それがまた組織の現場における混乱を引き起こすことがある，と指摘するのです。

　制度ロジックやその背景である制度派組織理論の場合に限らず，何らかの理論的枠組みやそれに関連する特定の概念が主流の位置を占めている場合には，その枠組みや概念に準拠した研究をおこなうことは着実に刊行業績を上げていこうとする際にきわめて有利な戦略になります。

　また，制度派組織理論の場合には，「制度（institution）」という概念それ自体に多様な意味内容が含まれていて，かなり曖昧な面があるという点にも注意が必要です[35]。また，その点とも関連して，現在では制度派組織理論の適用範囲は際限なく広がっているという印象すらあります。実際，本書で引

---

[35]　レイモンド・ウィリアムズは『キイワード辞典』の中で次のように指摘している――「20世紀において，institution は社会のあらゆる組織化された要素を表す標準的な用語となった」（ウィリアムズ，1980: 196）。また，英語の institution は日本語の「制度」以上に非常に多義的な用語である。これについては，佐藤（1999: 注58）参照。

用されている論者が指摘するように，「もし制度派組織理論によってほとんど全ての事柄——安定性，変化，構造，均質性と多様性等——が説明できるのだとしたら，それは何も説明していないのと同じことになってしまう可能性がある」[36] のです。したがって，一定の体系性やまとまりがある（ように見える）社会現象を研究対象として設定した場合，その現象に関するリサーチ・ギャップを見つけ出した上で，制度派組織理論の「道具箱」の中からお誂え向きの概念を選び出して分析する，というのは組織分析における定石的な手法の1つになっているとさえ言えます。また，それは手堅くかつ無難なアプローチでもあるでしょう。

　今なお続く制度派組織理論の隆盛の背景には，あるいはそのような事情があるのかも知れません。そして，もし実際に，制度派組織理論の流行の背後にそのようなギャップ・スポッティング的な傾向が見られるのだとしたら，そこにこそまさに問題化をおこなう余地が存在するのだとも言えるでしょう。

ジャーナル・テクニシャン　対　学究型の研究者（7章）

　問題化に挑戦するにせよギャップ・スポッティング型の研究を目指す場合にせよ，学術研究は生身の人間がおこなうものである以上，その種の選択は，研究者個々人の生き方の問題であり，またキャリア形成の問題でもあります。初版と同様に第2版の第7章では，ギャップ・スポッティングが支配的な傾向になっている背景を，政府や大学・学部の研究政策，専門家集団の規範，そして研究者自身のアイデンティティのあり方の3点を中心にして議論を展開しています。

　この点に関連して，第2版では新たに，ドイツの文豪であり哲学者・歴史学者でもあったフリードリッヒ・シラーが 1789 年にイェナ大学の歴史学教授に招聘された際におこなった就任特別講演「世界史とは何であり，また，何のためにそれを学ぶのか？（Was heißt und zu welchem Ende studiert man Universalgeschichte?）」を引用して，現代社会における研究者の生き方について問いかけます。

　シラーの講演における発言の中で本書において特にクローズアップされているのは，「ブロートゲレアーテ（パンによって養われている学者）」と「デ

---

36 David and Bitektine（2009: 170），本訳書，p.187。

ア・フィロソフィッシェ・コップフ（哲学的な精神）」の対比です。前者がひたすら既得権益にしがみついて自らの地位と生活の安定を第一の優先事項として考えているのに対して，後者は，新しい知の可能性を常に探し求めていく学究型の研究者であるとされます。

　この二分法を適用すれば，現代版のブロートゲレアーテは，研究活動をもっぱらキャリア形成のための手段と見なし，確実に業績の点数が稼げる既存の研究動向に沿ったアプローチを採用し続ける人々だということになります。アルヴェッソンとサンドバーグは，本書の第2版でそのような人々のことを「ジャーナル・テクニシャン」と呼んでいます。一方，デア・フィロソフィッシェ・コップフに該当するのは，強烈な知的好奇心に突き動かされて，既存の枠組みからはみ出してしまうことも恐れず通説や主流の前提に対して果敢に挑戦していく研究者ということになるでしょう。初版の場合と同様に，そのような人々は本書では「自省的で独創的な学究型（reflexive and inventive scholarship mode）」と呼ばれています。

　もっとも，本書の著者たちは，現代の研究者がジャーナル・テクニシャン型あるいは学究型のどちらか一方に分類できる，と主張しているわけではありません。また，学究型の研究者のみが真の意味で学者（scholar）と呼ぶに値すると述べているわけでもありません。実際，彼らは，自分たち自身も含めてほとんどの研究者には，何らかの意味で両方の面があると述べているのです。

　しかし彼らはその一方で，学術界が現代のブロートゲレアーテ，つまり「優れたKPI（つまり，Aリストのジャーナルへの論文掲載）を達成することで大学の執行部を喜ばせ，効率の良い研究戦略を選択し，もっぱら良好な業績管理とそれに見合った報酬を得る」[37]ことのみを目指すジャーナル・テクニシャンによって席捲されてしまうことを憂慮します。また，それは，学問の世界だけでなく社会全体に壊滅的な損害をもたらすだろうと指摘するのです。

　本書の著者たちによる以上のような指摘は，主として彼らが在籍する大学の所在地である欧州およびオーストラリアあるいは米国の学術界の状況に関わるものです。もっとも，日本においても，研究費や優秀な留学生の獲得をめぐる国際的な競争環境の中にあって，国際ジャーナルでの論文の掲載実績

37　本訳書，p.217。

が大学自体の評価についても，また，教員の新規採用や昇任に関しても重要な成果指標としてみなされるようになっています。（経営学者の藤本隆宏・早稲田大学教授（東京大学名誉教授）は，これを「グローバルジャーナル点数主義」と呼んでいます[38]。）こうしてみると，現在は日本の大学でも，これまで以上にジャーナル・テクニシャン的人材が求められる機会が増えていると言えそうです。

　このような状況が今後日本の学術研究および社会全体に対してどのような影響を及ぼしていくか，という点については予断を許さないところがあります。しかし，無闇に論文の刊行業績のみを追うことなく，一方では研究の実質的な内容の充実をはかり，かつ研究の国際化をさらに進めていくことは，紛れもなく，一人ひとりの研究者自身が真剣に向き合わざるを得ない最も重要な課題の1つだと言えるでしょう。

　この第2版の刊行にあたり，改めて大矢栄一郎社長はじめ白桃書房の皆様に心からの感謝の念を捧げたいと思います。

　初版の訳書が出版されたのは，2023年6月末のことでした。予期せぬさまざまな事情から，思いがけずもそれから1年半足らずのあいだに第2版の訳書が刊行される運びになりました。このような短期間での改訂版の出版は採算面で非常に困難な点が多いと思われます。しかし，本書の訳出についてご相談した際に，大矢社長は（初版および2022年に刊行させていただいた『経営学の危機』の場合と同じように）「是非出しましょう，学界のためですし」とおっしゃって，続編についても刊行を引き受けていただいたのでした。

　先に取りあげた制度派組織理論系の研究の中には，米国の学術出版界における支配的な制度ロジックの変遷が1970年代半ばに「編集職ロジック」から「市場ロジック」へと変容を遂げた，とするものがあります[39]。その研究によれば，前者のロジックの主な構成要素の1つである組織アイデンティティが「専門職としての出版」であるのに対して，後者のそれは，何よりも収益や資本効率を優先する「ビジネスとしての出版」であるとされます。その議論を適用して言えば，本訳書の刊行は，日本の学術出版の世界では編集職ロジックが今なお健在であり，また，白桃書房が組織としてそのロジック

38　藤本（2020）。また，佐藤（2024a）をも参照。
39　Thornton and Ocasio（1999），Thornton（2002）および佐藤（2003）参照。

を堅持していることを明らかに示す事例だと見ることができるでしょう。

2024 年 8 月

訳　　者

訳者解説における引用文献（訳注参考文献を含む）

Alvesson, M., T. Hallett, and A. Spicer（2019）"Uninhibited Institutionalism," *Journal of Management Inquiry*, 28（2）: 199-218.

Alvesson, M., Y. Gabriel, and R. Paulsen（2017）*Return to Meaning: A Social Science with Something to Say*. Oxford University Press.

Alvesson, M. and J. Sandberg,（2020）"The Problematizing Review: A Counterpoint to Elsbach and Van Knippenberg's Argument for Integrative Reviews," *Journal of Management Studies*. 57（6）: 1290-1304.

Alvesson, M. and A. Spicer（2018）"Neo-institutional Theory and Organization Studies: A Mid-life Crisis?" *Organization Studies*, 40（2）: 1-20.

Andrews, R.（2003）*Research Questions*. Continuum.

Booth, W.C., G.G. Colomb, and J.M. Williams（1995）*The Craft of Research*. University of Chicago Press.

Bryman, A. and E. Bell（2015）*Business Research Methods*（4th ed.）. Oxford University Press.

Campbell, J.P., R.L. Daft, and C.L. Hulin（1982）*What to Study: Generating and Developing Research Questions*. SAGE.

Chandler, R.（1988）*Playback*. Penguin.

David, R.J. and A.B. Bitektine（2009）"The Deinstitutionalization of Institutional Theory? Exploring Divergent Agendas in Institutional Research." in D. A. Buchanan and A. Bryman（eds.）, *The Sage Handbook of Organizational Research Methods*. SAGE, pp.160-175.

Davis, M.S.（1971）"That's Interesting! Towards a Phenomenology of Sociology and a Sociology of Phenomenology," *Philosophy of Social Sciences*, 1: 309-344.

Denscombe, M.（2010）*Ground Rules for Social Research*（2nd ed.）. Open University Press.

De Vaus, D.（2001）*Research Design in Social Research*. SAGE.

Frieland, R. and R. Alford（1991）"Bringing Society Back in." in Powell, W. and P. DiMaggio（eds.）, *The New Institutionalism in Organizational Analysis*. University of Chicago Press, pp.232-263.

Kuhn, T.（1970）*The Structure of Scientific Revolutions*（2nd ed.）. University of Chicago Press.

Kwak, J.T.（2013）*Impact of ERA Research Assessment on University Behaviour and Their Staff*. National Tertiary Education Union.

Leijonhufvud, A. (1973) "Life among the Econ," *Western Economic Journal*, 11 (3): 327-337.

Macdonald, S. and J. Kam (2007) "Ring a Ring O'roses: Quality Journals and Gamesmanship in Management Studies," *Journal of Management Studies*, 44 (4): 640-655.

Merton, R. (1959) "Notes on Problem-Finding in Sociology." in R. Merton, L. Broom and L.S. Scottrell (eds.), *Sociology Today volume 1*. Harper, pp. ix-xxxiv.

Ocasio, W. and S.L. Gai (2020) "Institutions: Everywhere but not Everything," *Journal of Management Inquiry*, 29 (3): 262-271.

O'Leary, Z. (2018) *Little Quick Fix: Research Question*. SAGE.

Ouchi, W. (1981) *Theory Z : How American Business Can Meet the Japanese Challenge*. Avon.

Pardo-Guerra, J.P. (2022) *The Quantified Scholar: How Research Evaluations Transformed the British Social Sciences*. Columbia University Press.

Park, M., E. Leahey, and R.J. Funk (2023) 'Papers and Patents are Becoming Less Disruptive over Time', *Nature*, 613: 138-144.

Sato, I. and T. Takahiro (2014) "From the RAE-able to the REF-able?: A Note on Formative Reactivity in National Research Quality Assessment," 『大学評価・学位研究』第 16 号, pp.83-104.

Thornton, P. (2002) "The Rise of the Corporation in a Craft Industry: Conflict and Conformity in Institutional Logics," *The Academy of Management Journal*, 45 (1): 81-101.

Thornton, P., W. Ocasio, and M. Lounsbury (2012) *The Institutional Logics Perspective: A New Approach to Culture, Structure and Process*. Oxford University Press.

Thornton, P. and W. Ocasio (1999) "Institutional Logics and the Historical Contingency of Power in Organizations: Executive Succession in the Higher Education Publishing Industry, 1958-1990," *American Journal of Sociology*, 105 (3): 801-843.

Tsang, E.W.K. (2022) "That's Interesting! A Flawed Article Has Influenced Generations of Management Researchers," *Journal of Management Inquiry*, 31 (2): 150-164.

Tomkins, C. (1962) *The Bride and the Bachelors: Five Masters of the Avant-Garde*. Penguin.

Van Maanen, J. (2011) *Tales of the Field: On Writing Ethnography* (2nd ed.).

University of Chicago Press.

White, P.（2017a）*Developing Research Questions: A Guide for Social Scientists* (2nd ed.). Palgrave.

――（2017b）"Research Questions in Education Research." in Wyse, D., N. Selwy, E. Smith and L.E. Suter（eds.）, *The BERA/SAGE Handbook of Educational Research, Volume 1*, pp.180-202.

浅川和宏（2021）「経営研究の国際標準化時代における質の高い論文の条件――日本からのアプローチ」青島矢一編著『質の高い研究論文の書き方――多様な視点から見えてくる，自分の論文のかたち』白桃書房，pp.13-20.

生島治郎（1974）『傷痕の街』講談社.

ヴァン‐マーネン，J.（金井壽宏・佐藤郁哉訳）（2010）「続・フィールドワークの物語」金井壽宏・佐藤郁哉・ギデオン・クンダ・ジョン・ヴァン‐マーネン『組織エスノグラフィー』有斐閣，pp.327-357.

ウィリアムズ，R.（岡崎康一訳）（1980）『キイワード辞典』晶文社.

上野千鶴子（2018）『情報生産者になる』ちくま新書.

小熊英二（2022）『基礎からわかる論文の書き方』講談社現代新書.

科学技術・学術政策研究所（2024）『科学技術指標 2024』文部科学省 科学技術・学術政策研究所，科学技術予測・政策基盤調査研究センター.

グレガーセン，H.（黒輪篤嗣訳）（2020）『問いこそが答えだ！　正しく問う力が仕事と人生の視界を開く』光文社.

佐藤郁哉（1999）『現代演劇のフィールドワーク――芸術生産の文化社会学』東京大学出版会.

――（2003）「制度固有のロジックから『ポートフォリオ戦略』へ――学術出版における意思決定過程に関する制度論的考察」『組織科学』第 36 巻第 3 号，pp.4-17.

――（2008）『QDA ソフトを活用する 実践 質的データ分析入門』新曜社.

――（2015）『社会調査の考え方［上］』東京大学出版会.

――（2017）「『選択と集中』――選択的資源配分を前提とする研究評価事業がもたらす意図せざる結果に関する組織論的研究」『同志社商学』第 68 巻第 4 号，pp.341-417.

――（2018）「英国の研究評価事業」佐藤郁哉編著『50 年目の「大学解体」20 年後の大学再生――高等教育政策をめぐる知の貧困を越えて』京都大学学術出版会所収.

――（2021a）『はじめての経営学 ビジネス・リサーチ』東洋経済新報社.

――（2021b）「問いのかたちと答えのかたち（1）　疑問詞の組み合わせからリ

サーチ・クエスチョンの分類法を模索する」『同志社商学』第 72 巻第 5 号，pp.206-222.

───(2021c)「問いのかたちと答えのかたち（2）　リサーチ・クエスチョンの類型化と問いのレベル」『同志社商学』第 73 巻第 1 号，pp.1-28.

───(2021d)「問いのかたちと答えのかたち（3）　『仮の答え』の類型化を目指して」『同志社商学』第 73 巻第 3 号，pp.1-27.

───(2024a)「『グローバルジャーナル点数主義』の功罪──経営学の国際標準化に関する実態調査に向けて」『同志社商学』第 76 巻第 1 号，pp.1-27.

───(2024b)『リサーチ・クエスチョンとは何か？』ちくま新書.

佐藤郁哉・山田真茂留（2004）『制度と文化　組織を動かす見えない力』日本経済新聞社.

シャーマズ，C.（岡部大祐監訳）（2020）『グラウンデッド・セオリーの構築　第 2 版』ナカニシヤ出版.

盛山和夫（2004）『社会調査法入門』有斐閣.

デイビス，M.S.（内海透雄・大秦一浩訳）（2016，2017）「翻訳 おもしろさについての導入研究（前編，後編）─MURRAY S. DAVIS, That's Interesting!：Towards a Phenomenology of Sociology and a Sociology of Phenomenology（訳稿）」『文藝論叢』（大谷大学文藝学会編）第 87 号，pp.16-39，第 88 号，pp.194-216.

トゥーリッシュ，D.（佐藤郁哉訳）（2022）『経営学の危機──詐術・欺瞞・無意味な研究』白桃書房.

中谷安男（2020）『経済学・経営学のための英語論文の書き方──アクセプトされるポイントと戦略』中央経済社.

沼上幹（2000）「われらが内なる実証主義バイアス」『組織科学』第 33 巻第 4 号，pp.32-44.

野村康（2017）『社会科学の考え方──認識論，リサーチ・デザイン，手法』名古屋大学出版会.

藤本隆宏（2020）「発信せんとや生まれけむ──ジャーナル点数主義と日本の経営学」『組織科学』第 53 巻第 4 号，pp.18-28.

宮野公樹（2021）『問いの立て方』ちくま新書.

ミュラー，J.D.（松本裕訳）（2019）『測りすぎ──なぜパフォーマンス評価は失敗するのか』みすず書房.

ミンク，J.（2006）『マルセル・デュシャン』Taschen.

リッチー，S.（矢羽野薫訳）（2024）『Science Fictions あなたが知らない科学の真実』ダイヤモンド社.

事項索引

【欧文】

Academy of Management Journal 91, 209, 234

Administrative Science Quarterly 56, 207, 209

American Educational Research Journal 57

American Journal of Sociology 57

ERA（Excellence in Research for Australia） 8, 205

Journal of Applied Psychology 57

Journal of Management Studies 7, 56, 209

Learning and Instruction 57

Organization 56

Organization Studies 56

Psychological Science 57

RAE（Research Assessment Exercise） 8, 205

REF（Research Excellence Framework） 8, 205

Sociology 57

【ア】

アイデンティティ 29
アイデンティティ統制 262
アイデンティティ・ワーク 157
アナロジー 132
一時的な流行 41-42
イデオロギー的な（関連の）前提 114, 123, 152
因果関係 82
インパクトがある研究の少なさ 7-10
インパクト・ファクター 210, 222, 297
エスノメソドロジー 165, 166
面白い理論と退屈な理論 10-12
面白さの指標 111, 248

【カ】

開放性 27-30
解放的な知識への関心 45
学者ムラ 297
学術界全般に関わる前提 115-117, 124, 243
学術界における専門家集団の規範 206-212
学術界レベルで広く共有されてきた前提 151
学術ジャーナル 43
学派内 137
学派内の前提 112, 159
攪乱戦術 5
疑似問題化 248
技術的関心 44
記述的な問い 31
規範的な問い 32
逆転 132
ギャップ 74, 99, 241, 294
　　──の定義 74, 94, 241, 294
　　──を埋めること（gap-filling） 91, 294
ギャップ・スポッター 98, 212, 233, 250, 296
ギャップ・スポッティング（gap-spotting） 13, 72, 242, 294
　　── 対 自省的で独創的な学術研究様式 237
　　──的な修辞法（レトリック） 94
　　──的なハビトゥス 212
　　──と問題化 12-14, 72-74
　　──に関する調査方法と研究デザイン 56
　　──方式の優位性 91-92
　　学術界全般に関わる前提としての 243
協同的な統制 225

共約不可能　55
共約不可能性　93
極小部族　297
グラウンデッド・セオリー・アプローチ
　58, 255, 257
経験的資料　239, 254-260
経済人　154, 155
軽視・無視スポッティング　62-66
ゲーム　206, 226, 296
減却実践（ジェンダーの）　175, 176, 183,
　185
言及規範　210
研究資金の入手可能性　42
研究自体の欠如／少なさ，あるいは決定的
　な結論が示されていない点（＝リサー
　チ・ギャップ）　74, 99, 241
研究者としてのアイデンティティの形成
　212-216
研究者のアイデンティティ　261
研究職キャリアの見通し　44
厳密性　207, 233
ゴミ箱モデル（意思決定の）　134, 157
混乱スポッティング　59-62

【サ】

再実践（ジェンダーの）　185
査読　11
ジェンダー・ディスプレイ　167
ジェンダーの実践　163-187
ジグソーパズル　294, 295, 298
「システムの犠牲者」という説明
　220-223
「システムの当事者」という説明
　223-227
自省性　17, 233, 303
実証データ　38-39
実証データによる裏づけの不足　65
実践的解釈学的知識への関心　44
「邪悪（evil）なシステム」の犠牲者
　297
ジャーナリスト　8, 205, 213, 229, 237,
　296

ジャーナリスト・フェティシズム
　213
修辞的効果　52
十分に研究されてこなかった領域　64
手段優先主義　214, 230, 251
新規のアイデア　71-72
制度的条件　205-206
制度的条件の改革　228-231
政府（の研究政策）　228
説明的な問い　31
先行研究　4, 36
先行研究では検討が不足している特定の側
　面　66
前提　298
　——について確認した上で明確に整
　　理していく　121-127, 149-151,
　　166-170
　——について評価する　127-130,
　　151-154, 171-177
　——の類型論　111-117
専門家集団の規範の再検討　231-233
相互関係　82
組織アイデンティティ　64
組織化　81
組織化された偽善　134
組織人　152, 154
組織におけるアイデンティティ　146-163

【タ】

代替的な前提基盤について評価する
　139-142, 160-163, 183-187
代替的な前提基盤を新たに作り上げる
　130-135, 154-158, 177-181
大学および学部における方針　229-231
蓄積規範　209
知識の開発における問いの重要性
　22-23
抽象化　81
中範囲の問題化　301-303
調査方法と研究デザイン　56-58
適用スポッティング　66-67
問いが「リサーチ・クエスチョン」と呼べ

るものになるための条件　24-30
問いと答えの弁証法　108
統合的一貫性の戦略　54
読者との関係性を考慮しながら代替的な前提について検討する　135-139,
158-160, 195-196
トリック（コツ・秘訣）　6

【ナ】

謎解きの方法論　258-260
「謎（ミステリー）」の構築とその解明
255

【ハ】

パズル　244
パラダイム的な前提　113, 123, 150, 151
パラダイム・レベルの問題化　159
反帰納　132
非一貫性の戦略　54
被引用数　228
比較の問い　31
批判的な視点からの挑戦　69-71
ヒューリスティクス　6
不完全戦略　55
ブルシットジョブズ　71, 153
プログラム化された　166, 202
プログラム化された問題化　14, 70, 101,
102, 245
ブロートゲレアーテ　216-219, 237,
313-314
文献領域を特定する　118-120, 146-148,
163-166
文献レビュー　119, 136
弁証法的な問い直し　103-106, 247
他の研究者　43

【マ】

的外れの問い　29

見落とされていた研究領域　63
無ジェンダー（non-gender）　177
無実践（non-doing）（ジェンダーの）
177, 183, 185
目的　100
問題化（problematization）　12, 72, 100,
203
──探求者　233, 298
──的転回　249
──の方法論と謎解きの方法論とを
組み合わせる　258
──の目的　100-106
──を過小評価　13
──を過度に強調　14

【ヤ】

より学術的なアイデンティティの形成
233-236

【ラ】

リサーチ・クエスチョン
──の起源　33-41
（──の起源としての）先行研究
36-38
──のタイプ　30-33
──はどこから生まれてくるのか
33
──を構築する方法の類型論
58-68
理論　2 5, 106
──の面白さを示す指標　80
──の定義　106-107
累積的な一貫性の戦略　54
ルートメタファー的な前提　113, 122,
137
レトリック　53, 54, 94, 96, 142, 204
論文刊行ゲーム　206, 226, 296, 300

人名索引

【A】

Abbott, A.　5, 101, 105, 131-133
Adler, N. J. and Hansen, H.　25, 26, 44
Alvesson, M.　123
Alvesson, M. and Billing, Y.　177
Alvesson, M. and Kärreman, D.　258
Alvesson, M. and Sandberg, J.　208, 295
Alvesson, M. and Sköldberg, K.　105
Alvesson, M. et al.　294
Anderson, R. C. and Reeb, D. M.　60
Arum, R. and Roksa, J.　27
Ashcraft, K. L. and Alvesson, M.　152
Ashforth, B.　150
Ashforth, B. and Mael, F.　150

【B】

Bacharach, S. B.　106
Barley, S. R.　253, 254
Barnett, R.　213
Bartunek, J. M. et al.　83, 84
Baudrillard, J.　101
Becker, H. S.　5, 82, 132
Bernauer, J. M.　109
Bluhm, D. J. et al.　91
Bourdieu, P.　67, 70, 212
Bourdieu, P. et al.　79
Brunsson, N.　134, 135
Burawoy, M.　114
Burrell, G.　92
Burrell, G. and Morgan, G.　68, 112

【C】

Campbell, J. P. et al.　2, 5, 296
Case, P. and Phillipson, G.　92
Chia, R.　95

Clark, T. and Wright, M.　8
Clegg, S. R.　92
Colquitt, J. A. and Zapata-Phelan, C. P.　91
Corley, K. G. and Gioia, D. A.　8, 64, 83, 84

【D】

Daly, A. J. and Finnigan, K. S.　68
Davis, M. S.　5, 10, 11, 78-87, 89, 111, 125, 139, 140, 160, 183, 203, 248, 249
Deacon, R.　118
Deetz, S.　68
Delanty, G.　241
Deutsch, F.　166
Dewey, J.　107
Dillon, J.T.　30, 31
DiMaggio, P. and Powell, W.　133
Donaldson, L.　101
Durkheim, E.　81, 82
Dutton, J. et al.　19, 145, 147-152, 154, 156, 168, 160, 161, 163, 164, 198
Dyck, B. et al.　65

【E】

Eagly, A.　174
Eckberg, D. L. and Hill, L.　116

【F】

Feyerabend, P.　110, 118, 132
Foucault, M.　29, 73, 74, 92, 101, 108-109, 180, 233, 244
Fox, N. J.　64
Freire, F.　107
Freud, S.　82
Furedi, F.　71

【G】

Gabriel, Y. 71, 72, 210, 213, 225, 235
Gadamer, H.-G. 22, 28, 29
Garbett, T. 147
Garfinkel, H. 165, 167
Geertz, C. 71
Gibbons, D. E. 60, 61
Gioia, D. et al. 151, 153, 155, 157
Goffman, E. 165, 167
Golden-Biddle, K. and Locke, K. 54
Gouldner, A. W. 121
Graeber, D. 71, 153

【H】

Habermas, J. 44
Hammer, L. B. et al. 58
Hannan, M. T. and Freeman, J. H. 132, 133
Hargens, L. L. 84
Hawley-Dolan, A. and Winners, E. 61
Heijes, C. 72, 73
Hofstede, G. 72, 73
Hollingshead, A. B. 82
Hook, J. L. 68
Hostetler, K. 105

【J】

Jadallah, M. et al. 66
Johnson, L. M. 207
Jones, I. R. et al. 58
Judge, T. A. and Cable, D. M. 63

【K】

Knights, D. 14
Koch, S. 109
Köhler, T. and Cortina, J. M. 85
Koopman, C. 107
Kopp, B. and Mandl, H. 63
Kuhn, T. S. 105, 116, 210, 255, 295

【L】

Lasch, C. 71
Lawrence, P. A. 206
Le, H. et al. 68
Lee, T. et al. 79
Litchfield, E. H. and Thompson, J. 209
Liu, K.-Y. et al. 61, 65
Locke, K. and Golden-Biddle, K. 54-57, 90, 91, 93, 138
Luke, N. 63
Lüscher, L. S. and Lewis, M. W. 13

【M】

Macdonald, S. and Kam, J. 206
Mägi, K. et al. 18
Mahrer, A. R. 121
March, J. and Olsen, J. 134, 135
Marx, K. 81
McKinley,W. et al. 83, 84
McMullen, J. and Shepard, D. 229
Meyer, J. and Rowan, B. 135
Miller, F. et al. 207
Mizruchi, M. S. and Fein, L. C. 203
Morgan, G. 112, 123
Morrison, E. W. et al. 13
Musson, G. and Tietze, S. 58

【O】

Ocasio, W. and Gai, S. L. 195
O'Connor, E. E. et al. 65
Oliver, C. and O'Reilly, K. 67

【P】

Palmer, D. 209
Papay, P. J. 62
Park, M. et al. 9
Penfold-Mounce, R. et al. 74
Peter, P. J. and Olson, J. C. 114
Pfeffer, J. 228

Pratt, M.　92, 150, 152, 155, 157
Pratt, M. and Foreman, P.　153

【R】

Richler, J. J. et al.　65
Ritzer, G.　7
Russell, J. L.　67
Rynes, S. L.　234

【S】

Sandberg, J.　114
Sandberg, J. and Alvesson, M.　242
Sauder, M. and Espeland, W. E.　73
Savin-Baden, M. and Major, C.　24
Sayer, A.　70
Schiller, F.　216-219
Schultze, U. and Stabell, C.　68
Sievers, B.　114
Silverman, D.　24, 25, 34
Simon, H. A.　115
Slife, B. D. and Williams, R. N.　13, 102
Stacey, J.　7
Starbuck, W. H.　5, 95, 222

【T】

Taylor, N.　67
Thomas, D.　85
Thornton, P. et al.　19, 145, 187-198
Tönnies, F.　81
Tsang, E. W. K.　11, 85-89
Tsoukas, H.　95

【V】

Vaara, E. et al.　92

【W】

Watson, T. J.　67, 93
Weber, M.　71, 72, 83
Weick, K. E.　140
Weinstein, J.　7
West, C. and Zimmerman, D. H.　19, 145, 164-174, 176, 181, 182, 184, 185, 186, 198
Westphal, J. D. and Khanna, P.　58
White, P.　24, 37
Willmott, H.　213

【Y】

Yanchar, S. C. et al.　5, 105, 233
Yukl, G.　70

【和文】

浅川和宏　304
ガダマー，ハンス＝ゲオルク　301
シラー，フリードリッヒ　313
ツァン，エリック　308-310
デイビス，マレイ　301, 308
デュシャン，マルセル　293
フーコー，ミシェル　301
藤本隆宏　315

■著者紹介

マッツ・アルヴェッソン（Mats ALVESSON）

英国バース大学の組織論教授。スウェーデンのルンド大学，ストックホルム経済大学，ロンドン大学シティ校の客員教授。研究テーマは，批判理論，権力，知識集約型専門サービス組織のマネジメント，リーダーシップ，アイデンティティ，組織イメージ，組織文化とシンボリズム，質的方法，科学哲学など。近著に *Interpreting Interviews*（Sage 2023），*The Triumph of Emptiness*（Oxford University Press 2022），*Re-imagining the Research Process*（Jörgen Sandbergとの共著，Sage 2021），*Return to Meaning: For a Social Science with Something to Say*（Yiannis Gabriel, Roland Paulsとの共著，Oxford University Press 2017），*Reflexive Leadership*（Martin Blom, Stefan Sveningssonとの共著，Sage 2017），*The Stupidity Paradox*（André Spicerとの共著，Profile 2016），*Managerial Lives*（Stefan Sveningssonとの共著，Cambridge University Press 2016）など。英国アカデミーのフェローであり，2023年にラージク・カレッジ・フォー・アドバンス・スタディーズ［ハンガリーの単科大学］のハーバート・サイモン賞を受賞。ミュンヘン工科大学高等研究所ハンス・フィッシャー上級研究員（任期：2023年〜2026年）。

ヨルゲン・サンドバーグ（Jörgen SANDBERG）

豪州クイーンズランド大学（UQ）ビジネススクール名誉教授。英国ウォーリック・ビジネススクールと豪州マキリー大学の栄誉教授であり，スウェーデンのルンド大学客員教授。組織における能力と学習，実践，プロセス，センスメイキング理論，理論開発，科学哲学，研究方法論の分野で幅広く研究・出版。*Academy of Management Journal, Academy of Management Review, Journal of International Business Studies, Journal of Organization Behavior, Organization Theory, Organization Research Method, Journal of Management Studies, Harvard Business Review* などのジャーナルに論文を発表。近著に *Re-imagining Research Process: Conventional and Alternative Metaphors*（Mats Alvessonとの共著，Sage 2021），*Skillful Performance: Enacting Capabilities, Knowledge, Competence and Expertise in Organizations*（Linda Rouleau, Ann Langley および Haridimos Tsoukasとの共著，Oxford University Press 2017）など。*Academy of Management Review, Journal of Organizational Behavior, Organization Studies* の編集委員を務めるほか，国際会議体としてのPhilosophy and Organization Studies（PHILOS）の共同創設者兼共同主催者でもある。

■訳者紹介

佐藤 郁哉 (*Ikuya SATO*)

同志社大学商学部教授・一橋大学名誉教授

1955 年，宮城県生まれ。77 年，東京大学文学部卒業。84 年，東北大学大学院博士課程中退。86 年，シカゴ大学大学院修了（Ph.D.）。一橋大学大学院商学研究科教授，プリンストン大学客員研究員，オックスフォード大学客員研究員などを経て 2016 年より現職。専門は経営組織論・社会調査方法論。

主な著作に，『暴走族のエスノグラフィー』（新曜社，国際交通安全学会賞），*Kamikaze Biker*（University of Chicago Press），『現代演劇のフィールドワーク』（東京大学出版会，日経・経済図書文化賞），『組織エスノグラフィー』（共著。有斐閣，経営行動科学学会優秀研究賞），『社会調査の考え方［上］［下］』（東京大学出版会），『50 年目の「大学解体」20 年後の大学再生』（共著。京都大学学術出版会），『大学改革の迷走』（筑摩書房），『はじめての経営学　ビジネス・リサーチ』（東洋経済新報社），『経営学の危機──詐術・欺瞞・無意味な研究』（訳。白桃書房），『リサーチ・クエスチョンとは何か？』（筑摩書房）など。

面白くて刺激的な論文のための
リサーチ・クエスチョンの作り方と育て方【第2版】
論文刊行ゲームを超えて

■発行日──2024年11月16日　初　版　発　行　　〈検印省略〉
　　　　　2025年3月16日　初版3刷発行

■訳　者──佐藤郁哉

■発行者──大矢栄　郎

■発行所──株式会社　白桃書房
　　　　　〒101 0021　東京都千代田区外神田5-1-15
　　　　　☎03-3836-4781　🅕03-3836-9370　振替00100-4-20192
　　　　　https://www.hakutou.co.jp/

■印刷・製本──藤原印刷株式会社

©SATO, Ikuya 2024　Printed in Japan ISBN978-4-561-26796-6　C3030

本書のコピー、スキャン、デジタル化等の無断複製は著作権法上での例外を除き
禁じられています。本書を代行業者の第三者に依頼してスキャンやデジタル化する
ことは、たとえ個人や家庭内の利用であっても著作権法上認められておりません。
落丁本・乱丁本はおとりかえいたします。

好 評 書

D. トゥーリッシュ 著　　佐藤郁哉 訳

経営学の危機
―詐術・欺瞞・無意味な研究　　　　　　　　　　　　　　　本体価格 3,364 円

青島矢一 編著

質の高い研究論文の書き方
―多様な論者の視点から見えてくる，自分の論文のかたち　　本体価格 1,818 円

田村正紀 著

因果過程追跡の基礎
―経営革新事例の即応研究法　　　　　　　　　　　　　　　本体価格 1,818 円

田村正紀 著

リサーチ・デザイン
―経営知識創造の基本技術　　　　　　　　　　　　　　　　本体価格 2,381 円

組織学会 編

組織論レビューⅢ
―組織の中の個人と集団　　　　　　　　　　　　　　　　　本体価格 3,000 円

組織学会 編

組織論レビューⅣ
―マクロ組織と環境のダイナミクス　　　　　　　　　　　　本体価格 3,000 円

東京 **白桃書房** 神田

本広告の価格は本体価格です。別途消費税が加算されます。